Klemens Joos

Lobbying im neuen Europa

Klemens Joos

Lobbying im neuen Europa

*Erfolgreiche Interessenvertretung
nach dem Vertrag von Lissabon*

WILEY-VCH Verlag GmbH & Co. KGaA

1. Auflage 2011

Alle Bücher von Wiley-VCH werden sorgfältig erarbeitet. Dennoch übernehmen Autoren, Herausgeber und Verlag in keinem Fall, einschließlich des vorliegenden Werkes, für die Richtigkeit von Angaben, Hinweisen und Ratschlägen sowie für eventuelle Druckfehler irgendeine Haftung.

**Bibliografische Information
der Deutschen Nationalbibliothek**
Die Deutsche Nationalbibliothek verzeichnet diese Publikation in der Deutschen Nationalbibliografie; detaillierte bibliografische Daten sind im Internet über http://dnb.d-nb.de abrufbar.

©2011 WILEY-VCH Verlag GmbH & Co KGaA, Boschstr. 12, 69469 Weinheim, Germany

Alle Rechte, insbesondere die der Übersetzung in andere Sprachen, vorbehalten. Kein Teil dieses Buches darf ohne schriftliche Genehmigung des Verlages in irgendeiner Form – durch Fotokopie, Mikroverfilmung oder irgendein anderes Verfahren – reproduziert oder in eine von Maschinen, insbesondere von Datenverarbeitungsmaschinen, verwendbare Sprache übertragen oder übersetzt werden. Die Wiedergabe von Warenbezeichnungen, Handelsnamen oder sonstigen Kennzeichen in diesem Buch berechtigt nicht zu der Annahme, dass diese von jedermann frei benutzt werden dürfen. Vielmehr kann es sich auch dann um eingetragene Warenzeichen oder sonstige gesetzlich geschützte Kennzeichen handeln, wenn sie nicht eigens als solche markiert sind.

Printed in the Federal Republic of Germany

Gedruckt auf säurefreiem Papier

Satz K+V Fotosatz GmbH, Beerfelden
Druck und Bindung CPI – Ebner & Spiegel, Ulm
Umschlaggestaltung Torge Stoffers, Graphik-Design, Leipzig

ISBN 978-3-527-50564-7

Vorwort

Die Staats- und Regierungschefs der Europäischen Union setzten am 13. Dezember 2007 ihre Unterschriften unter den Vertrag von Lissabon. Nach langer Verzögerung ist dieser Vertrag am 1. Dezember 2009 in Kraft getreten; er gibt der EU einen neuen primärrechtlichen Rahmen. Ziel des Vertrages war und ist einerseits, die Handlungsfähigkeit des »Europas der 27 Mitgliedstaaten« in einem sich gerade angesichts globaler Krisen und Herausforderungen rapide wandelnden Umfeld sicherzustellen. Andererseits will der Vertrag die Demokratie in der EU und die Beziehungen zwischen Union und Bürgern stärken und ausbauen. Bestandteil jeder pluralistischen Demokratie wiederum ist der Wettstreit verschiedener, teils gegenläufiger Interessen im politischen Willensbildungsprozess. So sagt etwa *Siim Kallas*, EU-Kommissar und einer der Initiatoren der Europäischen Transparenzinitiative: »Lobbying – oder Interessenvertretung – ist ein völlig natürlicher Bestandteil in einer Demokratie. Dass Bürger oder Organisationen versuchen, Entscheidungen zu beeinflussen, von denen sie potenziell betroffen sind, halte ich für selbstverständlich«. Auf europäischer Ebene getroffene Entscheidungen betreffen Bürger und Unternehmen in den Mitgliedstaaten in tiefgreifender Weise: Rund 80 Prozent der in den Mitgliedstaaten der EU in Kraft tretenden Gesetze und Verordnungen haben ihren Ursprung in Brüssel und nicht mehr in den nationalen Parlamenten. Für den Bereich des Wirtschaftsrechts liegt der Anteil der Vorschriften mit europäischen Wurzeln sogar noch höher. Durch den Vertrag von Lissabon und den damit verbundenen Kompetenz- und Bedeutungsgewinn der EU wird der entscheidende Einfluss Europas noch weiter zunehmen.

So bedeutsam die europäischen Vorgänge und Verfahren auch sind, so undurchsichtig und unzugänglich erscheinen sie indes vielen Unternehmensverantwortlichen. Freilich werden so viele Möglichkeiten und Chancen überhaupt nicht wahrgenommen, die ein tieferes Verständnis und eine starke Präsenz in der »europäischen Hauptstadt« für ein Unternehmen schaffen können: Es stehen nicht etwa nur die rechtlichen Rahmenbedingungen des Unternehmens im eigenen Heimatmitgliedstaat, sondern auf einem Binnenmarkt mit etwa 500 Millionen Verbrauchern auf dem Spiel. Vor diesem Hintergrund kann es sich heute kein Unternehmen mehr leisten, die Berücksichtigung seiner Interessen in Legislative und Exekutive dem Zufall zu überlassen. War eine effektive Interessenvertretung für große Unternehmen schon auf nationaler Ebene seit jeher entscheidend für den langfristigen Unternehmenserfolg, gilt dies umso mehr im »Europa der 27«: Selbst wenn das Unternehmen in seinem »Heimatmitgliedstaat« hinreichend gut vernetzt ist, genügt diese starke Stellung in nur einem der 27 Mitgliedstaaten nicht für den Erfolg im vereinten Europa, erst recht nicht nach den Neuerungen (beispielsweise in europäischen Abstimmungsverfahren) durch den Vertrag von Lissabon.

Vor diesem Hintergrund will das vorliegende Buch eine bessere Orientierung im »Brüsseler Treiben« ermöglichen, will Einblicke in eine durchaus komplexe, aber vielschichtige und interessante Tätigkeit und Dienstleistung eröffnen. Inhalt und Umfeld einer erfolgreichen Vertretung von Unternehmensinteressen in der Europäischen Union sollen in der folgenden, sieben Teile umfassenden Darstellung erläutert werden. Natürlich kann das nicht in erschöpfender, alle Facetten und Details der Materie umfassenden Form geschehen – dazu wäre ein beinahe enzyklopädischer Umfang erforderlich, spielt sich Interessenvertretung doch im Spannungsfeld der schon für sich genommen hochkomplexen Materien Recht, Politik und Wirtschaft ab. Das Buch soll vielmehr einen »roten Faden« aufzeigen, der dann – dazu bieten die zahlreichen Verweise auf Primär- und Sekundärliteratur ausreichende Gelegenheit – an den Stellen vertieft werden kann, die das besondere Interesse des Lesers geweckt haben. Strukturiert ist die Darstellung wie folgt:

- Teil 1 geht einführend auf einige kritische Fragen in der allgemeinen »Lobbying-Debatte« ein: Was ist die Funktion von Lobbying, was die Rolle des Lobbyisten in einem demokratischen System? Wie ist die Vertretung wirtschaftlicher Interessen bei Legislative und Exekutive demokratisch legitimiert?
- Der Hauptteil des Buches (Teile 2 bis 6) ist als Leitfaden für Unternehmen und Interessenvertreter konzipiert, die auf die europäische Entscheidungsfindung und Rechtsetzung einwirken wollen. Was sind also die Besonderheiten der Interessenvertretung auf europäischer Ebene, insbesondere unter Berücksichtigung der Neuerungen durch den Vertrag von Lissabon? Welche formellen und informellen Regeln gilt es zu beachten, was sind die »Werkzeuge« des Interessenvertreters in der Praxis? Vor allem jedoch entscheidend: Wie

sollte ein Unternehmen die Vertretung seiner Interessen strategisch aufstellen, um in Brüssel langfristig und dauerhaft Erfolge zu erzielen? Eine ausführliche Fallstudie stellt das Erläuterte am praktischen Beispiel dar.
- Schließlich wagt Teil 7 einen vergleichenden Blick auf die andere Seite des Atlantiks: Was sind die Besonderheiten der Interessenvertretung in den USA und welche Trends und Zukunftsszenarien lassen sich daraus für Europa ableiten?

Während meine im Jahr 1998 veröffentliche Dissertation[1] eine Pionierarbeit in der wissenschaftlichen Untersuchung von Interessenvertretung bei den Institutionen der Europäischen Union war, versteht sich das vorliegende Buch weniger als wissenschaftliche Darstellung, sondern als praktisches Werkzeug, das der Leser auf ganz unterschiedliche Weise nutzen kann:
- Dem eiligen Leser seien die Executive Summaries am Ende jedes Teils der Darstellung ans Herz gelegt. Hier wird nach kurzer Rekapitulation der Leitfragen des jeweiligen Kapitels auf wenigen Seiten dessen wesentlicher Inhalt zusammengefasst. Wer sich hierfür zumindest eine Stunde Zeit nimmt, wird bereits den grundlegenden Inhalt des Buches erfassen können.
- Wer etwas mehr Zeit mitbringt, kann zusätzlich – während der Lektüre der Executive Summaries – die zahlreichen in diesem Buch enthaltenen Abbildungen und Tabellen zu Rate ziehen (hierzu sei auf das Abbildungs- und Tabellenverzeichnis verwiesen). Die Inhalte der einzelnen Kapitel werden durch die grafische Darstellung noch verständlicher und nachvollziehbarer.
- Die Lektüre des Hauptteils der Darstellung – Teile 2 bis 6 – empfiehlt sich schließlich dem Praktiker, der etwas tiefer *in medias res* gehen möchte.
- Teil 1 und Teil 7 sind hingegen wichtige, für das Verständnis der Darstellung jedoch nicht unabdingbare Bestandteile des Buches. Freilich sollte auch der eilige Leser einen schnellen Blick in Teil 1 Abschnitt A.I werfen, in dem unter anderem die Begriffe Public Relations, Public Affairs, Interessenvertretung und Governmental Relations definiert und voneinander abgegrenzt werden.

Abschließend möchte ich mich bei all denen bedanken, die bei der Entstehung und Veröffentlichung dieses Buches wertvolle Hilfe geleistet haben. Mein besonderer Dank gilt dabei Herrn Michael Schaaff und

Herrn Dr. Christian Fackelmann, die mich bei der Sammlung von Material und der Überarbeitung der Texte in vielfältiger Weise unterstützt haben.

München, im Juli 2010   *Klemens Joos*

Inhaltsverzeichnis

Vorwort 5

Abbildungs- und Tabellenverzeichnis 13

Teil 1 **Interessenvertretung – Funktion und Legitimation** 15
- A. Konzepte und Definitionen von Interessenvertretung 16
  - I. Von Investor Relations zu Governmental Relations: Interessenvertretung als Bestandteil der Unternehmenskommunikation 17
  - II. Interessenvertretung als Kommunikation von Partikularinteressen im politischen System 20
- B. Demokratische Legitimation von Interessenvertretung 23
  - I. Politik und Interessen 26
  - II. Interessenvertretung als Aggregation von Interessen 35
  - III. Interessenvertretung als Mittel zur Bildung kommunikativer Schnittmengen von Politik und Wirtschaft 37
- C. Funktion von Interessenvertretung für Unternehmen 40
- D. Executive Summary zu Teil 1 44

Teil 2 **Interessenvertretung – weit mehr als nur ad-hoc-Kommunikation** 47
- A. Interessenvertretung als Frühwarnsystem: Identifikation von Themen und Trends 47
- B. Interessenvertretung als Langfrist-Projekt: Strukturelle Begleitung von Entscheidungsprozessen 52
  - I. Allgemeines 52
  - II. Informationsmanagement 54
  - III. Strategieberatung 55
  - IV. Veranstaltungen 56

        V. Das Einbringen des Unternehmensinteresses 56
  C. Interessenvertretung als politisches Krisenmanagement:
      Interessenvertretung als »Feuerwehr« 57
  D. Executive Summary zu Teil 2 61

Teil 3 **Die Europäische Union: Politisches System und Besonderheiten der Interessenvertretung auf europäischer Ebene** 63
  A. Kurze Geschichte der europäischen Integration 63
  B. Das politische System der EU 69
        I. Allgemeines 69
        II. Die wichtigsten Institutionen der Europäischen Union im Überblick 74
  C. Interessenvertretung im Europa der 27 Mitgliedstaaten 88
        I. Mehrheitsentscheidungen unter 27 Mitgliedstaaten als strategisches Risiko für Unternehmen 90
        II. Europäisches Coalition Building 91
  D. Executive Summary zu Teil 3 94

Teil 4 **Interessenvertretung bei den Institutionen der Europäischen Union: Ansatzpunkte und Rahmenbedingungen** 97
  A. Grundlagen der Rechtsetzung in der EU nach Lissabon 97
        I. Neue Typologie von Rechtsakten nach dem Vertrag von Lissabon 98
        II. Rechtsetzungsverfahren in der EU 99
        III. Verfahren zum Erlass von Durchführungsrecht nach den Artikeln 290 und 291 AEUV, insbesondere Komitologie 106
  B. Interessenvertretung beim Rat der Europäischen Union (Ministerrat) 109
        I. Allgemeines 109
        II. Regulierung des Zugangs zum Europäischen Rat 113
  C. Interessenvertretung bei der Europäischen Kommission 113
        I. Allgemeines 113
        II. Überblick über die Generaldirektionen und Dienste der Kommission 117
        III. Regulierung des Zugangs zu Mitgliedern und Beamten der Kommission 117

       D. Interessenvertretung beim Europäischen Parlament   121
           I. Allgemeines   121
           II. Regulierung des Zugangs zu Mitgliedern
               des Europäischen Parlaments   127
       E. Interessenvertretung beim Ausschuss der Regionen
          und dem Wirtschafts- und Sozialausschuss   128
           I. Allgemeines   128
           II. Regulierung des Zugangs zu AdR und WSA   129
       F. Executive Summary zu Teil 4   130

Teil 5   **Methodik und Instrumente gezielter Interessenvertretung in der EU**   135
       A. Allgemeines (Themen und Trends)   136
       B. Strukturelle Instrumente   138
           I. Kollektive Organisationsformen: Interessenvertretung
              durch Verbände   138
           II. Nicht-kollektive Organisationsformen   148
           III. Kosten der verschiedenen Instrumente   161
       C. Prozessuale Instrumente   172
           I. Monoprozessuale Instrumente   173
           II. Polyprozessuale Instrumente   180
       D. Umsetzung in die Praxis: Gesamtmodell zur Strukturierung einer effektiven und effizienten Interessenvertretung   182
           I. Qualitätsmaßstäbe setzen: Eckpunkte einer effektiven
              Interessenvertretung für ein Unternehmen   182
           II. Leitungsstrukturen geben: Koordination der
              Instrumente durch das Unternehmen   188
           III. Ausgangspunkt und Zielsetzung erfassen: Definition
              eines generellen Anforderungsprofils des Unternehmens im Bereich der Interessenvertretung   190
           IV. Interessenvertretungsprojekte aufsetzen und
              erfolgreich durchführen: Grundlegende Schritte   192
           V. Schlussfolgerung   198
       E. Persönliche Anforderungen an einen Interessenvertreter   199
           I. Ausbildungswege   199
           II. Gute Kontakte als Grundvoraussetzung erfolgreicher
              Interessenvertretung   201
           III. Soft Skills als wesentliches Handwerkszeug   202
           IV. Integrität und Verhaltensregeln   204
       F. Executive Summary zu Teil 5   206

Teil 6 **Fallstudie** *213*
  A. Ausgangssituation: Kenntnis über ein laufendes EU-Rechtsetzungsverfahren *213*
  B. Schritt 1: Erfassung der inhaltlichen Zielsetzung und Prüfung der politischen Realisierbarkeit *215*
  C. Schritt 2: Prozessuale Lageerfassung und Planung eines »Schachspiels« *215*
  D. Schritt 3: Entwurf eines White Papers und Übermittlung an zuvor ausgemachte Adressaten in Legislative und Exekutive *217*
  E. Schritte 4 und 5: Begleitung des White Papers und Begleitung der Entscheidungsprozesse in Legislative und Exekutive *217*
    I. Interessenvertretung gegenüber der Europäischen Kommission *217*
    II. Interessenvertretung gegenüber dem Rat *218*
    III. Interessenvertretung gegenüber dem Europäischen Parlament *219*
  F. Ergebnis: Zielerreichung *221*

Teil 7 **Vergleich der Interessenvertretung in der EU und in den USA: Die ›K Street‹ als Vorbild für Brüssel?** *223*
  A. Das politische System der USA *224*
    I. Die politische Kultur *224*
    II. Aufbau, Struktur und Funktionsweise des Regierungssystems *225*
  B. Interessenvertretung in den USA *234*
    I. Strukturen und Trends *234*
    II. Kontrolle und Regulierung des Lobbyings in den USA *236*
    III. Ausbildung zum Lobbyisten? *237*
  C. Vergleich der Interessenvertretungsansätze in der EU und den USA *238*
  D. Fazit: Die USA als Vorreiter für die Interessenvertretung in der EU? *241*
  E. Executive Summary zu Teil 7 *243*

Verzeichnis der zitierten Quellen und Literatur *247*

Anmerkungen *259*

Abbildungs- und Tabellenverzeichnis

Abbildung 1.1:	Interessenvertretung als Bestandteil der Unternehmenskommunikation *17*
Abbildung 1.2:	Begriffliche Abgrenzungen *20*
Abbildung 1.3:	Interessenvertretung als intermediäres System *21*
Abbildung 1.4:	Das politische System *28*
Abbildung 1.5:	Politik als mehrdimensionales Geschehen *30*
Abbildung 1.6:	Interessenvertretung als Verhandlungssystem zur Bildung kommunikativer Schnittmengen *39*
Abbildung 1.7:	Ziele von Unternehmenskommunikation *40*
Abbildung 1.8:	Governmental Relations als Kommunikation mit dem Kontextumfeld des Unternehmens *41*
Abbildung 2.1:	Adressaten im politischen Umfeld – Bundesrepublik Deutschland *50*
Abbildung 2.2:	Adressaten im politischen Umfeld – EU *51*
Abbildung 2.3:	Einsatzmöglichkeiten von Interessenvertretung für Unternehmen *60*
Abbildung 3.1:	Von der EGKS zum Europa der 27 – die Geschichte der EU *66*
Abbildung 3.2:	Die EU nach dem Vertrag von Lissabon *71*
Abbildung 3.3:	Das Mehrebenensystem der EU *72*
Abbildung 3.4:	Das Europäische Parlament *76*
Abbildung 3.5:	Die Europäische Kommission *79*
Abbildung 3.6:	Interne Organisation einer Generaldirektion am Beispiel der DG Binnenmarkt und Dienstleistungen (Stand: 01.07.2010) *81*
Abbildung 3.7:	Der Rat der Europäischen Union *83*
Abbildung 3.8:	Politische Willensbildung im Rahmen des Institutionengefüges der EU *89*

Lobbying im neuen Europa. Klemens Joos
Copyright © 2011 WILEY-VCH Verlag GmbH & Co. KGaA, Weinheim
ISBN: 978-3-527-50564-7

Tabelle 4.1:	Handlungsermächtigungen für Rat und Parlament nach dem Vertrag von Lissabon 101
Abbildung 4.1:	Das ordentliche Gesetzgebungsverfahren 102
Abbildung 4.2:	Der supranationale Ansatz einer Interessenvertretung beim Rat der EU 112
Tabelle 4.2:	Die Generaldirektionen und Dienste der Kommission 118
Abbildung 4.3:	Entwicklung der Entscheidungsverfahren des Europäischen Parlaments 1958–2009 122
Abbildung 4.4:	Mögliche Arten der Meinungsbildung im Europäischen Parlament 123
Tabelle 4.3:	Die Ausschüsse des Europäischen Parlaments 126
Tabelle 5.1:	Beispiel eines europäischen Dachverbands: CEFIC 142
Abbildung 5.1:	Mögliche strukturelle Interessenvertretungsinstrumente auf europäischer Ebene 162
Tabelle 5.2:	Angaben von Unternehmen zu Lobbyingausgaben im Register der Europäischen Kommission 164
Tabelle 5.3:	Besoldung von EU-Beamten in EUR pro Monat 165
Tabelle 5.4:	Honorarstudie 2005 zu Tageshonoraren 168
Abbildung 5.2:	Externe Dienstleistungsmodelle im Vergleich 171
Abbildung 5.3:	Prozessuale Instrumente des Lobbyings 172
Abbildung 5.4:	Informationsvermittlung auf europäischer Ebene, unterteilt nach Kommunikationsinstrumenten 179
Übersicht 5.1:	Maßstab für eine effektive Interessenvertretung 183
Abbildung 5.5:	Koordination des Instrumentenmixes der Interessenvertretung durch das Unternehmen 189
Abbildung 5.6:	Strukturelle Aufstellung einer unternehmensspezifischen Interessenvertretung 191
Abbildung 5.7:	Umsetzung eines konkreten Interessenvertretungsprojekts 193
Abbildung 7.1:	Das politische System der USA 226
Abbildung 7.2:	Gesetzgebungsverfahren in den USA 228

Teil 1
Interessenvertretung – Funktion und Legitimation

Das Wort »Lobbying« ruft in der (Medien-)Öffentlichkeit häufig negative Assoziationen hervor – sei es der Verdacht der einseitigen Vertretung von Wirtschaftsinteressen zum Nachteil Dritter, der Vorwurf heimlicher Machtausübung im Hinterzimmer oder gar der Vorwurf von Korruption und Nepotismus. Erst recht gilt das für den im Deutschen gern und häufig verwendeten Anglizismus »Lobbyismus«. Doch wird dies der politischen, wirtschaftlichen und gesellschaftlichen Realität gerecht? Oder ist professionelle Interessenvertretung eine legitime Erscheinung demokratischer Politik, gehört »Interessenvermittlung (…) zur Demokratie wie der Kolben zum Zylinder«?[2]

Etymologisch geht der Begriff auf das mittellateinische *lobia* (Galerie) zurück; er leitet sich ab vom englischen *lobby* (Vorhalle). Über den historischen Hintergrund seiner heutigen Bedeutung im Sinne einer (politischen) Interessenvertretung gibt es zwei verschiedene Theorien: Die erste stellt auf die historische Tatsache ab, dass in der Vorhalle des englischen Parlaments die Abgeordneten vor Abstimmungen und parlamentarischen Debatten von Interessenvertretern kontaktiert wurden, um diese in ihrem Abstimmungsverhalten im Sinne ihres Anliegens zu beeinflussen.[3] Eine zweite Theorie führt den Begriff auf die Angewohnheit des US-Präsidenten *Ulysses S. Grant* (Amtsinhaber 1869–1877) zurück, sich zur Entspannung in der Lobby des Willard Hotels in Washington, D.C. aufzuhalten. Dort versammelten sich nach und nach immer mehr Interessenvertreter in seiner Nähe, um das informelle Gespräch mit ihm zu suchen und ihre Anliegen vorzubringen.[4] Die Geschichte des Lobbyings ist aber bedeutend länger: »Obwohl das Wort Lobbying lediglich 150 Jahre alt ist, hat es die Tätigkeit immer und überall gegeben«.[5]

Nichtsdestotrotz scheint der Begriff heute zu einem Modewort geworden zu sein: Gerade das Grundwort *lobby* »eignet sich im deutschen Sprachgebrauch offenbar hervorragend für die beliebige Verbindung mit Ableitungssuffixen«:[6] Autolobby, Pharmalobby, Agrarlobby, Beamtenlobby und Bankenlobby sind nur einige Beispiele. Dennoch und trotz der häufigen

Nutzung des Begriffs gibt es bis heute keine einfache, griffige und rundum anerkannte Definition von Lobbying beziehungsweise – synonym – von Interessenvertretung [7] – was, wie sich bereits aus der gerade erfolgten Aufzählung ergibt, zu einer gewissen Begriffsverwirrung führen kann. So werden die Begriffe Lobbying, Governmental Relations oder Public Affairs selbst unter Wissenschaftlern und Praktikern teils synonym verwendet; [8] in den Medien scheint selbst die (noch verhältnismäßig einfache) Abgrenzung gegenüber Public Relations oft nicht ganz geläufig zu sein. Die logische Folge (auch) davon ist, dass in der Öffentlichkeit die demokratische Legitimation, der Sinn und die Funktion von Interessenvertretung – sowohl aus der Perspektive eines einzelnen Unternehmens als auch von Politik und Gesellschaft – häufig im Dunkeln bleiben.

Der erste Teil der Darstellung befasst sich vor diesem Hintergrund mit drei Fragenkomplexen:

- Um eine für diese Darstellung taugliche Arbeitsdefinition zu erlangen, ist zunächst eine Unterscheidung und Abgrenzung verschiedener Konzepte erforderlich. Was ist also unter den Begriffen Lobbying, Interessenvertretung und Governmental Relations zu verstehen? Wie sind sie inhaltlich von Public Relations und Public Affairs abzugrenzen (siehe dazu Abschnitt A unten)?
- Weiterhin geht es um die Existenzberechtigung von Interessenvertretung aus politischer und gesellschaftlicher Perspektive. Wie ist demnach die Frage der politischen/demokratischen Legitimation von Interessenvertretung zu beantworten (siehe dazu Abschnitt B unten)?
- Schließlich rückt die Sichtweise des Wirtschaftsunternehmens in den Mittelpunkt: Was sind die wesentlichen Ziele und Funktionen von Interessenvertretung aus der Unternehmensperspektive (siehe dazu Abschnitt C unten)?

A. Konzepte und Definitionen von Interessenvertretung

Zunächst geht es also darum, eine für diese Darstellung taugliche Arbeitsdefinition zu gewinnen, was eine Unterscheidung und Abgrenzung verschiedener Konzepte erforderlich macht. Was ist unter den Begriffen Lobbying, Interessenvertretung und Governmental Relations zu verstehen? Wie sind sie inhaltlich von Public Relations und Public Affairs abzugrenzen?

I. Von Investor Relations zu Governmental Relations: Interessenvertretung als Bestandteil der Unternehmenskommunikation

Grundsätzlich sind Begriffe wie Public Relations, Public Affairs, Interessenvertretung und Governmental Relations dem Feld der Unternehmenskommunikation zuzuordnen (siehe Abbildung 1.1). Unter Unternehmenskommunikation ist dabei das Management von Kommunikationsprozessen zwischen der Unternehmung und der Außenwelt zu verstehen.[9] Die Unternehmenskommunikation trägt zur Wertschöpfung eines Unternehmens bei, indem – vereinfacht ausgedrückt – Bilder des Unternehmens kreiert und nach außen vermittelt werden.[10] Auf diese Weise können die unternehmenseigenen Visionen (Mission Statement) und äußere Wirkungen (Image) aneinander angeglichen werden, was wiederum zu höherer Reputation führt und damit zur Wertschöpfung beiträgt.[11]

Die externe Unternehmenskommunikation besteht in erster Linie in der Öffentlichkeitsarbeit, auch Public Relations (PR) genannt. PR zielt zunächst ganz allgemein auf die Außenwelt des Unternehmens ab, also auf Konsumenten, horizontale Wettbewerber und andere Unternehmen, dies vorrangig durch die Nutzung von (Massen-)Medien. Die Inhalte sind dabei meist auf eine gewisse Streuwirkung angelegt und lehnen sich oft an die klassische Werbung an. Ein Beispiel für PR sind großangelegte Multi-Channel-Kampagnen von Unternehmen mittels Anzeigen in Printmedien, dem Internet und eigenen Informationspublikationen sowie Pressekonferenzen und öffentliche Auftritte von Unternehmensvertretern. Häufig werden auf diesem Weg neue Marken oder Produktpaletten, Strategiewechsel, Umstrukturierungen oder Änderungen im Außenauftritt des Unternehmens mitgeteilt.

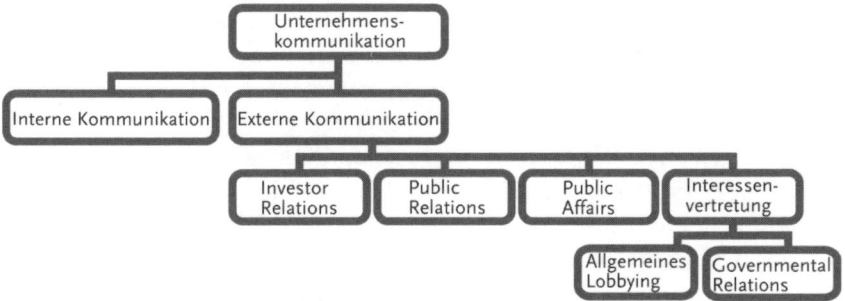

Abbildung 1.1: Interessenvertretung als Bestandteil der Unternehmenskommunikation.

Ein Sonderfall der Außenkommunikation ist der Kontakt des Unternehmens zu seinen Kapitalgebern, die sogenannten Investor Relations. Die Pflege der Investor Relations im Sinne einer soliden Kapitalmarktkommunikation ist für ein Unternehmen bereits traditionell unverzichtbar. Gerade in Krisenzeiten – man denke an die im Jahr 2007 begonnene weltweite Finanz- und Wirtschaftskrise – kommt es besonders darauf an, aktiv den Dialog mit den Anlegern zu suchen und vertrauensbildende Maßnahmen zu ergreifen: Infolge allgemeiner Unsicherheit und Zukunftsangst reagieren die Aktienmärkte zunehmend nervös auf jede unklare Informationslage. Professionelle Kapitalmarktkommunikation erfüllt hier eine wertvolle Orientierungsfunktion und sichert die Unternehmensbewertung ab. Investor Relations unterliegen im Gegensatz zu anderen Zweigen der Unternehmenskommunikation besonders strikten gesetzlichen Vorschriften – beispielsweise dann, wenn ein Unternehmen an der Börse notiert ist (Publizitätspflichten etc.).[12]

Public Affairs (PA) kann hingegen als ein Teilbereich der PR angesehen werden, der sich an die Politik und eine begrenzte Öffentlichkeit richtet. PA zieht also den Kreis der Adressaten enger als die PR: Hier sind nicht mehr die breite Öffentlichkeit, sondern vor allem Verwaltung und Politik, aber auch Nichtregierungsorganisationen (z. B. Verbraucherschutzverbände, Umweltschutz- oder Patientenorganisationen) Adressaten der Kommunikation. Im Vordergrund von PA steht das strategische Informationsmanagement zwischen Politik und Unternehmen einerseits und der Gesellschaft andererseits.[13] Der hauptsächliche Zweck von PA ist damit der Aufbau und die Aufrechterhaltung konstruktiver Beziehungen zur Politik, um so Einblick in und Einfluss auf die politische Sphäre zu erhalten. Die zur Anwendung kommenden Mittel sind dabei oft ähnlich denen der PR. Beispiele für PA sind die Organisation von Veranstaltungen mit Vertretern aus Politik und Wirtschaft mit Bezug zu einem für das Unternehmen relevanten Thema oder die Erstellung von Informationsmaterial für spezifische Gruppen aus Politik und Gesellschaft.

Lobbying beziehungsweise Interessenvertretung ist demgegenüber allein auf Politik und Verwaltung ausgerichtet. Der Adressatenkreis verengt sich also zunehmend, wobei die Grenzen zum Bereich der PA teils fließend verlaufen. Bei Interessenvertretung geht es vor allem um einen bestimmten, gleichsam messbaren Einfluss auf konkrete politische Entscheidungen. Die Inhalte der Kommunikation sind hier sensibler als bei der PA. Die dafür notwendigen Bedingungen sind Vertraulichkeit und Diskretion – insofern entscheidende Merkmale von Lobbying. Die erfolgreiche Umsetzung erfordert im Vorfeld genaue Planung und umfängliche

Kenntnisse der politischen Arena. Die Mittel und Instrumente von PR und PA sind dazu in aller Regel untauglich, da Streueffekte vermieden werden müssen. Allerdings können Mittel der PR und der PA den Lobbying-Prozess mitunter sinnvoll begleiten.

Wiederum eine Spezialform von Interessenvertretung beziehungsweise Lobbying sind die sogenannten Governmental Relations. Sie unterscheiden sich vom allgemeineren Konzept der Interessenvertretung hinsichtlich Zeithorizont, Adressatenkreis sowie Inhalt beziehungsweise Zielsetzung: Während Lobbying auch auf kurzfristige Einzelfallentscheidungen abzielt – sei es im Rahmen von Subventionsentscheidungen (Budget Lobbying) oder der Erteilung einer einzelnen Genehmigung – richten sich Governmental Relations als langfristiger, struktureller Ansatz auf die Beeinflussung der Normsetzungstätigkeit staatlicher Institutionen. Sie setzen häufig lange vor der eigentlichen Gesetzgebungsentscheidung an und können unter Umständen den gesamten Entscheidungsprozess begleiten. Der auf die Legislative gerichtete Teil der Governmental Relations lässt sich insofern auch als »legislatives Lobbying«[14] bezeichnen. Weiterhin ist die Kommunikation bei Governmental Relations speziell und ausschließlich auf Entscheider und Meinungsführer in Politik (insbesondere Regierungsmitglieder) und die Exekutive ausgerichtet – Adressaten sind also Mandatsträger in Parteien und Legislative sowie Angehörige der Exekutive.

Hinsichtlich der Zielsetzung von Governmental Relations spielt die öffentliche Reputationsverbesserung des Unternehmens praktisch keine Rolle – dies im Gegensatz insbesondere zur klassischen PR. Inhaltlich unterscheiden sich Governmental Relations vom allgemeineren Konzept des Lobbyings durch ihre gezielte Ausrichtung auf die legislative und exekutive Tätigkeit staatlicher Institutionen: Beispiele hierfür sind die gezielte, diskrete Kontaktaufnahme und unmittelbare Informationsvermittlung an im Vorfeld identifizierte Entscheidungsträger oder die in das Vorhaben involvierten Arbeitsebenen in Legislative und Exekutive, oft im Rahmen persönlicher, vertraulicher Gespräche.

Insgesamt wird also deutlich: Es bestehen beträchtliche Unterschiede zwischen den einzelnen Konzepten der Unternehmenskommunikation. Damit ein Unternehmen eine effektive und effiziente Kommunikationsstrategie entwerfen kann, muss es sich über diese Unterschiede bewusst sein – sowohl hinsichtlich der Begrifflichkeiten als auch in Bezug auf die Einsatzmöglichkeiten und Beschränkungen der einzelnen Kommunikationsarten.

II. Interessenvertretung als Kommunikation von Partikularinteressen im politischen System

Die gerade erfolgte Erörterung der verschiedenen Konzepte von Unternehmenskommunikation weist auf eine differierende Spezialisierung sowohl des Inhalts als auch des angesprochenen Adressatenkreises hin (vgl. dazu Abbildung 1.2).

Während die PR eine möglichst große Empfängerreichweite erzielen soll, ist das Ziel der Governmental Relations die punktgenaue, das heißt auf nur wenige Einzelpersonen beschränkte Informationsvermittlung. Auch der Informationscharakter unterscheidet sich dahingehend, dass durch PR in aller Regel eher allgemeine Informationen transportiert werden, während die Inhalte im Bereich der Governmental Relations an Spezialisten ausgerichtet sind, die Tiefe der Informationen also wesentlich größer sein kann. Auch sind die Inhalte zunehmend sensibel, mitunter enthalten sie Firmengeheimnisse oder sonstige nicht für die Öffentlichkeit bestimmte Daten und Inhalte. Vor diesem Hintergrund versteht es sich von selbst, dass jegliche Kommunikation vertraulich und diskret ablaufen muss.

Eine allgemein anerkannte Definition von Lobbying beziehungsweise Interessenvertretung gibt es nicht. *Lösche* beschreibt den Begriff folgendermaßen: Lobbying sei »die Beeinflussung von primär staatlichen Reprä-

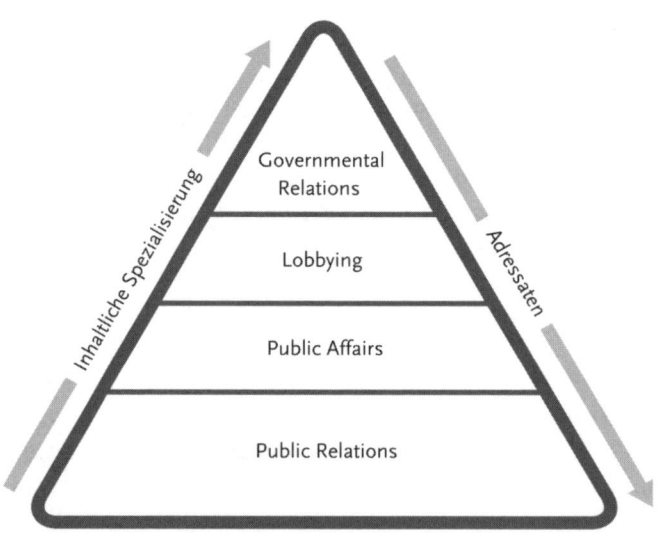

Abbildung 1.2: Begriffliche Abgrenzungen.

sentanten, von der Kommune bis zur nationalen und europäischen Ebene, (...) um im eigenen partikularen Interesse die Gesetzgebung beziehungsweise die Durchführung, die Implementation der Gesetze mitzugestalten«.[15] *Van Schendelen* versteht unter Lobbying hingegen »unorthodox actions of interest groups intended to bring desired outcomes from government«.[16] Die Europäische Kommission definiert den Begriff wiederum als »alle Tätigkeiten [umfassend] (...) mit denen auf die Politikgestaltung und den Entscheidungsprozess der europäischen Organe und Einrichtungen Einfluss genommen werden soll«.[17] Eine ältere, aber oft zitierte Definition stammt von *Milbraith*, einem der Pioniere der wissenschaftlichen Arbeit zu Lobbying in den USA: »[L]obbying is stimulation and transmission of a communication, by someone other than a citizen acting on his own behalf, directed to a governmental decision-maker with the hope of influencing his decision«.[18] All diesen Definitionen gemeinsam sind die Aspekte der *Kommunikation*, des *Interesses* und der *Politik*. Zugleich stellt diese begriffliche Trias auch den Wesenskern von Interessenvertretung dar: Letztlich geht es aus Sicht gesellschaftlicher Akteure um die Beschaffung, Selektion und Auswertung von Informationen aus dem politischen Raum sowie in umgekehrter Richtung um die direkte oder indirekte, akteursorientierte Einwirkung auf die Entscheidungsprozesse in Exekutive und Legislative. Dieses interessengeleitete Wechselverhältnis zeigt den »intermediären« Charakter der Interessenvermittlung, welcher damit die Begriffe Kommunikation, Interesse und Politik zusammenführt (siehe Abbildung 1.3).[19]

Interesse ist dabei ein konstitutives Merkmal von Politik: Interessen sind, neben ihrer Eigenschaft als grundsätzliche Handlungsantriebe sozialer Akteure, gleichsam der »Rohstoff der Politik«.[20] Mit der Artikulation und Durchsetzung ihrer Interessen erhoffen sich die Handelnden politische Vorteile im Wettstreit der Interessen. Politik ist somit immer interessengeleitet und die Interessenkonkurrenz eine natürliche Grundlage demokratischer Politik. Auf diesen Aspekt verweist auch die Europäische Kommission in ihrem Grünbuch Europäische Transparenzinitiative: »In einem demokratischen System hat Lobbyarbeit durchaus ihre Berechti-

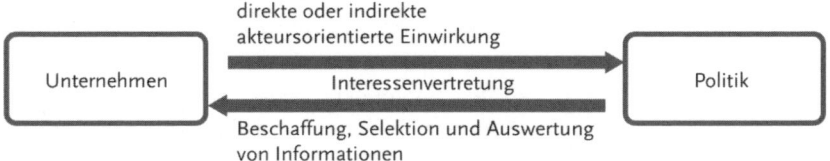

Abbildung 1.3: Interessenvertretung als intermediäres System.

gung. Dabei spielt es keine Rolle, wer diese Lobbyarbeit betreibt: einzelne Bürger beziehungsweise Unternehmen, Organisationen der Zivilgesellschaft oder andere Interessengruppen beziehungsweise Firmen, die Dritte vertreten (Berater für öffentliche Angelegenheiten, Denkfabriken und Rechtsanwälte)«.[21]

Der negative Beigeschmack des Begriffs Lobbying ist deshalb sachlich kaum gerechtfertigt: »Ohne die Bündelung, Vertretung und Durchsetzung von Interessen sind moderne Gesellschaften und demokratische Regierungssysteme nicht vorstellbar«.[22] Der oben skizzierte Ursprung des Begriffs Lobbying in den altehrwürdigen Demokratien Großbritanniens und der Vereinigten Staaten belegt dies auch historisch.[23]

Naturgemäß sind die vertretenen Interessen stets Partikularinteressen – sie fußen gerade nicht auf »allgemeinen« Interessen, was häufig als ein Ansatzpunkt seitens der Lobbying-Kritik hervorgebracht wird. Bei näherem Hinsehen entbehrt diese Kritik jedoch einer belastbaren Grundlage: Niemand wird ernsthaft beanspruchen können, gleichsam omnipotent für die Allgemeinheit im Ganzen sprechen zu können. Abgesehen von sehr allgemein gehaltenen Zielen (beispielsweise der Erhalt von Arbeitsplätzen oder der Schutz der Umwelt) ist kein Interesse »allgemeingültig« in diesem Sinne – stets hängt es von der individuellen Perspektive ab, welche Maßnahmen richtig oder falsch sind. Selbst diese Kategorien dürften in den meisten Fällen nicht ohne Weiteres verwendet werden: Welchem Interesse ist bei der Schließung einer umweltschädlichen Fabrik der Vorzug zu geben – dem der von der Arbeitslosigkeit betroffenen 5 000 Arbeitnehmer oder dem der Umwelt, das heißt letztlich auch dem von tausenden in der Umgebung lebenden Menschen? So gesehen kann Interessenvertretung logischerweise nur die (berechtigte) Vertretung von Partikularinteressen sein.

Die oft kritisierte mangelnde Transparenz des Lobbyings wiederum ist Ausdruck der Sensibilität der kommunizierten Inhalte und hat nichts mit Geheimniskrämerei zu tun, sondern gilt vielmehr zum einen der Wahrung von Unternehmensinterna, zum anderen der strategischen Vermeidung einer zu frühen Öffentlichkeit. Letzteres ist jedem eingängig, der bereits politisch tätig gewesen ist: Werden Vorhaben in einer zu frühen Phase offenbart, besteht die Gefahr der »Zerredung« und letztlich des Scheiterns oder – bestenfalls – des Zurückfallens auf Minimalpositionen. Der kleinste gemeinsame Nenner ist jedoch weder die Idealvorstellung von Demokratie noch ein sonderlich effizientes Verfahrensergebnis. Auf die demokratische Legitimation von Lobbying wird im nächsten Kapitel nochmals ausführlich zurückzukommen sein.

In dieser Darstellung steht die Betrachtung der Interessenvermittlung von Unternehmen im Vordergrund. Lobbying beziehungsweise der im Rahmen dieser Darstellung synonym verwandte Begriff der Interessenvertretung werden daher im Sinne einer Arbeitsdefinition wie folgt definiert: Interessenvertretung ist erstens die Beschaffung, Selektion und Auswertung von Informationen, die für das vertretene Unternehmen zu einem Wettbewerbsvorteil führen beziehungsweise einen Wettbewerbsnachteil verhindern können; zweitens das direkte oder indirekte Einwirken eines Unternehmens auf legislative und/oder exekutive Entscheidungsträger mittels Information mit dem Ziel, Wettbewerbsvorteile zu erreichen beziehungsweise Wettbewerbsnachteile abzuwenden.

Interessenvertretung ist dabei als ein dynamischer, fortschreitender Prozess zu betrachten, der Diskontinuitäten im politischen und administrativen Bereich berücksichtigt.[24] Abbildung 1.3 veranschaulicht das Modell der Interessenvertretung als intermediäres System.

B. Demokratische Legitimation von Interessenvertretung

Nachdem deutlich gemacht wurde, was unter Interessenvertretung zu verstehen ist, ist im Folgenden näher auf deren Existenzberechtigung im politischen und gesellschaftlichen Raum einzugehen. Wie ist also die dem Lobbyisten oft gestellte Frage der politischen beziehungsweise demokratischen Legitimation von Interessenvertretung zu beantworten?

Es ist kaum zu leugnen, dass Lobbying, wie eingangs bereits angedeutet, in der breiten öffentlichen Meinung Kontinentaleuropas einen denkbar schlechten Ruf hat: »Lobbyist« gilt vielen als Schimpfwort und Lobbying wird vielfach als etwas Illegitimes oder Unanständiges betrachtet.[25] Die Berichterstattung der Medien ist meist negativ konnotiert: »Machtvolle Einflüsterer«[26], »Im Lobbyland«[27] oder »Die Lobby-Republik«[28] lauten die Schlagzeilen zum Thema Interessenvertretung. Auch einschlägige Buchtitel sprechen eine eindeutige Sprache: Beispiele sind *Der gekaufte Staat. Wie Konzernvertreter in deutschen Ministerien sich ihre Gesetze selbst schreiben*[29], *Die Lobbyisten: Wer regiert uns wirklich?*[30] oder *Die Strippenzieher: Manager, Minister, Medien – wie Deutschland regiert wird*[31].

Die Interessenvertreter werden mitunter gar als die *fünfte Gewalt* bezeichnet.[32] Die wesentlichen Einwände der Kritiker sind die mangelnde Transparenz der Interessenvertretung, ein implizit unterstellter Zusammenhang zwischen Interessenvertretung und Korruption sowie die vermeintlich mangelnde Legitimation der Interessenvertretung bis hin zur Gefährdung der Demokratie. Der scheinbar undemokratische Charakter von Interessenvertretung besteht in den Augen der Kritiker darin, dass der eherne demokratische Grundsatz »one man, one vote« durch die (asymmetrische) Interessenvertretung ausgehebelt wird. Dahinter verbirgt sich die Befürchtung, aus Politik könne schließlich Klientelpolitik in dem Sinne werden, dass sich eine kleine Minderheit gegenüber der großen Mehrheit Vorteile verschafft. In diesem Zusammenhang wird ebenso oft die Intransparenz der Interessenvertretung kritisiert: Politische Entscheidungen kämen für die Öffentlichkeit nicht nachvollziehbar zustande, da nur die Politiker, nicht aber die Interessenvertreter öffentlich in Erscheinung träten.

Des Weiteren wird Lobbying oft mit Korruption in Verbindung gebracht. Im Zentrum steht die Unterstellung, Lobbyisten würden sich politische Vorteile erkaufen. Die Affäre und der spätere Prozess um den sogenannten »Waffenlobbyisten« *Karl-Heinz Schreiber* [33] und der Skandal um die damalige EU-Kommissarin *Edith Cresson* sind zwei prominente Beispiele, ähnlich die »Affäre Abramoff« in den USA oder die *Bangemann*-Personalie bei der spanischen Telefónica Ende der 90er-Jahre. Vor allem hinsichtlich der Korruptionsvorwürfe gilt Interessenvertretung als »Angriff auf die guten Sitten«[34] und darüber hinaus als »Schattenpolitik«[35].

Diese Einwände sind keineswegs neu; so schrieb schon *Jean-Jacques Rousseau* in seinem Klassiker *Der Gesellschaftsvertrag:* »Nichts ist gefährlicher als der Einfluss der Privatinteressen in den öffentlichen Angelegenheiten, und der Missbrauch der Gesetze von Seiten der Regierung ist ein geringeres Übel als die Verdorbenheit des Gesetzgebers, die die unausbleibliche Folge einer Berücksichtigung der Privatabsicht ist«.[36] Seitdem gab es immer wieder Kritik, die sich bis heute fortsetzt. Auch der Soziologe *Max Weber* warnte bereits in seinen Schriften vor dem »Klüngel« und »Bünde[n] aller Art«[37]. In seinem berühmten Vortrag »Politik als Beruf« sieht Weber zudem die mögliche Gefahr eines Machtzuwachses der »Interessengruppen« in der Parteiendemokratie.[38] *Theodor Eschenburg* unterstellte in den 1950er-Jahren eine »Herrschaft der Verbände«.[39] Der Ökonom *Mancur Olson* wiederum wies auf negativen Einfluss der Interessengruppen auf die Fähigkeit zum institutionellen Wandel von Staaten hin.[40] Kürzlich erst stellte der ehemalige Präsident des Bundesverfassungsgerichts, *Hans-Jürgen Papier*, in einem Interview fest: »Allgemein kann der Lobbyismus eine latente Gefahr für den demokratischen Rechtsstaat darstellen«.[41] Im selben Interview, noch offensichtlicher jedoch an anderer Stelle,[42] schränkte er diese Kritik wiederum deutlich ein: »Die Geltendmachung individueller, nicht zuletzt auch wirtschaftlicher Interessen, die Bündelung solcher Interessen in durchsetzungsstarken Verbänden und das Herantragen dieser Interessen an die Regierungsadministration und an die Abgeordneten des Deutschen Bundestages – mit anderen Worten die organisierte Interessenwahrnehmung – [gehören] zu unserer parlamentarischen Demokratie ganz selbstverständlich [dazu]. (...) Zu einer pauschalen Verteufelung der Tätigkeit von Lobbyisten, ganz gleich ob diese seitens von Wirtschaftsverbänden, der Gewerkschaften, einzelner großer Unternehmen, seitens von Nichtregierungsorganisationen, der Kirchen oder seitens sonstiger gesellschaftlicher Gruppen tätig werden, besteht deshalb gewiss kein Anlass«.[43)]

Jedes Jahr wird in Brüssel an Beamte, Politiker und Unternehmen der »Worst EU Lobbying Award« vergeben, mit dem in den Augen der Preisverleiher besonders umstrittene Lobbying-Aktivitäten öffentlich angeprangert werden, um ihre Wirkung eindämmen zu können. Diese »Skandalisierung« des Themas trägt zum »Mythos Lobbying« bei, welcher sich durch eine suggestive mediale Berichterstattung immer weiter selbst verstärkt und teilweise auf ein simples Gut-Böse-Schema verengt wird.[44)] Das Thema Lobbying eignet sich darüber hinaus trefflich, um vorhandene Vorurteile und Ressentiments *à la* »Die Wirtschaft bestimmt die Politik, nicht die Wähler« zu bedienen und scheinbar zu bestätigen. Wobei dazu gleich angemerkt werden muss, dass diese Vermutung nicht zutrifft – wäre die Situation derart simpel, bräuchte es keinerlei Lobbying.

Folglich ist es bei diesem Thema wie bei den meisten Mythen und Legenden: der »Mythos Lobbying« ist von der Wirklichkeit sehr weit entfernt. Ohne Frage gibt es immer wieder Fälle, bei denen die ethischen und rechtlichen Grenzen überschritten beziehungsweise zumindest gestreift werden – man denke an die oben erwähnten Beispiele. Die Einwände sind daher ernst zu nehmen. Lobbying kann zweifellos das rechte Maß an legitimer Einflussnahme überschreiten, vor allem dann, wenn rechtliche Grenzen berührt und durchbrochen werden. Aber gerade solche Ausnahmen bestätigen den Regelfall des strukturierten, professionellen und rechtlich einwandfreien Lobbying.

In der (Politik-)Wissenschaft – wie auch in der praktischen Politik – wird das Thema Lobbying denn auch meist sehr pragmatisch betrachtet. Nicht zuletzt muss sich auch die Lobbying-Kritik der Kritik stellen. Wer soll beispielsweise entscheiden, wie viel Lobbying zu viel ist? Wer soll entscheiden, worin das Gemeinwohl besteht? Beides sind letztlich normative Fragen, deren Beantwortung alles andere als leichtfällt, wie im Weiteren noch zu zeigen sein wird. Die folgenden Ausführungen streiten daher für ein besseres Verständnis für die Notwendigkeit und die demokratische Legitimation von Interessenvertretung.

I. Politik und Interessen

Wer die Notwendigkeit und die demokratische Legitimation von Interessenvertretung erkennen will, muss zunächst ein gewisses Verständnis nicht nur für die hinter den einzelnen Akteuren stehenden Interessen, sondern auch und vor allem für die Funktionsweise und die Akteure der praktischen Politik mitbringen. Um Politik und ihre Entwicklungen verstehen und antizipieren zu können, sind wiederum intime, umfassende und unmittelbare Kenntnisse der realen politischen Gegebenheiten jenseits offizieller Statements und medialer Berichterstattung notwendig. Anders gesagt: Man muss sich auf die »Logik des Politischen« einlassen. Die Kenntnis der formalen Gegebenheiten und die Wahrnehmung der offiziell oder medial vermittelten Informationen allein ist angesichts der Vielschichtigkeit der politischen Realität jedenfalls nicht ausreichend – zeigen sie doch allzu oft nur einen kleinen, mitunter verzerrten Ausschnitt der Politik. Erst vor diesem Hintergrund wird das »Warum« von Interessenvertretung deutlich.

1. Politik als Wettstreit verschiedener Interessen mit dem Ziel konsensfähiger Lösungen

»Politik ist die Kunst des Möglichen« – so lautet ein *Otto von Bismarck* zugeschriebenes, weitverbreitetes Bonmot über Politik. Politik ist Tag für Tag allgegenwärtig: Politische Themen sind auf der ersten Seite der Zeitungen zu finden, sie füllen die Nachrichtensendungen im Fernsehen und liefern den Talkshows Gesprächsstoff. Nahezu jeder »mündige Bürger« hat eine Vorstellung von Politik. Aber was verbirgt sich eigentlich hinter dem Begriff »Politik«: »Was ist Politik?«[45]

Das Wort Politik entstammt der griechischen Antike: *Tà politikà* »bezeichnet die auf die Polis bezogenen öffentlichen Angelegenheiten, die alle Bürger (=polítes) betreffen und verpflichten, *politiké téchne* die Kunst der Führung und Verwaltung der öffentlichen Aufgaben im Interesse der Gemeinschaft der Bürger/des Gemeinwohls der Polis«.[46] Jede menschliche Gesellschaft braucht auf gewisse Weise Regeln für das gemeinschaftliche Zusammenleben, an die sich alle ihre Mitglieder zu halten haben. Der Umfang und die Ausgestaltung dieser Regeln sind prinzipiell unbestimmt und variabel – die Regelungen werden durch politisches Handeln bestimmt.[47] Darum geht es bei Politik: »Politisches Handeln (…) erzeugt diejenigen Regelungen des Zusammenlebens, die für die ganze Gesellschaft verbindlich gelten sollen«.[48] Das Medium politischen Handelns ist Macht. Macht ist nach der klassischen Definition des Soziologen *Max Weber* »jede Chance, innerhalb einer sozialen Beziehung den eigenen Willen auch gegen Widerstreben durchzusetzen, gleichviel worauf diese Chance beruht«.[49] Um die zunächst formlose Macht anwenden zu können, bedarf es einer dauerhaften Methode, sie durchzusetzen: der Herrschaft.

Den Begriff der Herrschaft wiederum definiert *Max Weber* als »die Chance, für einen Befehl bestimmten Inhalts bei angebbaren Personen Gehorsam zu finden«.[50] Herrschaft ist aber nichts *per se* Gegebenes oder Vorhandenes; sie wird auf eine bestimmte Art und Weise von Menschen durch Handeln etabliert und gestaltet. Herrschaft kann damit vielfältige Formen und Ausprägungen annehmen. Damit herrschaftliche Befehle eine Chance auf Gehorsam haben, muss die Herrschaft durch ihre Legitimation gestützt sein. Legitimation kann ihrerseits verschiedene Grundlagen haben: »Tradition«, »affektueller« oder »wertrationaler Glaube« oder eine »positive Satzung, an deren Legalität geglaubt wird«.[51] Für den letzteren Fall kann »diese Legalität (...) als legitim gelten«, wenn sie auf einer »Vereinbarung der Interessenten für diese« oder auf »Oktroyierung [...] und Fügsamkeit« beruht.[52] In modernen, demokratisch verfassten politischen Systemen ist die Legitimation von Herrschaft seitens der gewählten Regierung durch verschiedene Arrangements auf kontraktualistischer Grundlage gegeben und wird – zumindest von den allermeisten Bürgern – mehr oder weniger als solche akzeptiert. Zuallererst ist hier die Verfassung als zentraler Rechtsbestand zu nennen, welche nach innen das Verhältnis von Herrschern und Beherrschten regelt und so die Staatsgewalt konstituiert.[53] In der Demokratie gibt sich das Staatsvolk die Verfassung, die damit die oberste Norm darstellt, welche die Macht der Staatsgewalt gegenüber den Normunterworfenen begrenzt.[54] Das Staatsvolk als Souverän bestimmt in Wahlen seine Regierung, die für eine bestimmte Zeit die Staatsgewalt ausübt. Im Übrigen besteht die sogenannte Gewaltenteilung, das heißt, die Rechtsprechung (Judikative), die Gesetzgebung (Legislative) und die Regierung (Exekutive) sind im Prinzip getrennt.[55] Charakteristisch ist ebenso die Institution des Rechtsstaats, durch den die Staatsgewalt und ihre Organe dauerhaft an eine objektive Rechtsordnung gebunden werden. Der moderne Staat hat damit nicht nur das Gewaltmonopol – nach innen wie nach außen – sondern auch das Rechtsmonopol inne.[56]

Durch die temporäre Delegation der Ausübung der Staatsgewalt an die Regierung ergeben sich mit Blick auf das politische System zwei Dimensionen der Legitimation politischer Herrschaft: Die Input-Legitimation und die Output-Legitimation.[57] Die Input-Legitimation bezieht sich darauf, »herrschaftliche Anforderungen möglichst unverfälscht aus den Präferenzen der Mitglieder des Gemeinwesens herzuleiten«.[58] Die Output-Legitimation stellt darauf ab, »dass die Ausübung der Herrschaft die Interessen der Mitglieder wirksam fördern soll«.[59] Anders gewendet: »Input-Legitimität basiert auf der Anerkennungswürdigkeit und faktischen Anerkennung der Qualität des politischen Willensbildungs- und Entscheidungsprozesses. Bei Output-Legitimität hingegen sind die Anerkennungswürdigkeit und die faktische Anerkennung der Produkte und Ergebnisse des politischen Willensbildungs- und Entscheidungsprozesses relevant«.[60] Vor allem die Input-Legitimation im Sinne der »Zustimmung der Beherrschten« gilt in der Wissenschaft als entscheidendes normatives Kriterium für Legitimation, da bei der Output-Legitimation, die ja allein auf den Nutzen von Entscheidungen für die Beherrschten abstellt, diese Entscheidungen nicht zwingend von demokratisch gewählten »Herrschern« gefällt werden müssen.[61] Abbildung 1.4 zeigt schematisch den Zusammenhang von Input beziehungsweise Output und dem politischen System in seiner Umwelt.

Die *Weber'schen* Kategorien Macht und Herrschaft greifen jedoch für die zeitgemäße Bestimmung des Begriffsinhalts von Politik zu kurz. Angesichts der historischen Ereignisse und Entwicklungen im 20. Jahrhundert wurde der »Begriff des Politischen«[62] in der wissenschaftlichen Diskussion modifiziert.[63] Um Politik angemessen zu charakterisieren, kristallisierten sich im Gefolge der Weber'schen Definitionen weitere Bestimmungsmerkmale heraus, nämlich Konflikt, Interesse und Konsens[64] – zugleich essenzielle Aspekte für das Verständnis der Schnittstelle von Politik und Interessenvertretung. In modernen demokratisch verfassten Ge-

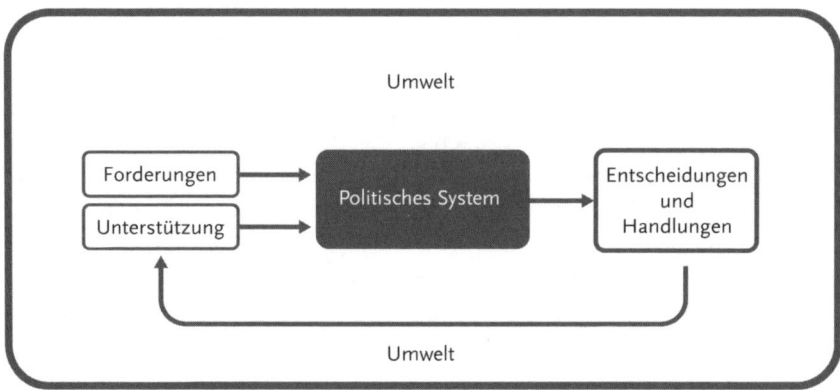

Abbildung 1.4: Das politische System.

meinwesen bestehen in aller Regel eine ungeheure Vielzahl an (häufig konträren) Meinungen und Vorstellungen über die öffentlichen Angelegenheiten nebeneinander – theoretisch so viele wie Individuen, die der Gemeinschaft angehören. Dieser Pluralismus nebeneinander existierender Interessen führt häufig zu Konflikten, die aber im Sinne des Gemeinwohls idealerweise im Konsens gelöst werden sollten. Demnach ist Politik »öffentlicher Konflikt von Interessen unter den Bedingungen von Macht und Konsensbedarf«.[65]

Der Konflikt ist somit ein zentrales Merkmal von Politik. Wären keine Konflikte vorhanden, bräuchte es wohl auch keine Politik. Zugleich gäbe es ohne Konflikte kaum gesellschaftliche und schon gar keine politische Entwicklung; Konflikte sind für das Politische daher ebenso wichtig wie ihre möglichst einvernehmliche Beilegung mittels Konsens, durch den die interessengeleiteten, latenten Spannungen im besten Fall abgebaut werden. Interessen wiederum sind nicht nur die grundsätzlichen Handlungsantriebe sozialer Akteure und damit der »Rohstoff der Politik«.[66] Mit der Durchsetzung ihrer Interessen erhoffen sich die jeweils Agierenden politische Vorteile. Die Trias von Interessen, Konflikten und Konsens ist – wie bereits ausgeführt – konstitutiv für die Politik. Obwohl heute meist nur der Konsens positiv konnotiert ist, müssen auch seine Voraussetzungen *Interesse* und *Konflikt* als etwas Normales und schlicht Notwendiges akzeptiert werden; vor allem der parteipolitische Streit wird hingegen in der Öffentlichkeit oft als unproduktiv und sogar als ungehörig betrachtet. Ohne Konflikt aber kann es schlechterdings auch keinen Konsens geben.[67]

Politik ist, besonders unter den Rahmenbedingungen der Demokratie, dabei immer von Auseinandersetzung, Aushandeln, Abstimmungen und Kompromissfindung geprägt. Im Gegensatz zu anderen gesellschaftlichen Handlungsfeldern, vor allem gegenüber der Wirtschaft, kommt es dabei naturgemäß zu Reibungsverlusten und Ineffizienzen, die demokratische Politik teilweise wirkungslos erscheinen lassen.[68] Jedoch macht genau dies den spezifischen Charakter demokratischer Politik aus: Der Wettstreit verschiedener Meinungen mit dem Ziel einer konsensorientierten politischen Lösung. In diesem Sinne ist auch der berühmte Ausspruch *Winston Churchills* zu verstehen: »Many forms of Government have been tried, and will be tried in this world of sin and woe. No one pretends that democracy is perfect or all-wise. Indeed, it has been said that democracy is the worst form of government except all those other forms that have been tried from time to time«.[69]

2. Eigene Logik politischer Prozesse und die Bedeutung des Prozessualen in der Politik

Politische Prozesse haben einen eigenen spezifischen Charakter, der sie, wie bereits erwähnt, von Prozessen in anderen gesellschaftlichen Handlungsfeldern wie beispielsweise der Wirtschaft wesentlich unterscheidet. Politische Prozesse verlaufen nach einer ihnen eigenen Logik, die nicht immer der allgemeinen, scheinbar rationalistisch geprägten Erwartungshaltung entspricht.

Zunächst ist festzustellen, dass Politik ein mehrdimensionales Geschehen ist. Zur analytischen Durchdringung wird in der Politikwissenschaft daher Politik in drei Dimensionen unterschieden: *Polity, Policy,* und *Politics* (vgl. Abbildung 1.5).[70] Diese drei Dimensionen stehen nicht statisch nebeneinander, sie sind je nach Gegebenheit in der Realität unterschiedlich ausgeprägt. Aus dem Nebeneinander, dem Zusammenspiel und den Wechselwirkungen zwischen diesen drei Kategorien ergibt sich die Logik des Politischen.[71] Wofür stehen nun diese drei Begriffe im Einzelnen?

Polity ist die formale Dimension von Politik.[72] Sie bildet in Form einer institutionellen Ordnung den Handlungsrahmen der Politik und umfasst »die konkreten normativen, strukturellen und verfassungsmäßig gewünschten Elemente von Politik«.[73] Neben den geschriebenen Normen wie der Verfassung und den Gesetzen hinsichtlich des Wahlsystems, des Staatsaufbaus etc. bilden auch die ungeschriebenen Normen den Rahmen für das Politische. Zu den wichtigsten ungeschriebenen Normen zählt in einem weiteren Sinne die politische Kultur eines Gemeinwesens.

Der Begriff Policy bezeichnet die inhaltliche beziehungsweise die materielle Dimension der Politik.[74] Gemeint sind damit die Sachpolitiken beziehungsweise die sogenannten Politikfelder, wie z. B. Sicherheits-, Um-

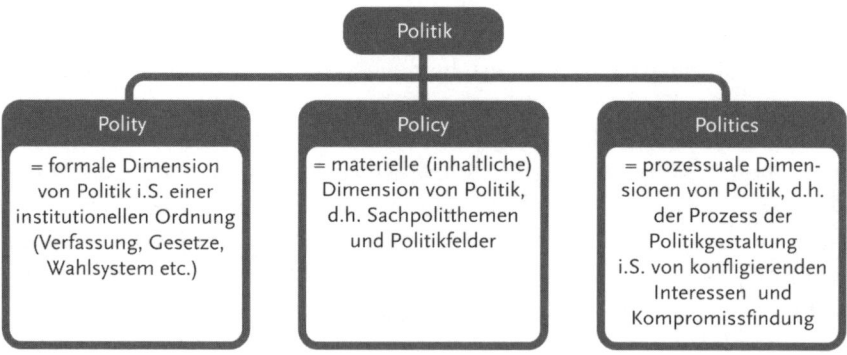

Abbildung 1.5: Politik als mehrdimensionales Geschehen[75].

welt- oder Finanzpolitik.[76] In dieser Dimension werden die Ziele und Aufgaben subsumiert, mit denen bestehende sachliche Probleme politisch bewältigt werden sollen. Dies geschieht vielfach vor dem Hintergrund eines politischen Programms der Regierung. Das entsprechende Ergebnis wird politikwissenschaftlich (Policy-)Output genannt und ist das »sichtbare« Resultat politischen Handelns, wenngleich dies manches Mal die Züge symbolischer Politik trägt.[77] Im politischen System werden diese Themen in aller Regel ressortspezifisch in den dafür zuständigen Ministerien bearbeitet. Unter analytischen Gesichtspunkten stehen hinsichtlich der Policy vor allem die Instrumente, das Vorgehen, die verwendeten Ressourcen etc. und der sachorientierte Erfolg der einzelnen Maßnahmen im Vordergrund, die oft die Grundlage für die externe Politikberatung darstellen.

Unter Politics wird die »prozessuale Dimension von Politik« erfasst.[78] Dieser Begriff kommt dem allgemeinen Verständnis von Politik am nächsten: Politics ist der mehr oder weniger konfliktreiche Prozess der Politikgestaltung, bei dem sich zunächst teils divergierende, teils übereinstimmende Interessen und politische Vorstellungen unterschiedlicher Provenienz gegenüberstehen, welche dann im Zeitverlauf durch Verhandlungen auf ein politisches Ziel hin verdichtet werden. Sehr häufig kommt es im Verlauf dieser Verhandlungen zu politischen Tauschgeschäften und das Ergebnis trägt meist kompromisshafte Züge. Reale Ausprägungen sind beispielsweise parlamentarische Debatten, Koalitionsgespräche oder auch Wahlkämpfe.

Darin kommt zugleich ein für die Interessenvertretung essenzieller Aspekt der Politik zur Geltung, der bereits an dieser Stelle kurz festzuhalten ist: Es ist für den Interessenvertreter beinahe wichtiger, die Regeln des jeweiligen politischen Entscheidungsprozesses genau zu kennen, als die besseren Argumente zu haben. Politik in einer Demokratie ist – hierin liegt ein häufiges Missverständnis der breiten Öffentlichkeit – gerade nicht ein Prozess, bei dem am Ende das (beispielsweise unter wohlfahrtsökonomischen Gesichtspunkten) beste Argument die Oberhand behält. Politische Entscheidungen stehen am Ende eines mitunter komplexen Prozesses – geprägt einerseits durch formelle Bedingungen wie Gesetzgebungsverfahren, Geschäftsordnungen oder Weisungsverhältnisse, andererseits durch informelle Regeln. Im letzteren Sinne spielen Mehrheitsverhältnisse, politische Opportunitäten und (nicht zuletzt) auch persönliche Befindlichkeiten, Interessen und »Eitelkeiten« eine nicht zu unterschätzende Rolle. Wer das übersieht, vergisst, dass Politik von Menschen gemacht wird und nicht in einem luftleeren Raum entsteht.

3. Formelle und informelle Akteure der Politik

Die Beschreibung von Politik als öffentlicher Konflikt von Interessen bedingt das Handeln von Akteuren, welche die konfligierenden Interessen formulieren und vertreten: »So wie Interessen ohne Akteure im politischen Prozess nicht in Erscheinung treten können, so verfechten die Akteure, die im politischen Prozess eine Rolle übernehmen, immer Interessen, auch wenn sie es auf den ersten Blick nicht zu erkennen geben«.[79] Auf den ersten Blick scheinen die Akteure der Politik klar identifizierbar: Politiker stehen im Mittelpunkt der medialen Berichterstattung, zumal dann, wenn sie hohe Ämter bekleiden. Nach offizieller Lesart trifft dies auch zu: Politiker – gleich, ob als Kommissare, Fraktionsführer, hochrangige Parteifunktionäre, Minister oder Oppositionsführer – machen die Politik.

Die politische Realität ist jedoch deutlich komplexer. So betreiben bei Weitem nicht nur Amtsinhaber oder Mandatsträger Politik. Im Hintergrund des politischen Geschehens ist ein Vielfaches an Akteuren im politischen Einsatz, als vorne im Rampenlicht stehen. Das politische System interagiert mit seiner Umwelt, und besteht – entgegen landläufiger Meinung – nicht abgekapselt von der Außenwelt. Das könnte es auch gar nicht, ruft man sich die obige Definition von Politik in Erinnerung.[80] Die Politiker sind Vertreter der »offiziellen« Seite der Politik. Sie bekleiden oft Ämter von Gesetzes- oder gar Verfassungsrang und üben dadurch die an sie delegierte Macht aus. In der politischen Wirklichkeit wird Macht aber nicht nur durch Politiker ausgeübt. Dies ergibt sich nicht aus einer näher bestimmten Legitimität heraus, sondern aus dem politischen Alltag. Die Gründe hierfür liegen darin, dass aufgrund der Fülle an Terminen, an Informationen und schließlich aufgrund der überdurchschnittlichen Komplexität der Inhalte die Politiker Unterstützung benötigen. Kein Politiker kann alles, was an ihn herangetragen wird, ja nicht einmal alles das, was ihn unmittelbar interessiert, zur Kenntnis nehmen. Um der Arbeitsbelastung Herr zu werden, sind sie auf Mitarbeiter angewiesen. Es liegt auf der Hand, dass jene Mitarbeiter einen gewissen Einfluss auf politische Vorgänge haben. Dies liegt bereits in ihrem Aufgabenbereich begründet; sie erstellen Reden und Pressemitteilungen, führen den Terminkalender und bearbeiten die ein- und ausgehende Post. Aber auch unter den Politikern selbst gibt es Positionen, die im Rückraum des Geschehens stehen. Die Akteure im Hintergrund haben wesentlichen Einfluss auf die Politiker. Anhand zweier Beispiele – eines auf europäischer, eines auf mitgliedsstaatlicher Ebene – soll dies im Folgenden verdeutlicht werden.

a) Beispiel des Büroleiters

Die Position des Büroleiters ist im Umfeld der Politik häufig anzutreffen.[81] Der Büroleiter ist ein loyaler und enger Vertrauter seines Dienstherrn. Typischerweise koordiniert er den Mitarbeiterstab eines Kommissionsmitglieds, hohen EU-Beamten, Ministers, Staatssekretärs oder Abgeordneten und ist somit ein Paradebeispiel für den Akteur im Hintergrund. Zu seinen Aufgaben gehören häufig die Bearbeitung der Post, das Führen des Terminkalenders und die Koordinierung der Arbeit innerhalb des Büros. Vor allem aber übernimmt er eine Vorauswahl der Informationen und trägt die wesentlichen Punkte an den Vorgesetzten weiter.[82] Auch bereitet er Entscheidungsgrundlagen vor und bringt nicht zuletzt eigene Meinungen und Prioritäten ein. Daraus wird ersichtlich, welche Macht dem Büroleiter zukommt: Er entscheidet nicht zuletzt darüber, welche Informationen dem eigentlichen politischen Entscheidungsträger vorgelegt werden oder ob jemand einen Gesprächstermin bekommt. Mitunter »steuert« der Büroleiter seinen Vorgesetzten vollständig durch den Arbeitsalltag. Oft berät er ihn auch in wichtigen politischen Belangen.[83] Ohne Zweifel verfügt ein Büroleiter über einen gewissen Einfluss auf den Politiker und somit auch auf das politische Geschehen insgesamt – und hat somit mehr Macht, als es seine Position rein organisatorisch vermuten lässt.[84]

b) Beispiel des Parlamentarischen Geschäftsführers

Aus mitgliedsstaatlicher Sicht lässt sich das Beispiel des Parlamentarischen Geschäftsführers anbringen: Alle Fraktionen im Deutschen Bundestag haben Parlamentarische Geschäftsführer, die diese Funktion neben ihrem Abgeordnetenmandat ausführen.[85] Dennoch sind sie in der Öffentlichkeit oft unbekannt. Dabei läuft ohne sie im Parlament fast nichts: »Parlamentarische Geschäftsführer sind die Maschinisten, Techniker, Heizer der Macht. Sie entscheiden über Chancen in der Fraktion, über Redeanteile, Ressourcen, Büros, Tagesordnungen, Antragsbehandlungen etc. (...) Sie sind die leisen Strippenzieher im Hintergrund«.[86] Sie sorgen für die interne Koordination von Standpunkten und bemühen sich um die Geschlossenheit bei Abstimmungen.[87] Die Parlamentarischen Geschäftsführer gehören damit zu den einflussreichsten Politikern. Dies ist insbesondere darin begründet, dass sie als enge Vertraute und Ratgeber dem Fraktionsvorsitzenden zuarbeiten, indem sie mit ihm Themen und Vorgehensweisen festlegen und ihn auch über Meinungen und Vorgänge innerhalb der Fraktion informieren. Die Position eines Parlamentarischen Geschäftsführers ist daher mit dem größtmöglichen Einfluss innerhalb der Fraktion verbunden. Dabei hat die Position des Parlamentarischen Geschäftsführers keine rechtliche Grundlage in der Geschäftsordnung des Deutschen Bundestages – geschweige denn im Grundgesetz oder dem Abgeordnetengesetz. Sie entspringt lediglich der jeweiligen Geschäftsordnung der Fraktionen.

Auch andere Parlamente kennen eine solche Funktion: Im britischen Parlamentarismus werden die einflussreichen Organisatoren im Hintergrund als »whips« bezeichnet.[88] Sie haben die vorrangige Aufgabe, das Abstimmungsverhalten zu koordinieren; darüber hinaus organisieren sie die Belange ihrer Partei hinsichtlich der parlamentarischen Arbeit.

Im Europäischen Parlament gibt es keine direkt vergleichbare Position; am ehesten können hier die dem Parlamentspräsidium angehörigen Quästoren genannt werden, die für abgeordnetenrelevante Verwaltungs- und Finanzfragen zuständig sind.

Neben den beiden dargestellten Positionen gibt es natürlich noch andere machtvolle Funktionen im politischen Betrieb, die nicht unbedingt als solche bekannt sind, etwa die Fraktionsreferenten.[89] Auf der Ebene der Europäischen Union sind die Kabinette der Kommissare oder die Berichterstatter im Europäischen Parlament Beispiele hierfür.[90]

Aber nicht nur die Politiker und deren Mitarbeiter sind Akteure der Politik; sie verkörpern lediglich die individuelle Ebene. In kollektiver Hinsicht sind naheliegender Weise die Parteien und die Institutionen des politischen Systems Akteure in der politischen Sphäre. Aber auch Bürgerinitiativen, Vereine, Verbände, Gewerkschaften etc. sind politisch Handelnde.[91] Nicht zu unterschätzen sind auch die Medien, die oftmals als vierte Gewalt neben der Legislative, der Exekutive und der Judikative bezeichnet werden. Der massenmedialen Vermittlung von politischen Informationen kommt mittlerweile eine ungeheure Bedeutung zu.[92] Aus dieser – unvollständigen – Aufzählung geht hervor, dass politisch Handelnde häufig sogenannte kollektive Akteure sind, die sich durch einen bestimmten Grad der Organisation, der Interessenaggregation und vor allem durch eine gewisse Zielorientierung auszeichnen.[93]

Aus dem Gesagten wird deutlich, dass Politik nicht ausschließlich in den vorgezeichneten Bahnen der *Polity* verläuft. In der Wirklichkeit ist Politik weit komplexer, als es das oben vorgestellte dreidimensionale Raster darstellen könnte (siehe Abbildung 1.5). Vieles verläuft auf Nebenpfaden abseits offizieller Arrangements, und es gibt zeitliche wie inhaltliche Ungleichmäßigkeiten im Fortschreiten politischer Prozesse. So werden die sprichwörtlichen »Küchenkabinette« kaum je in einem offiziellen Organigramm auftauchen, genauso wenig wie die wirklichen Machtstrukturen dort aufgezeichnet sind; oft treten auch einzelne Parteimitglieder mit inoffiziellen Vorschlägen und Konzepten vor, die den Führungsgremien der Partei noch nicht zur Kenntnis gelangt sind. Neben der formellen Politik der Lehrbücher gibt es auch die sehr große informelle Dimension des Politischen. Darüber hinaus gibt es genau betrachtet in der Wirklichkeit auch nicht das eine kohärente politische System, das Abbildung 1.5 idealtypisch darstellt. Erkennbar wird dies nicht zuletzt an den verschiedenen Beschreibungen, welche die Politikwissenschaft etwa der bundesdeutschen Demokratie, je nach analytischer Perspektive, zugedacht hat: Begriffsbeispiele sind »verhandelnde Wettbewerbsdemokratie«, »Kanzlerdemokratie«, »Parteiendemokratie«, »Koalitionsdemokratie« oder »Mediendemokratie«.[94]

II. Interessenvertretung als Aggregation von Interessen

Vor dem so skizzierten politischen Hintergrund lässt sich die Frage »Warum Lobbying?« nun besser beantworten. Dabei ist zu beachten, dass Lobbying gerade in den letzten Jahren zunehmend in den Fokus auch wissenschaftlichen Interesses gerückt ist.[95] Im Vordergrund stehen dabei demokratietheoretische Ansätze und Überlegungen: Lobbying sorgt für Meinungsbildung und -vielfalt und verwirklicht damit den Pluralismus von Meinungen und Ansichten im politischen Diskurs.[96] Ohnehin ist es ein Gemeinplatz, dass eine Demokratie Meinungsvielfalt braucht, will sie nicht ihrer prozessualen Grundlagen beraubt werden. Die Artikulation von Interessen seitens der Gesellschaft ist hierfür der entscheidende Beitrag.

Gerade die Beschaffenheit der Meinungsbildung und der öffentlichen Diskussion wird von vielen Experten auf der Ebene der EU als nicht ausreichend empfunden.[97] Hiermit eng verknüpft ist auch die Europäisierung der Politik in den EU-Mitgliedstaaten. Die von der Wissenschaft als Mehrebenenverflechtung charakterisierte Verbindung kommunaler, regionaler, gesamtstaatlicher und europäischer Politikebenen stellt ebenfalls eine Herausforderung demokratischer Institutionen dar. Folgt man den wissenschaftlichen Befunden zum Thema, so enthält Lobbying vor allem folgende notwendige und positive Aspekte:
- Interessenaggregation und -vermittlung
- Verwirklichung politischer Teilhabe
- Erbringung von Politikberatung für wirtschaftliche Akteure
- Befriedigung betrieblicher Bedürfnisse von Unternehmen im Kommunikationsprozess mit der Politik

Ohne Interessen gäbe es keine Politik. Die Interessenaggregation und -vermittlung ist damit essenziell für demokratische Verhältnisse: Durch die Artikulation von Interessen aus der gesellschaftlichen Sphäre werden wichtige Informationen in das politische System hineingetragen, die ohne externen Input dort kaum generiert würden. Damit eng verbunden ist der Aspekt der politischen Teilhabe: Schließlich sollte sich Politik an den Interessen der Politikbetroffenen orientieren und jene dabei auch beteiligen.[98] Im Sinne des »government for the people by the people« ist es einerseits notwendig, die Interessen der gesellschaftlichen Akteure seitens der Politik wahrzunehmen, andererseits muss das Volk in einer Demokratie an der Politik mitwirken können, auch jenseits der nur periodisch stattfindenden Wahlen. Beispiele hierfür sind Bürgerinitiativen und Volksentscheide, aber eben auch die Bemühungen um eine aktive Mitgestaltung in Form der Interessenvertretung. Da politische Entscheidungen im Einzelnen oft ganz verschiedene, komplexe Konsequenzen haben können, müssen Vor- und Nachteile politischen Handelns möglichst gut eingeschätzt werden. Interessenvertretung stellt vor diesem Hintergrund auch eine Form der Politikberatung dar.[99] Da prinzipiell keine politische Instanz immer über alles Notwendige Kenntnis hat, kommt auf diese Weise die benötigte externe Expertise der Politik zugute. Deshalb benötigt die Politik – auch ungefragt – Rückmeldungen der von den politischen Entscheidungen Betroffenen, um eventuelle unerwünschte Nebenwirkungen der Entscheidungen vermeiden zu können.[100] Hinzu kommt, dass viele politische Vorhaben mittlerweile eine äußerst hohe Komplexität hinsichtlich des fachlichen Gegenstandes wie auch der Wechsel- und Folgewirkungen haben und sie ohne das notwendige externe Expertenwissen kaum realisierbar wären, wie beispielsweise das Thema Gentechnik zeigt. Ein Beispiel für die Politikberatung ist die Institution der parlamentarischen Anhörung während eines Gesetzesvorhabens, bei der Vertreter gesellschaftlicher und wirtschaftlicher Belange von den Abgeordneten befragt werden und ihre fachliche Meinung zu Protokoll geben können. In eine ähnliche Richtung geht die Konsultation interessierter Vertreter der Zivilgesellschaft durch die Kommission zu bestimmten Themen, so etwa zum Weißbuch »Democratic European Governance«.[101] In gewisser Hinsicht wird auf diese Weise zudem ein Diktat der Mehrheit über eine Minderheit verhindert, was andernfalls mögliche Konflikte herbeiführen könnte. Das Urteil eines Abgeordneten des Deutschen Bundestages lautet deshalb: »Für mich ist Lobbying wichtiger Bestandteil des Parlamentarismus. Es dient der Information und Entscheidungsfindung im parlamentarischen Rechtsetzungsprozess«.[102] Umgekehrt besteht genauso für die

Gesellschaft selbst die Notwendigkeit, Informationen aus der Politik zu beziehen. Interessenvertretung erfolgt entsprechend der obigen Definition in zwei Richtungen (siehe Abbildung 1.3). Aus Unternehmensperspektive eröffnet sich so die Möglichkeit, aus der politischen Sphäre als Grundlage eigener unternehmerischer Entscheidungen wichtige und notwendige Informationen zu erhalten.

III. Interessenvertretung als Mittel zur Bildung kommunikativer Schnittmengen von Politik und Wirtschaft

Wechselseitige Abhängigkeiten von Politik und Wirtschaft sind typisch für moderne, offene Gesellschaftsordnungen. So ist die Wirtschaft nicht ein außerhalb der Gesellschaft stehendes Etwas – dieser Eindruck entsteht teilweise, soweit wirtschaftliche Entwicklungen wie z. B. starker Preiswettbewerb und daraus entstehender Lohndruck als externer Faktor betrachtet wird, ohne den Auslöser bei den Menschen (das heißt den Nachfragern) selbst zu suchen. Wirtschaft ist ein Teil der Gesellschaft; eine »Politik für die Menschen« ist ohne eine »Politik mit der Wirtschaft« nicht denkbar. Umgekehrt ist die Wirtschaft auf ökonomisch attraktive Rahmenbedingungen angewiesen und am Wegfall unnötiger Regulierung interessiert; eine »Wirtschaft ohne Politik« kann es damit ebenfalls nicht geben.

Vor diesem Hintergrund ist ein regelmäßiger, komplementärer Austausch von Standpunkten und Perspektiven notwendig. Allerdings wird immer wieder von Unternehmensvertretern und Ökonomen die unzureichende Kompetenz der Politik beziehungsweise der Politiker in wirtschaftlichen Belangen kritisiert.[103] Aufgrund mangelnder Sachkenntnis seitens der Politik komme es zu wirtschaftlich suboptimalen Politikergebnissen, den politischen Wünschen und Vorstellungen lägen keinerlei realistische Annahmen zugrunde, so der Tenor.

Dieser Befund ist richtig und falsch zugleich. Richtig daran ist erstens, dass sich in der Tat oftmals ein »Aneinander-vorbei-Reden« bei der Kommunikation von Wirtschaft und Politik feststellen lässt; denn auch seitens der Politik wird oft Unverständnis gegenüber Forderungen aus Kreisen der Wirtschaft laut. Zweitens ist zutreffend, dass politische Prozesse und Entscheidungen grundsätzlich kaum reinen Kosten-Nutzen-Kalkulationen folgen, sondern vielmehr Produkte von nur aus dem politischen Prozess heraus verständlichen Kompromissen sind (siehe oben). Aus ökonomischer Sicht handelt es sich demnach bei vielen politischen Ergebnissen um »zweitbeste Lösungen«, oft gekennzeichnet vom Prinzip des Minimalkonsenses – das Ideal ökonomischer Effizienzkriterien sieht anders aus. Allerdings sind gerade diese Charakteristika das konstituierende Hauptmerkmal von Politik. Wie im Abschnitt zum Wesen und zur Logik politischer Prozesse ausgeführt,[104] besteht demokratische Politik aus just diesen Kategorien. Von diesem Standpunkt aus gesehen ist der Befund unzureichender Kompetenz der Politik beziehungsweise der Politiker in wirtschaftlichen Belangen also falsch: Die Vertreter der Wirtschaft verwenden bei ihrer Bewertung der Leistungen der Politik schlichtweg einen ungeeigneten Begriffskatalog, mit dem die Arbeit der Politik nicht oder nur unzureichend erfasst werden kann.

Der Grund, weshalb sich Politik und Wirtschaft oft in gegenseitigem Unverständnis begegnen, liegt zuvorderst an unterschiedlichen Perzeptionen und Grundannahmen der beiden Akteursgruppen. So stehen in der Wirtschaft regelmäßig Gewinnmaximierung und (Kosten-)Effizienz im Vordergrund. In der Politik dagegen haben diese Kategorien kaum Bedeutung; hier sind, wie oben beschrieben, Macht und Herrschaft die zentralen Begriffe. Die divergierenden Begriffsgrundlagen sind ein Ausdruck des funktional differenzierten Charakters der modernen Gesellschaft. Die moderne arbeitsteilige Gesellschaft ist somit durch eine nachhaltige Ausdifferenzierung in Subsysteme gekennzeichnet, wie beispielsweise dem politischen System, dem Wirtschaftssystem, dem Rechtssystem etc. Die theoretische Begründung dieser Verhältnisse stammt von dem Soziologen *Niklas Luhmann*, der im Rahmen der von ihm geschaffenen Systemtheorie umfangreiche Forschungen zu Entstehung und Gestalt dieser Funktionssysteme unternommen hat.[105] Sehr stark komprimiert und vereinfacht ausgedrückt führen die Subsysteme nach *Luhmann* jeweils ein auf sich selbst konzentriertes Eigenleben. Sie sind ihrer Struktur nach selbstreferentiell und autopoietisch, das heißt, sie beziehen sich in ihrer Kommunikation nur auf sich selbst und erschaffen beziehungsweise stabilisieren sich stets aus sich selbst heraus.[106]

Eine Kommunikation mit anderen Subsystemen, der »Umwelt«, ist damit zwar nicht gänzlich ausgeschlossen, jedoch folgt die Rezeption externer Informationen nur partiell und selektiv entsprechend dem Funktionsbereich des Subsystems. Vereinfacht ausgedrückt bedeutet dies, dass die Subsysteme sich nicht gegenseitig in komplementärer Weise verständigen können; zwischen ihnen herrscht gleichsam Sprachlosigkeit und Unverständnis.

Soweit die Perspektive der makrosoziologischen Theorie – im Lichte der *Luhmann'schen* Systemtheorie lässt die alltägliche Erfahrung diesen theoretischen Befund aber als empirisch gesättigt erscheinen. Diese Feststellung ist jedoch unter den realen Bedingungen eines pluralistischen demokratischen Regierungssystems offensichtlich problematisch, da mangelhafte Kommunikation permanent zu eklatanten Fehlentwicklungen mit negativen Konsequenzen für die Gesellschaft führen würde. Umso wichtiger ist daher die Bildung kommunikativer Schnittmengen zwischen der Politik und der Wirtschaft.

Professionelle, strukturierte und zielorientierte Interessenvertretung kann hierzu einen integrierenden und notwendigen Beitrag leisten, indem sie Möglichkeiten zur Überwindung der Systemgrenzen durch gegenseitig verständliche Kommunikation zwischen Politik und Wirtschaft schafft und diese strukturiert sowie begleitet. Abbildung 1.6 zeigt dies im Sinne einer Interessenvertretung als Diskurs- und Verhandlungssystem: Was mangels gemeinsamer Sozialisation der politischen und wirtschaftlichen Eliten nicht durch direkte Kommunikation gelingen kann, soll in einem solchen System die Interessenvertretung durch intermediäre Strukturen gewährleisten. Im besten Fall wird so sichergestellt, dass Politik und Wirtschaft in gegenseitiger Zusammenarbeit bestmögliche und nachhaltige Entscheidungen treffen, deren Ergebnisse letztlich allen Beteiligten zugutekommen. Politik und Wirtschaft tragen ihre Bedürfnisse und Erwartungen vor, tauschen Informationen aus und treffen in der Folge die notwendigen Entscheidungen. Darüber hinaus kann auch ein Aus-

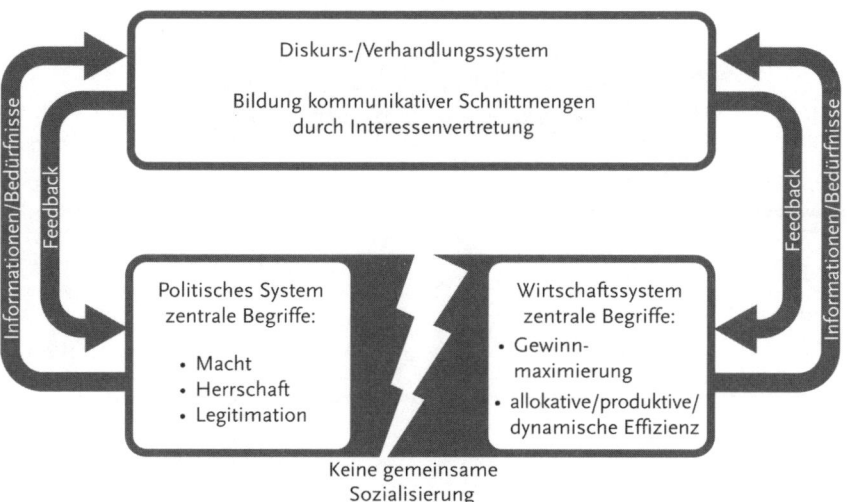

Abbildung 1.6: Interessenvertretung als Verhandlungssystem zur Bildung kommunikativer Schnittmengen.

tausch im vorpolitischen Raum entstehen, unabhängig von konkreten Interessenvertretungsprozessen, der aus politischer wie gesamtgesellschaftlicher Sicht wünschenswert ist. Eine solche freiwillige Wertbindung wäre wiederum ein Weg, die tatsächlichen oder vermeintlichen (Interessen-)Gegensätze zwischen Wirtschaft und Politik abzubauen.

C. Funktion von Interessenvertretung für Unternehmen

Nach der politischen und gesamtgesellschaftlichen Sichtweise auf die Vertretung von Interessen rückt im Folgenden die Perspektive des Vertretenen in den Mittelpunkt der Darstellung: Welche Rolle spielt Interessenvertretung für ein einzelnes Unternehmen beziehungsweise was sind die wesentlichen Ziele und Funktionen von Interessenvertretung aus Unternehmensperspektive?

Im Rahmen der Ausführungen zur definitorischen Abgrenzung von Interessenvertretung [107] wurde Kommunikation als Beitrag zur Wertschöpfung eines Unternehmens beschrieben. Wie ausgeführt, steht im Rahmen von Interessenvertretung gerade nicht der Gewinn öffentlicher Reputation des Unternehmens im Vordergrund – dies wird bereits von PR und PA übernommen. Interessenvertretung und speziell Governmental Relations zielen demgegenüber vor allem auf ein Ergebnis: Je nach Perspektive entweder auf das Erzielen von Wettbewerbsvorteilen oder die Verhinderung von Wettbewerbsnachteilen (dazu insgesamt Abbildung 1.7).

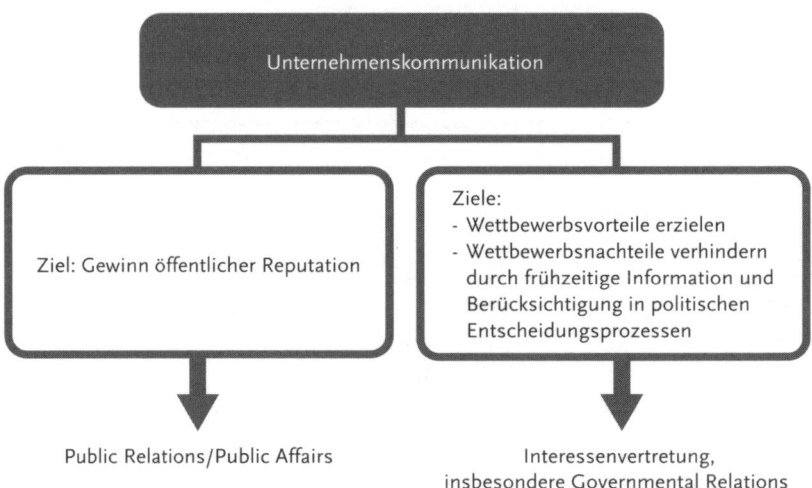

Abbildung 1.7: Ziele von Unternehmenskommunikation.

Im Folgenden werden Zweck und Wirkung der Governmental Relations betrachtet und eine Einordnung in das Unternehmensmanagement vorgeschlagen.

Jedes Unternehmen ist nicht nur ein Akteur auf wirtschaftlichen Märkten – es agiert vielmehr auch im interaktiven Zusammenhang mit der Gesellschaft und der Politik.[108] Unternehmen sind elementare Bestandteile der Gesellschaftsordnung, deren Handlungsmöglichkeiten und Spielräume darum nicht ausschließlich kunden-, markt- oder branchenabhängig sind, sondern auch durch das »Kontext-Umfeld« determiniert werden, welches normative Bestimmungen wie »die legislativen, regulativen und politischen Entscheidungen wie Gesetze und Verordnungen« hervorbringt;[109] siehe dazu Abbildung 1.8. Die Entscheidungen aus dem Kontext-Umfeld können mittel- oder unmittelbar auf die wirtschaftlichen Rahmenbedingungen des Unternehmens einwirken und müssen daher im Zuge unternehmerischer Entscheidungen berücksichtigt werden. Beispiele sind arbeitsrechtliche Normen, behördliche Verordnungen oder umweltpolitische Vorgaben. Deshalb ist »[in] einer globalisierten Welt, in der sich Unternehmen schneller denn je neuen wirtschaftlichen, gesellschaftlichen und kulturellen Strömungen und Trends gegenübersehen und hierauf auch reagieren müssen, (…) die aktive Mitgestaltung dieses Umfelds unerlässlich«.[110]

Die Akteure des Kontext-Umfeldes können mit Bezug auf die primären Stakeholder (also vor allem Anteilseigner und potenzielle Investoren) eines Unternehmens als sekundäre Stakeholder betrachtet werden. Während die Beziehungen zu den primären Stakeholdern durch die Investor

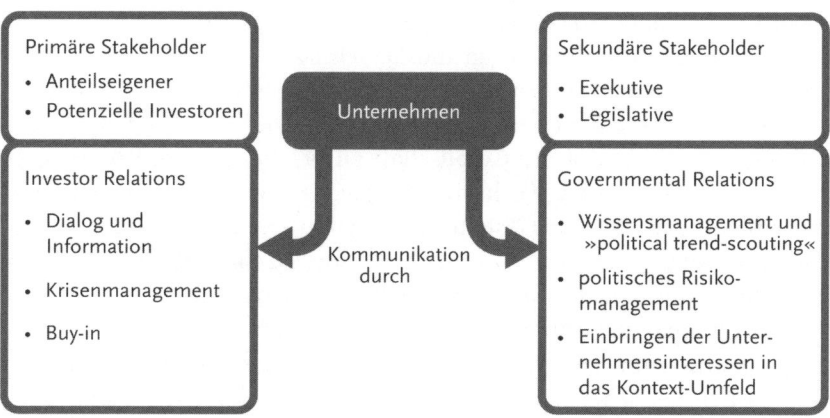

Abbildung 1.8: Governmental Relations als Kommunikation mit dem Kontextumfeld des Unternehmens.

Relations geführt werden, braucht es ebenso einen Weg zur Kommunikation mit den sekundären Stakeholdern.[111] Dies ist Aufgabe der Interessenvertretung in Gestalt der Governmental Relations. Der Interessenvertretung kommt demnach – ähnlich den Investor Relations – eine strategische Managementfunktion zu, »welche das politische Umfeld eines Unternehmens analysiert, interpretiert und im Sinne der Unternehmensziele bestmöglich mitgestaltet«.[112] Die praktischen Aufgaben umfassen dabei einerseits die Beobachtung der politischen Arena, die Analyse politischer und gesellschaftlicher Entwicklungen, sowie andererseits die Vertretung der Unternehmensinteressen im politischen Bereich.

Die Bedeutung der Interessenvertretung für die Unternehmenspraxis kann daran bemessen werden, inwieweit die politischen Rahmenbedingungen auf die wirtschaftliche Aktivität des Unternehmens einwirken. Die politischen Rahmenbedingungen zählen zwar ohnehin zu den wichtigsten Kontext-Faktoren eines Unternehmens, jedoch gibt es sektor- oder branchenspezifische Unterschiede. Insbesondere für Unternehmen, die in stark regulatorisch geprägten Sektoren tätig sind (unter anderem also in den Bereichen Energieversorgung, Telekommunikation, Logistik und Verkehr), ist eine effektive Interessenvertretung lebensnotwendig: Ein möglichst präzises Wissen über relevante politische Vorgänge, das »Wie, Wann und Warum« der für das eigene Unternehmen wesentlichen politischen Entscheidungsprozesse und eine zuverlässige Einschätzung der maßgeblichen Entscheidungsträger führt beinahe zwangsläufig zu Wettbewerbsvorteilen gegenüber Konkurrenten, die ihre politische Informationsversorgung (was häufig geschieht) weitgehend dem Zufall überlassen. Mittlerweile ist die Interessenvertretung deshalb mehr und mehr zu einer »modernen Management-Disziplin« geworden.[113] Darüber hinaus sollten die entsprechenden Kenntnisse grundsätzlich auch in das strategische Informationsmanagement eines Unternehmens einfließen.[114]

Ebenso wirken die generierten Produkte oder Dienstleistungen der Unternehmen oft direkt auf die Gesellschaft zurück oder beeinflussen diese zumindest.[115] Aus diesen Wechselwirkungen »resultiert die unternehmerische Pflicht, aktiv an der Gestaltung der politischen, gesetzlichen, regulativen und administrativen Rahmenbedingungen im eigenen Interesse mitzuwirken, um Schaden vom Unternehmen fernzuhalten«.[116]

Betrachtet man die Interessen eines Unternehmens als ein Betriebsmittel, so bekommt Lobbying vor allem eine strategische Funktion.[117] Aus unternehmerischer Sicht kann man die Interessenvertretung auch als »politisches Risikomanagement« erfassen, mit dem Ziel, »den sich immer schneller ändernden Herausforderungen und Ansprüchen von

Kunden, einer informierten Öffentlichkeit und dem Gesetzgeber effizient und zeitnah begegnen zu können».[118] Prinzipiell entscheidend ist hierbei das möglichst frühzeitige Wissen um den Stand der Dinge: »Politisches Risikomanagement heißt deshalb, relevante Themen im Vorfeld aufzuspüren, einzuordnen und verschiedene Handlungsoptionen als Reaktion bereitzuhalten«.[119] Denn ist ein politischer Prozess erst einmal in eine bestimmte Richtung in Gang gesetzt, wird er in der Regel nur noch schwer aufzuhalten sein oder seine grundsätzliche Richtung verändern. Letztlich geht es um die Schaffung von Informationsvorteilen aus dem Kontext-Umfeld, ähnlich der Untersuchung von Kundenpräferenzen durch die Marktforschung, der Beobachtung von konkurrierenden Firmen und der Sondierung des Branchenumfeldes. Um die Interessen des Unternehmens wahren zu können, muss aber nicht nur die politische Arena sorgfältig beobachtet werden; die bestehenden Interessen müssen auch aktiv und zielorientiert in das Kontext-Umfeld eingebracht werden. In vielen Fällen garantiert nur Letzteres die erfolgreiche Interessenvermittlung. Freilich muss dies in redlicher Art und Weise geschehen; unbedingt sind die oben aufgeführten Maßstäbe professioneller Interessenvertretung zu befolgen – insbesondere der rechtliche Rahmen – und die unternehmenseigenen (über die gesetzlichen Anforderungen meist deutlich hinausgehenden) Compliance-Richtlinien einzuhalten. Aus funktionaler Sicht ist deshalb eine Ansiedlung von Governmental Relations im Management der Unternehmung nötig. Da durch Interessenvertretung im Sinne der oben vorgestellten Definition Wettbewerbsvorteile erreicht, beziehungsweise Wettbewerbsnachteile für das Unternehmen verhindert werden sollen, muss die Interessenvertretung organisatorisch der obersten Führungsebene eines Unternehmens zugeordnet sein. Die Wertschöpfungspotenziale von Lobbying können nur so möglichst optimal genutzt werden.[120]

D. Executive Summary zu Teil 1

Gegenstand des ersten Teils dieser Darstellung sind Funktion und Legitimation von Interessenvertretung. Den Ausführungen liegen drei Leitfragen zugrunde:
- Was ist unter den Begriffen Lobbying, Interessenvertretung und Governmental Relations zu verstehen und wie sind sie inhaltlich von Public Relations und Public Affairs abzugrenzen?
- Wie ist die Frage der Legitimation von Interessenvertretung aus politischer beziehungsweise gesellschaftlicher Sphäre zu beantworten?
- Was sind die wesentlichen Ziele und Funktionen von Interessenvertretung aus der Unternehmensperspektive?

Die wesentlichen Ergebnisse werden im Folgenden kurz zusammengefasst:
(1) Der Begriff des Lobbyings beziehungsweise (synonym) der Interessenvertretung lässt sich definieren als:
 - erstens die Beschaffung, Selektion und Auswertung von Informationen, die für das vertretene Unternehmen zu einem Wettbewerbsvorteil führen beziehungsweise einen Wettbewerbsnachteil verhindern können;
 - zweitens das direkte oder indirekte Einwirken eines Unternehmens auf legislative und/oder exekutive Entscheidungsträger mittels Information mit dem Ziel, Wettbewerbsvorteile zu erreichen beziehungsweise Wettbewerbsnachteile abzuwenden.
(2) Wesentlich für ein korrektes Verständnis von Lobbying ist die konzeptionelle Abgrenzung gegenüber Public Relations und Public Affairs. Während sich die Public Relations mit der Außendarstellung des Unternehmens gegenüber einer breiten (Medien-)Öffentlichkeit und damit nicht zuletzt der Imagepflege befassen, ist bereits der Adressatenkreis der Public Affairs enger gezogen: Sie meinen das strategische Informationsmanagement zwischen Politik, Unternehmen und Gesellschaft, gleichsam einer »begrenzten Öffentlichkeit«. Der Fokus liegt dabei klar auf Inhalten (Anfertigung von Analysen, Planung und Durchführung von Veranstaltungen etc.), weniger auf Prozessbegleitung. Letzteres ist die Domäne des Lobbyings, bei dem es vor allem um einen messbaren Einfluss auf konkrete Entscheidungen in Legislative und Exekutive geht.

(3) Als spezielle Form des Lobbyings haben sich Governmental Relations etabliert. Inhaltlich grenzen sich Governmental Relations durch ihre gezielte Ausrichtung auf die legislative und exekutive Tätigkeit staatlicher Institutionen ab (z. T. verengend als »legislatives Lobbying« bezeichnet), zeitlich durch den strukturellen (das heißt langfristigen) Ansatz: Während allgemeines Lobbying auch auf kurzfristige Einzelfallentscheidungen abzielt, setzen Governmental Relations in der Regel zu einem viel früheren Zeitpunkt an und begleiten den gesamten Entscheidungsprozess beziehungsweise das relevante Umfeld, unter Umständen sogar über mehrere Jahre.

(4) Der Begriff »Lobbying« wird in der (Medien-)Öffentlichkeit häufig negativ konnotiert. Die wissenschaftliche Betrachtungsweise ist differenzierter; sie erkennt in weiten Teilen an, dass ohne eine Bündelung, Vertretung und (organisierte) Durchsetzung von Interessen moderne Gesellschaften und demokratische Regierungssysteme nicht denkbar sind. Zwar sind die vertretenen Positionen *per definitionem* Partikularinteressen (welches Interesse ist das nicht?); ohne diese gäbe es jedoch keinen Pluralismus von Meinungen und Ansichten im politischen (demokratischen) Diskurs. Politik entsteht gerade nicht in einem luftleeren Raum, sondern in wechselseitiger Abhängigkeit von ihrem Umfeld. Interessen sind dabei die grundsätzlichen Handlungsantriebe der Akteure und damit eine Art »Rohstoff der Politik«. Demokratische Politik ist stets von Auseinandersetzung, Aushandeln, Abstimmungen und Kompromissfindung geprägt, vom Wettstreit verschiedener Meinungen mit dem Ziel einer konsensorientierten politischen Lösung.

(5) Die Trias von Interessen, Konflikten und Konsens ist folglich konstitutiv für die Politik. Politische Entscheidungen entstehen in komplexen Prozessen und Verfahren, deren formelle und informelle Regeln für die Öffentlichkeit oft nicht ersichtlich sind (Logik des Prozessualen in der Politik). Vor diesem Hintergrund gibt es zahlreiche positive Aspekte des Lobbyings, wie etwa die Interessenaggregation und -vermittlung, die Verwirklichung politischer Teilhabe, die Beratung wirtschaftlicher Akteure in politischen Dingen und die Befriedigung unternehmerischer Bedürfnisse von Unternehmen im Kommunikationsprozess mit der Politik. Deshalb ist Interessenvertretung nicht nur notwendig, sondern auch demokratisch legitim.

(6) Gute Interessenvertretung kann zur Bildung kommunikativer Schnittmengen zwischen Politik und Wirtschaft beitragen. Politische und wirtschaftliche Entscheidungsträger sind zwei in der Regel nicht deckungsgleiche Akteursgruppen: Unterschiedlich sozialisiert und von differierenden Perzeptionen und Grundannahmen ausgehend, fällt die Kommunikation und das gegenseitige Verständnis oft schwer. Interessenvertretung kann hier durch intermediäre Strukturen für wirksamen Informationsaustausch und gegenseitige Einbindung in wesentliche Entscheidungen Sorge tragen. Im besten Fall wird so sichergestellt, dass Politik und Wirtschaft in gegenseitiger Zusammenarbeit bestmögliche und nachhaltige Entscheidungen treffen, deren Ergebnisse letztlich dem Gemeinwesen zugutekommen.

(7) Interessenvertretung im Allgemeinen, speziell jedoch Governmental Relations sind neben Investor Relations und Public Relations Bestandteil einer strategisch ausgerichteten Unternehmenskommunikation. Im Gegensatz zu Investor Relations als (z. T. sogar gesetzlich vorgeschriebene) Kapitalmarktkommunikation und Public Relations als Mittel der Außendarstellung und Imagepflege wird die Wichtigkeit von Governmental Relations als Hebel für eine zielgerichtete Partizipation an Entscheidungsprozessen von vielen Unternehmen erst nach und nach erkannt.

(8) Interessenvertretung ist ein wichtiger Teil des unternehmerischen Umfeldmanagements: Eine fortlaufende, präzise Analyse des politischen Umfelds eines Unternehmens ist essenzielle Grundlage für langfristige unternehmensstrategische Entscheidungen; die Umsetzung dieser Entscheidungen kann durch eine gezielte Kommunikation mit Entscheidungsträgern in Legislative und Exekutive entscheidend gefördert werden. Nicht nur für stark regulierte Branchen, sondern letztlich für jedes von gesetzgeberischen beziehungsweise Verwaltungsentscheidungen abhängige Unternehmen kann Lobbying helfen, Wettbewerbsvorteile zu erzielen beziehungsweise die Entstehung von Wettbewerbsnachteilen zu vermeiden.

Teil 2
Interessenvertretung –
weit mehr als nur ad-hoc-Kommunikation

Im ersten Teil der Darstellung wurden Funktion und Legitimation von politischer Interessenvertretung erläutert, sowohl aus politischer beziehungsweise gesellschaftlicher als auch aus unternehmerischer Perspektive. Der folgende Abschnitt will nun die praktischen Möglichkeiten aufzeigen, wie und auf welche Weise die Unternehmensinteressen in den politischen Bereich eingebracht werden können. Zwei Fragen sind dabei zu beantworten:
- In welchen Situationen kann ein Unternehmen von welcher Art von Interessenvertretung profitieren?
- Was ist dabei strategisch und handwerklich zu beachten und worin unterscheiden sich die einzelnen Herangehensweisen?

Dabei wird deutlich werden: Interessenvertretung hat für Unternehmen im Wesentlichen drei Dimensionen. Erstens kann Interessenvertretung als ein Frühwarnsystem genutzt werden, um relevante politische Themen und Trends zu identifizieren. Zweitens umfasst die Interessenvertretung in ihrer klassischen Funktion die Begleitung von Entscheidungsprozessen in der politischen Sphäre. Schließlich kann mittels Interessenvertretung politisches Krisenmanagement betrieben werden. Dabei ist bereits an dieser Stelle festzuhalten, dass die drei Dimensionen nicht isoliert nebeneinander stehen. Sie überschneiden sich teilweise in ihrer Art und Ausrichtung und sollten im Idealfall als komplementäre Elemente einer unternehmerischen Interessenvertretungsstrategie betrieben werden.

A. Interessenvertretung als Frühwarnsystem: Identifikation von Themen und Trends

Im politischen Bereich gilt: Nicht nur große, auch kleine politische Ereignisse werfen ihren Schatten voraus. Allerdings stellen die durch die Massenmedien verbreiteten politischen Vorgänge in der Realität nur einen ganz kleinen Teil aller politischen Vorhaben dar. Auch sind die politischen Themen nicht nur Gegenstand des genuin politischen Bereichs, sondern entstammen oft der zivilgesellschaftlichen Sphäre. Daraus können für Unternehmen Risiken, aber auch Chancen erwachsen. Letzteres setzt freilich die aktive und umfassende Beschäftigung mit politischen Themen voraus. Allerdings »existiert eine generelle Tendenz in Unternehmen, sich nicht mit den Umfeldrisiken des politisch-gesellschaftlichen und des rechtlichen Bereichs zu beschäftigen«.[121] Diese Risiken müssen jedoch möglichst genau identifiziert und beurteilt werden, um sie handhaben zu können.[122] Andererseits ist die Menge an politischen Nachrichten mittlerweile fast unüberschaubar. Um aus der Flut von Meldungen tatsächlich wichtige Informationen zur Orientierung herausfiltern zu können, ist Sachkompetenz und politisches Gespür nötig – insbesondere, um sinnvolle Zusammenhänge herstellen zu können. Noch mehr gilt das für jene politischen Themen, die nicht in der Medienberichterstattung vorkommen. Bei der Betrachtung ist es darüber hinaus wichtig, die grundsätzliche Verknüpfung von Mikro- und Makro-Ebene sowie die Beachtung möglicher Verschränkungen und Wechselwirkungen mit anderen Themen mit zu bedenken. Vor diesem Hintergrund kann Interessenvertretung als präventives Handeln aufgefasst werden, um Themen und Trends im politischen Raum zu identifizieren.[123]

Dementsprechend beginnt Interessenvertretung, auch im Sinne des politischen Risikomanagements, lange vor dem eigentlichen Dialog mit politischen Entscheidungsträgern.[124] Er steht tendenziell am Ende des Lobbying-Prozesses; bis dahin muss ein wesentlicher Teil der gesamten Arbeit bereits getan sein. Nur die umfassende Vorbereitung des Dialogs garantiert den Erfolg. Grundlage einer wirkungsvollen Interessenvertretung ist daher die breit angelegte Identifizierung und Analyse relevanter Themen, oft ohne einen konkreten Lobbying-Auftrag. Daneben gilt es, auch in personeller Hinsicht die politische Arena im Blick zu haben, um immer auf dem aktuellen Stand zu sein. Nur so können im Ernstfall ohne großen Zeitverlust beispielsweise die entscheidenden Ansprechpartner in Legislative und Exekutive ausgemacht werden. Dieses Vorwissen ist kaum zu unterschätzen, kann es doch gegebenenfalls eine effektive Interessenvertretung nahezu aus dem Stand ermöglichen. Vor diesem Hintergrund ist Interessenvertretung im Idealfall als struktureller und kontinuierlicher Prozess angelegt.

Grundlage erfolgreicher Interessenvertretung ist eine profunde und umfassende Vorbereitung. Dieses »managing the fieldwork«[125] beinhaltet die Sondierung des politischen Terrains. Dabei erfolgt zunächst die Informationsgewinnung mittels der umfangreichen Presse- und Medienauswertung, gefolgt von kontinuierlichen Kontakten zu sowie Gesprächen mit Insidern, also Politikern, Beamten und anderen Entscheidungsträgern. Grundsätzlich gilt: »Ein Interessenvertreter, der präventives Lobbying betreiben will, muss zwangsläufig dort involviert sein, wo die gedankliche und programmatische Vorarbeit zu dem jeweiligen Themengebiet geleistet wird«.[126] Dabei ist unbedingt darauf zu achten, möglichst dezent und diskret zu agieren, also möglichst wenig Öffentlichkeit herzustellen, da ansonsten ungewollte Themen politisch »hochkommen« könnten. Kurz gesagt gilt es, keine schlafenden Hunde zu wecken.[127] Zugleich ist allerdings zu beachten, dass Kommunikation nicht als Einbahnstraße angelegt sein kann. Während eines Interessenvertretungsprozesses ist es wichtig, für eine umfassende Informationstransparenz, also ein »möglichst vollständige[s] Vorliegen aller entscheidungsrelevanten Informationen«,[128] zu sorgen. Getreu dem intermediären Charakter von Interessenvertretung ist diese Informationstransparenz auf Gegenseitigkeit anzulegen; dies zeugt auch von Seriosität und Fairness gegenüber den Ansprechpartnern.[129]

Von wesentlicher Bedeutung für eine erfolgreiche Interessenvertretung ist das Issue Management.[130] Hier gilt mit den Worten *Henry Kissingers*: »An issue ignored is a crisis invented«.[131] Die Funktion des Issue Managements ist die »frühzeitige Identifizierung und Behandlung von Sachverhalten mit (...) Krisenpotenzial«[132], sowie die genaue Bestimmung und Einordnung des Themas. Zunächst erfolgt dabei ein Scanning der Themen- und Meinungslandschaft, um eine breitgefächerte Informationsperzeption zu erlangen. Das eigentliche Monitoring besteht anschließend aus der gezielten Beobachtung eines ausgewählten Themas. Wichtig ist auch die aktive Themensuche durch den Interessenvertreter selbst: zum einen, weil häufig Grundkenntnisse der Hintergründe von vorne herein wichtig ist, zum anderen, weil er optimalerweise näher am politischen Geschehen ist als das Unternehmen, das er vertritt.

In diesem Zusammenhang zu erwähnen ist auch die »Königsdisziplin« des präventiven Lobbyings, nämlich die Möglichkeit, eventuell problematische Themen schon von Beginn an mitzugestalten. Auf diese Weise kann z.B. verhindert werden, dass »bestimmte Stimmungen, Strömungen und latent zirkulierende Meinungen auf die politische Agenda gesetzt werden«.[133] Dies zu erreichen wäre für das Unternehmen zweifellos der Idealfall, ist in der Praxis allerdings selten und nur bei exzellenter Vernetzung im politischen Bereich möglich. Ebenso verlangt die Themenantizipation an sich hervorragende Arbeit im Bereich des »Frühwarnsystems« (Stichworte: Informationsmanagement, Monitoring), welches im nächsten Abschnitt vorgestellt wird.

Zur Identifizierung von möglichen Ansprechpartnern bedarf es einer gründlichen Key-Player-Analyse. Die Leitfrage hierfür lautet: Wer sind die relevanten an der politischen Entscheidung beteiligten Personen in Exekutive und Legislative? Des Weiteren ist zu fragen, wer welche Meinungen zum Thema vertritt und wer die Meinungsführerschaft inne hat. Ausgehend von rein politisch-rechtlichen Strukturen ist das nicht immer auf den ersten Blick offensichtlich. Vielmehr ist der tatsächliche Machtzusammenhang zu beachten,[134] wozu wiederum eine intime Kenntnis politischer Entscheidungsprozesse nötig ist: Neben den formalen Kriterien müssen insbesondere die sachlichen und persönlichen Bezüge der Akteure berücksichtigt werden. Auf diese Weise kommt ein relativ großer Kreis an potenziellen Adressaten des Unternehmensinteresses zustande, wie Abbildung 2.1 am Beispiel der Bundesrepublik Deutschland zeigt.

Das grundlegende Schema in Abbildung 2.1 gilt in den Grundzügen auch für andere politische Systeme in den Mitgliedstaaten der EU.[135] Wie eingangs geschildert, ist der alleinige Blick auf die nationalen Gegebenheiten unzureichend. Ohne die Berücksichtigung der europäischen Gegebenheiten würde die Interessenvertretung mitunter ins Leere laufen. Die

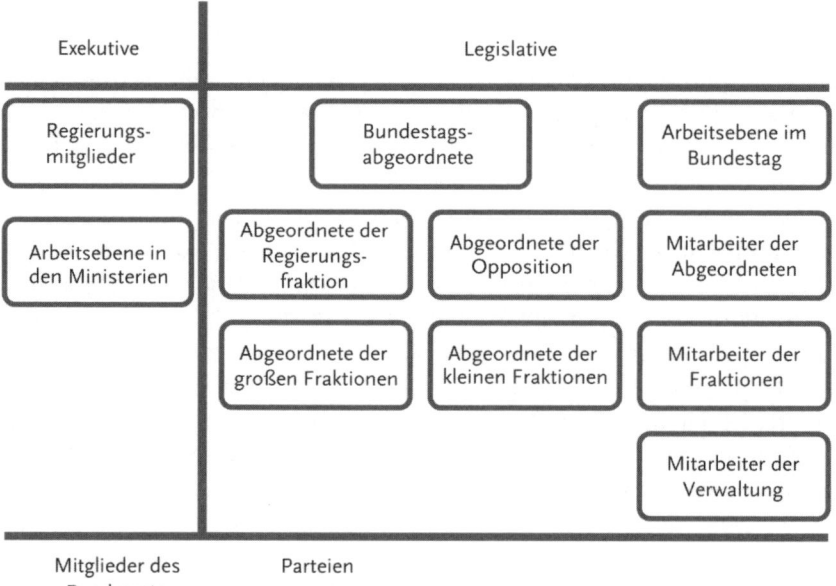

Abbildung 2.1: Adressaten im politischen Umfeld – Bundesrepublik Deutschland.[136]

politisch-institutionelle Mehrebenenverflechtung innerhalb der EU macht demzufolge ein Ausgreifen auf die EU-Ebene nötig.[137] Abbildung 2.2 stellt deshalb die Adressatenstruktur im Bereich der EU dar und berücksichtigt die besondere Ausprägung der politisch-institutionellen Gegebenheiten des politischen Systems der EU.[138]

Abschließend sei noch erwähnt, dass sich das Arbeitsnetzwerk eines Interessenvertreters nicht nur unmittelbar auf den politischen Raum beschränken sollte. Vor allem um Neuigkeiten und das »Hintergrundrauschen« wahrzunehmen, aber auch zur gezielten Informationsrecherche sollte auch der vorpolitische Raum beschritten werden. Kontakte zu PR- und PA-Agenturen, Journalisten, (Fach-)Anwälten sowie Kollegen aus der Interessenvertretungsbranche sollten deshalb gesucht und gehalten werden. Abzuraten ist ohnehin von einem allzu strategischen Vorgehen beim Aufbau des eigenen Netzwerks: Zum einen ist eine reine Effizienzbewertung mit dem sozialen Phänomen des Networkings wenig verträglich, zum anderen lässt sich zum Zeitpunkt des gegenseitigen Kennenlernens meist nicht absehen, welche Bedeutung eine Person zu einem späteren Zeitpunkt für eigene Projekte gewinnen kann.

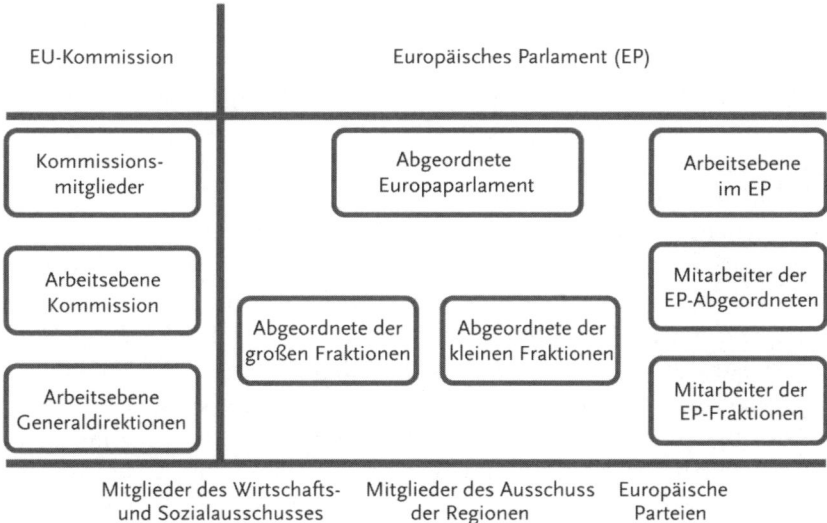

Abbildung 2.2: Adressaten im politischen Umfeld – EU.[139]

B. Interessenvertretung als Langfrist-Projekt: Strukturelle Begleitung von Entscheidungsprozessen

I. Allgemeines

Interessenvertretungsprozesse – insbesondere im Bereich der Governmental Relations – sollten langfristig und strukturell angelegt sein. Strukturelle Governmental Relations heißt, nicht nur projektbezogen und von Zeit zu Zeit für den Kunden zu agieren, sondern kontinuierlich und perspektivisch das Kundeninteresse im politischen Raum zu begleiten. In dieser Form ist Interessenvertretung als aktive Tätigkeit zu begreifen, die sich in vorausschauender Weise der zielgerichteten Kommunikation mit Entscheidungsträgern der Exekutive und der Legislative widmet.

Der wesentliche Vorteil dieser Herangehensweise liegt darin, langfristige und vertrauensvolle Beziehungen zu (politischen) Entscheidungsträgern aufbauen zu können. Ohne derartige Beziehungen würde Interessenvertretung kaum Erfolg haben, insbesondere in Situationen, in denen ein schneller, direkter Zugang zu Entscheidungsträgern notwendig ist. In diesem Zusammenhang ist nochmals anzumerken, dass man das politische Kontaktnetzwerk möglichst breit anlegen sollte. Dies ist vor allem im parteipolitischen Rahmen wichtig, da es aufgrund von Wahlergebnissen zu Machtwechseln kommen kann – im schlimmsten Fall verliert der Interessenvertreter dann sein größtes Kapital, nämlich den Kontakt zu hochrangigen Regierungsvertretern. Damit dieser Fall nicht eintritt, sollte der Interessenvertreter gewappnet sein und ausreichende Kontakte auch mit Politikern der (momentanen) Opposition pflegen.[140]

Ausreichende und vertrauensvolle Kontakte sind das zentrale Gut für die Interessenvertretung. Das Kontaktmanagement ist deshalb von überragender Bedeutung für den Lobbying-Prozess. Die Aufgabe des Interessenvertreters ist die Vermittlung und Betreuung von Kontakten zu Entscheidungsträgern aus den Institutionen der Europäischen Union und ihrer Mitgliedstaaten. Mitunter stellt sich diese Aufgabe als sehr diffizil dar. Die im politischen Bereich tätigen Personen sehen sich meist mit einer hohen Arbeitsbelastung und vielen täglichen Anfragen konfrontiert. Deshalb ist Geschick und Diplomatie angebracht. Hinzu kommen gelegentlich ein gewisses Standesbewusstsein und ein genuiner »Korpsgeist«. Politiker und Mitarbeiter der Exekutive sind sich durchaus ihrer herausgehobenen Positionen und ihres besonderen Arbeitsumfeldes bewusst. Speziell Mitarbeiter der EU-Institutionen, die in aller Regel ein anspruchsvolles mehrstufiges Auswahlverfahren durchlaufen haben, wissen um ihren

Status. Ähnliches gilt ebenso für die Ministerialbeamten und Politiker auf nationaler Ebene. Nicht zu vernachlässigen ist auch die Tatsache, dass es sich hier um sehr professionelle Persönlichkeiten handelt, die ihre Einflussmöglichkeiten kennen und dementsprechend mit dem gebührenden Respekt behandelt werden sollten. Das Aufbauen und die Pflege dieser Kontakte ist einerseits das elementare Handwerk, andererseits die hohe Kunst des Interessenvertreters; es erfordert viel Fingerspitzengefühl und hochgradiges diplomatisches wie politisches Gespür. In der Praxis gleicht dies dem Wandel auf einem schmalen Grat: Einerseits sollten die Interessen mit einer gewissen Verbindlichkeit und Beharrlichkeit kommuniziert werden, um die Notwendigkeit des politischen Handlungsbedarfs hervorzuheben.[141] Andererseits darf man aber keinesfalls sein Gegenüber überbeanspruchen oder gar enervieren. Letzteres ist eine Todsünde der Interessenvertretung und zu Recht beklagen speziell Mitarbeiter der Exekutive solche Fehltritte.[142]

Grundlegende Prämissen für den Dialog mit Politikern und administrativen Entscheidern sind Wissen, Ehrlichkeit und Seriosität. Grundsätzlich geht es darum, die Interessen aller Beteiligten auszuloten und ihre Perspektive einzunehmen. Im Gespräch ist dabei vor allem zu erläutern, weshalb eine bestimmte Entscheidung aus der Sicht eines politischen Entscheidungsträgers Sinn macht, eine andere hingegen nicht. Weiterhin ist zu fragen, ob es Informationen gibt, die der Entscheidungsträger noch nicht kennt, die aber für seine Entscheidung möglicherweise wichtig sind.

Drei Grundregeln der Interessenvertretung lassen sich anführen:
1. Sich erst genau informieren, dann handeln.
2. Das eigene Anliegen klar, offen und ehrlich kommunizieren.
3. Die Perspektive des Gesprächspartners einnehmen und ihn verstehen lernen.

Gerade Letzteres – der Gesprächspartner muss stets auch die Perspektive seines politischen Gegenübers im Kopf haben – ist von großer Wichtigkeit. Zu fragen ist deshalb erstens, welche Bedeutung das Thema für den Entscheidungsträger hat beziehungsweise haben könnte und zweitens, ob und inwieweit seine eigenen Interessen mit denen des jeweiligen Unternehmens überhaupt deckungsgleich sind.[143]

Aber nicht nur das Knüpfen von Kontakten bedarf besonderen Engagements, sondern vor allem deren Ausbau und Pflege. Insbesondere die Kontaktpflege sollte sorgfältig betrieben werden. Dies umfasst zuallererst scheinbar banale Aktivitäten, wie der Versand von Gratulationsschreiben zu Geburtstagen, bei Beförderungen oder der Wahl in bestimmte Gremien oder Positionen. Weiterhin sollte in regelmäßigen Abständen auch ganz ohne konkreten Anlass der Kontakt aufrechterhalten werden, um sich beim Gegenüber in (positive) Erinnerung zu rufen. Der günstigste Fall dafür ist ein persönliches Treffen, z. B. ein gemeinsames Essen mit den relevanten Personen. Auch der Besuch von Terminen wie Fachtagungen oder Parteiveranstaltungen bietet sich an, da man dort in der Regel die jeweiligen Experten beziehungsweise Politiker treffen kann. Falls aus zeitlichen und/oder räumlichen Gründen eine persönliche Unterredung nicht möglich ist, so sollte zumindest der Kontakt über das Telefon gepflegt werden. Grundsätzlich ist – unabhängig von der konkreten praktischen Form – eine stetige und kontinuierliche Präsenz notwendig, freilich ohne dabei aufdringlich zu sein.

Die langfristige Ausrichtung des Interessenvertretungsprozesses bringt aber nicht nur auf der Kontaktebene Vorteile. Auch Änderungen in der politischen Landschaft können zu guten Gelegenheiten für die Interessenvertretung werden. Insbesondere nach Wahlen und den darauf folgenden Koalitionsverhandlungen lassen sich sehr gut Interessen in die Politik tragen.[144] Vertrauensvolle Kontakte, die lange vor einer solchen Wahl hergestellt wurden, sind dann entsprechend wertvoll. Auch der Zeitraum zwischen den Wahlen – und insbesondere die Zeit kurz vor den Wahlen – lässt sich hervorragend auch für eine entsprechende inhaltliche Vorbereitung nutzen.[145]

II. Informationsmanagement

Der Informationsfluss aus den politischen Institutionen gleicht mittlerweile einer wahren Flut in Form von Personennachrichten, Stellungnahmen, Beschlüssen und anderen Mitteilungen. Allein die Zahl der offiziellen Statements seitens der EU-Institutionen geht täglich in die Hunderte. Zählt man die Angaben aus der nationalen Politik hinzu, geht die Zahl schnell in die Tausende. Obwohl zur Erhöhung der Transparenz des politischen Prozesses sowie zur umfänglichen Information der Öffentlichkeit konzipiert, bedingt die offene Informationspolitik damit beinahe das Gegenteil: Das überbordende Angebot droht Außenstehende zu überwältigen und führt häufig eher zu Verwirrung denn zu Informationstransparenz. Auch macht die große Vielfalt die Suche nach konkreten Inhalten mühsam. Andererseits bleiben die offiziellen, auf die breite Öffentlichkeit zielenden Nachrichten oft nur an der Oberfläche und beinhalten nur wenige Details. Daher ist insbesondere das eingehende Monitoring der einschlägigen Rechtsetzungstätigkeit der Institutionen der EU und ihrer Mitgliedstaaten von überragender Bedeutung. Aus Sicht der Interessenvertretung ist die Suche in den beziehungsweise die Analyse der durch den Kunden projektierten Bereiche die Basis erfolgreichen Lobbyings. Die regelmäßige und umfassende Prüfung des politischen Informationsoutputs ist unverzichtbar, da sich daraus eine Vielzahl von nützlichen Informationen und Details ermitteln lassen. Deshalb nimmt diese Tätigkeit einen großen Teil der personellen wie zeitlichen Kapazitäten des Interessenvertreters in Anspruch. Auch sind hier spezielles Know-how, Fachwissen und personelle Ressourcen vonnöten, um das Informationsdickicht systematisch wie analytisch zu durchdringen und die wesentlichen Inhalte in komprimierter Form an den Kunden weiterzugeben und schließlich unternehmensspezifische Interpretationen bereitzustellen. Ganz besonders wichtig ist darüber hinaus die Fähigkeit des Interessenvertreters, neben den offiziell veröffentlichten Mitteilungen für den Kunden auch entsprechende Randnotizen und Hintergrundinformationen zu bekommen und einordnen zu können. Gerade hierin liegt ein echter Mehrwert für die Unternehmen, die so strukturiert an wichtige Fakten gelangen können.

III. Strategieberatung

Um das Kundeninteresse in die politische Sphäre zu tragen, ist die Erarbeitung und Realisierung von sachorientierten, spezifischen Problemlösungen nötig. Bei einem Wirtschaftsunternehmen stehen die ökonomischen Rahmenbedingungen stets unter genauer Beobachtung, während das gesellschaftliche und politische Umfeld unter Umständen weniger beachtet wird. Das steht in scharfem Kontrast zu potenziellen Chancen, jedoch auch Bedrohungen, die dem Unternehmen aus Entscheidungen öffentlicher Organe, gerade denen europäischer Institutionen, entstehen können. Besonders deutlich wird das bei stark regulierten Industrien wie der Energie- oder der Telekommunikationsbranche: Defizite in der Erkennung und im Umgang mit rechtlichen Entwicklungen können unter Umständen ganze Geschäftsmodelle zur Makulatur werden lassen (man denke beispielsweise an die Diskussion um die Aufspaltung von Netz und Erzeugung im Energiebereich [146] oder die europäisch verordnete Absenkung der Roaming-Gebühren im Mobilfunk).[147] Unternehmen müssen sich im politischen Raum vor diesem Hintergrund langfristig strategisch positionieren, um angemessen und effektiv auf exogene Impulse reagieren zu können beziehungsweise sie zu antizipieren.

Um das Unternehmen sowohl beim Aufbau solcher grundsätzlichen Strukturen als auch bei der strategischen Aufstellung konkreter Interessenvertretungsprojekte zu unterstützen, bringt ein Interessenvertreter sein Wissen und seine Erfahrung als externer Berater ein. Wie dies geschehen kann, wird in Teil 5 dieser Darstellung ausführlich erläutert werden.[148]

IV. Veranstaltungen

Die Organisation und Durchführung von Veranstaltungen im politischen Bereich ist ein weiterer wichtiger Baustein einer ganzheitlichen Interessenvertretung. Derartige Events dienen erstens der Kontaktanbahnung, zweitens besteht hier die Möglichkeit, in ungezwungener Atmosphäre Informationen auszutauschen: Unternehmensrepräsentanten und Politiker können sich persönlich kennenlernen und tagesaktuelle Themen besprechen. Ein weiterer Aspekt ist die Gelegenheit für das Unternehmen, sich gegenüber der Politik sichtbar zu repräsentieren und darzustellen (»Image Building«). Eine gelungene Veranstaltung kann somit zu einem Reputationsgewinn des Unternehmens bei exekutiven und legislativen Entscheidungsträgern führen.

Derartige Veranstaltungen können verschiedene Formen annehmen; gängige Beispiele sind Workshops, Dialogforen oder Fachvorträge. Die Krönung solcher Veranstaltungen ist sicherlich der Parlamentarische Abend, typischerweise mit fünfzig bis hundert Teilnehmern in einem ansprechenden Rahmen. Hierbei werden beispielsweise Vertreter des Europäischen Parlaments, insbesondere die Mitglieder relevanter und wichtiger Ausschüsse, die Funktionsträger der Fraktionen und deren Mitarbeiter, weitere relevante Politiker und Entscheidungsträger aus den Institutionen der EU eingeladen. Neben dem formellen Teil des Abends, etwa einem Vortrag eines für das Unternehmen relevanten Fachpolitikers, ergeben sich im informellen Rahmen zahlreiche Gelegenheiten zum fachlichen und persönlichen Austausch der Entscheidungsträger.

Die Planung und Gestaltung solcher Veranstaltungen erfordert ein hohes Maß an Professionalität und Engagement. Eine perfekte organisatorische Vorbereitung und Begleitung des Events ist die Grundvoraussetzung des Erfolgs.

V. Das Einbringen des Unternehmensinteresses

Das Ziel der Interessenvertretung ist letztlich immer der Transfer der Interessen eines Unternehmens in die politische Sphäre. Eines der wichtigsten Instrumente hierfür, das persönliche Gespräch mit Entscheidungsträgern in Legislative und Exekutive, wurde oben bereits vorgestellt. Ein weiteres unverzichtbares Element sind schriftliche Äußerungen wie Stellungnahmen und Positionspapiere.[149] Schriftliche Ausarbeitungen garantieren eine gewisse Nachhaltigkeit sowie Verbindlichkeit. Durch die schriftliche Form hat der Adressat buchstäblich etwas »Konkretes in der Hand«, was zur Rekapitulation und Reflexion anregen kann. Auch kann der Adressat nochmals Einzelheiten wie Zahlen und Daten zu einem späteren Zeitpunkt nachlesen. In den Positionspapieren können eigene Standpunkte zu Themen präzise formuliert werden, die in den politischen Bereich eingebracht werden sollen. Sogenannte Stellungnahmen werden meist vonseiten der Politik im Vorfeld zu Anhörungen in Ausschüssen und anderen Gremien angefordert; sie sind eine Ausformulierung der vorzutragenden Auffassungen. Stellungnahmen können jedoch grundsätzlich auch unaufgefordert zu aktuellen Themen abgegeben werden. Dabei ist der Zeitpunkt der Einbringung zu beachten. Das beste Papier ist wirkungslos, wenn es zu spät vorgelegt wird. Denn je früher der Text bei den Adressaten ankommt, desto größer ist die Chance der Wahrnehmung und der eventuellen Berücksichtigung. Im Idealfall steht ein solches Papier den Adressaten bereits am Anfang ihres Meinungsbildungsprozesses zur Verfügung.

Wie bei der persönlichen Kommunikation sind auch bei den schriftlichen Äußerungen verschiedene Aspekte handwerklicher Art zu beachten. Diese werden unten im Abschnitt zu den Instrumenten der Interessenvertretung vorgestellt.[150] An dieser Stelle sei aber bereits darauf hingewiesen, dass die Schriftstücke in einer klaren Sprache und in möglichst knapper Form verfasst werden sollten. Selbstverständlich gelten auch hier die Grundregeln des professionellen Lobbyings: Sachlichkeit, Ehrlichkeit und Seriosität sind in schriftlichen Äußerungen ebenso wichtig wie im persönlichen Gespräch.[151]

C. Interessenvertretung als politisches Krisenmanagement: Interessenvertretung als ›Feuerwehr‹

Trotz bester Vorbereitung hinsichtlich Kontakt- und Issue Management und stetiger Präsenz im politischen Raum kann es durchaus passieren, dass gleichsam aus dem Nichts Entwicklungen oder Ereignisse auftreten, die aus dem Stand schnelles Handeln erfordern. Ein solcher »exogener Schock« ist an sich nicht ungewöhnlich, da im politischen Bereich oft Themen in den Fokus der Entscheidungsträger geraten, die bereits seit

Langem schlummerten und zunächst kaum virulent waren, dann aber durch aktuelle Geschehnisse Aufmerksamkeit erlangen. Des Weiteren können gänzlich neue Entwicklungen auftreten, die aus Sicht der Politiker einen Gesetzgebungsbedarf hervorrufen. Beispiele hierfür waren in der Vergangenheit die Einführung einer Steuer auf Alcopops-Getränke im Jahr 2003[152] oder die Gesetzgebung rund um das Thema Feinstaub-Emissionen.[153] Daneben gibt es auch die Fälle von »handwerklichem Murks«[154] in der Gesetzgebung, die für ein Unternehmen erhebliche Auswirkungen haben können. Im Vergleich mit dem oben dargestellten »normalen« Ablauf eines Interessenvertretungsprozesses ist es unter diesen Umständen ungleich schwieriger, einen Erfolg zu erreichen, vor allem wenn ein Vorhaben bereits politisch beschlossen ist oder sich gar schon im formellen Gesetzgebungsverfahren befindet. Obwohl es, besonders in letzterem Fall, eigentlich für ein Einbringen von Unternehmensinteressen schon zu spät ist, gibt es auch dann noch Handlungsmöglichkeiten – allerdings nur unter der Voraussetzung, dass der Interessenvertreter grundsätzlich einen Zugang zu Akteuren in dem betroffenen politischen Bereich hat.[155] Als Faustregel kann gelten: Je besser der Interessenvertreter auch abseits konkreter Fachthemen im politischen Raum vernetzt ist, desto eher kann er das Interesse des Unternehmens im Notfall noch an den Adressaten vermitteln: »Wer erst in der Krise überlegt, wie er mit der Politik in Kontakt treten soll, wird einen schweren Stand haben«.[156] Die Interessenvertretung ist in solchen Situationen – im Gegensatz zur oben dargestellten proaktiven Arbeitsweise – zur Reaktion auf bestimmte exogene Einflüsse gezwungen. Hier gilt es zunächst, die Ruhe zu bewahren und zu versuchen, die jeweilige Agenda mitzugestalten, um die »Interessenhoheit« (wieder) zu gewinnen. Hektischer Aktionismus kann dagegen unnötig »Staub aufwirbeln« und sich dementsprechend nachteilig auswirken.

Tritt ein solcher Notfall auf, müssen die regulären Arbeitsschritte der Interessenvertretung – entsprechend der konkreten Situation – mehr oder weniger stark verkürzt und komprimiert werden. Zuvorderst muss eine exakte Analyse des *Status quo* erfolgen. Danach sollten umgehend die Entwicklung und Beurteilung verschiedener Szenarien – vom Best Case bis zum Worst Case – erfolgen. Dies ist für die entsprechende Lagebeurteilung hilfreich. Wichtig ist außerdem eine faktenorientierte kontinuierliche Informationspolitik gegenüber den politischen Akteuren. Zu bedenken ist auch, ob eventuell eine offensivere Kommunikationspolitik nützlich sein kann. Anleihen hierfür können der konventionellen unternehmensspezifischen Krisenkommunikation entnommen werden.[157]

Die operativen Maßnahmen im Krisenfall müssen ihre Wirkung naturgemäß sehr zeitnah entfalten. Dafür ist zunächst eine klare und eindeutige Prioritätensetzung erforderlich, um alle verfügbaren Kräfte und Ressourcen zielgerichtet einsetzen zu können. Organisatorisch ist die Eröffnung unmittelbarer, direkter Entscheidungs- und Koordinationswege zwischen Unternehmen und Interessenvertretern nötig, wozu die Etablierung einer nur wenige Personen umfassenden Task Force beitragen kann. Auch muss eine zielorientierte Auswahl der Interessenvertretungsinstrumente erfolgen, und zwar einerseits unter der Maßgabe der Zeitrestriktion, andererseits hinsichtlich ihrer Effektivität. Der Einsatz der Instrumente muss unter den gegebenen Umständen eventuell unabhängig voneinander, möglicherweise sogar zum gleichen Zeitpunkt, erfolgen. Mitunter kann auch der Einsatz sonst eher unkonventioneller Methoden genutzt werden: So wäre beispielsweise ein Mailing an alle Abgeordneten seitens des Unternehmens möglich, in dem die Unternehmensleitung auf die Konsequenzen eines politischen Vorhabens hinweist. Unterstützend wäre auch ein dahingehender Einsatz von klassischen Campaigning- (und damit Public-Relations- beziehungsweise Public-Affairs-)Instrumenten, wie etwa ein Meinungsartikel eines hochrangigen Unternehmensrepräsentanten, das Schalten von Anzeigen in einer Zeitung oder die Verteilung von Informationsmaterial an politische Entscheidungsträger denkbar.

Trotz dieser Möglichkeiten birgt das kurzfristige Vorgehen natürlich nicht unerhebliche Risiken: Durch den Zeitdruck besteht die Gefahr, Fakten und Zusammenhänge nicht gänzlich erheben und durchdenken zu können. Ebenso kann die Informationslage insgesamt ungenügend sein. Darüber hinaus stehen womöglich nicht alle relevanten Ansprechpartner *ad hoc* zur Verfügung. Schließlich könnte im schlimmsten Fall eine politische Entscheidung nicht mehr aufzuhalten beziehungsweise darauf nicht mehr im Sinne der Interessen des Unternehmens einzuwirken sein.[158] Deshalb sollten derartige »Feuerwehreinsätze« in der Interessenvertretung möglichst vermieden werden, da ein Interessenvertretungsprozess grundsätzlich immer dann die besten Erfolgsaussichten hat, wenn er strukturell und damit langfristig angelegt ist. Für den Fall, dass trotz allem kritische Situationen eintreten, sollte Vorsorge getroffen werden: So können in ruhigen Phasen entsprechende Geschehnisse einmal theoretisch durchgespielt werden, um so für den Ernstfall besser gerüstet zu sein. In der Folge solcher Planspiele kann gegebenenfalls prophylaktisch eine Kriseninfrastruktur errichtet werden.[159]

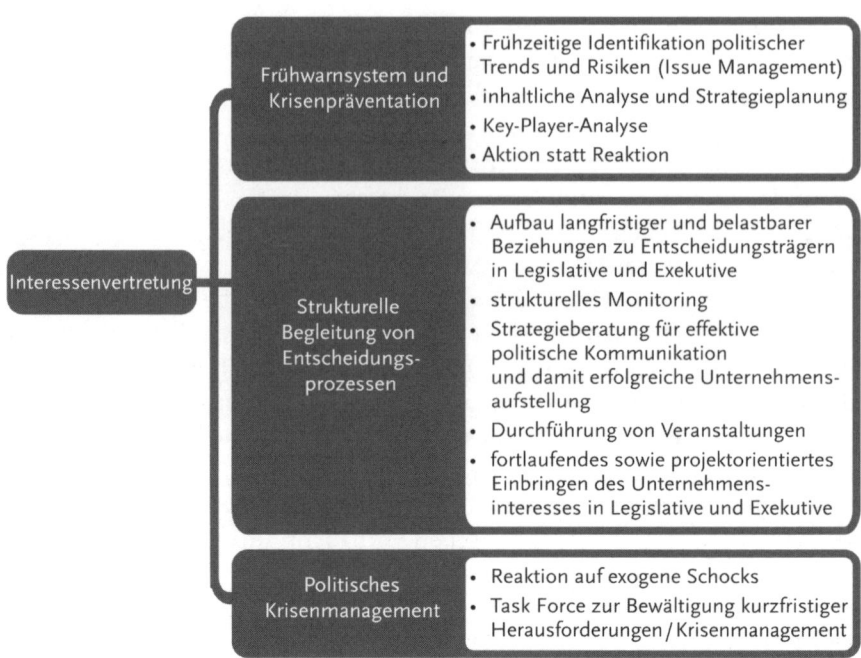

Abbildung 2.3: Einsatzmöglichkeiten von Interessenvertretung für Unternehmen.

Abschließend wird auf Abbildung 2.3 verwiesen, welche die drei Dimensionen der Interessenvertretung für ein Unternehmen nochmals vergleichend aufgeführt.

Es sei an dieser Stelle nochmals in Erinnerung gerufen, dass die einzelnen Dimensionen nicht isoliert voneinander zu betrachten sind. Die erfolgreiche Wirkung der Interessenvertretung kann sich am besten in der verbundenen und komplementären Nutzung der drei Dimensionen entfalten, da sich die Begleitumstände des Interessenvertretungsprozesses verändern können. Deshalb befindet sich der Interessenvertreter über einen längeren Zeitraum betrachtet erfahrungsgemäß in einem »Spannungsfeld von Aktion und Reaktion«: In Phasen des Frühwarnsystems und der Begleitung von Entscheidungsprozessen ist er zwar nicht Herr des Verfahrens, aber doch vorausschauend aktiv tätig, während er im Falle des »Feuerwehreinsatzes« kurzfristig reagieren muss.[160] Daher ist es unerlässlich, in den (relativ) ruhigen Phasen immer auch mit Blick auf eventuell auftretende »Feuerwehreinsätze« zu agieren, um den Grundstein für die erfolgreiche Bewältigung von Notfällen zu legen.

In den folgenden Kapiteln werden die oben angesprochenen Arbeitsschritte und Instrumente hinsichtlich ihrer handwerklichen und praktischen Aspekte sowie ihrer Einsatzmöglichkeiten genauer dargestellt und erörtert.

D. Executive Summary zu Teil 2

Im zweiten Teil der Darstellung werden Szenarien und praktische Möglichkeiten aufgezeigt, konkrete Unternehmensinteressen in den politischen Bereich einzubringen. Den Ausgangspunkt bilden zwei Leitfragen:
- In welchen Situationen kann ein Unternehmen von welcher Art von Interessenvertretung profitieren?
- Was ist dabei strategisch und handwerklich zu beachten und worin unterscheiden sich die einzelnen Herangehensweisen?

Die wesentlichen Ergebnisse können wie folgt zusammengefasst werden:

(1) Interessenvertretung hat für Unternehmen im Wesentlichen drei Dimensionen: Erstens kann Interessenvertretung als ein Frühwarnsystem genutzt werden, um relevante politische Themen und Trends zu identifizieren. Wirksame Interessenvertretung beginnt lange vor dem eigentlichen Entscheidungsprozess: Präzises Issue Management, also die kontinuierliche Beobachtung und inhaltliche Begleitung eines Themas, der fortlaufende Dialog mit potenziellen Entscheidungsträgern (was eine korrekte Key-Player-Analyse voraussetzt) sowie die Herstellung gegenseitiger Informationstransparenz sind wesentliche Kriterien, ohne die eine spätere Partizipation an Entscheidungsprozessen kaum gelingen wird.

(2) Zweitens umfasst Interessenvertretung in ihrer klassischen Funktion die Begleitung von Entscheidungsprozessen in der politischen Sphäre. Neben dem auch hier essenziellen Informationsmanagement gewinnt bei einer strukturellen Zusammenarbeit die strategische Komponente an Bedeutung. Governmental Relations heißt, nicht nur projektbezogen und von Zeit zu Zeit für ein Unternehmen zu agieren, sondern es kontinuierlich im politischen Bereich zu begleiten. Das setzt jedoch langfristige und vertrauensvolle Kontakte in Legislative und Exekutive voraus. Das Kontaktmanagement ist deshalb von überragender Bedeutung für den Lobbying-Prozess. Ausbau und Pflege des Netzwerkes bedürfen eines besonderen Engagements.

(3) Drittens kann mittels Interessenvertretung politisches Krisenmanagement betrieben werden, das heißt durch strategische Reaktion auf unvorhergesehene (in der Regel exogene) Ereignisse mögliche Worst-Case-Szenarien für das Unternehmen zu vermeiden. Gerade dafür ist jedoch eine solide Vernetzung im politischen Raum erforderlich; Aktionen »aus dem Stand« gelingen in der Regel nicht.

(4) Die drei Dimensionen der Interessenvertretung stehen nicht isoliert nebeneinander; vielmehr überschneiden sie sich teilweise in ihrer Art und Ausrichtung und sollten im Idealfall als komplementäre Elemente einer unternehmerischen Interessenvertretungsstrategie betrieben werden.

Teil 3
Die Europäische Union: Politisches System und Besonderheiten der Interessenvertretung auf europäischer Ebene

Nachdem die Funktionen von Interessenvertretung bisher weitgehend ohne spezifischen Bezug zu einem bestimmten Adressatensystem dargelegt wurden, ist nun auf die Besonderheiten des »EU-Lobbying« einzugehen. Den Ausgangspunkt bilden drei Leitfragen:
- Gleichsam zum »kleinen Einmaleins« des auf europäischer Ebene Tätigen gehörend und daher auch im Rahmen dieser Darstellung von wesentlicher Bedeutung ist die europäische Geschichte: Wo liegen die Anfänge der EU, wie war der Gang der europäischen Integration und was hat es mit der letzten wesentlichen Vertragsänderung, dem Vertrag von Lissabon, auf sich (dazu Abschnitt A unten)?
- Wie ist das politische System der EU zu charakterisieren; was sind insbesondere ihre aus Sicht der Interessenvertretung wichtigen Institutionen (dazu Abschnitt B unten)? Im weiteren Verlauf der Darstellung, insbesondere bei der Erläuterung der Interessenvertretung bei den Institutionen der EU (siehe Teil 4 unten), wird darauf zurückzugreifen sein.
- Schließlich ist darauf einzugehen, was die besonderen Herausforderungen sind, denen sich eine effektive Interessenvertretung vor dem Hintergrund eines »Europas der 27 Mitgliedstaaten« stellen muss (dazu Abschnitt C unten).

A. Kurze Geschichte der europäischen Integration

Im Jahr 1945 lag Europa in Trümmern. Die verheerenden Folgen des Zweiten Weltkriegs hatten die europäischen Staaten sozial, politisch und ökonomisch zerrüttet. Europa erlebte seine »Stunde Null«.[161] Dennoch keimten bald nach Kriegsende inmitten des verwüsteten Kontinents Ideen zu einem vereinten Europa auf. Diese Idee war nicht grundsätzlich neu; schon seit dem Mittelalter gab es, meist vereinzelte, aber stetig wiederkehrende Gedanken über ein einiges Europa. Nach dem ersten Weltkrieg bekamen diese Überlegungen stärkeren Aufwind; in den 1920er-Jahren war ein vereintes Europa Gegenstand von Überlegungen unter Politikern und Intellektuellen, die freilich fern der Verwirklichung blieben.[162] Aber bereits gegen Ende des Zweiten Weltkriegs knüpften zahlreiche Menschen an diese Gedanken an, wenngleich auch diesmal unmittelbare Schritte zunächst unterblieben. Als prominentester Politiker sprach *Winston S. Churchill* in Zürich im September 1946 diese Idee an: »Wir müssen so etwas wie die Vereinigten Staaten von Europa schaffen«.[163]

Dennoch kam der Impuls zur Einigung nicht aus Europa selbst: Die seit Ende des Zweiten Weltkriegs entstandene Ost-West-Konfrontation zwischen den USA und der Sowjetunion, die 1950 in Korea zum offenen Kampf eskalierte, verdeutlichte den europäischen Entscheidungsträgern, dass man in dieser globalen Auseinandersetzung nur gemeinsam bestehen könne. Hinzu kam die Erkenntnis der notwendigen sozialen und wirtschaftlichen Modernisierung Europas.[164]

Der französische Außenminister *Robert Schuman* trat 1950 mit einem nach ihm benannten Plan zur Zusammenlegung der deutschen und französischen Kohle- und Stahlproduktion unter einer gemeinsamen Aufsichtsbehörde (sogenannte Hohe Behörde) hervor. Der *Schuman*-Plan führte schon ein Jahr später zur Gründung der Europäischen Gemeinschaft für Kohle und Stahl (EGKS). Belgien, Deutschland, Frankreich, Luxemburg, Italien und die Niederlande überließen der Hohen Behörde weite Teile ihrer Autonomie im Bereich der Montanindustrie. Flankiert wurde die EGKS durch eine parlamentarische Versammlung, aus der sich im Lauf der Zeit das Europäische Parlament entwickelte. Als Instanz für Einsprüche gegen Entscheidungen der Hohen Behörde wurde der Europäische Gerichtshof geschaffen, der 1953 seine Arbeit aufnahm. Mit der EGKS, der ersten supranationalen europäischen Organisation, war der Weg zur weiteren europäischen Einigung beschritten.

Den nächsten Meilenstein stellte 1957 die Unterzeichnung der Verträge zur Bildung einer Europäischen Wirtschaftsgemeinschaft (EWG) und einer Europäischen Atomgemeinschaft (Euratom) in Rom dar. Zusammen mit der EGKS gab es nun drei europäische Verträge. Die EWG wurde »das tragfähige Fundament, auf dem das (…) Einigungswerk errichtet werden konnte«.[165] Das Ziel war ein gemeinsamer Markt ohne Binnenzölle und andere Handelshemmnisse zwischen den Mitgliedstaaten. Auch bildete die EWG den Grundstein der gemeinsamen Agrarpolitik. Durch den 1967 in Kraft getretenen Fusionsvertrag wurden die drei Einzelverträge schließlich zu den Europäischen Gemeinschaften (EG) zusammengefasst. Im Zuge dessen wurden die Hohe Behörde der EGKS und die Kommissionen von EWG und Euratom zur Europäischen Kommission verschmolzen.

Nach dem furiosen Beginn wechselten sich in den folgenden Jahrzehnten Phasen der Vertiefung und der Erweiterung ab (vgl. Abbildung 3.1): Zugleich wurde der Weg der europäischen Einigung steiniger: »Ein über 30 Jahre andauernder, immer wieder von Rückschlägen unterbrochener, von mehreren Erweiterungsrunden teils beförderter, teils erschwerter Prozess der Vertiefung der europäischen Integration war die Folge«.[166] Durch die Verdoppelung der Mitgliederzahl der EG bis Mitte der 1980er-Jahre wurde die Entscheidungsfindung durch das de facto praktizierte Einstimmigkeitsprinzip für Entscheidungen im Europäischen Rat immer komplizierter und mühseliger. Eine effizienzorientierte Neubestimmung der gemeinschaftlichen Verfahren, vor allem der Abstimmungsregeln, wurde zunehmend unausweichlich. So kam es 1986 mit der Einheitlichen Europäischen Akte (EEA) zur bis dahin weitreichendsten Reform der EG. Mit der EEA wurde die Verwirklichung des gemeinsamen Binnenmarkts zum Ende des Jahres 1992 beschlossen, der den freien Verkehr von Waren, Dienstleistungen und Kapital umfasste. Ausgehend von der EEA bekamen die Einigungsbemühungen neuen Schwung. Der 1992 unterzeichnete und am 01.11.1993 in Kraft getretene Vertrag von Maastricht war bis dato der Höhepunkt der europäischen Einigung und schuf ein neues Maß an Tiefe der Integration. Durch diesen Vertrag wurde die Europäische Union (EU) als gemeinsamer Rahmen für die bisher nebeneinander bestehenden Verträge geschaffen. Die EU fußte damit auf drei Säulen: erstens die Europäischen Gemeinschaften, zweitens die neu hinzugekommene gemeinsame Außen- und Sicherheitspolitik (GASP), drittens die ebenfalls neue Polizeiliche und Justizielle Zusammenarbeit in Strafsachen (PJZS). Mit der Gründung der Europäischen Wirtschafts- und Währungsunion (EWWU), die zur Gemeinschaftswährung Euro führte, wurde erstmals eine Kernkompetenz der teilnehmenden Nationalstaaten, nämlich die Geld- beziehungsweise Währungspolitik, vollständig an die europäische Ebene abgegeben. Durch die Einführung des legislativen Mitentscheidungsverfahrens wurde das bisher weitgehend machtlose Europäische Parlament nun zum Mitgestalter der europäischen Politik.

Der Fall des Eisernen Vorhangs 1989/90 brachte eine Vielzahl neuer Beitrittskandidaten hervor. Besonders die Staaten Ost- und Südosteuropas sowie die des Baltikums strebten in die EU. Um die EU-Erweiterung bewältigen zu können, mussten die bestehenden institutionellen und vertraglichen Arrangements modifiziert werden, da der EU ansonsten die »fak-

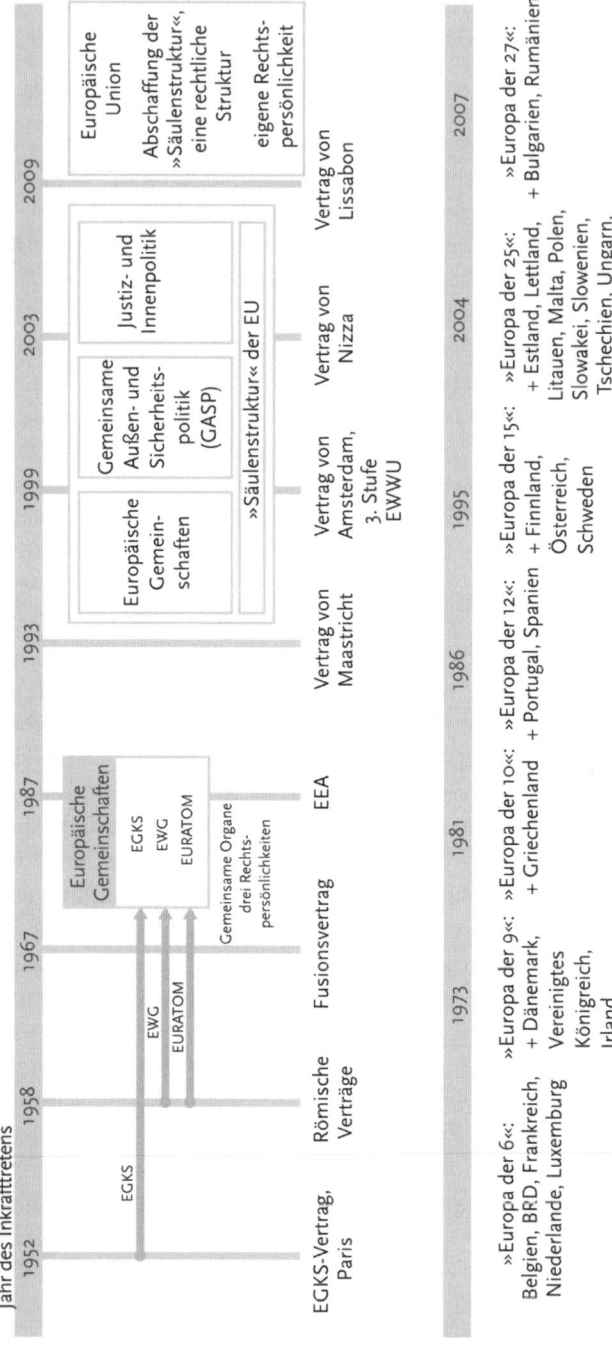

Abbildung 3.1: Von der EGKS zum Europa der 27 – die Geschichte der EU.

tische Unregierbarkeit« drohte.[167] Auch machte die »komplizierte Architektur der Union, die Undurchsichtigkeit der verschachtelten Verträge, die mangelnde demokratische Legitimität des Unionshandelns« eine Revision des Maastrichter Vertrages nötig.[168] Der Versuch, die Erweiterungsfähigkeit der Union mit dem Vertrag von Amsterdam 1997 herzustellen, scheiterte. Auch der Vertrag von Nizza, in Kraft getreten im Jahr 2003, der Europa erweiterungsfähig machen sollte, brachte nicht die gewünschten Ergebnisse: »Statt die Strukturen zu vereinfachen, die Transparenz des Systems zu erhöhen und die Entscheidungsfähigkeit der Unionsorgane zu stärken, wurden die Mechanismen weiter verkompliziert«.[169] Vor dem Hintergrund der mangelhaften Ergebnisse der Reformversuche wurde immer klarer, dass die europäische Integration am Scheideweg stand. Sowohl Fragen nach der Finalität, also dem Ziel der Europäischen Union, traten auf, als auch darüber, welche Kompetenzen an die Union abgegeben und welche bei den Nationalstaaten verbleiben sollten.[170] Der bisherige pragmatische Weg der Einigung war an sein Ende gelangt. Die geplante Ost-Erweiterung wurde aber weiterhin vorangetrieben und in den Jahren 2004 beziehungsweise 2007 vollzogen: Die »EU der 27« war geboren. Parallel dazu wurde weiter über die Finalität der Europäischen Union im Rahmen des »Post-Nizza-Prozesses« nachgedacht. Die beiden Hauptziele waren zum einen, die EU »effizienter, demokratischer, bürgernäher und transparenter« zu machen, zum anderen die Zuständigkeiten von Mitgliedstaaten und der EU jeweils klar einzuteilen und abzugrenzen.[171] Mittlerweile kreiste der europapolitische Diskurs um die Frage einer europäischen Verfassung, durch die eine Systematisierung und Vereinigung der diversen nebeneinander bestehenden Verträge erreicht werden sollte. Im Jahr 2003 wurde ein Verfassungsentwurf vorgestellt, dessen wichtigster Punkt die Zusammenfassung der Europäischen Verträge und somit die Aufhebung der Drei-Säulen-Struktur der EU war.[172] Darüber hinaus wurden die Rechtsetzung und die Verfahrensweisen systematisiert und staatliche Attribute wie eine gemeinsame europäische Hymne und Flagge eingeführt. Obwohl der entwickelte Verfassungsvertrag der »transparenteste, inklusivste und wohl auch demokratischste Vertragsentwurf, der in der Geschichte der europäischen Integration ausgehandelt wurde«,[173] war, scheiterte er Mitte 2005 an Volksabstimmungen in Frankreich und den Niederlanden – obwohl der Verfassungsvertrag in fast allen anderen Staaten entweder angenommen wurde oder kurz davor stand, ratifiziert zu werden. Nachdem sich in der Folge abzeichnete, dass die Europäische Verfassung nicht zu erhalten war, entschloss sich der Europäische Rat, konsequent die Möglichkeiten der weiteren Integration auszuloten.

Bereits während der ersten Jahreshälfte 2007 gelang eine Übereinkunft über Form und Inhalte der Reform. Bei der darauffolgenden Regierungskonferenz in Portugal konnte am 13.12.2007 der »Vertrag von Lissabon zur Änderung des Vertrags über die Europäische Union und des Vertrags zur Gründung der Europäischen Gemeinschaft« unterzeichnet werden. Die Substanz der Europäischen Verfassung blieb im Lissabon-Vertrag hinsichtlich der institutionellen und politischen Vorhaben im Wesentlichen erhalten; Änderungen bezogen sich vor allem auf die Grundrechte-Charta, Zuständigkeitsfragen und die Symbole wie eine gemeinsame europäische Hymne oder Flagge.[174] Der Vertrag von Lissabon brachte zwar nach wie vor keine grundsätzliche Beseitigung des Vertrags-Gewirrs, aber durch ihn gelang in einem hohen Maß die seit Langem notwendige Umgestaltung der EU. Mit dem Vertrag von Lissabon wurde die Unterscheidung zwischen Union und Gemeinschaft (den bisherigen Säulen) aufgehoben und beide zu einer einzigen Organisation mit dem einheitlichen Namen »Europäische Union« verschmolzen.[175] Die Auswirkungen auf die Struktur der EU waren elementar: Die bisherige Drei-Säulen-Architektur wurde abgeschafft; seit dem Inkrafttreten des Lissabon-Vertrages basiert die EU nicht mehr auf den Europäischen Gemeinschaften. Diese wurden nun durch die EU in ganzheitlicher Weise ersetzt.[176] Auch hat der Lissabon-Vertrag die Kompetenzaufteilung sowie das verpflichtende Subsidiaritätsprinzip übernommen. Die EU erhält durch den Lissabon-Vertrag die völkerrechtliche Rechtspersönlichkeit und konnte damit der Europäischen Menschenrechtskonvention beitreten; die Grundrechtecharta der EU ist verbindliches Recht geworden und es gibt mehr partizipative Demokratie (etwa durch die Europäische Bürgerinitiative) auf europäischer Ebene. Hinzu kommen zahlreiche institutionelle Änderungen, wie etwa die Einführung des Amtes eines Präsidenten des Europäischen Rates und eines Hohen Vertreters für Außen- und Sicherheitspolitik der EU. Als für Unternehmen besonders relevant dürften sich einige Änderungen in den Abstimmungsmodi erweisen: Neben dem Prinzip der doppelten Mehrheit bei Ratsentscheidungen gilt nach dem Vertrag von Lissabon in vielen vormals vom Einstimmigkeitsprinzip beherrschten Sektoren nunmehr das Mehrheitsprinzip – beispielhaft zu nennen sind hier die Bereiche Justiz und Inneres, Außenhandel und Landwirtschaft.

Wie sich die Veränderungen des Lissabon-Vertrags tatsächlich auswirken werden, wird die politische und institutionelle Praxis zeigen. Klar ist: Trotz der umfassenden zukunftsgerichteten Revision der EU durch den Vertrag von Lissabon bleibt die Frage »Welches Europa?«[177] weiterhin offen.[178] Denn verglichen mit der politischen und wirtschaftlichen Integration hinkt die gesellschaftliche und kulturelle Integration noch deutlich hinterher.

Wie der historische Abriss zeigt (vgl. auch die Übersicht in Abbildung 3.1), durchlief der europäische Einigungsprozess Höhen und Tiefen mit jeweils unterschiedlicher Intensität; Phasen der dynamischen Fortschritte wechselten sich mit Perioden des Stillstands ab.[179] Das zu Beginn der europäischen Einigung vorrangige Ziel, für alle Zeiten einen Krieg zwischen den europäischen Staaten zu verhindern, trat im Lauf der zunehmenden Integration mehr und mehr hinter das Ziel ökonomischer Modernisierung und Prosperität zurück. Mit Blick auf diese Ziele ist der Erfolg der Europäischen Einigung der vergangenen sechs Jahrzehnte überragend – nicht zuletzt vor dem Hintergrund, dass die Erfolgsgeschichte des vereinten Europas zu keiner Zeit einem Masterplan folgte. Letztlich ist aus einem zerstörten, politisch geteilten Europa der größte Wirtschaftsraum der Welt entstanden, der 27 Staaten mit etwa 500 Millionen Einwohnern[180] in Frieden und wirtschaftlicher Prosperität vereint. In der Gesamtschau übertreffen die positiven Aspekte der europäischen Einigung die negativen Seiten des Integrationsprozesses bei Weitem. Ob der Vertrag von Lissabon der EU nun auf längere Sicht die erhoffte dauerhafte institutionelle Stabilität oder gar Finalität geben wird, bleibt freilich abzuwarten –[181] auch in Zukunft sind weitere Diskussionen über die Gestaltung der EU sowie ihre Ausgestaltung nicht ausgeschlossen. Die Auseinandersetzungen um die EU-Hilfen für Griechenland – innenpolitischer Natur in den Mitgliedstaaten und außenpolitischer Natur auf Ebene der EU – haben dies jüngst wieder einmal gezeigt.[182]

B. Das politische System der EU

I. Allgemeines

Das Ergebnis von knapp 60 Jahren europäischer Integration ist, wenngleich weltweit einzigartig und historisch ohne Beispiel, auf den ersten Blick ein seltsames Konstrukt. Die Europäische Union in der heutigen Form ist kein Staat, weder Bundesstaat noch Staatenbund, vielmehr ein »unvergleichliches Gebilde supra- und internationaler Kooperation«, und bildet daher kein geschlossenes politisches System.[183] Die Staatsrechtslehre und die Politikwissenschaft haben daher Schwierigkeiten mit einer Definition.[184] Aufgrund ihrer historischen Entwicklung nach dem »Prinzip der Teilintegration«[185] und ihres gegenwärtigen Integrationsstandes wird die EU in eine Mittelstellung zwischen einer internationalen Organisation und einem Bundesstaat eingeordnet, weshalb sie oft als ein Staatenverbund[186] charakterisiert wird. Dessen souveräne Nationalstaaten haben sich verpflichtet, in einigen Bereichen ausschließlich gemeinschaftlich zu agieren, in anderen Politikfeldern eng miteinander zu kooperieren und Entscheidungen in Abstimmung mit den anderen Mitgliedstaaten zu treffen und in allen übrigen Politikfeldern die Interessen der anderen Partner weitgehend zu berücksichtigen. Zwei Besonderheiten weist die EU auf: Zum einen die Relativierung der Autonomie, zum anderen eine Zielrichtung hin zu »Entwicklung und Differenzierung bei gleichzeitiger Stabilität der Grundstrukturen«.[187] Das institutionelle System der EU orientiert sich ganz grundsätzlich an den Prinzipien der »Gewaltenteilung, der repräsentativen Demokratie, der Legitimation hoheitlicher Gewalt und der gerichtlichen Kontrolle hoheitlichen Handelns«.[188] Ein weiteres Merkmal ist, dass die EU nicht statisch aus einem fixen Bauplan entstand – und nach wie vor entsteht – sondern gleichsam evolutionär: »Das Institutionengefüge der Gemeinschaft entwickelt sich dynamisch und diskontinuierlich. Die Institutionen und ihre Beziehungen mussten aufgrund von Veränderungen der Vertragsgrundlage sowie Erfahrungen der politischen Praxis ständig neu überdacht werden«.[189] Dieser Weg war, wie der historische Abriss oben zeigt, bis in die jüngste Vergangenheit hinein langwierig und teilweise steinig.

Bedingt durch ihren Charakter als Staatenverbund wirken zahlreiche Institutionen und Organe an der EU-Politik mit: Nicht nur die EU-Organe selbst, sondern auch die Mitgliedstaaten, deren nachgeordnete Binneninstitutionen (z.B. die deutschen Bundesländer), sowie zivilgesellschaftliche Akteure. Die Wechselwirkungen von binnenstaatlichen und europäischen Politikprozessen und ihren Akteuren bewirkt eine Mehrebenenverflechtung; diese differenzierte und pluralistische Akteurslandschaft ist charakteristisch und bestimmend für die Multilevel Governance in der EU (siehe Abbildung 3.3).[190] Die Folgen der Akteursvielfalt und der komplexen Verfahren sind mangelnde Kohärenz und Effizienz. Nicht zuletzt deshalb werden die EU und ihre Politik oft als kompliziert, bürokratisch und unverständlich wahrgenommen.

Die Basis der europäischen Integration und damit des politischen Systems der EU sind die völkerrechtlichen Verträge, welche die EU selbst und ihre Institutionen begründen und das primäre Gemeinschaftsrecht darstellen. Der Ende 2007 unterzeichnete Vertrag von Lissabon führte das gesamte bis dahin geltende Vertragswerk zusammen, nachdem die

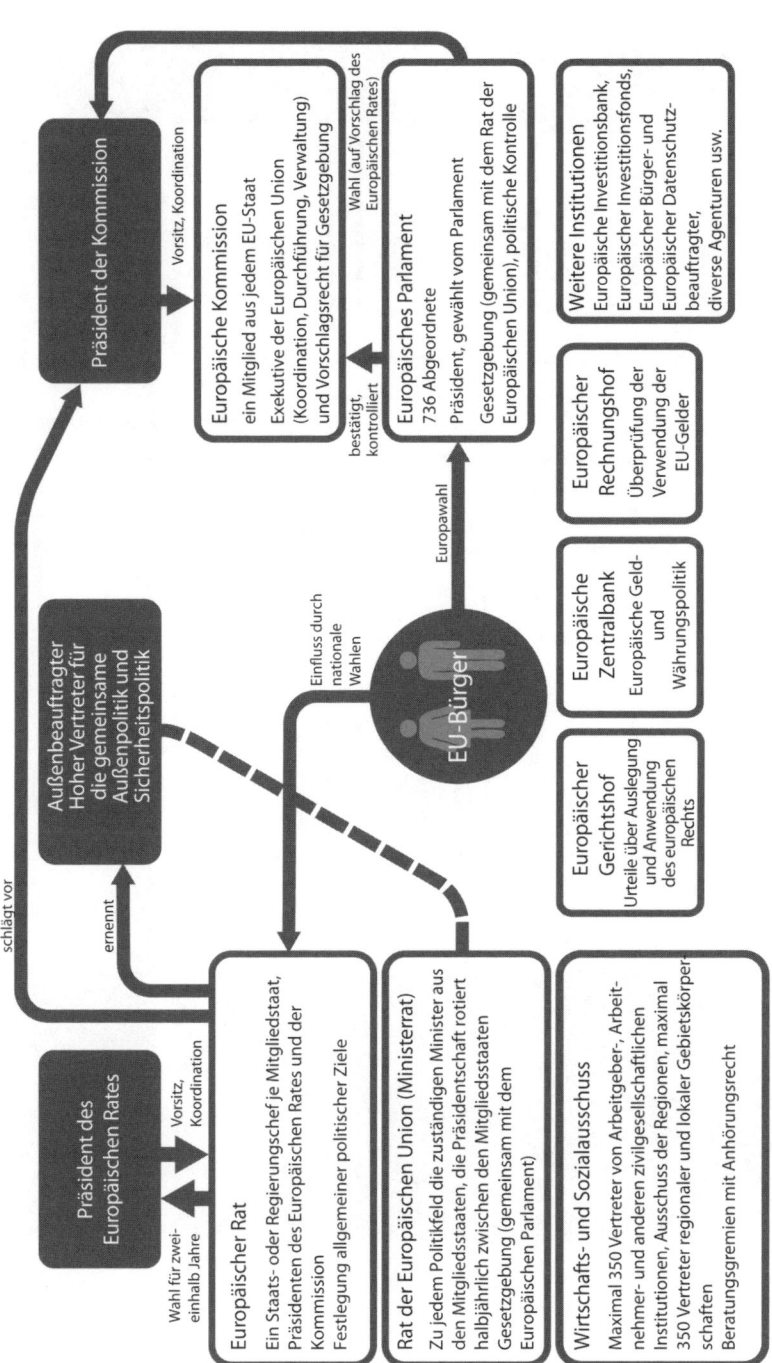

Abbildung 3.2: Die EU nach dem Vertrag von Lissabon.[191]

Das politische System der EU

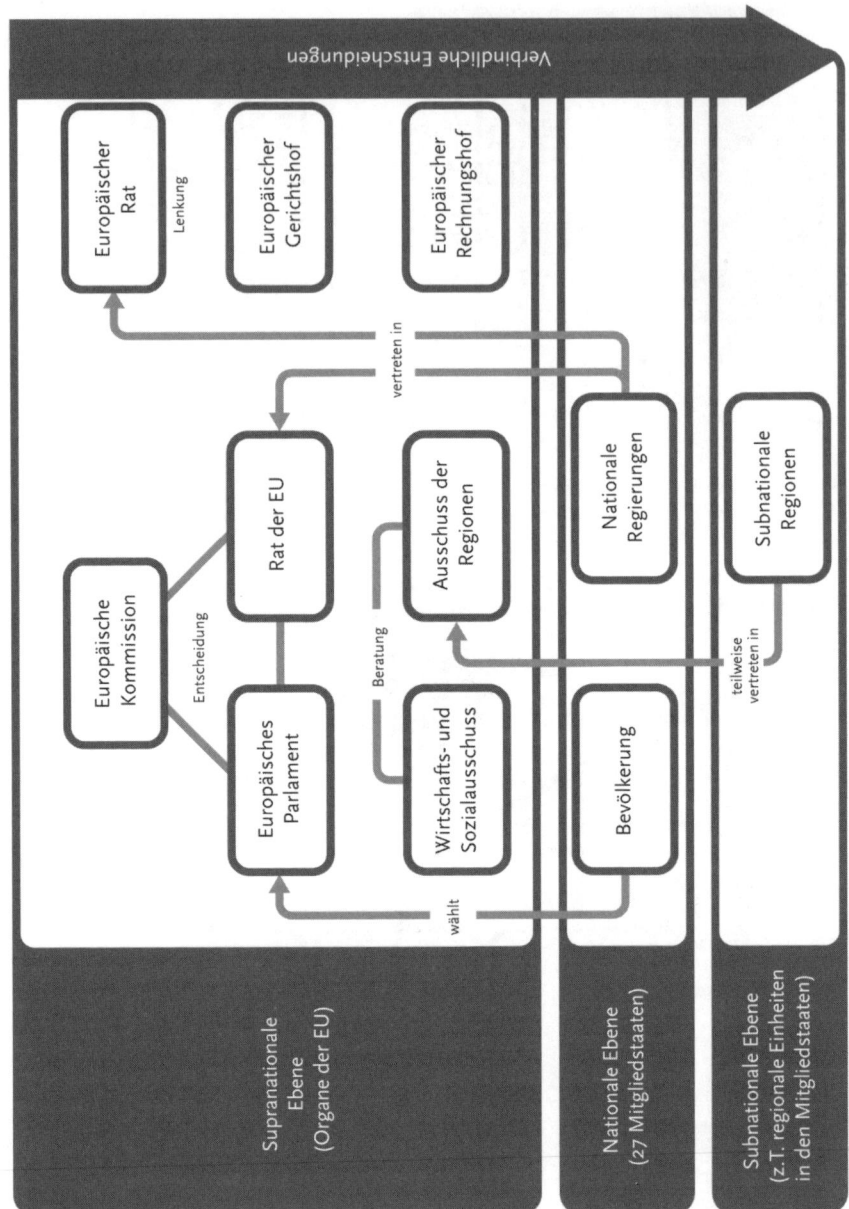

Abbildung 3.3: Das Mehrebenensystem der EU.

Ratifizierung der geplanten Europäischen Verfassung scheiterte.[192] Vor Inkrafttreten des Lissabon-Vertrags begründete der Vertrag zur Gründung der Europäischen Gemeinschaft (EG-Vertrag, kurz EG oder EGV) die mit Supranationalität versehene Europäische Gemeinschaft. Dieses Vertragswerk beinhaltete das Gemeinschaftsrecht. Im Gegensatz dazu umfasste das Unionsrecht die GASP und die PJZS; das Unionsrecht hatte somit »nur« völkerrechtlichen Charakter (vgl. das in Abschnitt A. erläuterte »Drei-Säulen-Modell«, das den einheitlichen institutionellen Rahmen der Europäischen Union abbildete). Mit dem Vertrag von Lissabon wurden die drei Säulen verschmolzen und im Recht der EU zusammengeführt. Der supranationale Charakter des Unionsrechts bedeutet, dass das EU-Recht grundsätzlich dem Recht der Mitgliedstaaten übergeordnet ist.[193] Deshalb wirkt das (primäre wie sekundäre) Unionsrecht prinzipiell bindend für die Mitgliedstaaten, wobei die Reichweite und Bindungswirkung aber nicht gleichförmig und eindeutig ist: So beinhalten Verordnungen unmittelbare Geltung und Anwendbarkeit, Richtlinienbestimmungen nur für den Fall einer nicht fristgerechten und ordnungsgemäßen Umsetzung.[194] Die Wirkungen des europäischen Primärrechts erstrecken sich auf die Mitgliedstaaten und ihre Institutionen sowie die Union und ihre Organe selbst, teilweise auch direkt auf die Unionsbürger.[195]

Wegen der Besonderheiten der Vertragskonstruktion gibt es in der EU bislang (noch) kein einheitliches Rechtsetzungsverfahren.[196] Besonders bedeutsam ist hinsichtlich ihrer umfassenden Folgewirkungen in der Praxis die Rechtsetzung im Bereich der EU (vormals der EG). Hier entstehen jene Legislativakte, die gemeinhin mit »Brüssel« und der EU als solcher in Verbindung gebracht werden und die Europäisierung nationalstaatlicher Politik bestimmen und festschreiben.

Das politische System der Europäischen Union weist – als Konstrukt *sui generis* – vor dem Hintergrund des EU-Vertrags und den darin enthaltenen supranationalen und intergouvernementalen Elementen wegen ihrer dynamischen und diskontinuierlichen Entstehungsgeschichte zwangsläufig erhebliche Unterschiede zu nationalen politischen Systemen auf. Zwar existieren, gemäß der von Anbeginn der europäischen Integration verfolgten demokratischen Ausprägung, formal die klassischen Institutionen demokratisch verfasster Gemeinwesen wie ein gewähltes Legislativorgan (Europäisches Parlament), eine Exekutive (Europäische Kommission) und eine Judikative (Europäischer Gerichtshof), jedoch haben diese Institutionen – verglichen mit ihren Pendants in den Einzelstaaten – teils stark abweichende Möglichkeiten, Funktionen und Kompetenzen.

Ein Grundverständnis dieser Institutionen ist unabdingbar, um Gesetzgebungsverfahren, Entscheidungsprozesse und – letztlich auch – charakteristische Abläufe der Interessenvertretung in Brüssel nachvollziehen zu können. Im Folgenden sollen daher die Grundlagen und die wichtigsten Organe des politischen Systems der EU im Überblick beschrieben und ihre Aufgaben und Funktionen erläutert werden. Zunächst werden die politisch einflussreichsten Institutionen vorgestellt, das Europäische Parlament, die Europäische Kommission, der Europäische Rat, der Rat der Europäischen Union und der Gerichtshof der Europäischen Union. Im Anschluss werden weitere wichtige, jedoch politisch nicht unmittelbar wirkende Einrichtungen und Organe wie die Europäische Zentralbank, der Europäische Rechnungshof, der Europäische Wirtschafts- und Sozialausschuss sowie der Ausschuss der Regionen skizziert.

II. Die wichtigsten Institutionen der Europäischen Union im Überblick

1. Europäisches Parlament

Das Europäische Parlament ist die Volksvertretung im politischen System der EU. Seit 1979 werden die Abgeordneten des Europäischen Parlaments direkt von den Bürgern gewählt. Es ist allerdings strittig, ob die Legislative der EU in Gestalt des Europäischen Parlaments hinsichtlich seiner Aufgaben und Gestaltungsrechte einem normalen (nationalen) Parlament entspricht.[197] Festzuhalten ist, dass es sich beim Europäischen Parlament nicht um ein Parlament des europäischen Volks, sondern um das Parlament der europäischen Völker handelt.[198] In dieser Hinsicht nimmt das Europäische Parlament eine wichtige Stellung bei der Vermittlung politischer Inhalte zwischen den einzelnen Mitgliedstaaten und der EU ein.[199]

Ursprünglich war das Europäische Parlament nur wenig mehr als ein demokratisches Feigenblatt, jedoch bekam es im Lauf der Zeit mehr und mehr Einflussmöglichkeiten und damit Macht übertragen, zuletzt durch den Vertrag von Lissabon. So ist das Parlament mittlerweile zu einem selbstbewussten Akteur im politischen Gefüge der EU geworden, insbesondere in den Bereichen Gesetzgebung und Haushaltsfragen.[200] Ein prägnantes Beispiel für die gewachsene Machtfülle des Parlaments ist die Verweigerung der Entlastung der Kommission infolge eines Korruptionsfalls im Jahr 1999, die zur Demission der gesamten Kommission unter Kommissionspräsident *Jacques Santer* führte.

Die Rechtsgrundlagen des Europäischen Parlaments finden sich in den Artikeln 10, 14, 16, 48 bis 50 EUV und den Artikeln 223 bis 234, 289, 294 bis 297 AEUV. Die Hauptaufgaben des Europäischen Parlaments beinhalten – zusammen mit dem Rat – die legislative und haushalterische Politikgestaltung. Im ordentlichen Gesetzgebungsverfahren ist das Parlament neben dem Rat gleichberechtigter Gesetzgeber, ebenso im Haushaltsverfahren. Die Wahlfunktion des Europäischen Parlaments umfasst die Wahl des Kommissionspräsidenten und die Zustimmung zur Ernennung der Kommission (dazu sogleich). Außerdem kontrolliert das Parlament die Tätigkeit von Rat und Kommission; letzterer kann es auch das Misstrauen aussprechen. Des Weiteren hat das Europäische Parlament Mitgestaltungsrechte bei der Fortentwicklung des EU-Systems. Die Repräsentation sowie die Interaktionen mit den Bürgern der EU sind weitere seiner Funktionen.[201] Nach wie vor hat das Parlament sowohl *de jure* als auch *de facto* kein Initiativrecht; ebenfalls stark eingeschränkt sind die Einflussmöglichkeiten bei der GASP. In der Praxis nutzt das Parlament seine Kompetenzen intensiv und stößt dabei auch in Bereiche vor, die ihm nicht unmittelbar zugeordnet sind.

Die innere Organisation ist nationalen Parlamenten nicht unähnlich. So schließen sich die Abgeordneten zu Fraktionen zusammen, die weitgehend mit dem bekannten Links-Rechts-Schema der nationalen Volksvertretungen übereinstimmen (siehe Abbildung 3.4). Beispielsweise sind die konservativen Abgeordneten Mitglied der EVP/ED-Fraktion; die sozialdemokratischen Parlamentarier gehören der S&D-Fraktion an. Den Vorsitz führt ein Präsidium mit dem Parlamentspräsidenten an der Spitze. Die Beschlussfassung des Europäischen Parlaments erfolgt im Regelfall mit der Mehrheit der abgegebenen Stimmen; Ausnahmen bestehen z. B. bei bestimmten Gesetzgebungsverfahren, bei denen die Mehrheit der Mitglieder (absolute Mehrheit) entscheidend ist.[202]

Das Abstimmungsverhalten im Plenum ist nicht eindeutig: Neben dem Abstimmungsverhalten nach Fraktionszugehörigkeit kommt auch ein parteiübergreifendes, durch nationale Zugehörigkeit der Abgeordneten geprägtes Abstimmungsverhalten vor.[203] Ein ganz wesentlicher – und für die Interessenvertretung beim Europäischen Parlament höchst bedeutsamer – Unterschied zu den mitgliedsstaatlichen Parlamenten ist jedoch, dass die Exekutive nicht aus der Legislative hervorgeht: Das Europäische Parlament kann zwar den vom Europäischen Rat vorgeschlagenen Kandidaten für das Amt des Kommissionspräsidenten ablehnen (Artikel 17 EUV). Auch werden Kompetenz und Integrität der potenziellen Kommissare nach ihrer Nominierung in den jeweiligen Fachausschüssen

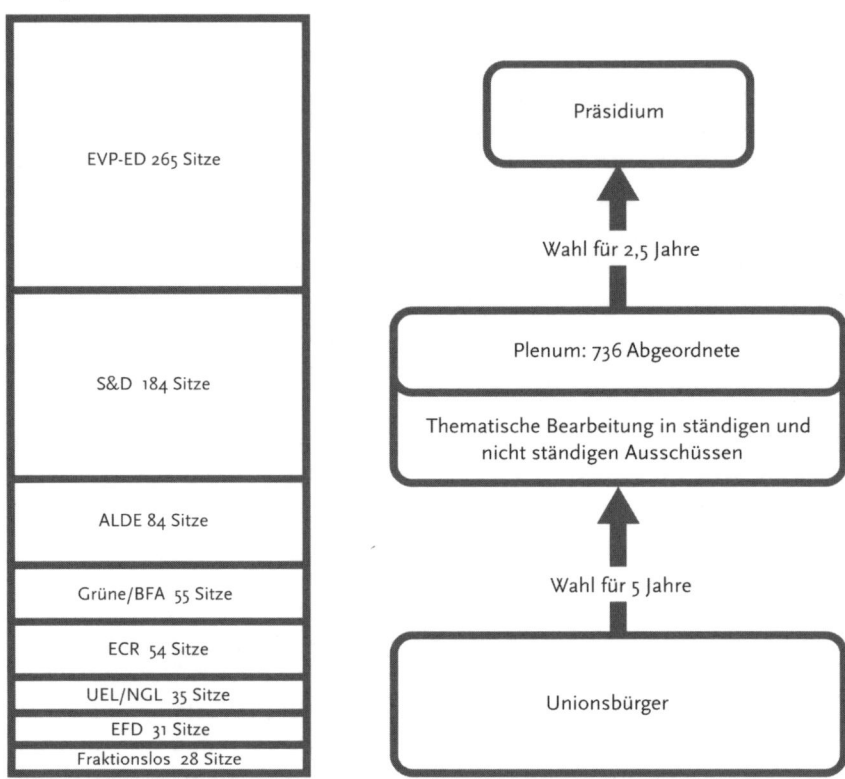

Abbildung 3.4: Das Europäische Parlament.

des Europäischen Parlaments (durchaus kritisch[204]) geprüft. Allerdings kann das Parlament in der Folge nur die Kommission als Ganzes annehmen oder ablehnen, nicht einzelne Mitglieder; demzufolge entspricht die Zusammensetzung der Kommission nicht der Zusammensetzung des Europäischen Parlaments, wie dies bei nationalen Parlamenten der Regelfall ist. Auf mitgliedsstaatlicher Ebene gängige Disziplinierungsmechanismen – die Regierungslinie wird von den Parlamentariern der Regierungsfraktionen in aller Regel mitgetragen – scheiden damit aus; entsprechend muss ein Interessenvertreter stets die Einstellung sowohl des Europäischen Parlaments als auch der Kommission zu seinem Anliegen im Auge behalten. Dies hat bedeutende Auswirkungen auf Fragen des »europäischen Coalition Building«, was in Abschnitt C. II. unten anzusprechen sein wird. Damit eng verbunden ist eine weitere Konsequenz des Nichthervorgehens der Exekutive aus der Legislative: Es gibt im Europäischen Parlament keine als solche zu bezeichnende parlamentarische Opposition. Mehrheits- und Minderheitspositionen sind daher nicht gleichsam strukturell gegeben, sondern einzelfallabhängig.

Die inhaltliche Arbeit der Abgeordneten geschieht in den Ausschüssen. Derzeit existieren 20 ständige Ausschüsse, deren Gegenstand im Grundsatz die sachpolitischen Gegebenheiten der Kommission beziehungsweise deren Generaldirektionen widerspiegeln. In den Ausschüssen werden die fachpolitischen Beschlussvorlagen für das Plenum erarbeitet. Federführend sind dafür innerhalb der Ausschüsse die Berichterstatter und Koordinatoren, die jeweils für ein Vorhaben benannt werden. Über die von ihnen erstellten Berichte und deren Details wird in den Ausschüssen beraten und schließlich abgestimmt, bevor diese als Beschlussvorlage ins Plenum eingebracht werden. Interessant ist in diesem Zusammenhang, dass es in der parlamentarischen Arbeit stark auf den einzelnen Abgeordneten, insbesondere auf die Berichterstatter, ankommt. So erarbeiten diese ihre Berichte für die Ausschüsse weitgehend im Alleingang, da ein wissenschaftlicher Dienst in dem Umfang, wie ihn viele nationale Parlamente vorhalten – etwa der Deutsche Bundestag –, nicht vorhanden ist.[205]

Die Benennung und Zusammensetzung des Europäischen Parlaments erfolgt durch die nationale Wahl seiner Abgeordneten. Die Europawahl findet im Fünfjahresturnus im Juni statt und folgt jeweils den nationalstaatlichen Vorschriften und Wahlsystemen. Gemäß dem EUV beziehungsweise AEUV sind insgesamt 736 Sitze zu vergeben, die Aufteilung der Mandate folgt einem Länderverteilungsschlüssel nach dem Prinzip der degressiven Proportionalität, wobei es keine Sitzverteilung pro Mitgliedstaat gibt. Allerdings gibt es mindestens sechs Sitze pro Mitgliedstaat, die Höchstzahl beträgt 96.[206]

Das Europäische Parlament hat seinen Hauptsitz in Brüssel, jedoch werden regelmäßig ein Viertel der Sitzungen im französischen Strasbourg abgehalten. Trotz des immensen Personal- und Kostenaufwands hinsichtlich der zu erbringenden Übersetzungsleistungen können sich die Abgeordneten in Ausschuss- und Plenarsitzungen in ihrer Landessprache artikulieren; in informellen Gesprächen sind aber einige wenige Arbeitssprachen, wie Englisch, Deutsch oder Französisch, vorherrschend.

Aufgrund der beständig gestiegenen Einfluss- und Entscheidungsmöglichkeiten wurde das Europäische Parlament seit seinem Bestehen immer bedeutsamer und ist heute ein mächtiger Akteur im politischen System der EU. Die jüngsten Kompetenzzuwächse durch die Neuerungen des

Vertrags von Lissabon (vor allem die Kür des Mitentscheidungsverfahrens zum »ordentlichen Gesetzgebungsverfahren« in der EU [207]) belegen, dass sich dieser Trend auch weiterhin fortsetzen wird.

2. Europäische Kommission

Die Kommission hat als Exekutive der EU umfassende Kompetenzen und Befugnisse. Die Kommission ist – ähnlich der EU als staatsrechtliches Gebilde – ein Organ *sui generis*, das sich nur schwer unter staatsrechtliche Begriffe subsumieren lässt. Rechtlich verankert ist die Kommission in den Artikeln 13, 17–18 EUV sowie 244–250 AEUV, darüber hinaus im Protokoll über die Anwendung der Grundsätze der Subsidiarität und der Verhältnismäßigkeit. Die Zusammensetzung und die Aufgaben der Kommission waren in der Vergangenheit immer wieder Gegenstand von Reformansätzen, zuletzt im Rahmen des Vertrags von Lissabon.

Die Kommission ist zunächst grundlegend die »Hüterin der Verträge« [208] und wacht als solche über die Einhaltung des Unionsrechts und dessen nachfolgenden Bestimmungen. Bei Verstößen dagegen ist sie verpflichtet, einzugreifen. Gleichzeitig ist die Kommission das Exekutivorgan der Europäischen Union. Sie sorgt dafür, dass die Rechtsakte in den Mitgliedstaaten adäquat umgesetzt werden. Besonders in den ersten Jahrzehnten der europäischen Integration war sie zudem ein »Motor der Integration«, der Tempo und Richtung der Entwicklung der Europäischen Union erheblich mitbestimmte. [209] Zudem überwacht sie die Koordinierung der Wirtschaftspolitik in der EU. Die Kommission hat das alleinige Initiativrecht im EU-Gesetzgebungsverfahren, das heißt, nur sie hat auf Unionsebene das Recht, Vorschläge für Rechtsakte einzubringen. Letztlich können aber nur der Rat der Europäischen Union und das Europäische Parlament den Gesetzentwürfen der Kommission Gesetzeskraft verleihen. Die Kommission selbst kann dann wiederum die notwendigen Durchführungsvorschriften in Form von Verordnungen oder Richtlinien erlassen. [210] In bestimmten Politikfeldern, beispielsweise im Bereich des Wettbewerbs, wirken die Direktiven unmittelbar auf die nationale Wirtschaftspolitik. [211] Die Kommission verwaltet außerdem die Finanzmittel der EU sowie die EU-Strukturfonds. Zusammen mit dem Rat vertritt sie die EU auch nach außen. [212] Aufgrund ihrer starken Stellung innerhalb der EU und ihrer Außenwirkung kann die (macht-)politische Bedeutung der Kommission kaum überschätzt werden. Sie wird deshalb häufig mit der EU und Brüssel gleichgesetzt.

Zurzeit stellt noch jedes Mitgliedsland einen Kommissar beziehungsweise Kommissarin. [213] Der Kommissionspräsident wird durch das Par-

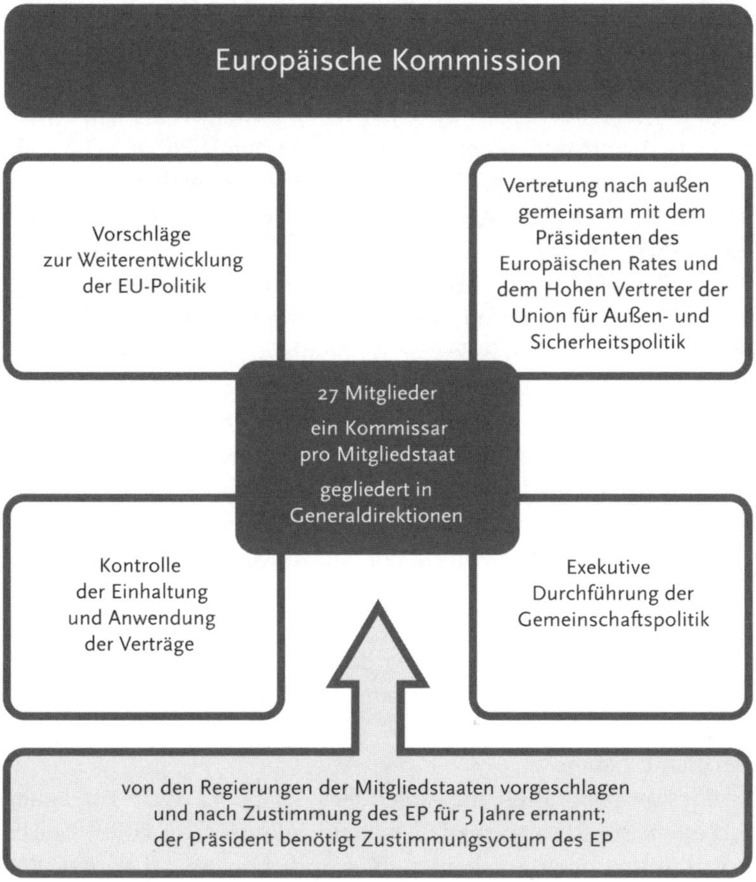

Europäische Kommission

- Vorschläge zur Weiterentwicklung der EU-Politik
- Vertretung nach außen gemeinsam mit dem Präsidenten des Europäischen Rates und dem Hohen Vertreter der Union für Außen- und Sicherheitspolitik
- Kontrolle der Einhaltung und Anwendung der Verträge
- Exekutive Durchführung der Gemeinschaftspolitik

27 Mitglieder, ein Kommissar pro Mitgliedstaat, gegliedert in Generaldirektionen

von den Regierungen der Mitgliedstaaten vorgeschlagen und nach Zustimmung des EP für 5 Jahre ernannt; der Präsident benötigt Zustimmungsvotum des EP

Abbildung 3.5: Die Europäische Kommission.

lament gewählt, das Kollegium wird durch den Rat benannt. Die gesamte Kommission bedarf der Zustimmung des Parlaments. Ihre Amtszeit beträgt fünf Jahre und ist mit der Legislaturperiode des Parlaments verknüpft.[214] Die Kommission ist dem Parlament gegenüber verantwortlich und kann von diesem per Misstrauensvotum abgewählt werden.[215] Die Zusammensetzung der Kommission soll sich an der politischen Zusammensetzung des Parlaments orientieren. Bei der Entscheidungsfindung und der Beschlussfassung innerhalb der Kommission gilt das Kollegialprinzip, wobei der Kommissionspräsident die politische Führung innehat und als *primus inter pares* hervorsticht. Beschlüsse werden nach dem Mehrheitsprinzip gefasst, wobei tatsächlich versucht wird, einen Konsens bei der Beschlussfassung herzustellen.[216] Die Kommission kommt in der

Regel einmal pro Woche zusammen. Der eigentliche Verwaltungsapparat besteht aus den Generaldirektionen und Diensten (z. B. Generalsekretariat, Juristischer Dienst). Die Generaldirektionen sind funktional-hierarchisch aufgebaut und bearbeiten spezifische Politikfelder; sie sind weitgehend mit nationalen ministeriellen Bürokratien vergleichbar (siehe Abbildung 3.6 am Beispiel der DG Binnenmarkt und Dienstleistungen).[217] Eine machtvolle Besonderheit stellen die Kabinette dar, welche unmittelbar dem jeweiligen Kommissar unterstellt sind. Sie bestehen aus einer kleineren Anzahl politischer Vertrauter des jeweiligen Kommissars und sind gegenüber den Diensten und Generaldirektionen weisungsbefugt.[218] Unter dem Vorsitz des Generalsekretariats bereiten die Kabinette die Beschlussvorlagen für die wöchentliche Sitzung der Kommission vor. Die Kabinettschefs beraten sich gleichfalls jede Woche vor dem Treffen der Kommission und halten fest, welche Entscheidungen in Einigkeit verabschiedet werden können (sogenannte A-Punkte) und welche Vorlagen einer weiteren Diskussion im Kommissionskollegium bedürfen (sogenannte B-Punkte). Einer Entscheidung der Kommission liegt in der Regel ein Entwurf der zuständigen Generaldirektion zugrunde, der mit anderen fachlich involvierten Generaldirektionen zuvor abgestimmt wurde. Entsprechend findet auch eine Abstimmung des Entwurfs zwischen Generaldirektion und Kabinett statt.[219] Vor diesem Hintergrund wird klar, welch hohen Einfluss die Kabinettschefs und die Generaldirektoren auf die europäische Politik haben.

Die Kommission beschäftigt im Augenblick knapp 34 000 Mitarbeiter, wobei davon allein rund 2 400 im Übersetzungsdienst tätig sind.[220] Alle amtlichen Verlautbarungen erscheinen in sämtlichen Sprachen der EU. Überwiegende Arbeitssprachen innerhalb der Kommission sind Englisch und Französisch. Der Sitz der Kommission ist in Brüssel, die Zentrale befindet sich im Berlaymont-Gebäude.

3. Europäischer Rat

Der Europäische Rat ist das oberste Gremium der EU. Auch diese Institution lässt sich nur schwer in konventioneller Weise (staatsrechtlich) kategorisieren. Lange Zeit stand er außerhalb der EU und wurde erst durch den Vertrag von Lissabon in den Rang eines EU-Organs erhoben. Seine Rechtsgrundlagen hat der Rat in den Artikeln 13, 15, 18, 22, 26 EUV und den Artikeln 68, 121, 148, 222, 235–236 AEUV. Obwohl er keine unmittelbare Rechtsetzungsbefugnis hat, gilt er als die prägende Instanz der EU. Der Rat gibt Impulse für die EU und legt die allgemeinen politischen Vorstellungen und Ziele der Union fest. Des Weiteren be-

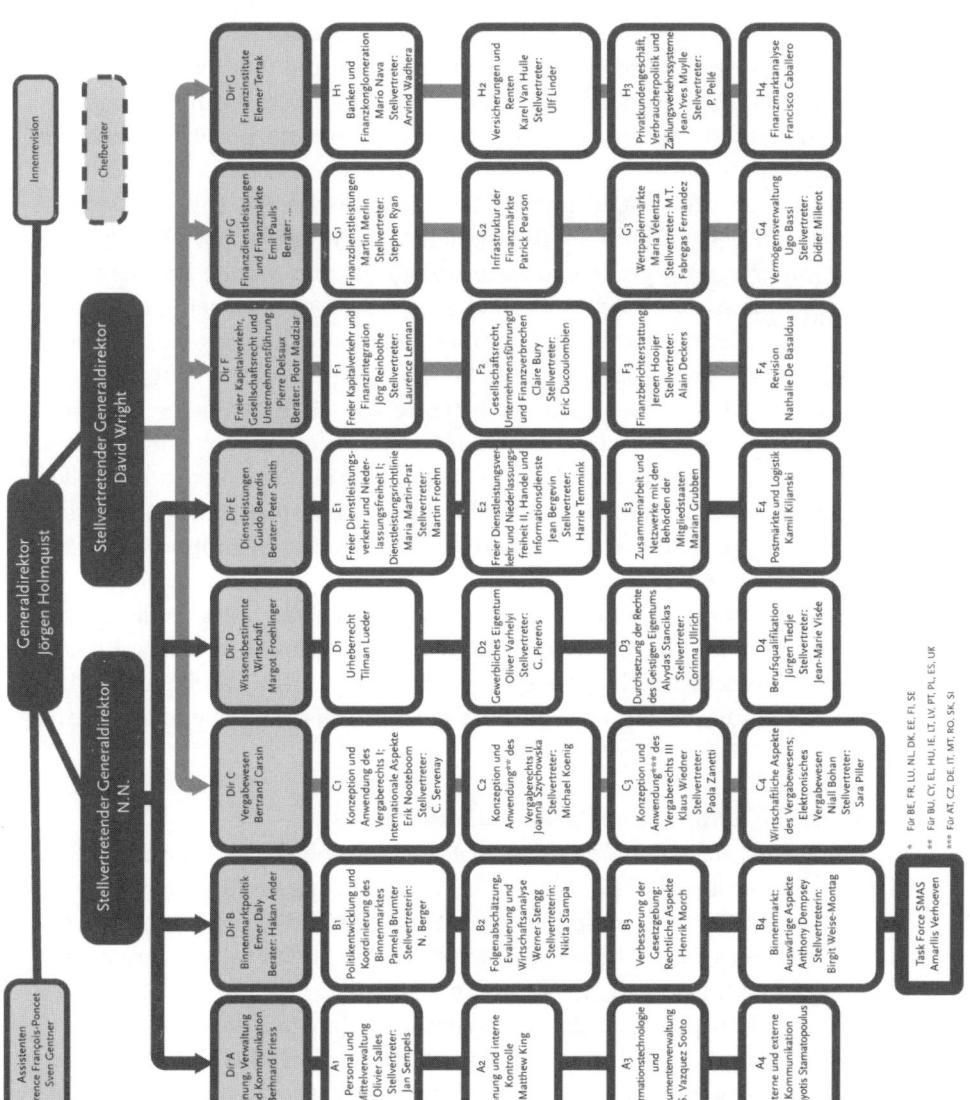

Abbildung 3.6: Interne Organisation einer Generaldirektion am Beispiel der DG Binnenmarkt und Dienstleistungen (Stand: 01.07.2010).

stimmt er ihre strategischen Interessen. Der Europäische Rat umfasst die Staats- und Regierungschefs der Mitgliedstaaten und den Präsidenten der Kommission, die von den Außenministern und einem Kommissionsmitglied unterstützt werden. Im Rat kommen somit die höchsten Vertreter der EU-Staaten zusammen, um dort die politischen Leitlinien für die EU zu diskutieren und festzulegen.[221] Der Europäische Rat tritt mindestens zweimal jährlich zusammen (EU-Gipfel); den Vorsitz führt der von den Staats- und Regierungschefs für zweieinhalb Jahre gewählte Präsident.[222] Die Ergebnisse der Ratstreffen fließen in die sogenannten politischen Schlussfolgerungen ein. Er verfügt auch über Beschlussfassungs-, Benennungs-, Wahl- und Abberufungsrechte. Die wesentlichen Aufgaben des Europäischen Rats sind neben der Setzung von Leitlinien seine Funktion als Wahl- und Beschlussinstanz, als internationaler Akteur (vor allem in der Person des jeweiligen Ratspräsidenten) sowie als »konstitutioneller Architekt« der Union.[223] Die Beschlüsse im Europäischen Rat werden im Konsens getroffen, charakteristisch ist dabei das Schnüren von »Verhandlungspaketen«.[224]

Die Bedeutung des Europäischen Rats lässt sich unter anderem an dem großen öffentlichen Interesse an den Treffen des Rats ermessen. Obwohl der Rat selbst nicht gesetzgeberisch tätig ist, wird hierbei sein Charakter als politische Führungsinstanz der europäischen Integration deutlich.

4. Rat der Europäischen Union (Ministerrat)

Der Rat ist das zentrale Organ, welches die Politik der EU verbindlich festlegt sowie koordiniert und damit Entscheidungen für die politische und systemische Gestaltung der EU trifft (siehe Abbildung 3.7). Hinsichtlich dieser Regierungs- oder Gubernativfunktion stellt er das »primäre politische Steuerungsorgan der EU« dar.[225] Er überragt hinsichtlich seiner legislativen Kompetenzen das Europäische Parlament, da er alle Rechtsakte der Europäischen Union verantwortet. Seine rechtliche Basis hat der Rat in den Artikeln 13, 16 EUV und den Artikeln 235–243 AEUV. Aufgrund seiner wechselnden Zusammensetzung aus den einzelnen Fachministern der Mitgliedstaaten (dazu sogleich) wird er in den Vertragstexten und umgangssprachlich auch als Ministerrat bezeichnet. Durch die Besetzung mit Politikern aus den Mitgliedstaaten erfüllt der Rat als intergouvernementale Institution auch eine wichtige Rückkopplungsfunktion: Er vermittelt zwischen der EU und den nationalstaatlichen Exekutiven und ermöglicht so eine Verschränkung nationalstaatlicher und europäischer Willensbildung.[226] Auf diese Weise bringen die Mitgliedstaaten be-

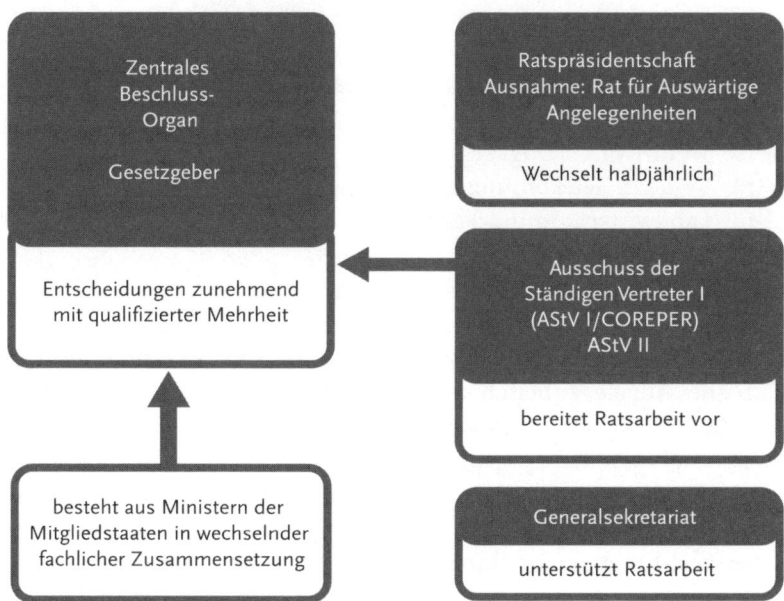

Abbildung 3.7: Der Rat der Europäischen Union.

ziehungsweise deren Regierungen ihre politischen Interessen in die Unionsebene ein.

Auch diese Institution lässt sich schwerlich mit verwandten Ministergremien, wie beispielsweise dem Nato-Rat, vergleichen. Der Rat ist das Hauptrechtsetzungsorgan für sekundäres Unionsrecht, im Bereich der GASP und PJZS hat er die alleinige Entscheidungsbefugnis.[227] Er besitzt ein indirektes Initiativrecht gegenüber der Kommission und ernennt nach der Zustimmung des Parlaments die Mitglieder der Kommission. Des Weiteren erstellt er, zusammen mit dem Parlament, den Haushaltsentwurf für die Kommission. Außerdem schließt er Abkommen mit Drittstaaten und internationalen Organisationen.[228] Er übernimmt die Gestaltung der GASP auf Grundlage der im Europäischen Rat festgelegten Strategien und Ziele. Neben der Verabschiedung allgemeiner Rechtsakte kann der Rat auch selbst Durchführungsbestimmungen erlassen.[229]

Die Zusammensetzung des Rats ist entsprechend den behandelten Themen unterschiedlich. Der Rat besteht deshalb in insgesamt neun verschiedenen Formationen: [230]
- Rat für allgemeine Angelegenheiten und Außenbeziehungen;
- Rat für Wirtschaft und Finanzen (Ecofin-Rat);
- Rat für Justiz und Inneres;
- Rat für Beschäftigung, Sozialpolitik, Gesundheit und Verbraucherschutz;
- Rat für Wettbewerbsfähigkeit;
- Rat für Verkehr, Telekommunikation und Energie;
- Rat für Landwirtschaft und Fischerei;
- Rat für Umwelt;
- Rat für Bildung, Jugend und Kultur.

Die Koordination der verschiedenen Formationen findet durch den Rat für allgemeine Angelegenheiten statt. Die Ratstagungen selbst werden durch den Ausschuss der Ständigen Vertreter (AStV) vorbereitet, die Detailarbeit übernehmen Arbeitsgruppen nationaler Beamter aus den Mitgliedstaaten.[231] Die Grundlage der Tätigkeiten des Rats ist seine Geschäftsordnung. Der Rat ist ein permanent tagendes Organ, dessen Mitglieder aber nicht *a priori* bestimmt werden, sondern jeweils nach ihrer exekutiven Funktion in den Mitgliedstaaten in den Rat entsandt werden.[232] Der Vorsitz im Rat wechselt halbjährlich zwischen den Mitgliedstaaten.[233] Mit dem Vertrag von Lissabon wurde die »Teampräsidentschaft« eingeführt, bei der vorher festgelegte Gruppen von je drei Staaten ihre Vorsitze über den Zeitraum von 18 Monaten koordinieren.[234] Für die Beschlussfassung im Rat gibt es drei unterschiedliche Verfahren. Der überwiegende Teil der Beschlüsse wird mit qualifizierter Mehrheit[235] getroffen, bei bestimmten Politikfeldern können Beschlüsse im Rat nur einstimmig angenommen werden. Zu beachten ist hier die bestehende Stimmgewichtung der einzelnen Mitgliedstaaten nach ihrer Bevölkerungsgröße: Kleinere EU-Staaten haben vier Stimmen, die größeren bis zu 29 Stimmen. Theoretisch möglich, praktisch jedoch sehr selten, sind auch Beschlüsse mit einfacher Mehrheit. Die Organisation des Rats und seiner Treffen wird von den Ständigen Vertretern der Mitgliedstaaten beziehungsweise vom Generalsekretariat geleitet, dem der Generalsekretär vorsteht. Obgleich alle Dokumente in jede EU-Sprache übersetzt werden, sind die inoffiziellen Arbeitssprachen auch hier vor allem Englisch, Deutsch und Französisch. Die Sitzungen finden in Brüssel und in Luxemburg statt.

5. Gerichtshof der Europäischen Union

Der Europäische Gerichtshof ist eine der ältesten Institutionen der EU und verkörpert die Judikative der Union. Seine Urteile und Entscheidungen haben teilweise einschneidende Konsequenzen, die in der Öffentlichkeit oft ihren Widerhall finden.[236] Die Rechtsgrundlagen des Gerichtshofs finden sich in den Artikeln 19 EUV und 251–281 AEUV. Er umfasst als oberstes Organ den Gerichtshof selbst, ein Gericht erster Instanz und mehrere Fachgerichte. Der Europäische Gerichtshof ist für alle Rechtsakte der Union zuständig, darüber hinaus auch für den öffentlichen Dienst der EU. Vor ihm werden Vertragsverletzungsverfahren, Nichtigkeits-, Untätigkeits- und Schadenersatzklagen sowie Vorabentscheidungsverfahren verhandelt. Diese können Streitigkeiten zwischen einzelnen Mitgliedstaaten, zwischen Mitgliedstaaten und der EU, zwischen den Organen und sonstigen Einrichtungen und zwischen Einzelnen und der EU sein. Die Befugnisse erstrecken sich auch auf den »Gemeinsamen Raum der Sicherheit, der Freiheit und des Rechts«.[237] Gegen die Entscheidungen und Urteile des Europäischen Gerichtshofs gibt es keine Berufungsmöglichkeit. Nicht in die Zuständigkeit fällt weitgehend die GASP.

Eine Besonderheit stellen die sogenannten Generalanwälte dar.[238] Sie sind nicht einer der Streitparteien zugehörig, sondern unterbreiten zum Ende der Verhandlung Urteilsvorschläge, die sie im Rückgriff auf das europäische Recht, dabei insbesondere natürlich auf die bisherige Rechtsprechung des Europäischen Gerichtshofs, erarbeiten. Dessen Richter werden von den Mitgliedstaaten berufen, wobei zuvor ihre fachliche Eignung festzustellen ist. Ihre Anzahl richtet sich nach der Satzung des Gerichtshofs, ebenso die Zahl der Generalanwälte. Der Sitz des Europäischen Gerichtshofs liegt in Luxemburg.

6. Sonstige Institutionen

a) Europäischer Wirtschafts- und Sozialausschuss

Der Europäische Wirtschafts- und Sozialausschuss (WSA) ist ein Nebenorgan der EU. Er besteht aus Vertretern wirtschaftlicher und sozialer Interessengruppen. Seine Aufgaben sind zum einen die Unterrichtung von Kommission, Parlament und Rat über die Meinung der jeweiligen von Rechtsetzungsakten betroffenen Wirtschafts-, Arbeitnehmer- und Verbraucherkreise, zum anderen soll er Interessengruppen Zugang zu den EU-Organen eröffnen. Zugleich ist der WSA eine Integrationsebene zur europäischen Meinungsbildung und Interessenvermittlung.[239] In Rechtsetzungsvorhaben gibt der WSA Stellungnahmen an Kommission, Parlament und Rat ab. Die Rechtsgrundlagen des WSA finden sich im Artikel 13 EUV und den Artikeln 25, 43, 46, 50, 59, 91, 95, 100, 113–115, 148f., 153, 156f., 159, 164–166, 168f., 172f., 175, 177f., 182, 188, 192, 194, 300, 301ff. AEUV, ferner im Artikel 9 des Subsidiaritätsprotokolls sowie im Protokoll über die Sitze von Organen und anderen EU-Einrichtungen und im Artikel 7 des Protokolls über die Übergangsbestimmungen. Er verfügt über eine eigene Geschäftsordnung und ein Generalsekretariat am Sitz des WSA in Brüssel. Die maximal 350 Mitglieder des WSA werden jeweils von den Mitgliedstaaten vorgeschlagen und vom Rat für fünf Jahre ernannt. Die Mitglieder sind grundsätzlich weisungsungebunden. Sie wählen für die Dauer von zwei Jahren einen Präsidenten, der dem WSA vorsteht.

b) Ausschuss der Regionen

Ebenso wie der WSA ist der Ausschuss der Regionen (AdR) ein Nebenorgan der EU. Als Gremium der Regionen bringt er ein föderalistisches Element unterhalb der Mitgliedstaaten in die EU. Er wird aus Vertretern regionaler und lokaler Gebietskörperschaften gebildet, die dort ein Wahlmandat innehaben oder vor einem gewählten Gremium politisch verantwortlich sein müssen; ihre Amtszeit beträgt fünf Jahre. Er berät die Kommission, das Parlament und den Rat. In den Politikbereichen Verkehr, Regionalpolitik sowie Umwelt ist seine Konsultation durch die vorgenannten Institutionen obligatorisch.[240] Der AdR ist der institutionelle Ausdruck des Subsidiaritätsprinzips. Die Sitzverteilung nach Mitgliedstaaten erfolgt gemäß einem entsprechenden Ratsbeschluss. Seine Rechtsgrundlagen hat der AdR im Artikel 13 EUV und den Artikeln 91, 100, 148f., 153, 164–168, 172, 175, 177f., 192, 194, 263, 300, 305ff. AEUV, weiterhin in den Artikeln 8, 9 des Subsidiaritätsprotokolls, ferner im einzigen Artikel des Protokolls über die Sitze von Organen und anderen EU-Einrichtungen und dem Artikel 8 des Protokolls über die Übergangsbestimmungen. Aus seiner Mitte wählt der AdR für zwei Jahre einen Präsidenten. Die interne Organisation wird durch die Geschäftsordnung bestimmt. Der Sitz des AdR ist Brüssel.

c) Europäische Zentralbank (EZB)

Die Europäische Zentralbank ist die wichtigste Institution der Europäischen Wirtschafts- und Währungsunion (EWWU). Sie ist ein Organ der EU mit eigener Satzung und Geschäftsordnung. Zusammen mit den nationalen Zentralbanken bildet sie das Europäische System der Zentralbanken (ESZB). Dem ESZB als supranationaler Institution obliegt die Geld-

und Währungspolitik der EU.[241] Für den Euroraum, also diejenigen Staaten der EU, welche den Euro als alleinige Währung eingeführt haben (die »Eurogruppe«) besteht das Eurosystem, das aus der EZB und den jeweiligen nationalen Zentralbanken besteht. Die Währungs- und Geldpolitik sind damit vollkommen vergemeinschaftete Politikfelder, die im Zuge der Einführung des Euro als alleiniges Zahlungsmittel in den Euroländern vollständig auf eine europäische Einrichtung mit supranationalem Charakter übertragen wurden. *De facto* ist damit die EZB im Euroraum die alleinige Zentralbank und damit die »Hüterin« der Gemeinschaftswährung Euro. Deshalb ist die EZB zusammen mit der gemeinsamen Währung nach außen *das* Symbol der Europäischen Einigung schlechthin.

Die Rechtsgrundlagen sind der Artikel 13 EUV sowie die Artikel 15, 66, 123, 126–134, 138–141, 219, 263, 265, 271, 282–284, 289, 292, 294, 299 AEUV. Die Hauptaufgabe der EZB (beziehungsweise des ESZB) ist es, durch Preisniveaustabilität die Stabilität der Gemeinschaftswährung Euro zu gewährleisten. Hierbei entscheidet sie unabhängig und nicht weisungsgebunden über die dafür notwendigen Instrumente wie die Leitzinssätze oder Währungsreserven.[242] Eine politische Einflussnahme seitens der EU oder der Euroländer ist damit ausgeschlossen. Insoweit das Ziel der Preisniveaustabilität nicht berührt wird, unterstützt die EZB durch ihre geldpolitischen Instrumente die allgemeinen wirtschaftspolitischen Ziele der EU. Vor diesem Hintergrund lässt sich die bisherige Geldpolitik der EZB als restriktiv bezeichnen.

Geleitet wird die EZB vom EZB-Rat, verwaltet vom Direktorium, das aus dem Präsidenten (»Mister Euro«), dem Vizepräsidenten und vier weiteren Mitgliedern besteht.[243] Das Direktorium wird von den Staats- und Regierungschefs der Mitgliedstaaten ernannt und amtiert für acht Jahre. Der Sitz der EZB ist in Frankfurt am Main.

d) Europäischer Rechnungshof

Der seit 1975 bestehende Europäische Rechnungshof mit Sitz in Luxemburg ist ein Organ der EU und kontrolliert die Recht- und Ordnungsmäßigkeit der Haushaltsmittelverwendung der EU und ihrer nachstehenden Einrichtungen. Hierzu legt er jährlich einen Rechenschaftsbericht vor. Dieser ist das wesentliche Instrument des Parlaments zur Haushaltskontrolle und gleichzeitig Grundlage für die Haushaltsentlastung der Kommission durch das Parlament. Der Europäische Rechnungshof attestiert zudem die Zuverlässigkeit der Haushaltsführung, wobei dieses Urteil bislang stets negativ ausfiel.[244] Bei bestimmten Rechtsakten, beispielsweise der Haushaltsordnung, muss die Stellungnahme des Europäischen

Rechnungshofs gehört werden.[245] Die knapp 800 Mitarbeiter des Europäischen Rechnungshofs können jederzeit Prüfungen bei den Organen der EU vornehmen. Auch in den Mitgliedstaaten sowie in Ländern, die Fördermittel und andere Gelder seitens der EU erhalten, können solche Prüfungen vorgenommen werden. Eventuelle Verstöße gegen die Vorgaben können aber nicht vom Europäischen Rechnungshof selbst geahndet, sondern nur an die betreffenden Organe gemeldet werden, die wiederum Missbrauchsverfahren einleiten können. In diesem Zusammenhang arbeitet der Rechnungshof auch eng mit der europäischen Betrugsbekämpfungsbehörde Office Européen de Lutte Anti-Fraude (OLAF) zusammen.

Die Rechtsgrundlagen des Rechnungshofs sind im Artikel 13 EUV und den Artikeln 263, 285–287, 319, 322, 325 AEUV niedergelegt. Dem Rechnungshof steht für jeweils drei Jahre ein Präsident vor, der aus den Mitgliedern des Rechnungshofs hervorgeht. Letztere werden für sechs Jahre vom Rat ernannt, wobei jeder Mitgliedstaat je einen Kandidaten vorschlägt. Der Sitz des Rechnungshofs ist in Luxemburg.

Neben den oben vorgestellten Organen und Institutionen gibt es zahlreiche weitere nachgeordnete Einrichtungen der EU, wie beispielsweise die Europäische Investitionsbank, ausgegliederte Dienststellen der Organe, wie die Europäische Agentur für Flugsicherheit, Beratungs- und Hilfseinrichtungen der Kommission wie den Beratenden Währungsausschuss oder mit der EU verbundene Einrichtungen, beispielsweise das Europäische Polizeiamt (Europol). Abbildung 3.8 zeigt die politische Willensbildung im Rahmen des Institutionengefüges der EU nochmals im Überblick.

C. Interessenvertretung im Europa der 27 Mitgliedstaaten

Welche Schlussfolgerungen ergeben sich nun aus den Spezifika von politischem System und Institutionengefüge der EU für die Interessenvertretung auf europäischer Ebene? Zum einen ist bereits im Rahmen der Aufstellung einer Lobbying-Strategie größte Sorgfalt auf die Berücksichtigung der europäischen Besonderheiten zu legen. Wege, die auf nationaler Ebene gangbar erscheinen, sind auf europäischer Ebene häufig nur »zweitbeste Lösungen« oder gänzlich ineffektiv. Darauf wird im Zuge der Erläuterung der Interessenvertretung bei einzelnen Institutionen (siehe Teil 4 der Darstellung) noch näher einzugehen sein. Zum anderen – und darum geht es im Folgenden – ist jedoch die schlichte »Verwässe-

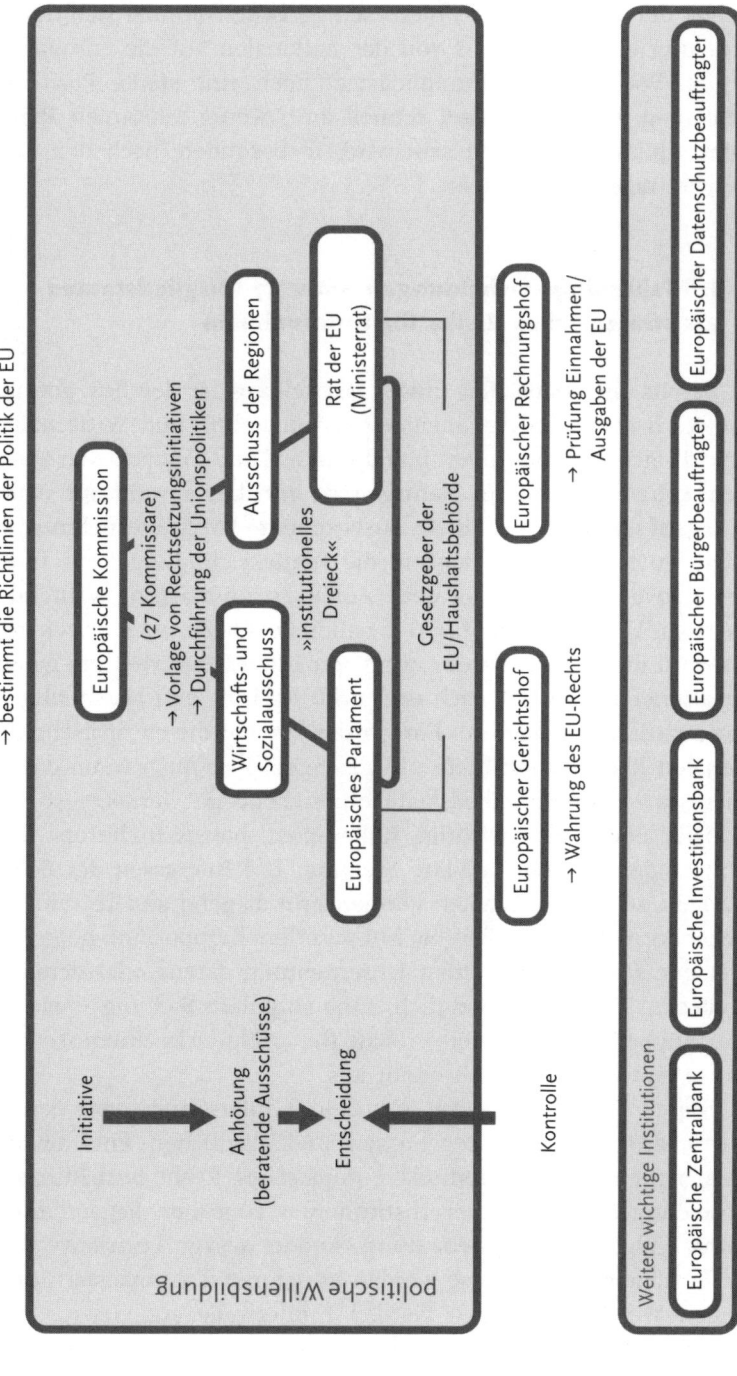

Abbildung 3.8: Politische Willensbildung im Rahmen des Institutionengefüges der EU.

rung« der Unternehmensinteressen zu bedenken, die sich durch die Verlagerung eines Anliegens von der nationalen auf die europäische Ebene ergibt: Was im Heimatmitgliedstaat noch eine starke Position gewesen sein mag, wird in Brüssel schnell zum wenig relevanten Randproblem. Dies gilt, wie zu zeigen sein wird, insbesondere nach den Neuerungen des Vertrages von Lissabon.

I. Mehrheitsentscheidungen unter 27 Mitgliedstaaten als strategisches Risiko für Unternehmen

Bereits im ersten Teil dieser Darstellung ist deutlich geworden, dass die wechselseitigen Abhängigkeiten von Politik und Wirtschaft einen regelmäßigen Austausch von Standpunkten und Perspektiven zwischen beiden Sphären erfordern. Naturgemäß gilt dies sowohl auf nationaler als auch auf europäischer Ebene. Insbesondere Großunternehmen können es sich heute nicht mehr leisten, die Berücksichtigung ihrer Interessen in Legislative und Exekutive dem Zufall zu überlassen. Während dies den meisten Unternehmen für die nationale Ebene auch durchaus bewusst ist, wird die eminente Bedeutung von Interessenvertretung gerade auf europäischer Ebene erst nach und nach erkannt und als wichtige Maßnahme begriffen. Gerade im »Europa der 27« hat die europäische mit der nationalen Ebene schon mehr als gleichgezogen: Auch wenn das Unternehmen im »Heimatmitgliedstaat« hinreichend gut vernetzt ist und auf nationaler Ebene eine wichtige Rolle spielt, hat es in Europa damit unter Umständen nur eine solitäre Stellung. Die Interessen der Politik in den übrigen 26 Mitgliedstaaten können grundlegend andere sein – von weitgehender Gleichgültigkeit bis hin zu offener Opposition gegenüber der jeweiligen Branche, einzelnen Unternehmen daraus oder deren jeweiligen Anliegen. Damit wird deutlich: Eine singuläre Stellung – wie stark diese im Mitgliedstaat auch sei – reicht für erfolgreiche Interessenvermittlung im vereinten Europa nicht mehr aus.

Dieses Problem gewinnt vor dem Hintergrund, dass der Anteil der wirtschaftsrechtlichen Regelungen und staatlichen Entscheidungen, denen nicht zumindest indirekt europäisches Recht beziehungsweise Entscheidungen europäischer Institutionen zugrunde liegen, immer weiter zurückgeht, weiter an Bedeutung. Anders gesagt: Legislative und exekutive Entscheidungsprozesse werden zunehmend europäisiert; die maßgeblichen Weichenstellungen werden mittlerweile auf vielen Gebieten von den Repräsentanten aller 27 Mitgliedstaaten in Brüssel getroffen. Durch den Vertrag von Lissabon und die damit einhergehende Zunahme an reinen Mehrheitsentscheidungen gewinnt die europäische Ebene noch mehr an Relevanz: Selbst wenn ein Unternehmen von seiner nationalen Regierung vehement in seinem Anliegen unterstützt wird, kann es in Brüssel leicht überstimmt werden. Die Folgen für die strategische Aufstellung sind klar: Um im »Europa der 27« Erfolg zu haben, muss sich das Unternehmen noch mehr als zuvor unter der Maßgabe aufstellen, dass neben seinem eigenen »Heimatmitgliedstaat« noch 26 weitere Nationalitäten maßgeblich mitentscheiden (zumindest im Rahmen der für eine Entscheidung erforderlichen Stimmenmehrheiten in Rat oder Parlament) [246)] – sonst wird eine vormals starke Stellung im »Heimatmitgliedstaat« in Brüssel womöglich zur Minderheitsposition, selbst bei Unternehmen aus starken Ökonomien wie Deutschland, Frankreich oder Großbritannien.

II. Europäisches Coalition Building

Ein Unternehmen muss also in Europa über den »nationalen Tellerrand« hinausschauen – nicht nur in dem Sinne, dass die formellen Besonderheiten des politischen Systems der EU ins Kalkül zu ziehen sind, sondern im Sinne eines »Sich-Hineinversetzens« in unterschiedliche nationale Positionen. Im Einzelfall ist das mit erheblichem Aufwand für Recherche, Analyse und Überzeugungsarbeit verbunden, was sich an einem Beispiel darstellen lässt:

Angenommen, ein britisches Unternehmen verfolgt auf europäischer Ebene ein bestimmtes Anliegen zur Modifizierung eines Verordnungsvorschlages, der sich im europäischen Rechtsetzungsverfahren befindet. Dieses Anliegen spielt im konkreten Fall nur für britische Unternehmen eine Rolle, da aufgrund von britischen gesellschaftsrechtlichen Rechtsformbestimmungen der Verordnungsvorschlag in seiner aktuellen Form zu beträchtlichen Mehrkosten allein für britische Unternehmen führen würde. Hingegen wären für Unternehmen aus anderen Mitgliedstaaten keine vergleichbaren Folgen zu erwarten. Da sich in einem solchen Fall Mitglieder des Europäischen Parlaments (MdEPs) aus anderen Mitgliedstaaten kaum von sich aus für das britische Anliegen engagieren werden, muss ein Interessenvertreter Argumente finden, die sich im konkreten Fall möglicherweise nicht unmittelbar aufdrängen: Welche nationalen Interessen können etwa MdEPs aus Frankreich haben, sich trotz fehlender unmittelbarer Relevanz für französische Unternehmen für das britische Anliegen zu engagieren? Hat der Verordnungsvorschlag vielleicht mittelbar auch Folgen für Arbeitsplätze in Frankreich? Bestehen Verbindungen zwischen dem britischen und französischen Unternehmen oder hat das britische Unternehmen französische Tochtergesellschaften, die französische MdEPs für das Anliegen sensibilisieren können? Sind französische Unternehmen möglicherweise in naher Zukunft von Abstimmungen in ähnlicher Weise betroffen, das heißt, stehen »spezifisch französische Probleme« an, die für die britische Seite ohne größere Relevanz sind, sodass gleichsam fallübergreifende Koalitionen geschmiedet werden können? Gibt es übergeordnete europäische Interessen und wie werden diese von französischen MdEPs beurteilt?

Hierin kommt zugleich eine für die Interessenvertretung in demokratischen Systemen grundlegende Regel zum Ausdruck: Beim Lobbying geht es gerade nicht darum, der stärkste und lauteste »Spieler« auf dem Feld zu sein. Wie bei einem Schachspiel gewinnt man in aller Regel nicht mit einer einzigen Figur, sondern mit der besten Gesamtaufstellung. Die gängigen Motive einer strategischen Allianz lassen sich wie folgt zusammenfassen: [247]

- Größere Durchsetzungskraft des Anliegens durch Bündelung der Kräfte verschiedener Akteure beziehungsweise Eröffnung sonst verschlossener Kommunikationskanäle;
- Fokussierung auf einzelne Schwerpunktthemen, die bislang entweder aus Ressourcengründen oder aus Gründen mangelnden Konsenses weder von Verbänden noch von einzelnen Unternehmen betrieben wurden;
- Festlegung eines klaren Ziels und zeitlicher Rahmenbedingungen.

Mit anderen Worten: Es geht darum, Verbündete im Sinne des eigenen Anliegens zu finden, um gemeinsam ein Ziel zu erreichen. Dies setzt in jedem Einzelfall eine genaue Analyse der Interessen, Stärken und Schwächen der jeweiligen Akteure voraus, um sie in der jeweiligen Situation möglichst optimal für das eigene Anliegen einsetzen zu können. Die besondere Schwierigkeit auf europäischer im Vergleich zur nationalen Ebene (auf der regionale Interessen zwar auch eine, meist jedoch nicht die entscheidende Rolle spielen) besteht dabei – wie gesagt – vor allem in der Berücksichtigung und »Nutzbarmachung« ihrer nationalen Herkunft.[248]

Meist beziehen sich solche Koalitionen freilich nur auf einzelne Projekte und Anliegen, sodass in jeder Angelegenheit aufs Neue Coalition Building zu betreiben ist. Dabei kann nur zur Kreativität und zur fallbezogenen Orientierung ermuntert werden. Manchmal ergeben sich unerwartete Optionen der Zusammenarbeit: So hat etwa der deutsche Bundesverband

Güterkraftverkehr und Logistik (BGL) in Bezug auf die LKW-Maut mit den zuständigen Gewerkschaften zusammen gearbeitet.[249] *Geiger* bringt dies in Bezug auf Koalitionen unter einzelnen Stakeholdern auf den Punkt: »[R]egardless of Brent Spar, it may well be that, on a certain EU matter, Greenpeace is the best potential ally of Shell. Never exclude the possibility«.[250] Hier kommt auch die bereits angesprochene[251] Thematik der fehlenden Regierungsbildung aus den Reihen der Legislative zum Ausdruck: Partei- oder Fraktionszugehörigkeit sagen unter Umständen wenig über die Entscheidungswahrscheinlichkeiten eines MdEPs aus, sodass auch hier über Partei- und Nationalitätsgrenzen hinweg nach Verbündeten für das jeweilige Anliegen gesucht werden muss.

Alles in allem unterscheiden sich die Rahmenbedingungen für Interessenvertretung in Brüssel also recht grundlegend von den in einem Unternehmen möglicherweise wohlbekannten Gesetzmäßigkeiten im Heimatmitgliedstaat. Das Unternehmen muss diese veränderten Rahmenbedingungen adaptieren und ihnen konsequent begegnen, das heißt, sie für sich nutzbar machen: Will es sich nicht auf bloße Reaktion beschränken, sondern seine Position in Regelungsprozessen und politischen Entscheidungen auf europäischer Ebene berücksichtigt sehen, braucht es starke (Prozess-)Partner zur aktiven Vertretung seiner Interessen – Partner, die in Brüssel und in den Hauptstädten der Mitgliedstaaten nicht nur über ein exzellentes Netzwerk und vertrauensvolle Kontakte verfügen, sondern darüber hinaus auch das entsprechende fachliche Know-how in der Interessenvertretung besitzen. Diese Partner können die Wünsche und Anliegen zielgerichtet und effektiv – und gerade über den nationalen Rahmen hinaus – kommunizieren.

D. Executive Summary zu Teil 3

Nachdem die Funktionen von Interessenvertretung bisher weitgehend ohne spezifischen Bezug zu einem bestimmten Adressatensystem dargelegt wurden, ist im dritten Teil der Darstellung auf die Besonderheiten des EU-Lobbying einzugehen. Den Ausgangspunkt bilden drei Leitfragen:

- Gleichsam zum »kleinen Einmaleins« des auf europäischer Ebene Tätigen gehören die Eckdaten der europäischen Geschichte: Wo liegen die Anfänge der EU, wie war der Gang der europäischen Integration und was hat es mit der letzten wesentlichen Vertragsänderung, dem Vertrag von Lissabon, auf sich?
- Wie ist das politische System der EU zu charakterisieren; was sind insbesondere ihre aus Sicht der Interessenvertretung wichtigen Institutionen?
- Was sind die besonderen Herausforderungen, denen sich eine effektive Interessenvertretung vor dem Hintergrund eines Europas der 27 Mitgliedstaaten stellen muss?

Die wesentlichen Ergebnisse sind wie folgt zusammenzufassen:

(1) Obwohl der Weg der europäischen Integration von den Anfängen bis heute keineswegs leicht und geradlinig war, ist die politische Einigung Europas eine historisch einzigartige Erfolgsgeschichte. Die Entstehung der EU folgte keinem vorgezeichneten Bauplan, sondern war evolutionär, dynamisch und diskontinuierlich. Die Institutionen und Prozesse der Gemeinschaft unterlagen dabei immer wieder Veränderungen. Die EU trug in den vergangenen Jahrzehnten wesentlich zum Frieden und zur Prosperität der europäischen Länder bei. Mit dem Vertrag von Lissabon hat die institutionelle Gestaltung einen (vorläufigen) Höhepunkt erreicht; die dadurch ausgelösten (tatsächlichen) Veränderungen wird jedoch erst die politische Praxis zeigen. Keinesfalls bedeutet Lissabon eine »Finalität der EU«: Neue Herausforderungen werden die EU auch künftig zu Anpassungen und Veränderungen zwingen, wie Finanz- und Eurokrise verdeutlichen.

(2) Die EU ist mit keinem anderen politischen System vergleichbar, ist vielmehr ein Konstrukt eigener Art. Die wichtigsten Institutionen sind neben dem Europäischen Rat und dem Rat der Europäischen Union das Europäische Parlament sowie die Kommission. Die Gewaltenteilung zwischen Exekutive und Legislative in der EU entspricht nicht dem hergebrachten (demokratisch-nationalstaat-

lichen) Verständnis; auch wird die Exekutive nicht aus dem Parlament heraus gebildet (vgl. die Wahl der Regierungen in den mitgliedsstaatlichen Demokratien); es gibt auch keine strukturelle parlamentarische Opposition.

(3) Die Rahmenbedingungen für die Interessenvertretung in Brüssel unterscheiden sich daher grundlegend von denen in den Mitgliedstaaten. Die Wechselwirkungen von binnenstaatlichen und europäischen Politikprozessen und ihren Akteuren bewirkt eine Mehrebenenverflechtung; diese differenzierte und pluralistische Akteurslandschaft ist charakteristisch und bestimmend für die Multilevel Governance in der EU. Die Folgen dieser Akteursvielfalt sind überaus komplexe politische Verfahren.

(4) Die EU als sogenannter Staatenverbund besitzt supranationalen Charakter. Daraus folgt, dass das Unionsrecht grundsätzlich dem Recht der Mitgliedstaaten übergeordnet ist. Deshalb wirkt das (primäre wie sekundäre) Unionsrecht prinzipiell bindend für die Mitgliedstaaten, wobei die Reichweite und Bindungswirkung aber nicht gleichförmig ist, sondern von der Rechtsnatur des jeweiligen Akts abhängt: Die Wirkungen des europäischen Primärrechts erstrecken sich auf die Mitgliedstaaten und ihre Institutionen sowie auf die Union und ihre Organe selbst, teilweise auch direkt auf die Unionsbürger. Im Sekundärrecht beinhalten Verordnungen stets unmittelbare Geltung und Anwendbarkeit. Richtlinien hingegen entfalten grundsätzlich nur mittelbare Wirkung; anderes gilt für den Fall einer nicht fristgerechten und ordnungsgemäßen Umsetzung in mitgliedsstaatliches Recht.

(5) Legislative und exekutive Entscheidungsprozesse werden zunehmend europäisiert, die maßgeblichen Weichenstellungen werden mittlerweile auf vielen Gebieten von den Repräsentanten aller 27 Mitgliedstaaten in Brüssel getroffen. Durch den Vertrag von Lissabon und die damit einhergehende Zunahme an reinen Mehrheitsentscheidungen gewinnt die europäische Ebene weiter an Relevanz: Selbst wenn ein Unternehmen von einer nationalen Regierung in seinem Anliegen unterstützt wird, kann es in Brüssel leicht überstimmt werden. Im Europa der 27 Mitgliedstaaten hat dies Folgen für die strategische Aufstellung: Um nicht in eine Minderheitsposition zu geraten, muss sich das Unternehmen noch mehr als zuvor unter der Maßgabe »Heimatmitgliedstaat plus 26« aufstellen.

(6) Ein Unternehmen muss diesen spezifischen Rahmenbedingungen konsequent begegnen, das heißt, sie für sich fruchtbar machen. Insbesondere muss das Unternehmen über den »nationalen Tellerrand« hinausschauen und sich in die Positionen der relevanten (europäischen ebenso wie mitgliedsstaatlichen) Akteure hineinversetzen können. Im Wege strategischer Allianzen können so gewonnene Erkenntnisse genutzt werden, wobei höchst flexibel und einzelfallbezogen agiert werden muss: Weder die Nationalität eines Entscheidungsträgers noch die Fraktionszugehörigkeit eines Parlamentariers sagt in Brüssel notwendigerweise etwas über dessen Einstellung zu einer Thematik aus. Dementsprechend sind Allianzen immer wieder aufs Neue und ohne Vorurteile zu schmieden: »[R]egardless of Brent Spar, it may well be that, on a certain EU matter, Greenpeace is the best potential ally of Shell. Never exclude the possibility«.[252)]

Teil 4
Interessenvertretung bei den Institutionen der Europäischen Union: Ansatzpunkte und Rahmenbedingungen

Nachdem im vorangegangenen Teil der Darstellung ein Einblick in den Aufbau des politischen Systems der EU und der einzelnen Institutionen gegeben wurde, befassen sich die folgenden Ausführungen mit den konkreten Möglichkeiten einer gezielten Interessenvertretung auf europäischer Ebene. Im Mittelpunkt stehen folgende Fragen:
- Was ist die Rolle der einzelnen Organe in der Rechtsetzung der EU nach Lissabon? Was sind die Charakteristika vor allem des »ordentlichen Gesetzgebungsverfahrens« (früher: Mitentscheidungsverfahrens) als nunmehr Regelfall der europäischen Rechtsetzung (dazu Abschnitt A unten)?
- Welche Ansatzpunkte für Interessenvertretungsaktivitäten bestehen bei den wichtigsten Institutionen der EU, insbesondere also beim Ministerrat, der Kommission und dem Europäischen Parlament (dazu Abschnitte B bis E unten)?
- Welche Regeln hat der Interessenvertreter dabei zu beachten, das heißt, inwiefern unterliegt der Zugang zu den Entscheidungsträgern in Legislative und Exekutive einer rechtlichen Regulierung (*de lege lata*, dazu Abschnitte B bis E)?

Einige der folgenden Ausführungen muten – dies sei vorab gesagt – eher technisch und – im juristisch besten Sinne – »trocken« an. Die Kenntnis gerade der rechtlichen und verfahrenstechnischen Hintergründe europäischer Rechtsetzung ist jedoch Basis und Grundvoraussetzung jeder effektiven Interessenvertretung in Brüssel: »Wer hohe Türme bauen will, muss lange beim Fundament verweilen«.[253]

A. Grundlagen der Rechtsetzung in der EU nach Lissabon

Auf mitgliedsstaatlicher Ebene werden formelle Gesetze in aller Regel in einem einheitlichen Verfahren erlassen. In Deutschland beispielsweise ist es das Verfahren nach den Artikeln 76 ff. des Grundgesetzes. An diesem Verfahren sind stets Bundestag und Bundesrat beteiligt; allein im Hinblick auf das Ausmaß der Beteiligung und der Frage eines Zustimmungserfordernisses des Bundesrats ergeben sich größere Unterschiede. Anders im Rechtsetzungsverfahren der EU: Hier besteht – auch nach den Änderungen durch den Vertrag von Lissabon[254)] – kein einheitliches, für alle Materien der Rechtsetzung geltendes Verfahren. Dazu ist zunächst nach der Art des Rechtsetzungsakts zu differenzieren (siehe Abschnitt I unten). Je nach Materie der Rechtsetzung kann sodann unter einer Mehrzahl von Verfahren das jeweils einschlägige festgestellt werden. Seit Inkrafttreten des durch den Vertrag von Lissabon geänderten (und neu benannten) AEUV ist das frühere Mitentscheidungsverfahren dabei als ordentliches Gesetzgebungsverfahren zum Regelfall geworden; Abschnitt II der folgenden Darstellung beschränkt sich daher auch auf die Darstellung dieses in den meisten wichtigen Materien des AEUV einschlägigen Verfahrens.[255)] Abschnitt III geht sodann überblicksartig auf eine komplexe – für die Interessenvertretung jedoch hochrelevante – Besonderheit der europäischen Rechtsetzung ein, die Durchführungsgesetzgebung der Kommission, insbesondere im sogenannten Komitologieverfahren.

I. Neue Typologie von Rechtsakten nach dem Vertrag von Lissabon

Der AEUV unterscheidet zunächst grundlegend zwischen Rechtsakten mit Gesetzescharakter (auch: Gesetzgebungsakten), Rechtsakten ohne Gesetzescharakter (auch: delegierten Rechtsakten) und Durchführungsrechtsakten:
- Bei Rechtsakten mit Gesetzescharakter handelt es sich nach Artikel 289 Absatz 3 AEUV um Rechtsakte, die gemäß einem Gesetzgebungsverfahren angenommen werden. Gesetzgebungsakte entsprechen den heutigen Basisrechtsakten, können also in Form von Richtlinien und Verordnungen ergehen. Bei dem Verfahren handelt es sich im Regelfall um das sogenannte ordentliche Gesetzgebungsverfahren (bisher: Mitentscheidungsverfahren) nach Artikel 289 Absatz 1 in Verbindung mit Artikel 294 AEUV, auf das im nachfolgenden Abschnitt II noch im Detail einzugehen sein wird. Abweichungen vom ordentlichen Gesetzgebungsverfahren – sogenannte besondere Gesetzgebungsverfahren – bedürfen nach Artikel 289 Absatz 2 AEUV einer ausdrücklichen Ermächtigung in den Verträgen.

- Neu eingeführt durch den Vertrag von Lissabon wurde der Typus der Rechtsakte ohne Gesetzescharakter gemäß Artikel 290 AEUV. Vergleichbar mit der aus dem deutschen Recht bekannten Verordnungsermächtigung delegiert hierbei ein Gesetzgebungsakt die Befugnis zur weiteren Gesetzgebung an die Kommission. Dies darf allerdings nur »zur Ergänzung oder Änderung bestimmter nicht wesentlicher Vorschriften des betreffenden Gesetzgebungsaktes« geschehen (Artikel 290 Absatz 1 Unterabsatz 2 AEUV); auch müssen »[i]n den betreffenden Gesetzgebungsakten (...) Ziele, Inhalt, Geltungsbereich und Dauer der Befugnisübertragung ausdrücklich festgelegt« sein, vgl. Artikel 290 Absatz 2 AEUV.
- Wiederum aus dem bisherigen EGV übernommen wurde die Figur der Durchführungsrechtsetzung, nun geregelt in Artikel 291 Absätze 2–4 AEUV. Demnach können bei Bedarf der Kommission im sogenannten Komitologieverfahren (dazu Abschnitt III unten) oder – in Ausnahmefällen – dem Rat Befugnisse zum Erlass von Durchführungsrechtsakten übertragen werden, um »einheitliche Bedingungen für die Durchführung der verbindlichen Rechtsakte der Union« zu gewährleisten, vgl. Artikel 291 Absatz 2 AEUV.

II. Rechtsetzungsverfahren in der EU

1. Allgemeines zu den Rechtsetzungsverfahren der EU

Bei den Rechtsetzungsverfahren der EU lassen sich verschiedene Besonderheiten ausmachen, die vorab kurz skizziert werden sollen:
- Erstens unterscheidet sich das Verfahren zum Erlass und zur Änderung von primärrechtlichen Bestimmungen (das heißt hinsichtlich der europäischen Verträge und der zugehörigen Protokolle) grundlegend von den Verfahren der sekundärrechtlichen Gesetzgebung in den Materien von EUV und AEUV. Der Vertrag von Lissabon hat erstmals in der Geschichte der EU eine fünfstufige Verfahrenskette zur Änderung und Anpassung der Verträge eingeführt; die zugehörigen Regelungen finden sich in den Artikeln 48 bis 50 EUV sowie in Artikel 352 AEUV.[256)] Da dieses Verfahren für die Interessenvertretung in Brüssel jedoch kaum relevant werden wird, soll es im Folgenden nicht weiter vertieft werden.
- Zweitens bestehen wesentliche Unterschiede hinsichtlich des einzuhaltenden Verfahrens zwischen den in Titel V und VI des EUV geregelten Bereichen GASP und Zusammenarbeit in Strafsachen

einerseits und den im AEUV geregelten Bereichen andererseits. Da für die Interessenvertretung im hier verstandenen Sinne – das heißt vor allem für Wirtschaftsunternehmen und -verbände – jedoch vor allem die Materien des AEUV von Relevanz sein werden, wird auch dieser Bereich im Folgenden nicht ausgeführt.
- Drittens existieren im Rahmen des AEUV eine Vielzahl unterschiedlicher Rechtsetzungsverfahren, die sich nur in der Zusammenschau typologisieren lassen. Dabei lässt sich für nahezu alle Verfahren zumindest eine Gemeinsamkeit ausmachen: Der Erlass eines Rechtsakts erfordert in aller Regel das Zusammenwirken von mindestens zwei EU-Institutionen (mindestens hinsichtlich Initiative und Entscheidung). Im Regelfall sind sogar drei Organe beteiligt (Kommission initiiert, Parlament und Rat sind an der Entscheidungsfindung beteiligt).

Nach dem Vertrag von Lissabon hat sich das frühere Mitentscheidungsverfahren (jetzt »ordentliches Gesetzgebungsverfahren«) zum Regelfall in allen wichtigen Materien des AEUV entwickelt (vgl. Tabelle 4.1). Im Folgenden soll daher allein dieses Verfahren vertieft behandelt werden (dazu der folgende Abschnitt 2.).

2. Das ordentliche Gesetzgebungsverfahren nach Artikel 289 in Verbindung mit Artikel 294 AEUV

Bereits seit Inkrafttreten des Vertrags von Maastricht im Jahr 1993 bildet das Mitentscheidungsverfahren – nunmehr gemäß Artikel 289 Absatz 1 in Verbindung mit Artikel 294 AEUV als ordentliches Gesetzgebungsverfahren bezeichnet – das am häufigsten anwendbare Rechtsetzungsverfahren auf europäischer Ebene (vgl. auch Tabelle 4.1 oben). Hatte nach den ursprünglichen Verträgen der Rat noch ein grundsätzliches Letztentscheidungsrecht, zwingt ihn das ordentliche Gesetzgebungsverfahren zur Kompromissfindung mit dem Europäischen Parlament. Freilich behält der Rat insofern eine Vormachtstellung, als das Parlament keine Rechtsetzung gegen seinen Willen betreiben kann; untechnisch könnte man von einem gegenseitigen Vetorecht der Organe sprechen.

Der genaue Ablauf des Verfahrens wurde im Jahr 2005 in einem Rahmenabkommen zwischen Parlament und Kommission näher ausgestaltet;[257] die politische Praxis ergibt sich aus einer »Gemeinsamen Erklärung zu den praktischen Modalitäten« des Verfahrens aus dem Jahr 2007.[258] Im Folgenden sollen die Grundlagen des Verfahrens, das mindestens drei und maximal acht Phasen durchläuft, erläutert werden. Ein

Tabelle 4.1: Handlungsermächtigungen für Rat und Parlament nach dem Vertrag von Lissabon[259]

Entscheidungs-modi ER / Beteiligung des EP	Einstimmigkeit	%	Qualifizierte Mehrheit	%	Einfache Mehrheit	%	Besondere Mehrheiten > QM	%	Rechte ER-Vorsitzender	%	Summe	%
Autonome Beschlussrechte	1	0,33	3	0,99	0	0,00	0	0,00	0	0,00	4	1,32
Mitentscheidung (ordentliches Gesetzgebungsverfahren)	0	0,00	85	28,29	0	0,00	0	0,00	0	0,00	85	28,29
Zustimmung	15	4,93	7	2,30	1	0,33	2	0,66	2	0,66	25	7,89
Konsultation	28	9,21	23	7,57	4	1,32	0	0,00	0	0,00	55	16,78
Unterrichtung	7	2,3	10	3,29	0	0,00	0	0,00	0	0,00	22	7,24
Keine Beteiligung	41	13,49	52	17,11	6	1,97	11	3,62	11	3,62	112	34,87
Summe	92	30,26	180	59,54	11	3,62	13	4,28	13	4,28	303	

QM: Qualifizierte Mehrheit, EP: Europäisches Parlament, ER: Rat der EU.

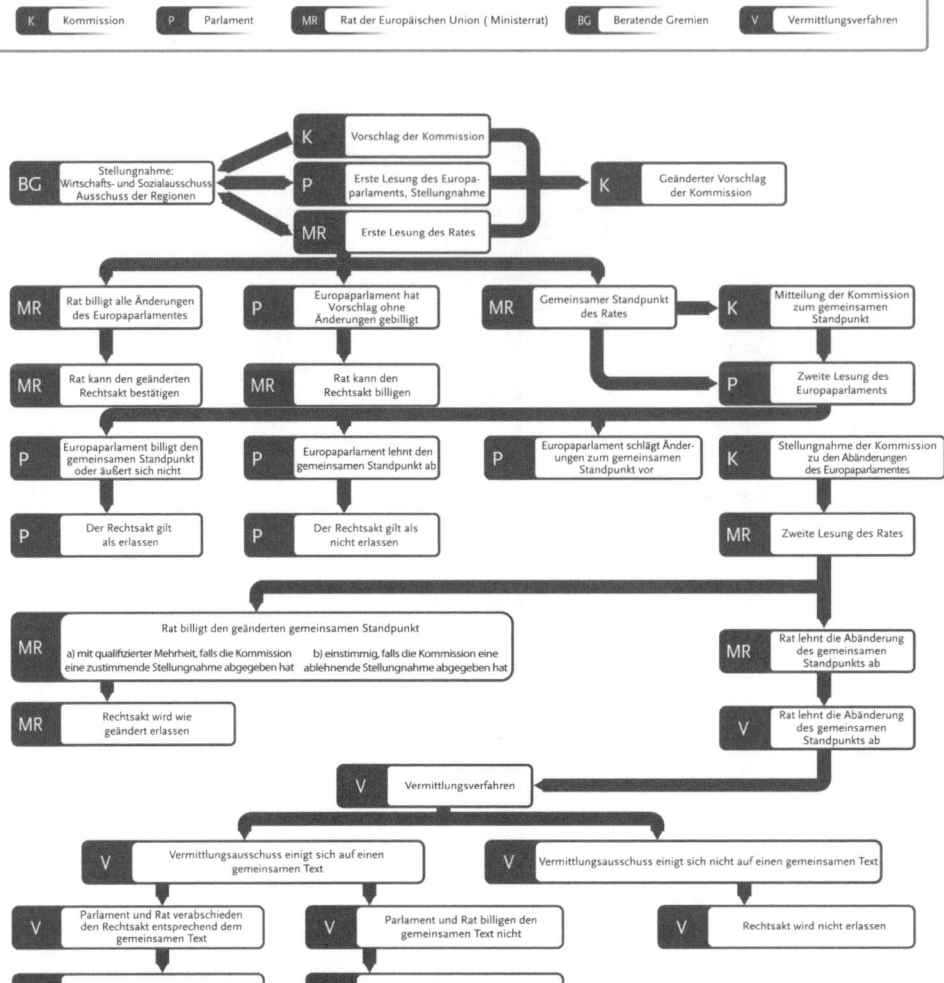

Abbildung 4.1: Das ordentliche Gesetzgebungsverfahren.

grafischer Überblick des ordentlichen Gesetzgebungsverfahrens wird in Abbildung 4.1 gegeben.

a) Phase 1: Initiative der Kommission

Am Anfang des ordentlichen Gesetzgebungsverfahrens steht ein Vorschlag der Kommission (»Phase 1«). Ihr kommt im Rahmen der europäischen (Sekundär-)Rechtsetzung gemäß Artikel 17 Absatz 2 EUV das alleinige Initiativrecht zu, sie hat damit »formell ein Monopol zur Entscheidung über Zeitpunkt, Form und inhaltliche Ausgestaltung einer Gesetzgebungsmaßnahme«.[260] Zudem kann die Kommission einen einmal in das Verfahren eingereichten Gesetzgebungsvorschlag jederzeit zurückziehen, solange noch kein Beschluss des Rats dazu ergangen ist, vgl. Artikel 293 Absatz 2 AEUV.

Freilich kann die Kommission auch von außen zur Initiative angeregt werden. So haben gemäß Artikel 192 AEUV das Parlament und nach Artikel 241 AEUV der Rat ein förmliches Recht, die Kommission zur Vorlage von Vorschlägen aufzufordern. Durch den Vertrag von Lissabon neu hinzugekommen ist das Recht der EU-Bürgerinnen und Bürger, gemäß Artikel 11 Absatz 4 EUV »die Initiative [zu] ergreifen und die Europäische Kommission auf[zu]fordern, im Rahmen ihrer Befugnisse geeignete Vorschläge zu Themen zu unterbreiten, zu denen es nach Ansicht jener Bürgerinnen und Bürger eines Rechtsakts der Union bedarf, um die Verträge umzusetzen«.[261] Es bleibt abzuwarten, ob diese Europäische Bürgerinitiative praktische Bedeutung erlangen wird.

Formell wird der Vorschlag der Kommission gemäß Artikel 294 Absatz 2 AEUV gleichzeitig an Parlament und Rat übermittelt. Soweit in den Verträgen vorgesehen, werden zuvor der Europäische Wirtschafts- und Sozialausschuss und der Ausschuss der Regionen angehört.[262]

b) Phase 2 bis 8: Lesungen, Stellungnahmen und Vermittlungsverfahren

Auch die weiteren Phasen des ordentlichen Gesetzgebungsverfahrens haben in Artikel 294 AEUV eine detaillierte Regelung gefunden:

Phase 2: Erste Lesung im Europäischen Parlament

Sobald der Vorschlag der Kommission dem Parlament vorliegt, legt es in erster Lesung seinen Standpunkt fest und übermittelt ihn an den Rat, Artikel 294 Absatz 3 AEUV. Die Entscheidung des Parlaments wird dabei von einem Berichterstatter vorbereitet; dieser Bericht geht zunächst an den zuständigen Ausschuss und wird abschließend im Plenum behandelt. Der Vertrag sieht für diese Phase des Verfahrens keine zeitliche Begrenzung vor; in der Praxis dauert sie im Durchschnitt acht Monate.[263] Das Parlament kann dem Vorschlag (mit einfacher Mehrheit, vgl. Artikel 49 bis 53 der Geschäftsordnung des Europäischen Parlaments[264]) zustimmen, Änderungen vornehmen oder den Vorschlag ablehnen.

Phase 3: Erste Lesung im Rat

Der Rat hat nach Artikel 294 Absätze 4–6 AEUV folgende Möglichkeiten, mit der Stellungnahme des Europäischen Parlaments zu verfahren: Billigt er den (zustimmenden beziehungsweise abändernden) Standpunkt des Parlaments, ist der Rechtsakt in der Form der Stellungnahme erlassen. Billigt er ihn nicht, legt er seinen eigenen Standpunkt (Gemeinsamer Standpunkt[265]) in erster Lesung fest und übermittelt ihn wiederum an das Parlament. Anzumerken ist noch, dass auch die Festlegung einer Ratsposition noch vor der Festlegung eines Standpunkts des Parlaments möglich ist (sogenannter General Approach).

In beiden Fällen steht vor einer förmlichen Entscheidung deren Vorbereitung in Arbeitsgruppen, bei denen die mitgliedsstaatlichen Verwaltungen einbezogen werden. Der Rat fasst zunächst einen politischen Beschluss (sogenanntes Political Agreement), der dann in den Arbeitsgruppen ausgearbeitet, rechtlich geprüft und in eine förmlich beschlussfähige Form gebracht wird, über die der Rat dann (nochmals) in einer späteren Sitzung zu entscheiden hat. Auch für diese Phase sind primärrechtlich keine Fristen vorgesehen; in der Praxis nimmt sie durchschnittlich 18 Monate in Anspruch. Freilich können in kontroversen Fragen durchaus auch mehrere Jahre vergehen.[266] Die Kommission kann ihrerseits den Vorschlag jederzeit (bis zur Beschlussfassung des Rates) nach den Vorstellungen des Europäischen Parlaments im Interesse einer erleichterten Kompromissfindung abändern, vgl. Artikel 293 Absatz 2 AEUV.

Phase 4: Zweite Lesung im Europäischen Parlament

Nach Zuleitung des gemeinsamen Standpunkts des Rats berät das Parlament darüber in zweiter Lesung, vgl. Artikel 294 Absatz 7 AEUV. Um zu einer Entscheidung (die nun mit absoluter Stimmenmehrheit zu fassen ist) zu gelangen, hat das Parlament drei Monate Zeit, wobei das Verfahren weitgehend dem der ersten Lesung entspricht (die Frist kann gemäß Artikel 294 Absatz 14 AEUV um einen Monat verlängert werden). Stimmt das Parlament ausdrücklich oder stillschweigend dem gemeinsamen Standpunkt zu, ist der Rechtsakt erlassen, Artikel 294 Absatz 7 Buchstabe a) AEUV. Lehnt es den gemeinsamen Standpunkt ab, endet das Verfahren ohne Erlass des Rechtsaktes, Artikel 294 Absatz 7 Buchstabe b) AEUV. Nimmt es schließlich Änderungen am gemeinsamen Standpunkt vor, kommt es zu einer zweiten Lesung im Rat.

Phase 5: Stellungnahme der Kommission

Zugleich gibt die Kommission erneut eine Stellungnahme zur Sache ab, Artikel 294 Absatz 7 Buchstabe c) AEUV. Der genaue Inhalt dieser Stellungnahme hat direkten Einfluss auf das in Phase 6 erforderliche Quorum im Rat (dazu sogleich).

Phase 6: Zweite Lesung im Rat

Innerhalb von drei Monaten nach Übermittlung des Änderungsvorschlags des Parlaments (auch diese Frist kann gemäß Artikel 294 Absatz 14 AEUV um einen Monat verlängert werden) hat der Rat in zweiter Lesung zu entscheiden. Hat die Kommission in Phase 5 eine – in allen Punkten – zustimmende Stellungnahme zu dem durch das Parlament geänderten gemeinsamen Standpunkt abgegeben, kann der Rat die Änderungen mit qualifizierter Mehrheit billigen. Hat sich die Kommission auch nur in einem Punkt ablehnend geäußert, bedarf es einer einstimmigen Billigung im Rat, vgl. Artikel 294 Absatz 9 AEUV. Diese Phase des Gesetzgebungsverfahrens ist zugleich geprägt von der Suche nach politischen Kompromissen, häufig auch im Rahmen informeller Abstimmung unter Vertretern von Rat, Parlament und Kommission.[267] Gerade die Einbindung der Kommission ist praktisch wichtig, da bei einer zustimmenden Haltung ihrerseits das Erfordernis einer häufig schwierig zu erreichenden Einstimmigkeit im Rat umschifft werden kann. Für den Interessenvertreter, der ein Vorhaben verhindern will, eröffnen sich damit zugleich interessante prozessuale Möglichkeiten.

Billigt der Rat die Änderungen nicht vollumfänglich, ruft der Präsident des Rats im Einvernehmen mit dem Präsidenten des Parlaments binnen sechs Wochen den Vermittlungsausschuss an, Artikel 294 Absatz 8 Buchstabe b) AEUV.

Phase 7: Verfahren im Vermittlungsausschuss

Der Vermittlungsausschuss, gemäß Artikel 294 Absatz 10 AEUV paritätisch besetzt aus Mitgliedern des Rats beziehungsweise deren Vertretern im COREPER und Mitgliedern des Europäischen Parlaments (die Kommission wirkt gemäß Artikel 294 Absatz 11 AEUV zum Zweck der Kompromissfindung beratend mit), kann binnen sechs Wochen zu einem Kompromiss gelangen. Erneut gilt die einmonatige Verlängerungsmöglichkeit der Frist gemäß Artikel 294 Absatz 14 AEUV. Auch in dieser Phase spielen informelle Abstimmungen eine wichtige Rolle: Häufig werden entsprechende Möglichkeiten bereits vor dem ersten Zusammentreten des Vermittlungsausschusses zwischen Parlament und Rat ausgelotet.[268] Bei der Erarbeitung eines Kompromisses kommt dem Ausschuss inhaltlich ein weites Ermessen zu.[269] Gelangt er zu einem positiven Ergebnis,[270] kommt es zu einer dritten Lesung in Rat und Parlament, Artikel 294 Absatz 13 AEUV. Kommt hingegen kein Kompromiss zustande, endet das Verfahren mit der Ablehnung des Vorschlags, Artikel 294 Absatz 12 AEUV.

Phase 8: Dritte Lesung in Rat und Europäischem Parlament

Nach Vorlage des gemeinsamen Entwurfs durch den Vermittlungsausschuss entscheiden Rat und Parlament binnen sechs Wochen (die Frist ist um zwei Wochen verlängerbar) über die endgültige Annahme oder Ablehnung des Vorschlags, Artikel 294 Absätze 13 und 14 AEUV. Während die Entscheidung im Rat in der Praxis stets identisch mit der im Vermittlungsausschuss ausfällt (Delegation und Rat sind politisch identisch zusammengesetzt), kann die Entscheidung im Parlament durchaus unterschiedlich ausfallen: Da es auf europäischer Ebene keinen den nationalen Parlamenten vergleichbaren (faktischen) Fraktionszwang gibt, muss die Position der Ausschussdelegation nicht den endgültigen Mehrheitsverhältnissen im Parlament entsprechen.[271]

III. Verfahren zum Erlass von Durchführungsrecht nach den Artikeln 290 und 291 AEUV, insbesondere Komitologie

Das europäische Recht unterscheidet – ähnlich den vielfach auf mitgliedsstaatlicher Ebene eingeführten Kategorien – zwischen Grund- beziehungsweise primären Rechtssätzen und sekundären Rechtssätzen beziehungsweise Durchführungsregelungen mit einer entsprechend differenzierten Zuweisung der jeweiligen Rechtsetzungskompetenz an unterschiedliche Organe. Artikel 290 Absatz 1 AEUV eröffnet nun ausdrücklich die Möglichkeit, der Kommission im Zuge des Erlasses eines primären Rechtsakts die Befugnis zu übertragen, »Rechtsakte ohne Gesetzescharakter mit allgemeiner Geltung zur Ergänzung oder Änderung bestimmter nicht wesentlicher Vorschriften des betreffenden Gesetzgebungsakts zu erlassen«. Mit anderen Worten: Die Kommission kann nach entsprechender Delegation vor allem Durchführungsbestimmungen erlassen;[272] Erlass und Änderung grundlegender Rechtssätze bleibt – vergleichbar einem verfassungsrechtlichen Wesentlichkeitsvorbehalt – dem eigentlichen Gesetzgebungsverfahren vorbehalten. Die Vorteile dieser Übertragung liegen auf der Hand: Die Rechtsetzung durch die Kommission ist einfacher und daher auch schneller als durch Rat und Parlament; Rat und Parlament wiederum können durch die Delegation von der Regelung technischer Details entlastet werden.[273]

Ausübung und Kontrolle der Delegation sind Rat und Parlament übertragen, vgl. Artikel 290 Absatz 2 AEUV. Für Form und Verfahren der normativen Durchführung der Rechtsakte bestehen bisher keine verbindlichen Regeln,[274] allerdings haben sich in der Praxis gewisse Verfahrensgrundsätze herausgebildet.[275]

Von dem so geregelten Erlass ergänzender Durchführungsregelungen gemäß Artikel 290 AEUV ist wiederum die verwaltungsmäßige Durchführung der Rechtsakte zu unterscheiden, die nun in Artikel 291 Absatz 2 AEUV (früher z. T. anders in Artikel 202 EGV) geregelt ist: Bedarf es demnach einheitlicher Bedingungen für die Durchführung der Rechtsakte der Union, so werden im Zuge des Erlasses des jeweiligen Rechtsakts der Kommission oder (in Ausnahmefällen) dem Rat entsprechende Durchführungsbefugnisse übertragen.[276)] Nach Artikel 291 Absatz 3 AEUV kontrollieren dann (auch) die Mitgliedstaaten nach zuvor im Zuge des ordentlichen Gesetzgebungsverfahrens festgelegten Regeln die Wahrnehmung der Durchführungsbefugnisse durch die Kommission.[277)] Die Relevanz dieser in der Öffentlichkeit kaum bekannten Verfahren für die Vertretung von Unternehmensinteressen kann im konkreten Fall beträchtlich sein: Gerade bei Detailregelungen können Gestaltungsspielräume, die ein Basisrechtsakt lässt, zugunsten eines Unternehmens ausgeschöpft oder zu seinen Ungunsten verengt werden.[278)]

Noch auf der Grundlage des (alten) Artikels 202 EGV hat der Rat mit Beschluss vom 18.06.1999[279)] die Modalitäten für die Übertragung von Ausführungsbefugnissen geregelt. Demnach sind fünf verschiedene Verfahren zu unterscheiden: Beratungs-, Verwaltungs-, Regelungsverfahren mit und ohne Kontrolle sowie Verfahren bei Schutzmaßnahmen. Allen Verfahren gemeinsam ist die Beteiligung themenbezogen gebildeter Ausschüsse von Sachverständigen oder Beamten der Mitgliedstaaten an der Entscheidungsfindung über die Durchführungsmaßnahme – daher die Terminologie »Ausschussverfahren« oder »Komitologie«.[280)] Die Ausschüsse setzen sich zusammen aus stimmberechtigten Vertretern der Mitgliedstaaten und einem nicht stimmberechtigten Vertreter der Kommission, der den Vorsitz führt. Neben den Vorlagen der Kommission werden in den Ausschüssen auch Angelegenheiten der Umsetzung und des Vollzuges von Unionsrecht erörtert. Im Einzelnen:

- Im Rahmen des **Beratungsverfahrens** ist der Standpunkt des Ausschusses für die Kommission nicht bindend. Die Kommission sollte den Entwurf zur Durchführung von Maßnahmen des beratenden Ausschusses aber zumindest berücksichtigen.
- Im **Verwaltungsverfahren** muss die Kommission für den Fall, dass sich der zuständige Ausschuss (Verwaltungsausschuss) mit qualifizierter Mehrheit gegen den Vorschlag der Kommission ausspricht, den Rat mit der Sache befassen und kann den Beschluss bis zu drei Monate verschieben. Innerhalb der jeweiligen Frist kann dann der

Rat mit ebenfalls qualifizierter Mehrheit einen anderen Beschluss fassen.
- Im **Regelungsverfahren** (»ohne Kontrolle«) ist die Kommission auf die Zustimmung des Ausschusses (Regelungsausschuss) angewiesen. Findet der Vorschlag der Kommission nicht die Zustimmung einer qualifizierten Mehrheit des Ausschusses, wird die Sache dem Rat unterbreitet; außerdem wird das Parlament damit befasst. Der Rat kann entweder mit qualifizierter Mehrheit zustimmen, sich nicht äußern (in diesem Fall nimmt die Kommission die Durchführungsmaßnahmen an) oder sich mit qualifizierter Mehrheit gegen den Vorschlag aussprechen. In diesem Fall kann die Kommission ihren Vorschlag abändern, einen gänzlich neuen Entwurf unterbreiten oder denselben Vorschlag nochmals vorlegen. Falls das Parlament der Ansicht ist, dass ein Entwurf von Durchführungsmaßnahmen aufgrund eines im ordentlichen Gesetzgebungsverfahren angenommenen Rechtsakts die Befugnisse der Kommission überschreitet, muss diese den Entwurf überprüfen.
- Im **Regelungsverfahren mit Kontrolle** ist das Parlament gegenüber dem Rat gleichberechtigt. Beide können (jeweils einzeln) den Erlass geplanter Maßnahmen verhindern; das gilt zumindest hinsichtlich der Fragen, die unter das ordentliche Gesetzgebungsverfahren fallen. Die Kommission muss also beide Organe mit einem Vorschlag für Durchführungsmaßnahmen befassen: Erhebt eines von ihnen Einspruch gegen die vorgesehenen Maßnahmen (die Zustimmung oder Nichtzustimmung des Ausschusses ist insoweit irrelevant), kann die Kommission die vorgeschlagene Maßnahme nicht erlassen. Allerdings kann sie den Vorschlag abändern oder einen gänzlich neuen Vorschlag vorlegen.
- Das **Verfahren bei Schutzmaßnahmen** wird nur selten angewendet. Ihm zufolge kann jeder Mitgliedstaat binnen bestimmter Fristen den Rat mit einer von der Kommission geplanten Schutzmaßnahme befassen (wovon die Kommission die Mitgliedstaaten und den Rat zuvor zu unterrichten hat). Der Rat kann daraufhin mit qualifizierter Mehrheit entweder einen abweichenden Beschluss fassen, den Beschluss der Kommission bestätigen, ändern oder aufheben. Falls sich der Rat nicht äußert, ist der Beschluss der Kommission nichtig.

Der Rat ist in der Wahl des jeweiligen Ausschussverfahrens nicht frei, sondern muss sich grundsätzlich an die in Artikel 2 des bereits genannten Ratsbeschlusses[281] aus dem Jahr 1999 geregelten Auswahlkriterien halten. Abweichungen sind jeweils zu begründen.

B. Interessenvertretung beim Rat der Europäischen Union (Ministerrat)

I. Allgemeines

Nachdem bislang die Grundlagen der Rechtsetzung in der EU nach dem Vertrag von Lissabon, das heißt, vor allem im Rahmen des ordentlichen Gesetzgebungsverfahrens als (nunmehr) Regelfall der europäischen Rechtsetzung sowie der Komitologie überblicksartig erläutert wurden, kann auf dieser Basis nun die Befassung mit den praktischen Möglichkeiten einer gezielten Interessenvertretung bei den wichtigsten Institutionen der EU erfolgen. Den Anfang macht die Interessenvertretung beim Rat der Europäischen Union:

Der Rat der Europäischen Union verfügt sowohl über gesetzgebende Gewalt als auch über wichtige Regierungs- und Verwaltungsbefugnisse der EU,[282] kann somit als das wichtigste Entscheidungsgremium der EU bezeichnet werden.[283] In den Rat werden von den Mitgliedstaaten Vertreter im Ministerrang entsandt, was die für den Rat der Europäischen Union (Rat) oft verwandte umgangssprachliche Bezeichnung »Ministerrat« erklärt.[284] Um seine Eignung für eine Interessenvertretung bewerten zu können, wird zunächst dargestellt, welche Ziele ein Interessenvertreter durch den Rat der EU anstreben und erreichen kann. Anschließend wird in einem zweiten Schritt untersucht, welche Einflussmöglichkeiten auf konkrete Entscheidungen des Rats bestehen.

Der Rat der EU ist – gemeinsam mit dem Europäischen Parlament und der Kommission – das zentrale Gesetzgebungs- und Entscheidungsorgan der Union.[285] Dadurch ist er für eine Interessenvertretung besonders dann relevant, wenn der Beschluss einer Gesetzesvorlage bereits aktuell ansteht. Darüber hinaus kann der Rat jedoch bereits im Vorfeld des Rechtsetzungsverfahrens eine entscheidende Wirkung entfalten. Wenngleich die Kommission das alleinige Initiativrecht im EU-Rechtsetzungsprozess innehat (siehe den vorangegangenen Abschnitt der Darstellung), gehen viele der von ihr initiierten Richtlinien auf einen Impuls des Rats beziehungsweise der Mitgliedstaaten zurück.[286] Daraus folgt die Möglichkeit, ein Thema, dessen europaweite Regelung dem jeweils vertretenen Unternehmen ein Anliegen ist, durch Vertreter des eigenen Mitgliedstaats im Rat bei der Kommission vorzubringen und dort eine entsprechende Gesetzesinitiative auszulösen.[287] Somit erhält der Rat der EU eine doppelte Bedeutung für die Interessenvertretung.

Bei Abstimmungen im Rat muss die Form der Interessenvertretung mit Rücksicht auf die jeweiligen Mehrheitserfordernisse der Abstimmung gewählt werden. Dies ist insbesondere dann sehr bedeutsam, wenn versucht werden soll, einen für das Unternehmen nachteiligen Richtlinienentwurf abzuwenden. Gilt hier das Einstimmigkeitserfordernis, so ist es ausreichend, ein Veto beispielsweise des jeweiligen nationalen Ministers zu erreichen. Da nach den Änderungen durch den Vertrag von Lissabon bei den meisten Entscheidungen jedoch das Prinzip der qualifizierten Mehrheit gilt,[288] ist es häufig nicht (mehr) ausreichend, lediglich über eine einzige nationale Ebene Einfluss auf den Rat der EU zu nehmen. Das Gleiche gilt natürlich auch für Entscheidungen mit einfacher Mehrheit, deren (thematische) Relevanz im Sinne der Interessenvertretung jedoch praktisch sehr gering sein dürfte. Insgesamt gilt, was bereits am Ende des dritten Teils der Darstellung erläutert wurde: Interessenvertretung auf europäischer Ebene muss multi-national – im wahrsten Sinne des Worts *europäisch* – aufgestellt sein, um effektiv auf Entscheidungen des Rats einwirken zu können (»Heimatmitgliedstaat plus 26«).

Konkret ist eine Einflussnahme auf den Rat in diesem Sinne sowohl auf der europäischen als auch der jeweils nationalen Ebene denkbar. Da der Rat durch seine Zusammensetzung aus den jeweils zuständigen nationalen Ressortministern jedoch das stärkste Unionsgremium zur Repräsentanz nationaler Belange darstellt, ist ein Einwirken auf ihn im nationalen Rahmen eher möglich als in Brüssel. Als Ansprechpartner für den Interessenvertreter kommen hier zunächst der betreffende Ressortminister persönlich sowie dessen engste Mitarbeiter (Staatssekretär oder vergleichbare Positionen, leitende Beamte etc.) in Betracht. Darüber hinaus sind Kommunikationswege etwa über die Partei des Ministers oder seine Fraktion im nationalen Parlament denkbar. Auch hier zeigt sich, wie wichtig eine multidimensionale Interessenvertretung im Mehrebenensystem der EU ist (siehe nochmals Abbildung 3.3).

Einen in der Praxis weitaus leichter zugänglichen Ansatzpunkt stellen die zahlreichen Beamten dar, die im Vorfeld der Ratssitzungen tätig sind. Das wichtigste vorbereitende Gremium des Rats ist der Ausschuss der Ständigen Vertreter (AStV), der seinen Sitz ebenfalls in Brüssel hat.[289] Seine herausragende Position erklärt sich bereits aus seiner rechtlichen Stellung:[290] Seine Mitglieder sind Botschafter der Mitgliedstaaten. Sie haben bei der Vorbereitung von Tagungen des Rats eine Schlüsselfunktion inne, wobei sie sich bemühen, Gesetzgebungsvorschläge der Kommission soweit wie möglich zur Entscheidungsreife zu bringen (vgl. dazu die Ausführungen in Abschnitt A oben). Aufgrund der hohen fachlichen Standards sowie der Verkörperung der offiziellen Haltung der Mitgliedstaaten kommt dem AStV »eine erstrangige Bedeutung bei der Bildung des Gemeinschaftswillens zu«.[291]

Nach den Beratungen im AStV werden die jeweiligen Themen als A- oder B-Punkte auf die Tagesordnung der Ratssitzung gesetzt, wobei erstere entscheidungsreife, unstreitige Punkte darstellen, letztere dagegen weiterhin der Diskussion bedürfen. Der AStV stellt damit das geeignete Diskussionsforum dar, um gezielt sachdienliche Informationen in die Beschlussvorlagen des Rats einfließen zu lassen. Hierbei ist ein großer Gestaltungsspielraum gegeben. Es ist denkbar, dass sinnvolle Anregungen eines Unternehmens, die durch Mitglieder des AStV in die Diskussion eingebracht werden, sogar wörtlich in die Beschlussvorlage aufgenommen werden. Bereits kleine Modifizierungen können sich somit bedeutungsvoll auf die spätere Rechtspraxis in der Union auswirken. Zum anderen ist es auch möglich, dass die in engem Kontakt mit dem jeweiligen Minister stehenden Mitglieder des AStV diesen aufgrund einer gezielten Informationspolitik des Interessenvertreters dazu veranlassen können, im Rat einen Impuls für ein Rechtsetzungsverfahren auszulösen. Auch dies verdeutlicht das beachtliche Gewicht des AStV für eine Interessenvertretung beim Rat der EU.

Die Mitglieder des AStV müssen in ihrer Arbeit zwei Rollen gerecht werden: Als weisungsgebundene diplomatische Vertreter der Mitgliedstaaten handeln sie einerseits nach den Instruktionen ihrer jeweiligen nationalen Regierung, sind andererseits jedoch als Angehörige einer EU-Institution dem Wohl der Union und damit gewissermaßen der Kompromissfindung im Widerstreit der nationalen Interessen verpflichtet: »Von ihnen wird gefordert, dass sie ihre Regierungen beraten und so Einfluss auf Weisungen und Verhandlungen auf allen Ebenen des Ministerrats nehmen. AStV-Mitglieder blicken auf ihre Hauptstadt und auf die Brüsseler Ebene zugleich. Daher agieren die Ständigen Vertreter durchaus mit einer gewissen Unabhängigkeit und Eigenständigkeit gegenüber den Vorstellungen ihrer jeweiligen nationalen Regierungen«.[292] Zugleich sind sie absolute Kenner der Prozesse im Rat: »Die Mitglieder des AStV müssen Generalisten und Spezialisten zugleich sein. Ohne die Kenntnis der sektorübergreifenden allgemeinen Verhaltensregeln und ungeschriebenen Gesetze in den Ratsgremien und ohne Detailkenntnis der Kernpunkte eines Verhandlungstextes fehlt ihnen Überzeugungs- und Durchsetzungskraft«.[293] Aufgrund ihrer tiefen Detailkenntnis haben sie oft größeres Verständnis für die Haltung der anderen Mitgliedstaaten als ihre eigene Regierung, woraus sich gelegentlich nationenübergreifende Kooperationen ergeben. Aus diesem Grund und insbesondere deshalb, weil die Ständigen Vertreter in der Regel relativ lange Zeit in Brüssel eingesetzt sind, entstehen oftmals aus reinen Arbeitskontakten persönliche und freundschaftliche Beziehungen. In einem solchen positiven sozialen Klima kann es einem Mitglied des AStV leichtfallen, sachdienliche Informationen eines Unternehmens auch den Vertretern anderer Mitgliedstaaten nahezubringen. Daneben besteht für den Interessenvertreter auch die Möglichkeit, auf Beamte verschiedener Nationalitäten gleichzeitig einzuwirken. Wird ein Standpunkt des Unternehmens im AStV von Vertretern mehrerer Mitgliedstaaten unterstützt, ist seine Position in der Diskussion umso stärker und damit die Aussicht umso größer, dass sie in die Beschlussvorlage für den Rat der EU Eingang findet. In der nachfolgenden Übersicht ist dieser supranationale Ansatz einer Interessenvertretung beim Rat der EU zusammenfassend dargestellt.

Neben dem AStV besteht ein weiteres, formal gleichrangiges Gremium zur Vorbereitung der Ratssitzungen, der Sonderausschuss Landwirtschaft (SAL). Die Existenz dieses speziellen Gremiums resultiert aus einer der historischen Hauptaufgabenstellungen der Union. Der SAL befasst sich ausschließlich mit seinem namensgebenden Themenbereich, sodass es kaum Überschneidungen mit Kompetenzen des AStV gibt.[294)] Im Sinne der unternehmensorientierten Interessenvertretung spielt der SAL – es sei denn, man ist im Agrarbereich tätig – aber naturgemäß keine bedeutende Rolle.[295)]

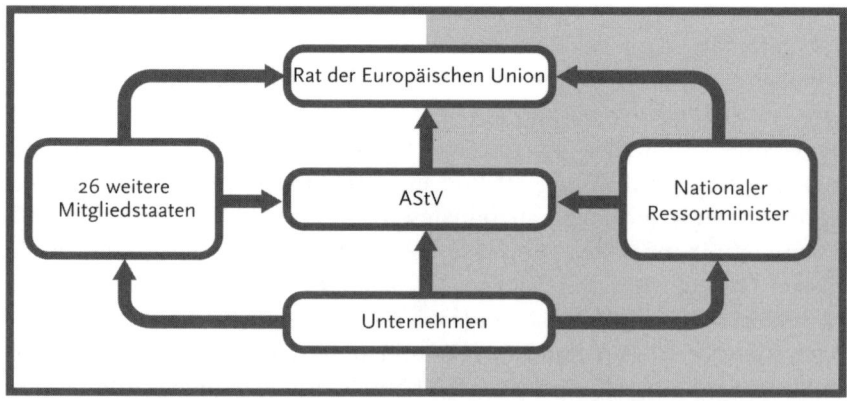

Abbildung 4.2: Der supranationale Ansatz einer Interessenvertretung beim Rat der EU.

Die Arbeiten des Rats werden durch ein Generalsekretariat unterstützt, das in einzelne fachspezifische Generaldirektionen (GDs) untergliedert ist.[296] Diese sind nicht mit den GDs der Kommission zu verwechseln. Die GDs führen die für den AStV und andere Ausschüsse des Rats erforderlichen Arbeiten aus. Dementsprechend existieren hier beispielsweise ein Juristischer Dienst, ein Pressedienst sowie ein Übersetzungsdienst.[297]

II. Regulierung des Zugangs zum Europäischen Rat

Bei den Regeln betreffend den Zugang zu Mitgliedern des Rats beziehungsweise zu den Beamten, die beim Rat mit der Vorbereitung von Sitzungen, Dokumenten etc. befasst sind, ist zwischen der mitgliedsstaatlichen und der europäischen Ebene zu unterscheiden:

Was die mitgliedsstaatliche Ebene angeht, gelten in Bezug auf die jeweils delegierten Mitglieder des Rats und deren Vertreter keine spezifischen europarechtlichen Zugangsregularien. Allerdings ist die mitgliedsstaatliche Ebene zu beachten, wo zum Teil umfängliche Regelungen über den Zugang für Interessenvertreter getroffen sind. Hier sollte sich ein guter Interessenvertreter zur Gewährleistung korrekten Verhaltens vorab informieren, nötigenfalls unter Zuhilfenahme juristischen Rates. Eine Darstellung der 27 unterschiedlichen Regelungsszenarien wird an dieser Stelle jedoch ausdrücklich unterlassen; sie würde den Rahmen dieser Darstellung sprengen.

Auf europäischer Ebene wiederum gelten für europäische Beamte und sonstige Beschäftigte im Dienst des Rats die allgemeinen Vorschriften des Beamtenstatuts[298] beziehungsweise der (inhaltlich weitgehend korrespondierenden) Beschäftigungsbedingungen der EU[299]; hierauf wird bei der Erläuterung des Regulierungsrahmens der Kommission näher einzugehen sein.[300] Spezielle Zugangsregelungen bestehen nicht, weder in Bezug auf den Rat noch auf den AStV als wichtigstes vorbereitendes Organ des Rats: Der Verhaltenskodex des Rates[301] befasst sich ausschließlich mit (inner-)organisatorischen Fragen; auch in der Geschäftsordnung des Rates[302] sind keine regulierungsrelevanten Normen enthalten.

C. Interessenvertretung bei der Europäischen Kommission

I. Allgemeines

Die Stellung der Europäischen Kommission[303] als (offiziell) alleinigem Initiativorgan im Rechtsetzungsprozess der EU ist mit der Aufgabe der inhaltlichen Ausgestaltung und wörtlichen Formulierung von Richtlinien und Verordnungen auf EU-Ebene verbunden. Dadurch ist die herausragende Bedeutung der Kommission für eine Interessenvertretung auch dann offensichtlich, wenn der Impuls zu einer Rechtsetzungsinitiative von einem anderen Organ, wie dem Rat oder dem Parlament, ausgeht.[304] Die Bedeutung der Kommission lässt sich darüber hinaus auch an einigen Zahlen ablesen: Die Kommission bestimmte im Jahre 2009 über einen Gesamthaushalt in Höhe von 133,8 Mrd. EUR, davon entfielen auf die Kommission selbst 3,6 Mrd. EUR.[305] Sie beschäftigte im Jahr 2009 gut 34 000 Mitarbeiter, die im Rahmen der Verwaltungstätigkeit jährlich ca. 20 000 Beschlüsse ausarbeiten.[306] Nicht zuletzt diese Dimensionen führen in der Öffentlichkeit zur (sehr pauschalen) Beurteilung der Kommission als »bürokratischem Wasserkopf«.[307] Ein weiterer Vorwurf betrifft die vermeintliche Intransparenz der Kommissionsarbeit. Freilich veröffentlicht die Kommission ihre Gesetzgebungsvorhaben halbjährlich in einem Arbeitsprogramm,[308] der Stand einzelner Gesetzgebungsverfahren wiederum lässt sich problemlos mittels der Informationssysteme PRELEX (Kommission) und OEIL (Europäisches Parlament) ermitteln.[309]

Aufgrund der schieren Größe der Kommission und ihrer Struktur ist es für einen Interessenvertreter unabdingbar, den für die jeweilige Aufgabenstellung geeigneten intrainstitutionellen Ansatz bei der Kommission auszuwählen. Die genaue Kenntnis der Organisation der Kommission und das Wissen, bei welcher GD oder welchem Fachreferat ein Anliegen am besten platziert werden kann, ist daher Grundbedingung effizienten Arbeitens. Die unterschiedlichen GDs sind jeweils einem der 27 Kommissare zugeordnet.[310] Die Leitlinien, an denen sich die Vorschläge der Kommission orientieren, werden durch ihren Präsidenten sowie in den einzelnen GDs durch die betreffenden Kommissare vorgegeben. Innerhalb seiner GD besitzt ein Kommissar weitestgehende Gestaltungsfreiheiten.

Der Kommissar ist als Spitze einer GD ein möglicher personeller Ansatzpunkt für die Interessenvertretung. Infolge seiner Stellung als Vorgesetzter aller Beamten einer GD ist eine zielgerichtete Information eines Kommissars ohne Frage äußerst effektiv, jedoch wird sie in aller Regel nur schwer zu realisieren sein. Angesichts seiner herausragenden Position als Spitze einer obersten EU-Behörde und seiner hohen Arbeitsbelastung wird ein persönlicher Zugang zu dem Kommissar ebenso wie zu einem Minister auf nationaler Ebene regelmäßig nur von großen und damit volkswirtschaftlich sehr bedeutenden Unternehmen oder aber über geeignete politische Kanäle erreichbar sein. Dieser Aspekt ist bei der Auswahl des strukturellen Interessenvertretungsinstruments[311] zu berücksichtigen.

Neben dem Kommissar selbst kommen die agierenden Personen seines nächsten Arbeitsumfeldes als weitere Ansatzmöglichkeiten in Betracht. Jeder Kommissar verfügt über ein persönliches Büro mit entsprechend seinen Fachbereichen qualifizierten Mitarbeitern, das von seinem Kabinettschef geleitet wird.[312] Dieser stellt die zentrale Figur im Umfeld des Kommissars dar; seine Arbeit gestaltet sich analog der Arbeit der Ständigen Vertreter des Rates. Die Kabinettschefs aller Kommissare bereiten gemeinsam die Sitzungen der Kommission vor, wobei das A-Punkt- beziehungsweise B-Punkt-Verfahren[313] ebenfalls zur Anwendung kommt. Damit gilt auch für die Kabinettschefs das im vorigen Kapitel bezüglich der Einflussmöglichkeiten der Ständigen Vertreter auf den Rechtsetzungsprozess Gesagte. Entsprechend wichtig sind die Kabinette als Ansatzpunkte europäischer Interessenvertretung.

Die konkreten Formulierungen von Richtlinienentwürfen der Kommission werden von den jeweils zuständigen Beamten der Kommission vorgenommen. Für Interessenvertreter sind sie damit ungemein wichtige Ansprechpartner auf Arbeitsebene: So ist den einzelnen Kommissionsmitarbeitern bei der Formulierung von Gesetzestexten häufig ein recht großer Gestaltungsspielraum gegeben.[314] Dieser kann besonders dort, wo bereits fein nuancierte Formulierungsvariationen dem Unternehmen einen Vorteil bringen können, genutzt werden.[315] Dementsprechend wird den Beamten der unteren und mittleren Ränge seitens der Interessenvertreter allgemein der größte Einfluss beigemessen. Sie sind in der Praxis zugleich die am häufigsten adressierten Akteure für europäische Unternehmen und Interessengruppen.

Für die Strategie einer Interessenvertretung bei der Kommission ergibt sich zur optimalen Zielerreichung somit ein zweidimensionaler Ansatz: Zum einen können entscheidende großflächige Vorgaben durch die politische Spitze, das heißt durch den für die GD des betreffenden Fachbereichs zuständigen Kommissar, bewirkt werden. Zum anderen kann sich der Interessenvertreter mit gezielter Information an die formulierenden Beamten der jeweiligen Fachreferate wenden und sich deren Ausgestaltungsspielraum bei der Erstellung von Textentwürfen zunutze machen.

Grundsätzlich hängt die Anhörung eines Unternehmens durch die Kommission im Rahmen des Rechtsetzungsprozesses davon ab, ob dies für den politischen beziehungsweise legislativen Prozess prinzipiell förderlich ist, und insbesondere, ob der Zeitpunkt sowie die jeweilige Materie für eine Anhörung geeignet sind. Bei einigen Entscheidungen werden alle Unternehmen angehört, die sich in den Rechtsetzungsprozess einbringen wollen, wobei den zuständigen Beamten grundsätzlich ein unbeschränkter Auswahlspielraum hinsichtlich der Annahme von Informationen von Unternehmensseite gegeben ist. Hier ist es Aufgabe des Interessenvertreters, durch seine Informationen die Interessen des von ihm vertretenen Unternehmens auch und insbesondere gegenüber anders gelagerten Interessen sonstiger Unternehmen bei den Beamten der Kommission erfolgreich vorzubringen.

Die Kommission wird allgemein als sehr offen für die Belange von Unternehmen beschrieben. So stellt ein Vertreter des Verbands der europäischen Chemieverbände (CEFIC) fest:»Picking up on the point of openness (…) [i]t is amazingly simple to get into the Commission. You are phoning and then there is a certain guy. They can't help you, they put you on to someone who can. It is open and transparent. You are trying to do that in Whitehall or Paris or Bonn and at close shop and secrecy and so on«.[316] Diese Offenheit impliziert, dass kaum geschlossene Ingroup-Netzwerke bestehen, zu denen Außenstehende nur schwer Zugang erhalten. Anfragen können problemlos per E-Mail gestellt werden und auch persönliche Treffen sind möglich. Allerdings bedeutet die Offenheit der Kommission auch einen stärkeren Wettbewerb zwischen den Interessengruppen um die Aufmerksamkeit der Beamten. Da den Beamten der Kommission ein umfangreicher Beratungsstab mit fundiertem Spezialwissen fehlt, sind sie insbesondere an praxisbezogenen Hinweisen und Daten sehr interessiert, was im Sinne einer effektiven Interessenvertretung unbedingt beherzigt werden sollte: »Although the Commission is considered open and accessible, an interest's effectiveness in influencing policy directly continues to be determined by its ability to establish a positive reputation in the European political process. That is to say, by the extent to which it can establish its reputation as a provider of reliable, issue-specific and pan-European information«.[317]

Grundsätzlich sind die Kommissionsbeamten also nicht abgeneigt, Informationen von Unternehmen zu berücksichtigen. Unter Umständen können solche Informationen sogar zur Änderung eines Richtlinienentwurfs führen. Allerdings gibt es, was die Offenheit für Belange der Industrie betrifft, erfahrungsgemäß Unterschiede zwischen den Generaldirektionen: Die GDs Handel und Unternehmen besitzen allgemein eine höhere Kooperationsbereitschaft, während sich der Zugang zur GD Umwelt oftmals schwieriger gestaltet.

Je nach ihrem Aufgabengebiet werden die Beamten der Kommission teilweise fast täglich von konkurrierenden Interessenvertretern angesprochen. Hier zeigt sich der mit dem leichten Zugang verbundene Nachteil.

Die Interessenvertreter sind deswegen gezwungen, zur Kontaktpflege immer wieder relevante und exklusive Informationen an die Kommissionsbeamten zu übermitteln. Dies stellt an den jeweiligen Interessenvertreter eines Unternehmens die Anforderung, mit seinen Informationen unter den übrigen herauszuragen, um auch wirklich Aufmerksamkeit und Gehör zu finden. Auch fällt es vielen Unternehmen schwer, den für ein bestimmtes Problem zuständigen Beamten zu ermitteln. Hierzu kann auf das Beziehungs- und Vertrauenskapital spezialisierter externer Dienstleister zurückgegriffen werden.

II. Überblick über die Generaldirektionen und Dienste der Kommission

Tabelle 4.2 zeigt einen zusammenfassenden Überblick über alle GDs und Dienste der Kommission.[318]

III. Regulierung des Zugangs zu Mitgliedern und Beamten der Kommission

Neben den allgemeinen Gesetzen müssen Interessenvertreter bei jeder Kontaktaufnahme zu Mitarbeitern und Beamten der Kommission bisher vor allem die Vorschriften des Beamtenstatuts der EU[319] beziehungsweise die für Nicht-Beamte geltenden Beschäftigungsbedingungen für die sonstigen Bediensteten beachten (letztere enthalten jedenfalls für den hier interessierenden Bereich weitgehend analoge Vorschriften zum Beamtenstatut).[320] Bisher noch nicht zwingendes Recht ist hingegen der von der Kommission entworfene Verhaltenskodex für Interessenvertreter.[321] Verstöße gegen die darin enthaltenen Regelungen bleiben derzeit noch ohne weitere Rechtsfolgen, jedoch gibt es seitens der Kommission große Anstrengungen, die Vorschriften in rechtliche Normen umzusetzen. Vor diesem Hintergrund sollte die Einhaltung des Kodex für einen guten Interessenvertreter schon jetzt selbstverständlich sein. Alles andere würde nicht nur einen unprofessionellen Eindruck machen, sondern im äußersten Fall faktisch den Zugang des Interessenvertreters zu den Bediensteten der Kommission riskieren.

Im Rahmen der vorliegenden Darstellung kann naturgemäß nicht mit juristischer Detailtiefe auf die Vielzahl der relevanten Regelungen des Statuts beziehungsweise der Beschäftigungsbedingungen eingegangen werden. Drei Regelungen von besonderer Praxisrelevanz sind jedoch her-

Tabelle 4.2: Die Generaldirektionen und Dienste der Kommission

a) Politiken

Beschäftigung, soziale Angelegenheiten und Chancengleichheit	Beschäftigung, Strukturen in der Arbeitswelt, Soziale Ausgrenzung und sozialer Schutz, Gleichstellung von Männern und Frauen
Bildung und Kultur	Allgemeine und berufliche Bildung, Jugend, Kultur, Zivilgesellschaft, Mehrsprachigkeit, Sport
Binnenmarkt und Dienstleistungen	Weiterentwicklung des Binnenmarktes, Finanzdienstleistungen, Postdienste, Elektronischer Geschäftsverkehr, Medien, Vergabewesen, Anerkennung von Berufsqualifikationen, Urheberrecht und geistiges Eigentum, Patente und gewerbliches Eigentum, Rechnungslegung und Revision, Kommerzielle Kommunikation und unlauterer Wettbewerb, Vertragsrecht
Energie	Konventionelle und erneuerbare Energien
Exekutivagenturen	Organisationen, die mit bestimmten Aufgaben bei der Verwaltung von Gemeinschaftsprogrammen beauftragt werden. Diese Agenturen werden für einen festgelegten Zeitraum eingerichtet. Sie müssen am Sitz der Europäischen Kommission (Brüssel oder Luxemburg) angesiedelt sein
Maritime Angelegenheiten und Fischerei	Fischerei, Seerecht, Maritime Angelegenheiten
Forschung	Forschungsprogramme, Biotechnologien, Landwirtschaft und Ernährung, Gesundheit, Industrietechnologien, Verkehr, Umwelt, Energie (Euratom), Energie, Wissenschaft, Wirtschaft und Gesellschaft, Ressourcen
Gemeinsame Forschungsstelle	Koordiniert die Arbeit von sieben europäischen Forschungsinstituten
Gesundheit und Verbraucher	Verbraucherschutz, Öffentliche Gesundheit, Lebensmittelsicherheit, Tiergesundheit und Tierschutz, Pflanzenschutz, Lebensmittel- und Veterinäramt
Informationsgesellschaft und Medien	Medien und Audiovision, Informationssicherheit, eKommunikation, PSI-Public Sector Information, Informationsgesellschaft, Neue Technologien
Justiz, Freiheit und Sicherheit	Zuwanderung, Asyl, Grenzen, Ziviljustiz, Grundrechte, Unionsbürgerschaft, Innere Sicherheit, Strafjustiz
Landwirtschaft und ländliche Entwicklung	Landwirtschaft, Programme zur ländlichen Entwicklung
Mobilität und Verkehr	Mobilität, Transeuropäische Netze, Verkehrsinfrastruktur
Regionalpolitik	Programme zur Stärkung der territorialen, sozialen und wirtschaftlichen Kohäsion in der EU
Steuern und Zollunion	Zollpolitik, Tariffragen, Indirekte Steuern, Steuerverwaltung, Steuerpolitiken
Umwelt	Naturschutz, Klimawandel, Wasser, Nachhaltige Entwicklung
Unternehmen und Industrie	Unternehmenspolitik, Industriepolitik, Normung, Innovationspolitik, Raumfahrtpolitik
Wettbewerb	Antitrust, Fusionen, Kartelle, Liberalisierung, Staatliche Beihilfen
Wirtschaft und Finanzen	Weiterentwicklung von Wirtschafts- und Währungsunion

Tabelle 4.2: (Fortsetzung)

b) Außenbeziehungen	
Humanitäre Hilfe	Katastrophenhilfe
Außenbeziehungen	Entwicklung einer EU-Außenpolitik, Pflege der bilateralen Beziehungen zu den europäischen Ländern, die nicht EU-Mitglied sind, Asien, dem Nahen Osten, Nord- und Südamerika und Australien
Entwicklung	Strategien nachhaltiger Entwicklungspolitik, Pflege der bilateralen Beziehung zu afrikanischen, karibischen und pazifischen Staaten
Erweiterung	Steuerung des EU-Erweiterungsprozesses
EuropeAid – Amt für Zusammenarbeit	Umsetzung von Entwicklungshilfeprojekten
Handel	Abschließen und Überwachen von Handelsabkommen; Verhandlungen WTO (World Trade Organisation)
c) Allgemeine Dienste	
Amt für amtliche Veröffentlichungen	Verlagshaus der Europäischen Union
Europäisches Amt für Betrugsbekämpfung	Bekämpfung von Betrug und grenzüberschreitender Kriminalität
EUROSTAT	Amt für Statistik
Generalsekretariat	Allgemeine Koordinationsdienste für die Kommission
Kommunikation	Informationen über Aktivitäten der Kommission für Bürger und Medien
d) Interne Dienste	
Amt für die Feststellung und Abwicklung individueller Ansprüche	Legt finanzielle Rechte des Kommissionspersonals fest
Beratergremium für europäische Politik	Informationsdienst speziell für den Kommissionspräsidenten
Datenverarbeitung	Effizienter Einsatz von Informations- und Kommunikationstechnologien bei der Kommission
Datenschutzbeauftragter der Europäischen Kommission	Maßnahmen zum Datenschutz
Dolmetschen	Dolmetschen und Organisation von Konferenzen
Gebäude, Anlagen und Logistik (Brüssel)	Gebäudemanagement
Gebäude, Anlagen und Logistik (Luxemburg)	Gebäudemanagement
Haushalt	Haushaltsfragen
Interner Auditdienst	Kontrolle der Kommissionsverwaltung
Juristischer Dienst	Rechtliche Beratung der Kommission
Personal und Verwaltung	Personal und Verwaltung
Übersetzung	Übersetzungsdienst

vorzuheben, namentlich Artikel 11, 11a und 12 des Beamtenstatuts (beziehungsweise die parallelen Regelungen der Beschäftigungsbedingungen). Diese Regelungen befassen sich mit Fragen der Objektivität, Unparteilichkeit und Loyalitätspflicht der Beamten und Bediensteten der Kommission. So stellt Artikel 11 unter anderem klar, dass ein Beamter Weisungen, die nicht seiner Anstellungsbehörde zuzuordnen sind, weder anfordern noch entgegennehmen darf und dass ihm ohne Zustimmung der Anstellungsbehörde die Annahme jeglicher Belohnungen, Geschenke oder Vergütungen verboten ist. Letztlich handelt es sich dabei um ein Verbot dessen, was bereits die allgemeinen Strafgesetze – in wohl allen Mitgliedstaaten der EU – klar sanktionieren. Nochmals sei betont, dass derartige Verhaltensweisen nichts mit Interessenvertretung zu tun haben, sondern schlicht illegales Verhalten darstellen.

Artikel 11a des Beamtenstatuts verpflichtet den Beamten unter anderem dazu, seine Anstellungsbehörde von auftretenden Interessenkonflikten zu unterrichten. Die Generalklausel in Artikel 12 des Beamtenstatuts, wonach der Beamte jedes Verhalten zu unterlassen hat, das dem Ansehen seines Amts abträglich sein könnte, erfasst schließlich alle Handlungen, die Zweifel an der Objektivität, Unparteilichkeit oder Unabhängigkeit des Beamten von externen Einflüssen oder an seiner Loyalität gegenüber der EU erwecken könnte. Ein Interessenvertreter sollte sich dieser Regelungen immer bewusst sein und alles unterlassen, was den Beamten auch nur in die Nähe der Verletzung einer der genannten Regeln bringen könnnte.

Außerhalb von Beamtenstatut und Beschäftigungsbedingungen finden sich für den Zugang zu Entscheidungsträgern relevante Regelungen noch im »Verhaltenskodex für Interessenvertreter«, den die Kommission in ihrer Mitteilung »Rahmen für die Beziehungen zu Interessenvertretern (Register und Verhaltenskodex)«, KOM(2008) 323, erlassen hat.[322] Regelungsadressat sind hier nicht die Beamten und Bediensteten der Kommission, sondern die Interessenvertreter selbst. Demnach müssen Interessenvertreter ihre Namen ebenso wie die Namen der Organisationen angeben, für die sie tätig sind oder die sie vertreten. Sie dürfen über sich selbst keine falschen Angaben im Hinblick auf eine Registrierung im Lobbying-Register der Kommission machen, um Dritte oder EU-Bedienstete zu täuschen. Weiterhin müssen Interessenvertreter angeben, welche Interessen und gegebenenfalls welche Klienten oder Mitglieder sie vertreten. Im Hinblick auf die Richtigkeit der von ihnen bereitgestellten Informationen muss sichergestellt sein, dass sie nach ihrem besten Wissen unverzerrt, vollständig, aktuell und nicht irreführend sind. Informationen dürfen nicht auf unlautere Weise beschafft, Entscheidungen nicht auf unlautere Weise erwirkt werden. Jegliche Versuche in dieser Richtung haben zu unterbleiben. Schließlich dürfen EU-Bedienstete nicht dazu verleitet werden, gegen die für sie geltenden Regeln und Verhaltensnormen zu verstoßen; Ähnliches gilt für ehemalige EU-Bedienstete und deren Pflicht, die für sie geltenden Regeln einzuhalten und ihrer Geheimhaltungspflicht zu genügen.

Die Regeln des Verhaltenskodex stehen im größeren Zusammenhang der Europäischen Transparenzinitiative, die im Jahr 2006 von der Kommission gestartet wurde.[323] Zwar gibt es auf europäischer Ebene bereits seit den 1990er-Jahren Versuche, eine formelle Regulierung des Lobbyings vorzunehmen.[324] Erst im Jahr 2008 hat die Kommission allerdings ein Register für Interessenvertreter eingeführt, zunächst für eine einjährige Testphase.[325] Die Eintragung in das Register erfolgt seitens der Interessenvertreter bisher nur auf freiwilliger Basis;[326] bislang haben sich fast 2 800 Organisationen und Einzelpersonen registriert.[327] Nach einer Mitteilung der Kommission ist das Register bisher als Erfolg zu bewerten;[328] Kritik wird insbesondere von NGOs wie *Friends of Earth*[329], *ALTER-EU*[330] oder *Lobby Control*[331] laut: Ihnen zufolge registrieren sich zahlreiche Unternehmen nicht oder nur mit schwer nachvollziehbaren Angaben (insbesondere in Bezug auf die Größenordnung ihrer Lobbying-Aktivitäten).[332] Bemühungen zu einer weitergehenden, verbindlichen Regulierung laufen;[333] Details sind zur Zeit der Drucklegung nicht bekannt.[334] Ob eine Eintragung in das Register zukünftig verpflichtend wird oder ob sich eventuell innerhalb der Branche ein informeller Zwang zur Registrierung entwickeln wird (etwa bedingt durch in diese Richtung weisende Compliance-Anforderungen von Unternehmen, auf die auch ihre Interessenvertreter verpflichtet werden), ist zum jetzigen Zeitpunkt noch völlig offen.

D. Interessenvertretung beim Europäischen Parlament

I. Allgemeines

Durch seinen großen Zuwachs an Einflussmöglichkeiten im Laufe der vergangenen Jahrzehnte – zuletzt durch den Vertrag von Lissabon – hat sich das Europäische Parlament neben der Kommission zum wichtigsten institutionellen Ansatzpunkt für eine Interessenvertretung bei den Institutionen der EU entwickelt. Obwohl es im Prinzip über kein Initiativrecht verfügt, ist sein Einfluss auf die Gesetzgebung in der EU erheblich größer als gemeinhin angenommen: Das Parlament ist an der Mehrzahl

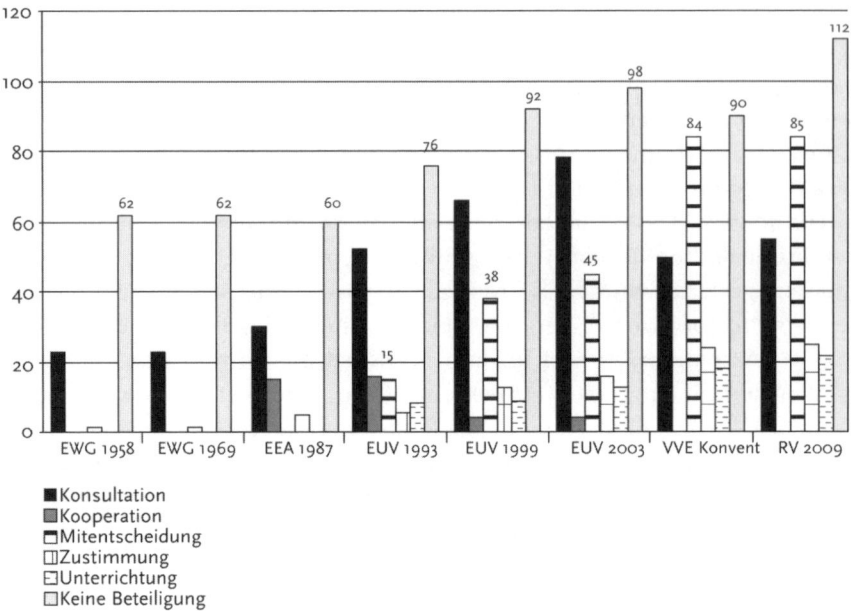

- ■ Konsultation
- ■ Kooperation
- ☐ Mitentscheidung
- ☐ Zustimmung
- ☐ Unterrichtung
- ☐ Keine Beteiligung

Abbildung 4.3: Entwicklung der Entscheidungsverfahren des Europäischen Parlaments 1958–2009.[335]

der legislativen Verfahren gleichberechtigt beteiligt und kann bei der Gesetzgebung dilatorisch (verzögernd) handeln. Abbildung 4.3 verdeutlicht dies anhand der Beteiligungsrechte des Parlaments im Zuge der primärrechtlichen Entwicklung von EG/EU. Insofern hat das Europäische Parlament im Gesetzgebungsverfahren wesentlichen Einfluss: So hat es in der Legislaturperiode 2004–2009 insgesamt 1355 gesetzgeberische Texte verabschiedet und fast 49 000 Änderungsanträge beraten.[336]

Der gestalterische Einfluss des Parlaments im Rechtsetzungsprozess der EU ist damit offensichtlich.[337] Die Einbeziehung des Parlaments in eine Interessenvertretung auf europäischer Ebene ist daher absolut unabdingbar, eine Tatsache, die von den Parlamentariern selbst ähnlich gesehen wird: »Lobbyisten würden ihre Zeit nicht im Parlament verschwenden, wenn dort nichts konkret zu erreichen wäre«.[338]

Das Parlament gilt allgemein als die zugänglichste aller EU-Institutionen. Ein wesentlicher Grund hierfür ist, dass den Abgeordneten nur eine relativ geringe personelle Unterstützung innerhalb des Parlaments zur Verfügung steht.[339] Zur Informationsbeschaffung sind die Abgeordneten daher auf externe Unterstützung angewiesen, von der sie auch häufig Gebrauch machen: Eine Studie aus dem Jahr 2000 kommt zu dem Schluss, dass 50 Prozent der MdEPs wöchentlich Kontakt mit Interessengruppen haben, ein Drittel trifft sich in diesem Zeitraum gar einmal persönlich mit Interessenvertretern.[340] Die Erfahrung hat gezeigt, dass Mitglieder des Parlaments gegenüber Unternehmensanliegen grundsätzlich offen und bereit sind – belastbare Argumente vorausgesetzt – auch ihre Standpunkte aufgrund von extern an sie herangetragenen Unternehmensinformationen zu überdenken. Der Kontakt zu Abgeordneten des Parlaments lohnt sich jedoch auch indirekt, da oft ein reger Austausch zwischen Beamten der Kommission und den MdEPs stattfindet.[341] Zunutze machen kann man sich auch den Charakter eines »Veto-Spielers«, den das Parlament im politischen Prozess der EU häufig darstellt, indem Gegenentwürfe zu offiziellen Vorhaben der Kommission an die Abgeordneten weitergegeben werden (vgl. dazu die Ausführungen zum Rechtsetzungsverfahren in Abschnitt A oben).[342]

Unabdingbar ist aus technischen Gründen eine genaue Kenntnis der Geschäftsordnung des Europäischen Parlaments, in der sämtliche Arbeitsmodalitäten festgelegt sind.[343] Für die praktische Interessenvertretung im Parlament ergeben sich die in Abbildung 4.4 verdeutlichten vier Ansatzmöglichkeiten: einzelne Abgeordnete, Intergroups, Expertengespräche und öffentliche Hearings des Parlaments.

Zunächst ist dabei auf die Bedeutung der einzelnen Abgeordneten beziehungsweise der Fraktionen einzugehen. Je nach Sachlage kann es für ein Unternehmen angebracht sein, sich an einen in der Sache bewander-

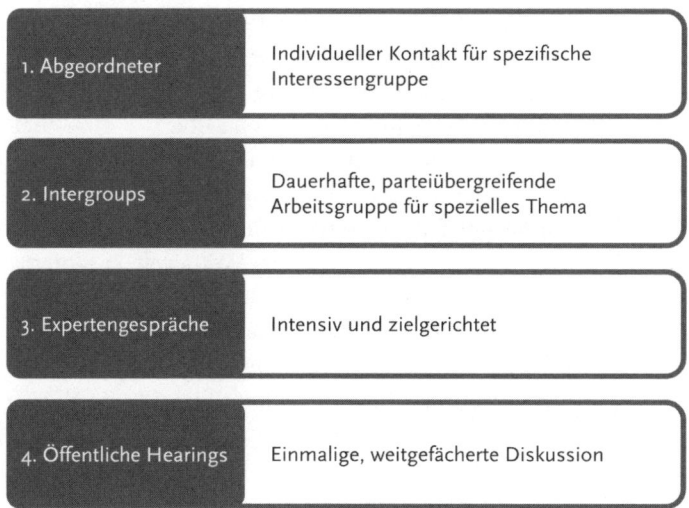

Abbildung 4.4: Mögliche Arten der Meinungsbildung im Europäischen Parlament.

ten, eventuell sogar in seiner Fraktion für die Thematik zuständigen Abgeordneten zu wenden, der unternehmensseitige Informationen und Argumente dann in seine Arbeit im jeweiligen Ausschuss des Parlaments einfließen lassen kann. Als Ansprechpartner für spezifische Anliegen besonders interessant ist naturgemäß der jeweilige Berichterstatter im thematisch zuständigen Ausschuss, das heißt der ausschussintern benannte Abgeordnete einer Fraktion, der sich federführend mit dem Rechtsetzungsvorschlag der Kommission auseinandersetzt und einen Entscheidungsvorschlag des Ausschusses (und damit auch die Entscheidung des Parlaments) vorbereitet. Ebenfalls als Ansprechpartner gut geeignet sind die (über die jeweilige Sache gut informierten) sogenannten Schattenberichterstatter [344] der anderen Fraktionen: Ihre (informelle) Position dient vor allem dazu, eine einseitige Durchsetzung der Fraktionsinteressen des Berichterstatters im Ausschuss zu vermeiden.

Unabhängig von einer Vorbefassung des Abgeordneten mit der Thematik gestaltet sich der Zugang zu einem Abgeordneten dann leichter, wenn das Unternehmen in seiner Heimatregion beziehungsweise seinem Mitgliedstaat ansässig ist beziehungsweise die vom Unternehmen aufgezeigte Problematik für den Abgeordneten in anderer Weise persönlichen Bezug hat. Ist dieser Abgeordnete auch kein direktes Mitglied der relevanten Ausschüsse, kann er in der Regel dennoch die erforderlichen Kontakte zu betreffenden Kollegen herstellen. Dieser Aspekt ist in der Praxis von großer Bedeutung: Es liegt in der Natur der Sache, dass Unternehmen und Verbände, aber auch externe Dienstleister belastbare Kontakte nur zu einer begrenzten Zahl der insgesamt 736 Abgeordneten unterhalten können. Trotz aller Mühen kommt es daher häufig vor, dass man in einem bestimmten Fall schlicht keinen passenden Zugang hat. Zudem konkurrieren – wie auch bei den Kommissionsbeamten (siehe oben) – eine Vielzahl von Interessenvertretern um das Gehör einzelner Abgeordneter, insbesondere dann, wenn diese über eine Schlüsselstellung im jeweiligen Verfahren verfügen. Die Kunst der Interessenvertretung besteht dann darin, dennoch belastbare Zugänge zu finden und im Wettstreit konkurrierender Positionen die besseren Argumente vorzuweisen.

Die Meinungsbildung der Abgeordneten des Parlaments geschieht vorwiegend in den parlamentarischen Ausschüssen sowie in den einzelnen Fraktionen beziehungsweise ihren jeweiligen Facharbeitskreisen, die in der Regel nach den parlamentarischen Ausschüssen benannt sind und die Positionen der jeweiligen Fraktion für die Sitzungen des entsprechenden parlamentarischen Ausschusses vorbereiten.[345] Da die Fraktionen im Parlament nach parteipolitischer Ausrichtung und nicht nach nationalen

Gesichtspunkten gebildet werden, kann ein Interessenvertreter über einen Abgeordneten aus dem eigenen Mitgliedstaat auch Zugang zu Abgeordneten der gleichen Fraktion aus anderen Mitgliedstaaten finden und sich so die Vorteile eines supranationalen Interessenvertretungsansatzes (siehe oben) nutzbar machen. Allerdings lässt sich im Gegensatz dazu auch die »nationale Karte« spielen: Sind Anliegen in einem bestimmten Mitgliedstaat betroffen, so können sich unter den jeweiligen nationalen Abgeordneten parteiübergreifende Übereinstimmungen herausbilden.

Die sogenannten Intergroups sind dauerhafte parteiübergreifende Arbeitsgruppen für jeweils ein spezielles Thema, in denen Experten aus den einzelnen Fraktionen sich informell zusammenschließen. Die Qualität der Arbeit in den Intergroups hängt dabei naturgemäß weitgehend von der Sachkompetenz der jeweiligen Abgeordneten sowie der Einbeziehung sachkompetenter, meist externer Experten ab.[346)]

Des Weiteren geschieht die Meinungsbildung im Parlament durch Expertengespräche und öffentliche Anhörungen (Hearings). Solche Expertengespräche, bei denen anerkannte Fachleute, beispielsweise Wissenschaftler, im Auftrag des Unternehmens dessen Standpunkte in Form neutraler Informationen vortragen, können für eine Interessenvertretung dienlich sein, zumal die Objektivität und Neutralität der Informationen für die Abgeordneten augenscheinlich in noch größerem Maße gewährleistet ist als in den vorgenannten Fällen. Die Bedeutung der öffentlichen Hearings für eine Interessenvertretung beim Parlament ist aber insgesamt wohl eher als gering zu erachten, da es zielgenauere Einwirkungsmöglichkeiten gibt, als den eigenen Standpunkt als einen unter vielen in einer solchen öffentlichen Anhörung vorzubringen.

Generell ist bei einer Interessenvertretung beim Parlament zwischen den Abgeordneten und ihren Mitarbeitern zu differenzieren. Aufgrund der hohen Arbeitsbelastung der Abgeordneten ist es häufig leichter, Zugang zu ihnen über einen Mitarbeiter zu finden als direkt auf sie zuzugehen, sofern persönliche Kontakte noch nicht bestehen. Sind persönliche Kontakte hingegen etabliert, kann der angesprochene Abgeordnete einen Kontakt sowohl mit dem zuständigen Mitarbeiter der Kommission als auch mit den sachkompetenten Ausschussmitgliedern herstellen, die den betreffenden Themenbereich bearbeiten. Darüber hinaus kann der einzelne Abgeordnete auch Kontakte zu den Fraktions- und den in der betreffenden Sache maßgeblichen Meinungsführern im Parlament herstellen. Da in den meisten Fällen das Plenum der Empfehlung des zuständigen Ausschusses und innerhalb der Fraktion die Abgeordneten dem jeweils sachkompetenten Meinungsführer in aller Regel folgen, ist dies von entscheidender Bedeutung. Diese aus dem persönlichen Netzwerk schöpfende Kontakt- und Kommunikationsherstellung spiegelt deutlich die definitionsgemäße Rolle der Interessenvertretung als Informationsvermittler wider.[347] An dieser Stelle ist auf Artikel 5 Absatz 3 der Geschäftsordnung des Europäischen Parlaments[348] einzugehen, wonach jeder Abgeordnete das Recht hat, alle dem Parlament beziehungsweise einem Ausschuss vorliegenden Akten einzusehen. Ein Interessenvertreter, der über gute Kontakte zu einzelnen Abgeordneten verfügt, kann auf diese Weise Informationen aus diesen Akten selbst dann bekommen, wenn der betreffende Abgeordnete nicht direkt mit der Sache befasst ist, beispielsweise als Mitglied des federführenden Ausschusses. Der Abgeordnete allein reicht aus.

Nachfolgend sind die parlamentarischen Ausschüsse im Europäischen Parlament zusammenfassend aufgeführt:

Tabelle 4.3: Die Ausschüsse des Europäischen Parlaments (Stand: Juli 2010)[349]

AFET	Ausschuss für auswärtige Angelegenheiten
DROI	Ausschuss für Menschenrechte
SEDE	Ausschuss für Sicherheit und Verteidigung
DEVE	Ausschuss für Entwicklung und Zusammenarbeit
INTA	Ausschuss für Internationalen Handel
BUDG	Haushaltsausschuss
CONT	Ausschuss für Haushaltskontrolle
ECON	Ausschuss für Wirtschaft und Währung
EMPL	Ausschuss für Beschäftigung und soziale Angelegenheiten
ENVI	Ausschuss für Umweltfragen, Volksgesundheit und Lebensmittelsicherheit
ITRE	Ausschuss für Industrie, Forschung und Energie
IMCO	Ausschuss für Binnenmarkt und Verbraucherschutz
TRAN	Ausschuss für Verkehr und Fremdenverkehr
REGI	Ausschuss für Regionale Entwicklung
AGRI	Ausschuss für Landwirtschaft und ländliche Entwicklung
PECH	Ausschuss für Fischerei
CULT	Ausschuss für Kultur und Bildung
JURI	Ausschuss für Recht
LIBE	Ausschuss für bürgerliche Freiheiten, Justiz und Inneres
AFCO	Ausschuss für konstitutionelle Fragen
FEMM	Ausschuss für die Rechte der Frau und die Gleichstellung der Geschlechter
PETI	Petitionsausschuss
CRIS	Finanz-, Wirtschafts- und Sozialkrise (Sonderausschuss)
SURE	Ausschuss zu den politischen Herausforderungen (Sonderausschuss)

II. Regulierung des Zugangs zu Mitgliedern des Europäischen Parlaments

In Bezug auf die Regulierung des Zugangs von Interessenvertretern zum Parlament ist zunächst Artikel 9 Absatz 4 der Geschäftsordnung des Europäischen Parlaments (im Folgenden: GOEP)[350] relevant. Die Wichtigkeit des dort geregelten direkten Zugangs zum Parlamentsgebäude für die Unmittelbarkeit des Informationsflusses ist offensichtlich: Nur bei physischer Zutrittsmöglichkeit kann ein Interessenvertreter Abgeordnete oder deren Mitarbeiter in ihren Büros aufsuchen oder bei Sitzungen und Hearings im Parlamentsgebäude teilnehmen. Dementsprechend beschreibt Artikel 9 Absatz 4 GOEP Interessenvertreter als »Personen (...), die einen häufigen Zugang zu den Parlamentsgebäuden wünschen, um die Mitglieder im Rahmen ihres Parlamentsmandats im eigenen Interesse oder im Interesse Dritter mit Informationen zu versehen«. Vonseiten des Parlaments stellen die sogenannten Quästoren[351] zu diesem Zweck Ausweise von begrenzter Gültigkeitsdauer (maximal ein Jahr) aus und tragen die Ausweisinhaber in ein öffentliches Register des Parlaments ein; Voraussetzung für die Eintragung und die Ausstellung des Ausweises ist allerdings, dass sich ein Interessenvertreter dem in Art. 3 der Anlage IX der Geschäftsordnung geregelten Verhaltenskodex[352] unterwirft.

Dieser Verhaltenskodex regelt unter anderem, dass die registrierten Personen die von ihnen vertretenen Interessen gegenüber Mitgliedern des Parlaments, ihren Mitarbeitern oder Beamten des Organs offenlegen. Sie haben alle Handlungen zu unterlassen, die darauf ausgelegt sind, sich Informationen zu erschleichen; insbesondere dürfen sie bei Kontakten mit Dritten nicht eine formelle Beziehung zum Parlament behaupten. Kopien von Dokumenten, die beim Parlament beschafft wurden, dürfen nicht entgeltlich an Dritte weitergegeben werden. Bei der Einstellung ehemaliger Beamter der Organe müssen Interessenvertreter die Bestimmungen des Statuts beachten;[353] Ähnliches gilt hinsichtlich ehemaliger Abgeordneter und deren Rechte und Pflichten aus Bestimmungen des Parlaments. Zur Vermeidung etwaiger Interessenkonflikte muss vor der Beschäftigung eines Assistenten eines Abgeordneten dessen Zustimmung eingeholt werden; anschließend muss sich der Interessenvertreter vergewissern, dass dies so auch im Register des Parlaments eingetragen wird. Jeder Verstoß gegen die Regelungen des Verhaltenskodex kann zum Entzug des Parlamentsausweises führen, der für den Interessenvertreter selbst oder für sein Unternehmen ausgestellt wurde.

Alles in allem enthalten die Regelungen nur solche Vorgaben, die ein professioneller und seriöser Interessenvertreter schon aus Eigeninteresse – und sei es nur die Befolgung der allgemeinen Gesetze – beachten muss. Es ist beispielsweise selbstverständlich, das jeweils vertretene Interesse offenzulegen und nicht zu versuchen, sich Informationen zu erschleichen. Jedes andere Verhalten würde den guten Ruf eines Interessenvertreters, also seine Verlässlichkeit, Seriosität und Vertrauenswürdigkeit, riskieren. Wer einmal versucht, einen Abgeordneten über seine wahren Absichten in die Irre zu führen, beraubt sich letztlich selbst der Grundlagen seiner Tätigkeit.

Im Zuge der fortschreitenden Transparenzpolitik von Kommission und Parlament sind künftig weitere Vorschriften und Regelungen hinsichtlich der Interessenvertretung geplant, wobei auf die Ausführungen zur Interessenvertretung bei der Europäischen Kommission verwiesen werden kann.[354]

E. Interessenvertretung beim Ausschuss der Regionen und dem Wirtschafts- und Sozialausschuss

I. Allgemeines

Zu den weiteren Gremien, die am EU-Rechtsetzungsprozess (lediglich beratend) teilnehmen, gehören der Ausschuss der Regionen (AdR) und der Wirtschafts- und Sozialausschuss (WSA). Wenngleich durch sie kein direkter Einfluss auf die Rechtsetzung der Union ausgeübt werden kann und die Durchschlagskraft einer Interessenvertretung über AdR und WSA entsprechend limitiert ist, können über sie zumindest Informationen von Unternehmensseite in das jeweilige Verfahren eingebracht werden: Eine Anhörung von AdR und WSA ist in den einschlägigen Verfahren obligatorisch.[355] Vor diesem Hintergrund kann beispielsweise eine begleitende Interessenvertretung beim AdR sinnvoll sein, wenn das Unternehmensanliegen eine große Bedeutung für eine bestimmte Region aufweist. Der Vollständigkeit halber sei daher kurz auf die Einflussmöglichkeiten in diesen beiden Gremien eingegangen:

Der AdR hat den Charakter einer politischen Versammlung; die größtmögliche Durchsetzungskraft eines Unternehmensanliegens wird daher in der Regel dann gegeben sein, wenn sich ein Mitglied des AdR der betreffenden Sache annimmt und so ihre politische Bedeutung für eine oder mehrere regionale Gebietskörperschaften hervorhebt. Als Ansatzmöglichkeiten für eine Interessenvertretung kommt in der Praxis allein die direkte Ansprache der jeweiligen Mitglieder in Betracht. Eine mittelbare Informationsweitergabe über die Verwaltung des AdR erscheint wenig sinnvoll. Sofern hier keine eigenen Kontakte des Unternehmens bestehen, kann möglicherweise der zuständige Verband wertvolle Vermittlungsarbeit leisten: Häufig existieren intensive gegenseitige Verflechtungen und Informationsbeziehungen zwischen AdR und Verbänden. Der Umweg über den Verband kann jedoch zu zeitlichen Verzögerungen und Informationsverlusten führen.

Daneben kommt eine Einflussnahme auf die Institutionen der EU durch Interessenvertretung beim WSA in Betracht, der sich aus Vertretern der verschiedenen wirtschaftlichen und sozialen Bereiche (Gewerkschaften, Spitzenverbände usw.) zusammensetzt. Der WSA ist zwar grundsätzlich gegenüber Unternehmensanliegen aufgeschlossen und lässt die vom Unternehmen an ihn herangetragenen Informationen in seinen Entscheidungsprozess einfließen. So können Unternehmensanliegen entweder über die Mitglieder des WSA (auch hier eventuell vermittelt durch Verbände, denen das Unternehmen angehört) oder aber im Rahmen von Expertenanhörungen, die der WSA regelmäßig durchführt, an den WSA herangetragen werden. Allerdings ist es das bestimmungsgemäße Ziel der Arbeit des WSA, einen Konsens zwischen den divergierenden Interessen herbeizuführen. Daraus ergibt sich im Umkehrschluss, dass der WSA für eine gezielte effektive Vertretung individueller Unternehmensinteressen nur von sehr begrenzter Eignung ist.

II. Regulierung des Zugangs zu AdR und WSA

Weder der Zugang zum AdR noch zum WSA unterliegt gesonderten Regelungen; lediglich die in Fragen des Zugangs Dritter sehr allgemein gehaltenen Geschäftsordnungen von AdR[356)] und WSA[357)] sind zu beachten. Die Abwesenheit detaillierterer Regelungen kann letztlich als weiterer Beleg für die (weitgehend) fehlende Relevanz von AdR und WSA für die Interessenvertretung auf europäischer Ebene gesehen werden.

F. Executive Summary zu Teil 4

Der vierte Teil der Darstellung befasst sich mit den konkreten Möglichkeiten einer gezielten Interessenvertretung auf europäischer Ebene. Den Ausgangspunkt bilden vier Leitfragen:

- Was ist die Rolle der einzelnen Organe in der Rechtsetzung der EU nach Lissabon? Was sind die Charakteristika vor allem des ordentlichen Gesetzgebungsverfahrens als nunmehr Regelfall der europäischen Rechtsetzung?
- Welche Ansatzpunkte für Interessenvertretungsaktivitäten bestehen bei den wichtigsten Institutionen der EU, insbesondere also beim Ministerrat, der Kommission und dem Europäischen Parlament?
- Welche Regeln hat der Interessenvertreter dabei zu beachten, das heißt, inwiefern unterliegt der Zugang zu den Entscheidungsträgern in Legislative und Exekutive einer rechtlichen Regulierung?

Die wesentlichen Ergebnisse sind wie folgt zusammenzufassen:

(1) Die Rechtsetzung in der EU ist hochkomplex. Während auf mitgliedsstaatlicher Ebene formelle Gesetze in aller Regel im Rahmen eines einheitlichen Gesetzgebungsprozesses erlassen werden, besteht in der EU – auch nach den Änderungen durch den Vertrag von Lissabon – kein einheitliches, für alle Materien der Rechtsetzung geltendes Verfahren. Zu differenzieren ist sowohl nach der Art des Rechtsakts als auch der behandelten Materie.

(2) Für nahezu alle Verfahren lässt sich zumindest eine Gemeinsamkeit ausmachen: Der Erlass eines Rechtsakts erfordert in aller Regel das Zusammenwirken von mindestens zwei EU-Institutionen (mindestens hinsichtlich Initiative und Entscheidung). Im Regelfall sind sogar drei Organe beteiligt (Kommission initiiert, Parlament und Rat sind an der Entscheidungsfindung beteiligt).

(3) Seit Inkrafttreten des durch den Vertrag von Lissabon geänderten (und neu benannten) AEUV ist das frühere Mitentscheidungsverfahren dabei als ordentliches Gesetzgebungsverfahren zum Regelfall geworden; entsprechend hat die Bedeutung des hierbei zwingend mitentscheidenden Europäischen Parlaments zugenommen. Das Verfahren durchläuft maximal acht Phasen: (i) Initiative der Kommission, (ii) Erste Lesung im Europäischen Parlament, (iii) Erste Lesung im Rat, (iv) Zweite Lesung im Parlament, (v) Stellungnahme der Kommission, (vi) Zweite Lesung im Rat,

(vii) Verfahren im Vermittlungsausschuss, (viii) Dritte Lesung in Rat und Parlament.

(4) Neben dem formalen Rechtsetzungsverfahren kommt auch den Verfahren zum Erlass von Durchführungsrecht wesentliche Bedeutung zu, insbesondere dem als Komitologie bezeichneten Ausschussverfahren. Dabei sind fünf verschiedene Verfahren zu unterscheiden: Beratungs-, Verwaltungs-, Regelungsverfahren mit und ohne Kontrolle sowie Verfahren bei Schutzmaßnahmen. Allen Verfahren gemeinsam ist die Beteiligung themenbezogen gebildeter Ausschüsse von Sachverständigen oder Beamten der Mitgliedstaaten an der Entscheidungsfindung über die Durchführungsmaßnahme. Die Relevanz dieser in der Öffentlichkeit kaum bekannten Verfahren für die Vertretung von Unternehmensinteressen kann im konkreten Fall beträchtlich sein: Gerade bei Detailregelungen können Gestaltungsspielräume, die ein Basisrechtsakt lässt, zugunsten eines Unternehmens ausgeschöpft oder zu seinen Ungunsten verengt werden.

(5) Es gibt verschiedene Ansätze einer gezielten Interessenvertretung bei den Institutionen der EU, wobei vor dem Hintergrund des europäischen Mehrebenensystems und der daraus folgenden Beteiligung von in der Regel drei Institutionen ein konzertiertes Vorgehen den meisten Erfolg verspricht. Die wichtigsten, politisch einflussreichsten Institutionen der EU sind der Rat der Europäischen Union, die Kommission und das Parlament.

(6) Der Rat der Europäischen Union verfügt sowohl über gesetzgebende Gewalt als auch über wichtige Regierungs- und Verwaltungsbefugnisse der EU, kann somit als das wichtigste Entscheidungsgremium der EU bezeichnet werden. Bedingt durch seine zwingende Beteiligung im Rechtsetzungsverfahren ist er für eine Interessenvertretung besonders dann relevant, wenn bereits konkrete Entscheidungen anstehen. Allerdings kann die Interessenvertretung beim Rat schon im Vorfeld entscheidende Wirkung entfalten: Zwar hat die Kommission das alleinige Initiativrecht im EU-Rechtsetzungsprozess inne, jedoch gehen viele der von ihr initiierten Richtlinien auf einen Impuls des Rates beziehungsweise der Mitgliedstaaten zurück. Daraus folgt die Möglichkeit, Themen durch Vertreter des eigenen Mitgliedstaats im Rat bei der Kommission vorzubringen und dort eine entsprechende Gesetzesinitiative auszulösen.

(7) Die Stellung der Europäischen Kommission als alleinigem Initiativorgan im Rechtsetzungsprozess der EU ist mit der Aufgabe der inhaltlichen Ausgestaltung und wörtlichen Formulierung von Richtlinien und Verordnungen auf EU-Ebene verbunden. Dadurch ist die herausragende Bedeutung der Kommission für eine Interessenvertretung auch dann offensichtlich, wenn der Impuls zu einer Rechtsetzungsinitiative von einem anderen Organ, wie dem Rat oder dem Parlament, ausgeht. Für die Strategie einer Interessenvertretung bei der Kommission bietet sich ein zweidimensionaler Ansatz an: Zum einen können entscheidende großflächige Vorgaben durch die politische Spitze, das heißt durch die Führung der zuständigen Generaldirektion oder gar den für die Generaldirektion zuständigen Kommissar, bewirkt werden. Zum anderen kann sich der Interessenvertreter mit gezielter Information an die formulierenden Beamten der jeweiligen Fachreferate wenden.

(8) Durch die stetig gewachsene Machtfülle ist die Einbeziehung des Parlaments in eine Interessenvertretung auf europäischer Ebene unabdingbar. Zwar verfügt das Parlament über kein Initiativrecht, ist jedoch an der Mehrzahl der legislativen Verfahren gleichberechtigt beteiligt und kann gegebenenfalls Gesetzgebungsvorhaben verzögern oder mit der Androhung der Ablehnung die Kommission zu weitgehenden inhaltlichen Zugeständnissen hinsichtlich ihrer Initiativen veranlassen. Der Einfluss des Parlaments auf die Gesetzgebung in der EU ist erheblich größer als gemeinhin angenommen. Grundsätzlich ergeben sich für eine Interessenvertretung beim Parlament vier Ansätze: (i) die Interaktion mit einzelnen Abgeordneten oder einer Fraktion im Europäischen Parlament, (ii) die Zusammenarbeit mit den sogenannten Intergroups, das heißt dauerhaften, parteiübergreifenden Arbeitsgruppen für jeweils ein spezielles Thema, in denen Experten aus den einzelnen Fraktionen sich informell zusammenschließen, (iii) die Beteiligung an Expertengesprächen und (iv) die Teilnahme an öffentlichen Anhörungen (Hearings).

(9) Die Institutionen der EU sind prinzipiell offen für externe Interessen und ihre Vertreter. Sowohl die Mitarbeiter der Kommission als auch die Abgeordneten des Parlaments sind Gesprächen mit Interessenvertretern gegenüber in aller Regel aufgeschlossen. Von beiden Seiten sind dabei allerdings gewisse Rahmenbedingungen gesetzlicher und ethischer Natur zu beachten: So stellen das

Beamtenstatut und die Beschäftigungsbedingungen der Kommission sowie die Geschäftsordnung des Europäischen Parlaments genaue Verhaltensregeln für Beamte, Angestellte und Mandatsträger der Institutionen auf; für Interessenvertreter bestehen eigene, von den Institutionen erlassene Verhaltenskodizes, deren Nichteinhaltung beispielsweise mit der Versagung des Zugangs sanktioniert werden kann.

(10) Die Regulierung des Zugangs zu den Institutionen der EU wird aller Voraussicht nach weiter zunehmen. Ein bereits eingeführtes, bislang freiwilliges Lobbyregister der Kommission hat sich nach Ansicht vieler als Fehlschlag erwiesen; die Institutionen arbeiten im Rahmen der Transparenzinitiative bereits an übergreifenden, verpflichtenden Registern. Details sind derzeit nicht absehbar; es bleibt abzuwarten, wie sich künftige Regelungen auf die praktische Tätigkeit der Interessenvertreter in Brüssel auswirken wird.

Teil 5
Methodik und Instrumente gezielter Interessenvertretung in der EU

Im vorangegangenen Abschnitt wurde das Wie der Interessenvertretung bei den einzelnen Institutionen der EU erläutert. Dabei wurde weitestgehend darauf verzichtet, nach strukturellen (wer wird tätig) oder prozessualen (mit welchen Mitteln wird er tätig) Instrumenten der Interessenvertretung zu differenzieren. Mit diesen Fragen befassen sich die folgenden Ausführungen.

In den weitaus meisten Fällen unterscheiden sich die prozessualen Instrumente, quasi die »Toolbox« eines Interessenvertreters, nicht danach, ob er für einen Verband, als angestellter Unternehmensrepräsentant oder als externer Dienstleister für ein Unternehmen tätig wird. Große Unterschiede bestehen hingegen zwischen den genannten Akteuren der Interessenvertretung, sowohl in Bezug auf das professionelle Selbstverständnis als auch hinsichtlich ihrer Durchschlagskraft im konkreten Einzelfall. Nach einem einführenden Überblick über aktuelle Trends in der Interessenvertretung (Abschnitt A unten) sollen die folgenden Ausführungen Antworten auf diese Fragen geben:

- Wer sind denkbare Akteure (strukturelle Instrumente) der Interessenvertretung? Was sind ihre Wesensmerkmale, ihre Kosten, Stärken und Schwächen (dazu Abschnitt B unten)?
- Welche prozessualen Instrumente stehen einem Interessenvertreter zur Verfügung und wie sollten sie eingesetzt werden (dazu Abschnitt C unten)?
- Wie sollte ein Unternehmen vor dem Hintergrund der skizzierten strukturellen und prozessualen Instrumente die Vertretung seiner Interessen in der Praxis aufstellen? Wie kann ein optimaler Instrumentenmix aussehen und wie beziehungsweise durch wen sollte die Koordination der verschiedenen Instrumente erfolgen, strukturell wie auch projektspezifisch (dazu Abschnitt D unten)?
- Welche persönlichen Anforderungen sind schließlich an einen Interessenvertreter zu stellen, unabhängig davon, für wen (Verband,

Unternehmen oder externer Dienstleister) er tätig wird (dazu Abschnitt E unten)?

A. Allgemeines (Themen und Trends)

Das Feld der Interessenvertretung hat sich in den vergangenen Jahren stark gewandelt, sowohl in quantitativer als auch in qualitativer Hinsicht.[358] So ist seit Jahren sowohl in Brüssel als auch in den Hauptstädten der Mitgliedstaaten ein zahlenmäßiger Anstieg der im Bereich Interessenvertretung Tätigen festzustellen. Mangels strikter Registrierungserfordernisse lässt sich die Zahl der Lobbyisten zwar nicht exakt beziffern. Nimmt man jedoch die in Berlin tätigen Verbände, Unternehmen, Aktionsbündnisse, Kommunikationsagenturen, Politikberater und Anwaltskanzleien zusammen, so beläuft sich deren Zahl auf etwa 4500–5000.[359] In Washington, D.C., seit jeher das »Mekka des Lobbyings«, sind schätzungsweise 33000–40000 Lobbyisten tätig.[360] In Brüssel, das in allen Belangen des Lobbyings zur US-Kapitale aufzuschließen scheint, sollen nach Schätzungen rund 15000 Lobbyisten tätig sein.[361] Anhand des Beispiels Brüssel lassen sich auch die beiden vorherrschenden Entwicklungen der Branche sehr gut nachvollziehen: zum einen die starke Zunahme von einzelnen Akteuren gegenüber kollektiven Akteuren (vor allem Verbänden), zum anderen die zunehmende Professionalisierung der Interessenvertretung.[362] Waren bis in die 1980er-Jahre Verbände die wesentlichen Spieler auf dem Feld, so hat seitdem eine beachtliche Differenzierung und Heterogenisierung stattgefunden; in der Verbändelandschaft selbst ist sogar eine gewisse Fragmentierung zu beobachten. Infolgedessen lassen sich im Wesentlichen nunmehr zwei Organisationskategorien von Interessenvertretung darstellen:[363]

- **Kollektive Interessenvertretung:** Dies sind Verbände oder auch informelle Zusammenschlüsse, die nicht die Interessen von Einzelunternehmen, sondern der gesamten Branche oder des Marktbereichs vertreten.
- **Nicht-kollektive Interessenvertretung:** Hierbei ist zwischen der klassischen Unternehmensrepräsentanz (In-House-Interessenvertretung) sowie der Interessenvertretung durch externe Dienstleister zu unterscheiden: Im ersten Fall beschäftigt ein Unternehmen eigene Mitarbeiter beziehungsweise unterhält Abteilungen für den Bereich Interessenvertretung, im zweiten Fall delegiert das Unternehmen die Interessenvertretung an externe Dienstleister wie z. B. Agenturen oder Anwaltskanzleien.

Die letztgenannten Organisationsformen sind stark im Wachstum begriffen: Zunehmend überlassen einzelne Unternehmen ihre Interessenvertretung nicht mehr allein ihren jeweiligen (Branchen-)Verbänden, sondern nehmen diese selbst durch eigene Verbindungsbüros, Repräsentanzen und/oder Agenturen vor Ort wahr.[364] Diese Entwicklung ermöglicht eine effizientere, auf die eigenen Bedürfnisse zugeschnittene Interessenvertretung, welche von Verbänden häufig nicht in gleicher Weise geleistet werden kann (mehr dazu in Abschnitt B. I unten). Gleichzeitig relativiert sich damit die Einflussmacht der Verbände.

Die Ursachen für die Ausweitung und gestiegene Vielfalt der Interessenvertretung liegen vor allem in der Erweiterung und Vertiefung der europäischen Integration, welche die Kompetenzen der Europäischen Union sukzessive auf zahlreiche Politikfelder erweitert hat.[365] Des Weiteren sind auch allgemeinere, gesamtgesellschaftliche Entwicklungen verantwortlich; eine zunehmende Pluralisierung, Heterogenisierung und Individualisierung der Gesellschaft führt einerseits zur Entstehung vieler neuer Interessenlagen, andererseits zur Vervielfältigung ehemals gleichgerichteter Interessen. Die vorhandenen Strukturen und Institutionen verlieren ihre Kohäsionskraft und ihr Repräsentationsmonopol, da sie spezifische und individuelle Interessen nicht mehr umfassend aufnehmen und repräsentieren können.[366] Allgemein lässt sich diese Entwicklung als eine Abkehr von traditionellen korporatistischen Verbindungen zwischen Politik und Wirtschaft – und insbesondere jenen von Verbänden und Staat – beschreiben.[367] Die allgemeine Steigerung der Komplexität und Interdependenz gesellschaftlicher Handlungsfelder führt deshalb zu einem starken Wachstum verschiedener Interessen, weshalb sich auch die Zahl der organisierten Interessen erhöht. Darum erhöht sich auch die Konkurrenz um politischen Einfluss.[368] Dies macht ganz grundsätzlich immer eine passgenaue, einzeln für sich angelegte Interessenvertretung nötig, was wiederum zur Ausdifferenzierung und Spezialisierung der Interessenvertretung führt.

Das Interesse an politischer Vertretung in Brüssel (und in den Hauptstädten der europäischen Mitgliedstaaten) wird aller Voraussicht nach weiter zunehmen und die Zahl der dort tätigen Firmen und Einzelpersonen auch in Zukunft ansteigen. Die wachsende Zahl an Interessenvertretern führt zu zunehmender Konkurrenz unter den Anbietern von Dienstleistungen im Bereich der Interessenvertretung und damit auch zu einem härteren Wettbewerb um Beachtung durch die Entscheidungsträger in Legislative und Exekutive. Es ist im Augenblick jedoch kaum abzusehen, ob dies auch mit einem wesentlichen Anstieg des Wettbewerbsdrucks in der Branche einhergehen wird: Durch die Erweiterung und Vertiefung der europäischen Integration wird der Bedarf an Interessenvertretung weiter ansteigen.[369] Neu hinzugekommene, noch nicht etablierte Lobbyisten werden es auf der EU-Ebene jedoch mangels Erfahrung und Reputation gegenüber alteingesessenen Interessenvertretern schwerer haben, sich und ihre Anliegen an den entscheidenden Stellen der EU-Bürokratie zu platzieren.

B. Strukturelle Instrumente

In welcher Weise sollte ein Unternehmen, das sich in Brüssel wirksam repräsentiert wissen will, die Vertretung seiner Interessen vor dem Hintergrund der soeben skizzierten Trends aufstellen – über einen Verband, eine eigene Unternehmensrepräsentanz oder über einen externen Dienstleister?

Wie zu zeigen sein wird, hat jedes der strukturellen Instrumente eine wichtige (siehe auch Abbildung 5.1) und in der Praxis unverzichtbare Funktion. Zugleich besitzen jedoch insbesondere der Verband und die eigene Unternehmensrepräsentanz jeweils spezifische Defizite, die der optimalen Wirksamkeit einer Interessenvertretung entgegenstehen können. Im Ergebnis (dazu Abschnitt D unten) wird deutlich werden, dass zwischen den einzelnen strukturellen Instrumenten gerade kein Verhältnis der Alternativität besteht: Die eingangs skizzierten Trends bedingen vielmehr ein komplementäres Verständnis des Instrumentenmix.

I. Kollektive Organisationsformen: Interessenvertretung durch Verbände

1. Allgemeine Heterogenitätsproblematik bei Verbänden

Interessenvertreter sind Vermittler von Interessen an Legislative und Exekutive. Dabei kommt den Verbänden als organisatorische Bündelung von Interessen traditionell eine besondere Bedeutung für den politischen Prozess zu[370], erleichtert es die Entscheidungsfindung der europäischen Institutionen doch sehr, wenn die zahlreichen Forderungen aus Wirtschaft und Gesellschaft bereits differenziert und zu einigen Alternativen aufbereitet – und gerade nicht nur aus Sicht eines einzelnen Unternehmens – vorgetragen werden. Die Diskussion der verschiedenen Standpunkte findet *idealiter* innerhalb der Verbände statt, wodurch der eigentliche politische Meinungsbildungs- und Entscheidungsprozess abgekürzt und überschaubar gestaltet werden kann. Verbände können insofern als (politisch-wirtschaftliche) Willensbildungsinstrumente verstanden werden.

a) Zwang zum Kompromiss auf Verbandsebene

Allerdings ist die Wirkung der traditionellen korporatistischen Arrangements in den letzten Jahren zurückgegangen; diese Entwicklung wird sich angesichts der Europäisierung und Globalisierung weiter fortsetzen.[371] Aus volkswirtschaftlicher Sicht kann die Interessenaggregation der Verbände begrüßt werden, auch weil die Verbandstätigkeit »staatsentlastende und selbstregulative Funktionen« übernimmt.[372] Betrachtet man die verbandliche Entscheidungsfindung und -realisierung jedoch aus der betriebswirtschaftlichen Perspektive, so werden schnell drei schwerwiegende Nachteile augenfällig. Zum einen ist die Wahrscheinlichkeit gering, dass Unternehmen die eigenen Interessen gegenüber abweichenden Positionen von Mitgliedern desselben Verbandes anders durchsetzen können als in Form eines oftmals unbefriedigenden Kompromisses – eine Problematik, die sich angesichts zunehmender Heterogenität der Interessenlagen der Mitgliedsfirmen in den Verbänden und aufgrund der zunehmenden Globalisierung der Wirtschaft stetig verschärft. Daneben entstehen für Unternehmen, die sich im innerverbandlichen Widerstreit der Einzelinteressen nicht oder nur mit einem schwachen Kompromiss durchsetzen können, Interessenvertretungsdefizite gegenüber Politik und Verwaltung.

Ein weiterer Nachteil aus Sicht der Unternehmen ist die Einschränkung der Handlungsfreiheit des Verbandes, deren Ursache in der ständigen Suche nach Kompromisslösungen zu sehen ist. Ob diese eingeschränkte Handlungsfreiheit zu einer geringeren Durchsetzungskraft und damit letztlich auch geringeren Bedeutung des Verbandes insgesamt führt, wird je nach Perspektive unterschiedlich bewertet. Europäische Beamte und Abgeordnete des Europäischen Parlaments sehen derzeit wohl mehrheitlich (noch) keine gravierende Schwächung der Stellung der Verbände in Brüssel als Folge der steigenden Heterogenität der Mitgliederinteressen. Interessanterweise wird von einer Vielzahl von Unternehmen aus den EU-Mitgliedstaaten die Gegenmeinung vertreten. Der Grund für diese unterschiedliche Beurteilung liegt wohl darin, dass aus Sicht der administrativen beziehungsweise politischen Entscheidungsträger ein natürliches Interesse daran besteht, mit möglichst umfassend gebündelten und objektiven Informationen versorgt zu werden, um einerseits den Prozess der Informationsaufnahme so effizient wie möglich zu gestalten und andererseits nicht zum Spielball von Einzelinteressen zu werden. Die Bündelung von Informationen wird von institutioneller Seite zwar immer noch am ehesten den Verbänden zugetraut. Aus denselben Gründen ist jedoch aus unternehmerischer Sicht eine Schwächung der

Verbände zu erwarten. Denn die Unternehmen sind ja grundsätzlich gerade nicht an der Vermittlung von Kompromissen interessiert, sondern wollen die Entscheidungsträger für ihre individuellen Interessen sensibilisieren.[373]

Allerdings strebt auch die Kommission zunehmend nach differenzierten und praxisnahen Informationen, die vor allem die größeren Verbände kaum liefern können. Deutlich wird dies in der Aussage eines Vize-Generaldirektors der Kommission: »We usually need to go deeper than the association's view (...) [T]hey are seen as bureaucrats, not the people on the ground who know what they are talking about (...) [T]hese are the people from firms. We need the practical view (...) We are always trying to avoid lowest common denominators«.[374]

Ein weiteres Problem liegt in der einen Verband kennzeichnenden Ungebundenheit gegenüber Weisungen seitens der Mitglieder. Einerseits verleiht ihm diese Selbstständigkeit im Umgang mit Vertretern der Legislative und Exekutive eine zunächst möglicherweise größere Glaubwürdigkeit als dies bei Unternehmensvertretern mit imperativem Mandat der Fall ist. Andererseits kann die verbandliche Unabhängigkeit für ein einzelnes Mitgliedsunternehmen im konkreten Fall dazu führen, dass ein eigenes, innerverbandlich umstrittenes Interesse nicht durch den Verband vermittelt werden kann: Kommt es nicht zu einer für das Unternehmen akzeptablen Einigung, wird das Interesse im ungünstigsten Fall gar nicht artikuliert.

Auch den Verbänden ist die Problematik der Struktur der innerverbandlichen Entscheidungsfindung durchaus bewusst. So gibt es bereits verschiedene Reformbemühungen, beispielsweise bei *BusinessEurope* (ehemals *UNICE*), dem Dachverband der nationalen europäischen Industrieverbände. Die Reformen sehen meist vor, vom Konzept der Einstimmigkeit abzugehen und neben nationalen Verbänden auch Unternehmen als Mitglieder aufzunehmen oder ihnen zumindest durch Beratungsgremien eine Stimme zu verleihen. So schuf *BusinessEurope* beispielsweise eine *Advisory and Support Group* (USAG), die sich aus Vertretern großer europäischer Konzerne zusammensetzt.[375] Ziel dieses Organs soll es sein, den einzelnen Unternehmen mehr Mitsprache bei der Entscheidungsfindung auf Verbandsebene zu gewähren und auf deren praxisnähere Informationen zurückgreifen zu können. Auch ist eine Tendenz zu beobachten, dass immer mehr Verbände nur Unternehmen als Mitglieder aufnehmen, nicht aber andere Verbände. Außerdem entwickelt sich eine stärkere Sektoralisierung der Verbandssphäre: Zahlreiche Verbände spezialisieren sich ausschließlich auf bestimmte, klar umrissene Unternehmensinteressen auf einem einzigen, verhältnismäßig überschaubaren kleinen Industriesektor, wie dies etwa bei der *Alliance for Beverage Cartons and the Environment* (ACE) der Fall ist.[376] Auf diese Weise können zwar die negativen Auswirkungen der Heterogenitätsproblematik abgeschwächt werden; mit der geschrumpften Repräsentationsbasis einher geht jedoch eine deutlich spürbare Verminderung des Einflusses bei den Institutionen der EU. Man spricht in diesem Fall von dem Konflikt zwischen der »Mitgliedschaftslogik« – das heißt möglichst wenige Mitglieder, um die Homogenität zu erhalten – und der »Einflusslogik« – das heißt möglichst viele Mitglieder, um an Einflusskraft zu gewinnen (dazu sogleich).[377] Für mehr als zwei Drittel der europäischen Verbände ist das Problem der Kompromissfindung auf den kleinsten gemeinsamen Nenner heute akut: Trotz der Zunahme von spezialisierten kleinen Verbänden bilden die großen Verbände, die nur nationale Verbände als Mitglieder zulassen, mit 58 Prozent aller europäischen Verbände weiterhin die Mehrheit. Hinzu kommen mit 26 Prozent noch diejenigen Verbände, die sowohl Unternehmen als auch andere Verbände als Mitglieder zulassen.[378]

b) Folge: Konflikt zwischen Mitgliedschaftslogik und Einflusslogik

Die Arbeit der Verbände ist auf die Interessenvertretung im definierten Sinn bei den Entscheidungsträgern der EU gerichtet. Das entscheidende Kriterium erfolgreicher Verbandsarbeit ist die Realisierung der Mitgliederinteressen. Dazu bedarf es einerseits guter Routinekontakte zu Abgeordneten und Beamten, andererseits sind Kontakte zu Kommissaren und auf nationaler Ebene zu Ministern unerlässlich, um gleichsam von zwei Seiten auf das politisch-administrative System einwirken zu können. Dabei fällt einem Verband insbesondere die Kontaktaufnahme zu den höheren politischen Ebenen dann leichter, wenn seine volkswirtschaftliche Bedeutung entsprechend groß ist.

Ein Verband befindet sich also in stetem Zwiespalt, einerseits möglichst groß und umfassend zu sein, um eine einflusssichernde volkswirtschaftliche Bedeutung zu erlangen, andererseits aber die Heterogenität der Interessen innerhalb des Verbandes möglichst gering zu halten, um noch präzise und sinnvoll durchsetzbare Positionen für seine Mitglieder verfolgen zu können. Dies führt beispielsweise dazu, dass nationale Verbände wie der Spitzenverband der Deutschen Industrie, BDI, oder der wichtigste britische Industrieverband *Confederation of British Industry*, CBI, genau wie die anderen europäischen Industrieverbände auch, zusätzlich zu ihrer Vertretung über den europäischen Verband *BusinessEurope* eine eigene Brüsseler Repräsentanz unterhalten, um ihre Interessen auch bei mangelndem Konsens im *BusinessEurope* selbstständig vertreten zu können. Für die Verbandsstruktur bedeutet dies, dass »die Logik effektiver Einflussnahme häufig die Bildung inklusiver, zentralistischer Verbandsstrukturen erfordert«;[379] die Mitgliederintegration aber fällt »spezialisierten und dezentralisierten Verbänden leichter, da deren internalisierte Interessen homogener sind und die Mitglieder größere Beteiligungschancen vorfinden«.[380]

Aus der ausschließlichen Funktionalisierung der Verbände auf die Vertretung der Interessen ihrer Mitglieder ergeben sich für einen Verband zwei sich gegenseitig beeinflussende Faktoren: die bereits erwähnte Mitgliedschaftslogik und die Einflusslogik. Die erste beschreibt die »Ziel- und Prioritätenfestlegung, das heißt die interne Kompromiss- und Konsensbildung, (...) aber auch die Kontrolle über die Mitglieder, die Sicherung ›interner Verpflichtungsfähigkeit‹«.[381] Unter der Einflusslogik ist die Vertretung der Mitgliederinteressen gegenüber den Entscheidungsträgern zu verstehen. Die wechselseitige Abhängigkeit dieser beiden Faktoren besteht darin, dass zur effektiven Interessenvertretung, die das Verhandeln des Verbandes mit Vertretern von Exekutive und Legislative mit einschließt, die Verbandsvertreter sich auf das Verhalten ihrer Mitglieder in dem zugesicherten Sinn verlassen können müssen. Dies setzt interne

Tabelle 5.1: Beispiel eines europäischen Dachverbands: CEFIC[382]

Der europäische Dachverband CEFIC (European Chemical Industry Council)	
Gegründet	1959
	170 Mitarbeiter
Mitgliederstruktur	Vertritt direkt und indirekt etwa 29 000 kleine, mittlere und große Unternehmen mit einer Gesamtzahl von 1,3 Mio. Angestellten und einem weltweiten Marktanteil von rund 30 Prozent
	Nationale Fachverbände aus 22 Mitgliedstaaten
	Assoziierte Fachverbände aus sechs Mitgliedstaaten
	50 Großunternehmen
	397 »business members« kleinerer Unternehmen
	19 assoziierte Unternehmen ohne eigene Produktionsstätten in Europa
	30 Partnerfirmen mit Interesse an der europäischen Chemiebranche
Veröffentlichungen/ Positionspapiere	Herausgabe von acht »Position Papers« im Jahr 2009
EU-politische Programme	Sechs Programme (Product Stewardship; Industrial Policy; Energy, HSE and Logistics; Build Trust; Research and Innovation; EU Legislation and Integration)

Sanktionsmöglichkeiten voraus, welche die Verbandsmitglieder verpflichten. Umgekehrt wird die interne Verpflichtungsfähigkeit schwinden, wenn keine Interessenvertretungserfolge vom Verband erzielt werden. Damit sinkt aber gleichzeitig die Stärke der verbandlichen Verhandlungsposition und schließlich die Bedeutung des Verbandes, was eine Interessenrealisierung umso schwieriger macht.[383]

Es lässt sich also feststellen, dass die verbandliche Interessenvermittlung aufgrund der Interdependenz zwischen Mitgliedschaftslogik und Einflusslogik sowie der Verfolgung von Einzelinteressen anstatt gezielter Verfolgung eines formulierten Gruppenziels durch Mitglieder, die sich aus steigender Heterogenität der individuellen Interessenlagen ergeben, insbesondere bei inklusiven zentralistischen Verbänden den Interessen eines einzelnen Unternehmens häufig nicht beziehungsweise bei einer Kompromisslösung nicht ausreichend gerecht wird.

2. Verbandliche Interessenvertretung ›von innen‹ und ›von außen‹

Verbandliche Interessenvertretung lässt sich prinzipiell auf zweierlei Weise realisieren: zum einen als Interessenvertretung »von innen«, zum anderen als Interessenvertretung »von außen«.

Interessenvertretung von innen geschieht aus den europäischen Institutionen heraus. So gibt es beispielsweise kaum einen europäischen Abgeordneten, der nicht irgendeinem Verband angehört oder mit diesem zumindest in irgendeiner Weise assoziiert ist. Auch sind führende Vertreter von Interessenverbänden in bedeutende politische Funktionen aufgerückt, wie z. B. *Monika Wulf-Mathies*, die Vorsitzende des Deutschen Gewerkschaftsbundes (DGB) war, bevor sie 1994 EU-Kommissarin für Regionalpolitik wurde. Eine angemessene Interessenvertretung eines Verbandes im Europäischen Parlament oder auf nationaler Ebene ist jedoch auch dann nicht garantiert, wenn sich einige Abgeordnete zum Verband bekennen. Zum einen deshalb, weil eine tatsächliche Übereinstimmung der Interessen im konkreten Einzelfall nicht unbedingt gegeben sein muss. Politiker verfolgen prinzipiell auch ihre eigenen Ziele, wobei ein Verbandsinteresse bisweilen inopportun sein kann. Hinzu kommt, dass kein Abgeordneter ein imperatives Mandat besitzt. Auch ist nicht sichergestellt, dass sich einzelne Abgeordnete in ihrer eigenen Fraktion mit einem Anliegen eines Verbandes durchsetzen können, zumal dort auch Abgeordnete als Interessenvertreter anderer Verbände agieren und die politische Tagessituation einem Verbandsinteresse ungünstig sein kann. Außerdem stellt sich eine breite Akzeptanz für die parlamentarische Interessenvermittlung in der Gesellschaft nur dann ein, wenn im Parlament ein Interessenausgleich zwischen den widerstreitenden Gruppen stattfindet und Kompromisse gefunden werden, nicht aber bei einer Diktatur von Partikularinteressen.

Der zweite Typus verbandlicher Interessenvertretung ist die Interessenvertretung von außen. Darunter ist die eigentliche Arbeit der Interessenverbände im klassischen Sinne zu verstehen, nämlich die Kontaktherstellung und -erhaltung zu Vertretern aus Legislative und Exekutive sowie die Transformation und Artikulation von Verbandsinteressen. Dabei erscheint ein Verband meist umso glaubwürdiger, je größer er ist. In diesem Zusammenhang sei an die oben dargestellte Balance zwischen Repräsentativität und Präzision der Stellungnahme eines Verbandes erinnert. Die Größe eines Verbandes ist dabei aber nicht gleichbedeutend mit Einfluss im Einzelfall, zumal es, wie bereits erwähnt, insbesondere auf EU-Ebene häufig Schwierigkeiten mit der Entwicklung einer gemeinsamen Strategie gibt, die den Interessen aller Mitglieder ausreichend gerecht wird.

3. Kulturelle Unterschiede zwischen EU-Ebene und Mitgliedstaat als Problem für Verbände

Hinzu kommt, dass viele Verbände Schwierigkeiten mit der flexiblen Anpassung an das – im Vergleich zum politischen System der Mitgliedstaaten deutlich komplexere – Mehrebenen- und Institutionensystem der EU haben. Auf EU-Ebene besteht im Vergleich zu den Mitgliedstaaten immer noch ein gewisses Demokratiedefizit, das häufig eine unterschiedliche Gestaltung einer effektiven Interessenvertretung erforderlich macht. Zwar hat das Parlament mit der Ausweitung des Mitentscheidungsverfahrens zum ordentlichen Gesetzgebungsverfahren durch den Vertrag von Lissabon seine Position abermals gestärkt. Aber die nicht direkt vom Wahlvolk legitimierten Institutionen – Rat der EU und Kommission – haben weiterhin entscheidende Schlüsselpositionen im Rechtsetzungsprozess inne. Darüber hinaus befindet sich das europäische politische System weiterhin in einem ständigen Wandel und die europäische Integration bleibt ein zwar langsam, aber stetig voranschreitender Prozess, in dem sich das Entscheidungsgefüge verändern kann.[384] Dem muss eine Interessenvertretung flexibel begegnen und sich anpassen, um effektiv zu sein – eine Anforderung, der Verbände durch ihre institutionsbedingt oft langen und komplizierten Entscheidungswege nur bedingt gerecht werden können. So ist auch zu erklären, dass in Brüssel die nicht verbandlichen Interessenvertreter um ein Mehrfaches zahlreicher sind als etwa in der deutschen Hauptstadt Berlin.[385] Zudem haben Verhältnis und Gewichtung von verbandlicher und unternehmenseigener Interessenvertretung etwas mit der politischen Kultur der jeweiligen Staaten zu tun. Hier ähnelt Brüssel eher London als Berlin. Die Schwierigkeit der Verbände, sich in Brüssel ähnlich wie in Berlin als Sprachrohr der Interessen zwischen Staat und gesellschaftlichen Gruppen zu etablieren, hängt eng mit dem fragmentierten Mehrebenen- und Institutionensystem der EU zusammen, »[which] disables the ability for the EU to provide the necessary patronage required for associational strength«.[386]

4. Europäische und nationale Verbände

Vor dem so skizzierten Hintergrund ist zu fragen, ob gegenüber den Institutionen der EU eher der – quasi ebenengleiche – europäische Verband oder doch der nationale Verband, der auf europäischer Ebene tätig wird, die höhere Durchschlagskraft verspricht.

a) Europäischer Verband

Die europäischen Verbände, in denen zumeist mehrere nationale Verbände einer Branche, mitunter auch landesweit marktbestimmende Unternehmen zusammengeschlossen sind, konzentrieren sich auf die Interessenvertretung bei den Institutionen der EU.

Grundsätzlich ist mit den Worten des früheren EU-Kommissars *Martin Bangemann* festzuhalten, dass sich die Interessenverbände auf EU-Ebene noch nicht so formiert haben, »dass sie (...) den gleichen Druck auf politische Entscheidungen ausüben wie in den Mitgliedstaaten«. Zur Begründung führt *Bangemann* an, dass »die Europapolitik in den europäischen Hauptstädten nicht den gleichen Rang hat wie die nationale Politik. Umso größer ist oft das Erstaunen und manchmal auch das böse Erwachen, wenn Brüssel wieder einmal Privilegien beseitigt, Beihilfen gekürzt oder den Wettbewerb gestärkt hat«.[387] Ein weiteres Indiz für die verkannte Bedeutung der EU ist eventuell darin zu sehen, dass viele Verbände nicht von sich aus, wie dies auf nationaler Ebene geschieht, auf die Institutionen zugehen, sondern es vielmehr die Kommission selbst ist, die »als Motor der Netzwerkbildung und der Organisierung von Interessen« agiert und die verbandliche »Mitwirkung über vielfältige und differenzierte Formen der Kooperation und Kooptation systematisch organisiert«.[388] Der Auf- und Ausbau eines EU-weiten Verbändesystems geht aber nur langsam voran. Dabei liegen die Schwierigkeiten »für die Mitgliederintegration (...) auf der Hand. Sie wird allein quantitativ durch die gesamteuropäische Klientel komplexer und schwieriger. Hinzu kommt, dass Kosten und Nutzen der europäischen Integration höchst ungleich über die nationalen und subnationalen Einheiten ein- und derselben europäischen Interessengruppe verteilt sein dürften, sodass sich auch in dieser qualitativen Hinsicht die Probleme verbandlicher Interessenvereinheitlichung verschärfen«.[389]

Eine weitere Schwierigkeit der Interessenvertretung durch die europäischen Verbände ergibt sich aus dem oft beklagten Demokratiedefizit auf EU-Ebene. So bestehen kaum Entzugsmöglichkeiten gegenüber dem politischen System, wie z. B. durch Wählerstimmenentzug, Investitionszurückhaltung oder Boykott und Einflussnahme auf die Medien. Der Organisations- und Mobilisierungsgrad der europäischen Verbände ist ebenso wie die personelle Durchdringung der Institutionen in der Regel nach wie vor nur gering. Die Konfliktfähigkeit der Mitgliedschaft ist infolge der zumeist stark heterogenen innerverbandlichen Interessenlage kaum gegeben. Besonders schwierig gestaltet sich die gemeinsame politische Sozialisation von Verbands- und Politikeliten, da durch die räumliche Größe der EU die Schaffung persönlicher Kontakte, verglichen mit der nationalen Ebene, erheblich erschwert wird.

Die Legitimität der Verbände bemisst sich allgemein an ihrer Fähigkeit, die Interessen der Mitglieder aufzugreifen und in politikfähige Ziele umzusetzen. Es ist aufgrund des bereits Gesagten evident, dass dies für einen europäischen Verband in der Regel große Schwierigkeiten mit sich bringt, die eine adäquate Vertretung individueller Interessen eines Unternehmens häufig behindern. Aus diesem Grund verfolgen zahlreiche Unternehmen eine zwei- oder mehrgleisige Strategie der verbandlichen Interessenvertretung, indem sie ihren jeweiligen nationalen Verband neben dem europäischen Verband in Brüssel einsetzen und/oder eng mit den nationalen Entscheidungsträgern zusammenarbeiten, die ihrerseits wieder Einfluss auf die EU-Rechtsetzung ausüben können.

Zusammenfassend lässt sich deshalb feststellen, dass ein europäischer Verband zur Durchsetzung *individueller* Unternehmensinteressen auf EU-Ebene grundsätzlich nur in Ausnahmefällen, also bei großer Homogenität der innerverbandlichen Interessen, geeignet ist. Um eine definitionsgemäße Teilaufgabe der Interessenvertretung,[390] nämlich die Informationssammlung und auch die Weitergabe von Informationen an Entscheidungsträger, zu erfüllen, eignet sich der Fachverband in der Regel jedoch sehr gut. Insbesondere um keinen eigenen Informationsnachteil gegenüber konkurrierenden Unternehmen zu erleiden, die ihren Informationsbedarf unter Zuhilfenahme eines europäischen Verbandes decken, ist es für ein Unternehmen in der Regel günstig, sich seinem europäischen Fachverband oder aber einem auf EU-Ebene tätigen nationalen Verband anzuschließen und durch ihn seinen Grundbedarf an Interessenvertretung zu bestreiten.

b) Nationaler Verband

Häufig sind die nationalen Verbände neben eigenen Lobbying-Aktivitäten zugleich Mitglied in den entsprechenden europäischen Verbandszusammenschlüssen, wie z. B. der deutsche *BDI*, der französische *MEDEF* oder der englische *CBI*, die alle auch Mitglieder des europäischen Dachverbandes *BusinessEurope* sind, sodass hier Überschneidungen auftreten können. Die Möglichkeiten der Einflussnahme auf EU-Ebene durch nationale Verbände lassen sich also grundsätzlich in folgende zwei Formen einteilen: zum einen die indirekte Interessenvertretung durch Mitarbeit in einem europäischen Verband, zum anderen die direkte Interessenvertretung durch das Agieren der nationalen Verbandsvertreter bei den Institutionen der EU.

Bei der ersten Alternative ergibt sich für den nationalen Verband insbesondere das Problem der Durchsetzung der eigenen Interessen innerhalb des europäischen Verbandes angesichts der Vielzahl von individuellen und auch national divergierenden Interessenlagen der Mitglieder. Die formalen Schwierigkeiten bei der Entscheidungsfindung im europäischen Verband wurden bereits erwähnt. Somit wird in den meisten Fällen nur ein Kompromiss herbeigeführt werden können, der keines der Mitglieder unberücksichtigt lässt. Damit aber sind einer effektiven Vertretung individueller, auch mitgliedsstaatsspezifischer Unternehmensinteressen enge Grenzen gesetzt. Der ehemalige Vorsitzende des englischen Industrieverbandes *CBI* bezeichnete seinen europäischen Dachverband *BusinessEurope* (ehemals *UNICE*) in einem Interview gar als »emasculated part of the Brussels establishment that will be increasingly held back to the lowest common denominator within an enlarged Europe«.[391] Aufgrund der Schwierigkeiten einer adäquaten Entscheidungsfindung sowie zur Vermeidung einer Abhängigkeit des Erfolges der nationalen Verbandsarbeit vom europäischen Verband wählen zahlreiche nationale Verbände mittlerweile neben einer aktiven Mitgestaltung der europäischen Verbandspolitik den Weg, sich durch eigene Vertreter, teils auch durch ein eigenes nationales Verbandsbüro in Brüssel, bei den Institutionen der EU vertreten zu lassen. Dadurch können eventuelle Interessenvertretungsdefizite durch den europäischen Verband ausgeglichen werden.

Ein anderes Problem hat seinen Ursprung freilich auf mitgliedsstaatlicher Ebene; hier wirkt die Europäisierung der Interessenvertretung lediglich als Katalysator: Verbände verlieren auch auf ihren Heimatmärkten massiv an Einfluss und Durchschlagskraft. So sprechen nach einer Umfrage aus dem Jahr 2003 gerade einmal 2,38 Prozent der deutschen Unternehmen ihren jeweiligen Verbänden einen starken politischen Einfluss zu.[392] Beispiele, in denen es zwischen den Vertretern nationaler Branchenverbände und der politisch-administrativen Ebene zu gravierenden Missverständnissen gekommen ist, legen zudem die Frage nach der Effektivität der Verbände nahe. Ein Beispiel hierfür ist, dass sich innerhalb eines nationalen Spitzenverbandes Brauereien, Wasserabfüller und Getränkekonzerne nicht auf einen gemeinsamen Standpunkt gegenüber der Einführung eines Dosenpfands einigen konnten und deshalb in diesem Punkt gegenüber der Politik »praktisch sprachlos« waren.[393] Ebenfalls stimmen die Strukturen in den Verbänden häufig nicht mit den Bedürfnissen der Unternehmen überein. Während vonseiten der Spitzenverbände eine Reform der Verbändelandschaft gefordert wird,[394] scheint eine teilweise sinkende Effektivität der nationalen Verbandsarbeit diese Forderung zu unterstreichen.

II. Nicht-kollektive Organisationsformen

Neben den kollektiven Organisationsformen von Interessenvertretung erlangen die nicht-kollektiven Instrumente mehr und mehr an Bedeutung. Zu unterscheiden ist dabei zwischen dem Verbindungsbüro beziehungsweise der Repräsentanz eines Unternehmens in Brüssel (sogenannte Inhouse-Interessenvertretung) sowie einer Interessenvertretung durch externe Dienstleister: Im ersten Fall beschäftigt ein Unternehmen eigene Mitarbeiter beziehungsweise unterhält Abteilungen für den Bereich Interessenvertretung (dazu Abschnitt 1 unten), im zweiten Fall delegiert das Unternehmen die Interessenvertretung an externe Dienstleister wie Agenturen und/oder Anwaltskanzleien (dazu Abschnitte 2 und 3 unten). Schließlich sind noch die – in der Praxis wenig bedeutsame – Zusammenarbeit mit Brüsseler Denkfabriken (Think Tanks) sowie die Entsendung eigener Mitarbeiter in die europäischen Institutionen zu nennen (dazu Abschnitt 4 unten).

1. Inhouse-Interessenvertretung: die eigene Unternehmensrepräsentanz

Insbesondere zahlreiche größere Unternehmen verfügen über eine eigene Unternehmensrepräsentanz in Brüssel. Häufig wird sie zusätzlich zur Arbeit der betreffenden Verbände eingesetzt, um individuelle Unternehmensinteressen zu vertreten. Inhouse-Lobbyisten sind demnach nicht-kollektive Akteure, welche die Einzelinteressen eines Unternehmens eigens und exklusiv für dieses Unternehmen im europäischen politischen System vertreten.[395]

Die Bedeutung von Unternehmensrepräsentanzen – häufig auch als Verbindungsbüro bezeichnet – hat in den letzten Jahren immer mehr zugenommen; mittlerweile ist von einer Zahl zwischen 200 und 300 Büros allein in Brüssel auszugehen.[396] Nicht zuletzt dürfte dies eine Folge der bereits skizzierten Schwäche von Verbänden sein, die Interessen ihrer Mitgliedsunternehmen effektiv zu vertreten. Ohnehin herrscht auf EU-Ebene – in zumindest teilweisem Gegensatz etwa zu Deutschland (jedenfalls zu Zeiten der »Bonner Republik«) oder Frankreich – *de facto* keine Vormachtstellung der Verbände. Alle Interessenvertretungsinstrumente sind hinsichtlich ihrer Einflussmöglichkeiten zunächst denselben äußeren Bedingungen unterworfen; insbesondere sind sie bei ihrer Arbeit gleichermaßen auf die Kooperationsbereitschaft der Parlamentarier und Beamten angewiesen. Im Vergleich zu Verbänden können Unternehmensrepräsentanzen jedoch sehr viel flexibler auf Änderungen der Sach- beziehungsweise politischen Lage reagieren; die eingangs geschilderte Abhängigkeit von den Willensbildungsorganen der Verbände ist nicht vorhanden. So besteht denn auch der größte Vorteil eines solchen Büros sowie der übrigen nachfolgend dargestellten strukturellen Interessenvertretungsinstrumente gegenüber den Verbänden in ihrer strikten Bindung an Weisungen des Unternehmens – eine Verwässerung der Unternehmensanliegen über die Willensbildungsinstrumente einer Verbandsstruktur ist *per definitionem* ausgeschlossen. Auch können Unternehmensvertreter auf Feldern eingesetzt werden, die das Unternehmen nicht vom zuständigen Verband bestellt haben will – etwa dann, wenn die betroffene Thematik aus Wettbewerbsgründen nicht zu früh an eine breitere (Fach-)Öffentlichkeit gebracht werden soll.

Trotz dieser Unterschiede kommt einem Unternehmenslobbyisten jedoch – wie einem Verbandsvertreter – eine Schnittstellenfunktion zu: In-house-Lobbyisten erhalten »ihr Gehalt als Angestellte des Unternehmens, aber sie vermitteln zwischen zwei Seiten mit unterschiedlichen Interessen«[397] – sie sind in gewisser Weise eine »dritte Ebene« zwischen Unternehmen und Politik. Daraus ergeben sich wichtige Eckpunkte sowohl für Rahmenbedingungen und Inhalte ihrer Tätigkeit (siehe unten a) als auch für das Anforderungsprofil eines Unternehmenslobbyisten (siehe unten b).

a) Rolle und Tätigkeit eines Inhouse-Lobbyisten

Die Rolle eines Inhouse-Lobbyisten ist sowohl nach innen als auch nach außen ausgerichtet: Unternehmensintern vermittelt er die Relevanz und Brisanz europäischer Sachverhalte und sorgt für die nötige Aufmerksamkeit bezüglich europäischer Themen aufseiten der Entscheidungsträger des Unternehmens. Im Vorfeld dazu hat er – häufig hochspezialisiertes – Monitoring zu betreiben und fungiert insofern auch als »europäischer Trendforscher im politischen Sektor« für seinen Arbeitgeber. Daraus können wichtige strategische Impulse entstehen, die vom Unternehmen aufgegriffen und in entsprechende Lobbying-Strategien umgesetzt werden. Nach außen hin eröffnet der Unternehmensvertreter Zugänge zu den politischen Entscheidungsträgern in Brüssel, häufig auch – über den Umweg der nationalen Vertretungen in Brüssel – zu Legislative und Exekutive im jeweiligen Mitgliedstaat. In gewisser Weise ist der Unternehmensrepräsentant das »Gesicht« des Unternehmens in der politischen Sphäre. Ihm kommt eine Botschafterfunktion zu und er trägt wesentlich zur Imagebildung des Unternehmens auf der politischen Bühne bei, sei es durch Publikumspräsenz bei politischen Veranstaltungen, Teilnahme als Diskutant an Podiumsdiskussionen usw. Schließlich können Unternehmensrepräsentanzen auch flankierend zu den Aktivitäten der zuständigen Verbände eingesetzt werden – sei es als Rückfalloption für den Fall des Scheiterns der Verbandsbemühungen oder aber zur Nuancierung des Verbandslobbyings gegenüber Legislative und Exekutive, um die spezifischen Interessen des eigenen Unternehmens gegenüber der möglicherweise verwässerten Kollektivposition zu betonen. Auch eignen sie sich – gleichsam als »Interessenvertretung gegenüber der Interessenvertretung« – zur Beeinflussung der Verbandsarbeit. Mit welchen Themen ein Verband in Brüssel unterwegs ist, lässt sich auf diese Weise zumindest beeinflussen und prägen.

Dass große Konzerne die Bedeutung eigener Unternehmensrepräsentanzen erkannt haben, lässt sich allein schon an der Personalausstattung einiger Brüsseler Büros erkennen: So ist z. B. bei der Daimler AG eine Abteilung von mindestens zehn hauptamtlichen Referenten mit der Wahrnehmung der Unternehmensinteressen befasst.[398]

b) Anforderungen an die Person des Interessenvertreters

Für die potenzielle Effektivität eines Interessenvertreters sind zwei Faktoren besonders von Bedeutung: Zum einen sind dies die Repräsentativität des vom Interessenvertreter repräsentierten Unternehmens, zum anderen seine individuellen subjektiven Voraussetzungen.

Die erste Aussage lässt sich leicht begründen. Sicherlich wird der Vertreter eines großen Verbandes oder eines volkswirtschaftlich sehr bedeutenden Unternehmens eher in Brüssel Gehör finden als der Vertreter einer kleinen Firma – auch hier schlagen also Skaleneffekte durch.[399]

Die Frage der subjektiven Voraussetzungen beziehungsweise personenbezogenen Rahmenbedingungen einer effektiven Interessenvertretung bedarf dagegen einer eingehenderen Betrachtung. Entscheidend ist hier der persönliche Kontakt des Vertreters zu Abgeordneten und Beamten, zu denen jedoch häufig und insbesondere vor dem Hintergrund der zahlreichen Konkurrenz nur schwer Zugang zu finden ist, da in den EU-Institutionen konventionalisierte Kommunikationsstränge vorherrschen. Bei der Eröffnung eines unternehmenseigenen Büros ist dies bei der Auswahl des Büroleiters beziehungsweise der einzelnen Referenten unbedingt zu bedenken, um die Nachteile gegenüber den bereits etablierten Konkurrenten sowie die Startschwierigkeiten möglichst gering zu halten. Hilfreich kann hier die Einsetzung eines ehemaligen Beamten oder Abgeordneten sein, zumal diese in der Regel über ein weitgefächertes persönliches Beziehungsgeflecht und damit über gute Zugangschancen zu den Institutionen verfügen. Bei der Auswahl eines ehemaligen Beamten ist jedoch zu bedenken, dass sein Einsatz grundsätzlich nur im Hinblick auf seine ehemalige Generaldirektion (GD) einen Vorteil bringt. Es versteht sich von selbst, dass er vor dem Hintergrund von Zeitablauf und personeller Fluktuation die bestehenden Sympathien oft nur für einen gewissen Zeitraum für das Unternehmen nutzbar machen kann: Infolge seines Ausscheidens aus der Institution lässt bei ehemaligen Kollegen das Interesse an einem kollegialen Umgang mit der Zeit nach.

Ein amtierender Abgeordneter eignet sich dagegen auf keinen Fall für die strukturelle Mitarbeit in einer Unternehmensrepräsentanz: Ein Mandatsträger, der sich offensichtlich gegen Bezahlung für die Interessen eines bestimmten Unternehmens einsetzt, verliert mit hoher Wahrscheinlichkeit seine Reputation als unabhängiger Repräsentant seiner Wähler. Dies kann dazu führen, dass er auch bei einem noch so berechtigten Anliegen des Unternehmens nach einiger Zeit in der Fraktion nicht mehr gehört wird. Vor allem aber dürfte sich eine solch umfassende Tätigkeit eines amtierenden Abgeordneten am Rande der durch die entsprechenden Verhaltenskodizes des Europäischen Parlaments statuierten Legalität bewegen.[400] Vergleichbares gilt für die Beschäftigung eines aktiven Beamten – seine Beschäftigung würde allein schon an rechtlichen Hindernissen scheitern; darüber hinaus käme es zu unerwünschten und für die Vertretung der Unternehmensinteressen kaum vorteilhaften Interessenkonflikten.

c) Zentrales Problem: Vertrauen kann nicht vererbt werden

Eine potenzielle Stärke des Instruments des Unternehmenslobbyisten ist zweifelsohne seine – *qua* Angestelltenverhältnis – starke Loyalität gegenüber dem Auftraggeber. Dieser Link fehlt natürlicherweise bei einem Verband; bei einem externen Dienstleister (dazu sogleich) wird er in der Regel durch die vertragliche Treuepflicht und die wirtschaftliche Anreizwirkung des Mandats substituiert.

Das Spiegelbild der Loyalität des Interessenvertreters gegenüber seinem Unternehmen ist jedoch die Bindung des Unternehmens an eine einzelne Person (sei es der als »Einzelkämpfer« tätige Unternehmensrepräsentant oder der meist für die Top-Kontakte eingesetzte Leiter des Verbindungsbüros) und ihr persönliches Netzwerk. Hierin liegt ein zentraler Nachteil des Unternehmensrepräsentanten gegenüber anderen Instrumenten der Interessenvertretung begründet: Das ihm vonseiten der Entscheidungsträger in Legislative und Exekutive entgegengebrachte Vertrauen, zugleich Grundbedingung effektiver persönlicher Netzwerke, lässt sich nicht vererben. Sobald der Unternehmensrepräsentant aus seinem Amt scheidet – aus welchen Gründen auch immer – geht dem Unternehmen unweigerlich auch ein großer Teil der Zugangsmöglichkeiten verloren. In aller Regel werden es sich nämlich selbst große Konzerne nicht leisten, eine Vielzahl hochrangiger – das heißt mit dem Zugang zu relevanten Entscheidungsträgern versehene – Interessenvertreter auf dem Gehaltszettel zu haben.[401] Das Resultat ist eine enorme Abhängigkeit von (meist) einer einzelnen Person, was gerade im Rahmen der meist langwierigen Rechtsetzungsprozesse auf europäischer Ebene ein hohes Risiko bedeuten kann. Der gute Name des Unternehmens allein, so haben selbst große Konzerne in Brüssel schon des Öfteren feststellen müssen, garantiert noch lange nicht, bei den maßgeblichen Entscheidungsträgern Gehör zu finden.

2. Externer Dienstleister

Eine weitere Möglichkeit, seine Interessen vor Ort zu vertreten, besteht in der Zusammenarbeit mit einem externen Dienstleistungsunternehmen im Bereich der Interessenvertretung, klassischerweise einer Agentur für Governmental Relations. Ein solcher externer Dienstleister kann für das Unternehmen, selbst wenn es ein eigenes Vertretungsbüro in Brüssel unterhält, bedeutenden *added value* generieren, da die interne Expertise des Unternehmens durch externe Kompetenzen ergänzt wird. Dabei ist klassischerweise zwischen Anwaltskanzleien, Public-Affairs-Beratern und Governmental-Relations-Agenturen zu unterscheiden. Diese Unterscheidung ist wesentlich, bedient doch jeder der drei Dienstleister unterschiedliche Bedürfnisse und weist unterschiedliche Kernkompetenzen auf.

a) Anwaltskanzleien

Sowohl Verbände als auch Unternehmen verlassen sich bei rechtlich komplexen Themen – auf europäischer Ebene eher die Regel als die Ausnahme – selten ausschließlich auf die eigene juristische Kompetenz und greifen auf externen juristischen Sachverstand zurück. Vor allem in Brüssel, zum Teil aber auch in den Mitgliedstaaten selbst, hat sich dafür ein hochspezialisierter Markt gebildet. Die beteiligten Anwälte zielen mit ihrer Dienstleistung jedoch nicht allein auf die reine Rechtsberatung ab, sondern werben darüber hinaus auch mit politischem Sachverstand und Einfühlungsvermögen an der Schnittstelle zwischen Recht, Wirtschaft und Politik.

Wie groß der Markt ist, lässt sich gerade bei Anwaltskanzleien schwer abschätzen. Sie sind nicht nur, wie alle anderen Interessenvertreter auch, zur Registrierung im Lobby-Register der Kommission nicht verpflichtet. Laut einer Untersuchung von *Corporate Europe Observatory* waren dort im Juli 2009 in der Tat auch nur vier Kanzleien registriert; beim Europäischen Parlament waren es immerhin 16.[402] Von diesen 16 scheint die US-basierte Kanzlei *DLA Piper* die größte zu sein: Sechs ihrer Anwälte sind beim Europäischen Parlament als Interessenvertreter registriert, über mehr als 70 Berufsträger verfügt die Kanzlei derzeit in Brüssel.[403] Auch andere internationale Law Firms wie *White & Case, Clifford Chance, Linklaters* und *Wilmer Hale* sind auf dem Markt aktiv.[404]

Typische Dienstleistungen sind die Vorfeldanalyse des rechtlich-politischen und regulatorischen Unternehmensumfeldes in Brüssel, das Monitoring relevanter Themen im Bereich der europäischen Rechtspolitik, die konkrete Einschätzung und Begleitung maßgeblicher Rechtsetzungsverfahren, die Unterstützung eines Unternehmens in europäischen Hearingverfahren durch Gutachten und Positionspapiere oder die juristische Vorbereitung für Anträge oder Anfragen an die europäischen Institutionen. Im Rahmen solcher mittelbarer Maßnahmen ist korrektes juristisches Arbeiten vonnöten; hier liegt auch die Kernkompetenz der Anwaltskanzleien.[405]

Insgesamt ist die immer stärkere Präsenz der Kanzleien im Bereich der Interessenvertretung Folge der starken Verrechtlichung politischer und administrativer Verfahren. Werden Brüsseler Sozietäten für ihre Mandanten oftmals zunächst nur im Rahmen der Bewältigung von juristischen Angelegenheiten tätig, ergibt sich ihre Einsetzbarkeit als strukturelle Interessenvertretungsinstrumente gewissermaßen als Nebenprodukt dieser Tätigkeit. Als Lobbyist im engeren Sinne vertritt die Sozietät die Interessen eines oder mehrerer Klienten im Vorfeld der Brüsseler Gesetzgebung. Erfolgt dies nur im konkreten Einzelfall, so verfügt sie allein über den Standortvorteil in der europäischen Hauptstadt, der das Nichtbestehen einer Brüsseler Vertretung des Unternehmens eventuell ausgleichen kann. Auch hierbei ist es wieder entscheidend, welchem Umfeld die Mitarbeiter der Sozietät entstammen und welche Persönlichkeit sie besitzen, um den richtigen diplomatischen Zugang zu den Entscheidungsträgern zu finden. Genau hier liegt in der Regel die Schwäche der Anwaltskanzleien: Häufig liegt ihre Kernkompetenz eben nicht im Bereich des Prozessualen, sondern vielmehr im Bereich des Inhaltlichen, namentlich der Rechtsberatung. Eine gute juristische Betreuung ist zweifellos wichtig, gerade wenn es um Projekte geht, die komplexe rechtliche Fragen mit sich bringen. Sie ersetzt aber nicht das, was effektive Interessenvertretung vor allem ausmacht: Dem Unternehmensanliegen *im politischen Prozess* zur Durchsetzung zu verhelfen. Kurz gesagt: »Die politische Tätigkeit von Anwälten endet regelmäßig dort, wo das eigentliche Lobbying beginnt.«[406]

Hinzu kommt die im politischen Alltag nicht zu unterschätzende Problematik der juristischen Ausdrucksweise. Ein guter Jurist hat gelernt, möglichst präzise, detailliert und bedeutungsgenau zu formulieren, was in der Regel inhaltlich ebenso wie sprachlich komplexe und ausführliche Dokumente zur Folge hat. Häufig geht dies zu Lasten der Allgemeinverständlichkeit und der Kompatibilität mit der Sprache der Politik. Umso wichtiger erscheint daher eine »besondere Transferarbeit«[407] vor der Weitergabe eines Dokuments an den jeweiligen Entscheidungsträger in Legislative und Exekutive, das heißt eine Umsetzung der juristischen Dokumente in eine dem Einsatz und Adressaten gerecht werdende Textfassung. Unbedingt vermieden werden sollten detaillierte, seitenlange Formulierungsvorschläge zu speziellen Rechtsetzungsvorhaben: Zum einen erweckt dies bei Bekanntwerden den Eindruck, hier würden Aufgaben staatlicher Organe weitgehend unkontrolliert auf Private ausgelagert beziehungsweise (bei Beauftragung durch Unternehmen) sich durch Private angemaßt; zum anderen besteht die große Gefahr, dass sich die Adressaten in Legislative und Exekutive (ebenfalls nicht ganz zu Unrecht) bevormundet fühlen und dem Vorschlag in der Folge eher ablehnend gegenüberstehen.

b) Public-Affairs-Agenturen

Ähnlich wie Anwaltskanzleien haben auch Public-Affairs-Agenturen (PA-Agenturen, z. T. auch als Abteilung größerer Public-Relations-Agenturen organisiert) ihren Schwerpunkt regelmäßig im inhaltlichen, weniger im prozessualen Bereich der Interessenvertretung.[408] Sie erbringen Monitoring-Dienstleistungen, führen inhaltliche Analysen zu bestimmten Politik- und Gesellschaftsfeldern durch (beispielsweise Analysen zum aktuellen Diskussionsstand der Energiepolitik, zum Image eines Unternehmens in der Politik), stellen Profil- und Positionsanalysen etwa zu Parlamentariern oder Kommissionsmitgliedern an, werden beratend bei der Aufstellung von Kommunikationskonzepten im politischen Umfeld eines Unternehmens tätig (beispielsweise im Bereich der Kampagnenplanung), koordinieren in enger Abstimmung mit der PR-Abteilung des Unternehmens die Öffentlichkeitsarbeit in politisch sensiblen Bereichen (Erstellung von Pressetexten etc.) und – ein wichtiges Geschäftsfeld der Agenturen – organisieren Veranstaltungen wie Podiumsdiskussionen, politische Gesprächsrunden, Parlamentarische Abende etc.

Wie aus dieser Auflistung bereits ersichtlich, erfüllen PA-Agenturen für ihren Auftraggeber in erster Linie eine beratende und unterstützende Funktion; die eigentliche Lobbyarbeit wird ihnen häufig nicht überlassen.[409] In der Regel haben die Agenturen auch inhaltliche (sachpolitische) Schwerpunkte; es empfiehlt sich also, für verschiedene Anliegen auch unterschiedliche Agenturen einzusetzen.

Der größte Vorteil einer PA-Agentur liegt in ihren flexiblen Einsatzmöglichkeiten: PA-Agenturen arbeiten in aller Regel projektbezogen beziehungsweise auf Stundenbasis, was dem Auftraggeber kurzfristige Einsätze zur Unterstützung der eigenen Ressourcen ermöglicht. Als Stand-Alone-Lösung für die Interessenvertretung eines Unternehmens sind die Agenturen jedoch in aller Regel nicht geeignet.

c) Governmental-Relations-Agenturen

Im Gegensatz zu Anwaltskanzleien und PA-Agenturen haben Governmental-Relations-Agenturen ihren Tätigkeitsschwerpunkt nicht im Bereich der inhaltlichen Beratung, sondern in der Prozessberatung, also der eigentlichen »aktiven Interessenvertretung« mit direktem Kontakt zu den Entscheidungsträgern in Legislative und Exekutive. Auf dem Brüsseler Markt bewegen sich in ihrer personellen Ausstattung sehr unterschiedlich aufgestellte Dienstleister: Es finden sich sowohl Einzelpersonen – häufig ehemalige Amts- oder Mandatsträger aus den Institutionen der Europäischen Union – als auch größere Agenturen mit zehn und mehr Mitarbeitern vor Ort. Entsprechend unterschiedlich sind auch die Einsatzmöglichkeiten der Dienstleister: Während eine gut vernetzte »Ein-Mann-Agentur« für die Herstellung von Kontakten und die einzelfallorientierte

Vermittlung von Inhalten in den politischen Prozess gut geeignet sein kann, stößt sie bei komplexeren Projekten naturgemäß an die Grenzen ihrer Leistungsfähigkeit. In diesem Bereich sind eine größere Infrastruktur und eine Mehrzahl von Interessenvertretern erforderlich, die z.T. gleichzeitig an verschiedenen Projektfronten zum Einsatz kommen.

Eine solche Agentur kann dem Auftraggeber (wobei es sich sowohl um Unternehmen als auch um Verbände handeln kann) helfen, seine eigene inhaltliche Kompetenz optimal einsetzen zu können, das heißt zur richtigen Zeit an den richtigen Entscheidungsträger kommunizieren zu können. Kurz: Der Auftraggeber ist in dieser Konstellation insbesondere Inhaltsträger, der Dienstleister hingegen insbesondere Prozessträger. Natürlich spricht häufig nichts dagegen, dem Dienstleister auch inhaltliche Aufgaben zu übertragen: Gerade in langfristigen Arbeitsbeziehungen entwickeln sich oft tiefgreifende Fachkenntnisse bei den zuständigen Mitarbeitern der Agentur, die für den Kunden nutzbringend eingesetzt werden können.

Der prozessuale Fokus der Governmental-Relations-Agenturen bringt zentrale Vorteile gegenüber anderen Instrumenten der Interessenvertretung mit sich:

Keine Heterogenitätsprobleme

Wie im Abschnitt zur Interessenvertretung durch Verbände erläutert, kann deren tendenziell branchenkollektive Ausrichtung häufig die Interessen eines einzelnen Unternehmens – die sich mitunter stark von denen der anderen Verbandsmitglieder unterscheiden können – nur unzureichend vertreten. Vor dem Hintergrund dieser Heterogenitätsproblematik ist es aus der Sicht der Unternehmen deshalb sinnvoll, die Basis der Interessenvertretung zu erweitern, wodurch eine effizientere, auf die eigenen Bedürfnisse zugeschnittene Interessenvertretung ermöglicht wird, welche von Verbänden nicht in gleicher Weise geleistet werden kann. Diese Erweiterung kann durch das Hinzuziehen eines externen (Prozess-)Partners geschehen. Der Einsatz eines solchen Partners bringt Vorteile hinsichtlich der Möglichkeit eines flexibleren Handelns und schnellerer Reaktionsmöglichkeiten mit sich. Ein Dienstleister kann zudem aufgrund seiner Externalität als intermediärer Vermittler zwischen der Politik und dem Unternehmen agieren.

Maßgeschneiderte Dienstleistung

Wie bereits angedeutet, bestehen zwischen den verschiedenen externen Dienstleistern erhebliche strukturelle Unterschiede, die entsprechende qualitative Konsequenzen haben. Daneben ist ebenso wie bei den Mitarbeitern einer Unternehmensrepräsentanz das persönliche Umfeld der handelnden Interessenvertreter von ganz entscheidender Bedeutung. Verfügt ein externer Dienstleister über Netzwerke in Brüssel und zugleich in einigen europäischen Hauptstädten, so bestehen optimale Möglichkeiten zum wechselseitigen Informationsaustausch, was sich sehr positiv auf die Gesprächsbereitschaft von EU-Beamten und Parlamentariern auswirken kann. Darüber hinaus verfügt der externe Dienstleister dadurch auch über die Möglichkeit, Anliegen nicht nur direkt in Brüssel einzubringen, sondern auch über die nationalen Ebenen auf die EU-Institutionen einzuwirken, was den Anforderungen des Multi-Level-Lobbyings entspricht. Insgesamt hat der Auftraggeber also die Möglichkeit, sich eine genau seinen Anforderungen entsprechende Agentur auszuwählen; er ist gerade nicht an eine vorgegebene Infrastruktur gebunden (wie etwa bei dem für ihn zuständigen Verband) und kann – gerade bei multinationalen Konzernen ein wichtiger Aspekt – den Dienstleister in eine europa- beziehungsweise weltweite politische Kommunikationsstrategie einbinden beziehungsweise eine solche unter Umständen sogar erst mit ihm zusammen entwickeln.

Verringertes Risiko des Vertrauensverlusts

Die Abhängigkeit eines Unternehmens von der Person des angestellten Repräsentanten in Brüssel kann, wie dargestellt, zu Schwierigkeiten führen, sobald der Repräsentant aus dem Unternehmen ausscheidet. Kurz gesagt: Vertrauen kann nicht vererbt werden; ein Transfer des persönlichen Netzwerks des Repräsentanten auf seinen Nachfolger im Unternehmen ist in der Praxis so gut wie ausgeschlossen. Anders der externe Dienstleister: Zwar begegnet auch hier – naturgemäß – das Risiko des Verlusts persönlicher Netzwerke beim Ausscheiden von Mitarbeitern des Dienstleisters. Allerdings sind die Netzwerke hier gleichsam auf mehrere Schultern verteilt; der Ausfall eines Interessenvertreters kann meist durch andere Mitarbeiter aufgefangen werden. Die Top-Kontakte bestehen überdies in der Regel auf der höchsten Leitungsebene der Agentur, die einer geringen Fluktuation unterliegt. Entscheidend tritt hinzu, dass das Vertrauen der Entscheidungsträger in Exekutive und Legislative in der Regel mit der Governmental-Relations-Agentur selbst verbunden ist, sodass personelle Verluste leichter ausgeglichen werden können als bei Einzelrepräsentanten. Wird hingegen der (häufig einzige) unternehmenseigene Repräsentant ausgewechselt, ist dies gleichbedeutend mit einem »lobbyistischen Kaltstart«.

Projektbezogener oder struktureller (langfristiger) Ansatz?

Hinsichtlich des Zeithorizonts lassen sich vor allem zwei Arten von Mandatsverhältnissen zu Governmental-Relations-Agenturen unterscheiden: zum einen die kurzfristige, lediglich projektbezogene Beauftragung, zum anderen die langfristige, strukturelle Betreuung aller Anliegen des Unternehmens im Bereich der Interessenvertretung.

Der projektbezogene Einsatz eines externen Dienstleisters hat den Vorteil, dass dessen individuelle Fähigkeiten oder spezielle Kontakte durch entsprechende Auswahl nach Maßgabe der Anforderungen des individuellen Projekts abgerufen und somit optimal genutzt werden können. Nach Abschluss eines Projekts oder bei Erbringung lediglich unbefriedigender Leistungen kann der externe Dienstleister in der Regel sofort gekündigt werden, weswegen er flexibler disponibel ist als etwa eine Unternehmensrepräsentanz mit ihren Mitarbeitern. Etliche große Unternehmen und Verbände haben die Vorteile eines solchen projektbezogenen, zusätzlichen Interessenvertretungsinstruments mit seinem Beziehungs- und Vertrauenskapital bereits erkannt und nutzen es erfolgreich.

Allerdings sind die Nachteile eines rein projektbezogenen Ansatzes nicht zu vernachlässigen: Gerade in komplexen Branchen und Projekten bedarf es häufig einer gewissen Anlaufzeit, bis externe Dritte ein Anliegen eines Unternehmens soweit verinnerlicht und verstanden haben, dass sie es überzeugend, glaubwürdig und seriös an legislative und exekutive Entscheidungsträger vermitteln können. Hier erscheint gerade ein langfristiges Engagement als Schlüssel zum Erfolg. Hinzu kommt, dass unternehmensspezifische Anliegen nur dann wirkungsvoll in die europäischen und mitgliedsstaatlichen Institutionen vermittelt werden können, wenn langjährige, vertrauensvolle Arbeitsbeziehungen bestehen. Daraus ergeben sich drei Probleme beim projektbezogenen Einsatz externer Dienstleister:

- Wird der externe Dienstleister für ein Unternehmen tätig, in dessen Branche er keine oder nur wenig belastbare Netzwerke in den europäischen Institutionen unterhält, entstehen beträchtliche Reibungsverluste beziehungsweise wird ein Projekt in den meisten Fällen nicht erfolgreich zu realisieren sein.
- Ist der Dienstleister wiederum sehr häufig in einer Branche tätig, wird er – und damit letztlich sein Kunde, das Unternehmen – mit dem Problem wechselnder Loyalitäten konfrontiert: Tritt ein Interessenvertreter heute für Wettbewerber A, morgen für Wettbewerber B und übermorgen für Wettbewerber C auf, kann dies nur dann glaubwürdig und seriös sein, wenn all diese Unternehmen gleich-

gerichtete Interessen haben. Dass dies in den seltensten Fällen gegeben sein wird, liegt auf der Hand. Bei Anwaltskanzleien wird diesem Problem durch sogenannte Chinese Walls oder – im Extremfall – mit der Ablehnung des Mandats begegnet. Ob ein derartiges Problembewusstsein bei Lobbying-Agenturen besteht, ist unklar – sofern sie ihre Kunden nicht strukturell betreuen und grundsätzlich nach dem Prinzip des »Only One Interest«, also der Branchenexklusivität arbeiten, ist Interessenkonflikten und dem Verlust der Glaubwürdigkeit bei Entscheidungsträgern in Legislative und Exekutive aber letztlich Tür und Tor geöffnet.

- Der Aspekt der Interessenkonflikte ist dabei besonders hervorzuheben: Die Agenturen erlangen im Zuge der Mandatsbeziehung naturgemäß höchst vertrauliche Informationen über das Unternehmen, seine Produkte und seine Strategie (häufig weit über die Frage der politischen Kommunikation hinausgehend). Vor diesem Hintergrund muss ein Unternehmen ohnehin gut abwägen, welche Informationen überhaupt an den Dienstleister herausgegeben werden und wo der Vertraulichkeitsfaktor die Herausgabe hindert (freilich mit dem Nebeneffekt, dass der Dienstleister, der gleichsam »im partiellen Blindflug« unterwegs ist, seine Klienten möglicherweise nicht glaubhaft vertreten kann). Wird der Dienstleister hingegen mit allen erforderlichen Informationen ausgestattet, ist die Vertraulichkeit nach Abschluss der Mandatsbeziehung zwar durch nachvertragliche Schweigepflichten abgesichert; dennoch verbleibt ein faktisch nicht unwesentliches Restrisiko. Dieses Risiko tritt zwar im Grundsatz bei jeder Art von Mandatsbeziehung auf – es multipliziert sich jedoch, je kurzfristiger und austauschbarer eine solche Beziehung ist.

Ganz allgemein gilt: Werden Interessen lediglich im Rahmen einer »Case-of-Emergency-Dienstleistung« vertreten, wird dem Unternehmen beziehungsweise seinem Anliegen nicht die erforderliche Beachtung im Entscheidungsprozess zuteil. Es ist bereits erläutert worden, dass die Informationsstränge zwischen Wirtschaft und europäischen Institutionen keine Einbahnstraßen sind – Kommunikationsprozesse beruhen auf Gegenseitigkeit, das heißt ein MdEP oder ein Beamter der Kommission wird nach einer gewissen Zeit die Befassung mit Anliegen eines Unternehmens ablehnen, wenn nicht auch er in seiner Eigenschaft als Entscheidungsträger durch die Verschaffung von Informationen, die er im Rahmen seiner Tätigkeit verwerten kann, Nutzen zieht. Dies kann aber nur unabhängig vom Tagesgeschehen, also gerade in ruhigeren Zeiten, funktionieren. Kurz gesagt: Eine zielgerichtete und effektive Kommunikation mit legislativen und exekutiven Entscheidungsträgern muss zu einem sehr frühen Zeitpunkt einsetzen – noch bevor ein Projekt überhaupt akut geworden ist – und darf den Erfolg nicht dem späten Zufall überlassen.

3. Think Tanks

Als Think Tanks (Denkfabriken) werden Forschungsinstitute oder informelle Zusammenschlüsse von Wissenschaftlern, (ehemaligen) Politikern oder Unternehmern bezeichnet, die sich der Forschung, der wissenschaftlichen Politikberatung sowie der Veröffentlichung ihrer Forschungsergebnisse widmen.[410] Die Forschung dieser Institute ist dabei in den meisten Fällen zwar grundsätzlich wissenschaftlich neutral und objektiv, allerdings besteht häufig eine gewisse Gebundenheit an weltanschauliche Prämissen, die von vorne herein zu einer induktiven und interessengeleiteten Herangehensweise bei der Behandlung des Untersuchungsgegenstandes führt. Letztlich sind Think Tanks »ein Medium zur Transformation von theoretischem Wissen zu praktischer Verwertbarkeit«.[411]

Häufig werden derartige Einrichtungen von namhaften Unternehmen oder bestimmten gesellschaftlichen Gruppen unterstützt; damit ist die wissenschaftliche Unabhängigkeit meist nicht gegeben. Zumeist sind diese Einrichtungen offensive Werber ihrer eigenen Ideen und vertreten vehement bestimmte Interpretationen der Forschungsergebnisse. Denkfabriken untermauern deshalb häufig die Interessen bestimmter Gruppen, wie das Beispiel von Deutsche Bank Research deutlich macht.[412] Unabhängig davon können Think Tanks auf europäischer Ebene durchaus »sanften« Einfluss ausüben, wobei dies aber vor allem die Makroebene betrifft.[413] Aus Sicht eines Unternehmens eignen sich solche Einrichtungen nur sehr bedingt für eine zielgenaue Interessenvertretung und gehören – folgt man der eingangs dieser Darstellung vorgenommenen Kategorisierung[414] – eher in den Bereich der Public Relations, eventuell der Public Affairs. Allenfalls könnte die wissenschaftliche Untermauerung bestimmter Anliegen eines Unternehmens ein gewisses Maß an Öffentlichkeit erzielen. Dessen ungeachtet dürfte die Wirkung solcher Ergebnisse im politischen Bereich dagegen eher gering sein, vor allem dann, wenn dort die wissenschaftlich-weltanschauliche Ausrichtung des Think Tanks bekannt ist.

4. Entsendung eigener Mitarbeiter in die Institutionen

Schließlich gibt es noch die Möglichkeit, einen Mitarbeiter aus dem eigenen Unternehmen der Kommission oder dem Europäischen Parlament als Experten zur Verfügung zu stellen. Da der Mitarbeiter für den betreffenden Zeitraum, dies können auch mehrere Jahre sein, zumeist nicht von den EU-Institutionen bezahlt wird, wird die Entsendung eines solchen Interessenvertreters jedoch lediglich für sehr große Unternehmen eine realisierbare (bezahlbare) Möglichkeit darstellen. Hinzu kommt, dass ein solcher Mitarbeiter bei der Kommission oder dem Parlament nur für einen bestimmten begrenzten Bereich zuständig ist, so dass er in der Regel keine übergreifenden Kontakte zu anderen Bereichen, GDs etc. unterhalten kann und daher auch nur in seinem speziellen Einsatzgebiet von Nutzen sein kann. Hinzu kommt, dass ein entsandter Mitarbeiter keinerlei eigene Entscheidungsbefugnisse hat.

III. Kosten der verschiedenen Instrumente

Neben den bisher betrachteten, rein qualitativen Kriterien wie möglichen Einsatzbereichen, Durchschlagskraft und Vertraulichkeitsgewährleistung, spielen natürlich auch quantitative, mithin betriebswirtschaftliche Kriterien bei der Erarbeitung einer individuellen Interessenvertretungsstrategie und der Auswahl konkreter Instrumente eine wichtige Rolle. Im Folgenden sollen dazu die Kosten für (1) eine Verbandsmitgliedschaft, (2) eine eigene Unternehmensrepräsentanz und (3) einen externen Dienstleister (unterschieden zwischen Rechtsanwaltskanzleien, PA-Agenturen und Governmental-Relations-Agenturen) gegenübergestellt werden.

1. Kosten für einen Verband

Welche Kosten einem Unternehmen für die Aktivitäten der zuständigen Verbände in Brüssel entstehen, lässt sich nur im Rahmen einer Schätzung angeben, werden doch sowohl von Unternehmens- als auch von Verbandsseite aus meist nur näherungsweise Angaben gemacht. Verbände geben lediglich die Gesamtkosten für ihre Interessenvertretungsaktivitäten in Brüssel an; so hat etwa der Bundesverband der Deutschen Industrie (BDI) im Jahr 2007 ca. EUR 900 000 bis 950 000, die Bundesvereinigung der Deutschen Arbeitgeberverbände (BDA) ca. EUR 950 000 und der Deutsche Industrie- und Handelskammertag (DIHK) ca. EUR 1,5 Mio. für direkte Lobbyarbeit in Brüssel ausgegeben.[415] Diese Kosten lassen sich allerdings nicht direkt auf die Mitgliedsunternehmen verteilen: Die Aktivitäten der Verbände auf EU-Ebene sind in den Beiträgen der

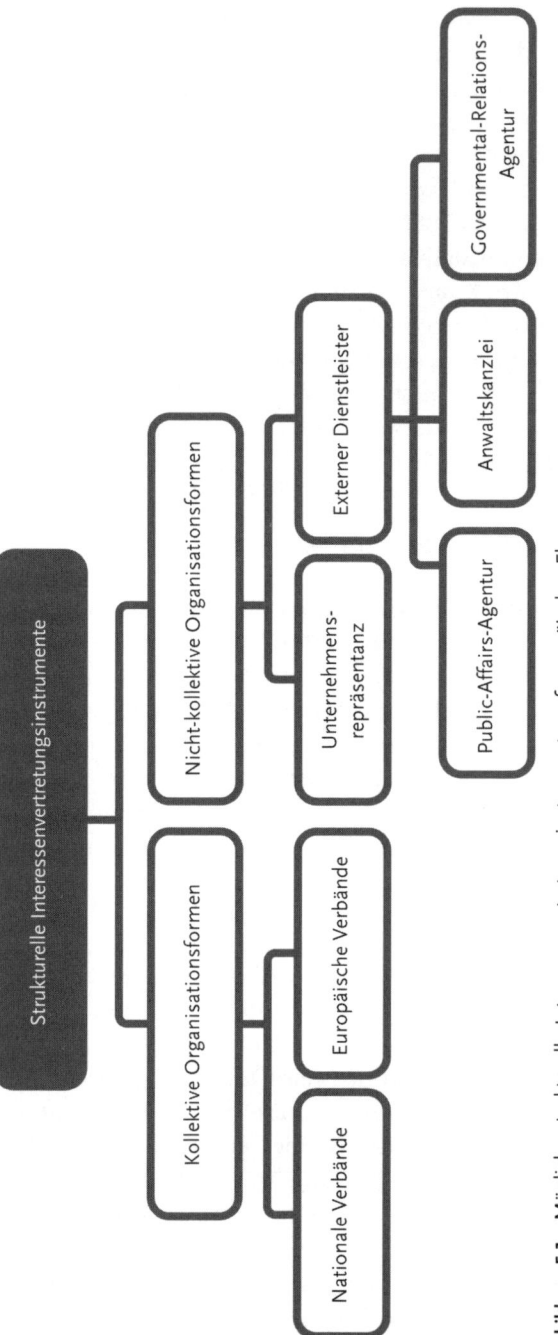

Abbildung 5.1: Mögliche strukturelle Interessenvertretungsinstrumente auf europäischer Ebene.

Unternehmen für die Mitgliedschaft in nationalen Verbänden bereits enthalten und werden nicht etwa separat in Rechnung gestellt. Das Unternehmen muss also sowohl die nationalen als auch die europäischen Aktivitäten des Verbandes in eine Kosten/Nutzen-Rechnung einstellen, um zu einer Bewertung zu gelangen.

Anders ist dies naturgemäß bei Verbänden, die allein auf europäischer Ebene tätig sind, wobei hier die Dachverbände außer Betracht bleiben müssen (sie finanzieren sich über Beiträge der Mitgliedsverbände und damit nur indirekt über die an diese entrichteten Beiträge von Unternehmen). Mangels entsprechender Veröffentlichungen der Verbände können an dieser Stelle jedoch nur Beispiele aus empirischen Untersuchungen angeführt werden: So ergab eine Studie zu 135 britischen Verbänden[416] eine Spannweite der jährlichen Beträge von Null bis EUR 800 000. Der durchschnittliche jährliche Beitrag für mittlere bis größere EU-Verbände liegt demnach bei ca. EUR 150 000.[417] Die Bandbreite der Kosten ist dabei unter anderem abhängig von der jeweiligen Branche, der (Umsatz-)Größe des Unternehmens, dem Tätigkeitsspektrum des Verbandes. Eine Kosten/Nutzen-Beurteilung ist vor diesem Hintergrund nur einzelfallorientiert möglich, was den Rahmen der vorliegenden Darstellung sprengen würde.

Allerdings ist es ohnehin zweifelhaft, ob ein auf europäischer Ebene tätiges Unternehmen die Mitgliedschaft in den zuständigen (Branchen-)Verbänden überhaupt infrage stellen sollte: Sie gehört gewissermaßen zu seinem Grundbedarf an Interessenvertretung; ein Austritt aus dem Verband brächte neben negativer Publicity ein Versiegen wichtiger Informationsquellen mit sich; auch wäre das Unternehmen bei formellen Interessenvertretungsprozessen wie etwa Anhörungen und Konsultationen von den verbandlichen Mitwirkungsmöglichkeiten ausgeschlossen. Vor diesem Hintergrund wird ein Unternehmen in der Regel keine Wahl zwischen Mitgliedschaft und Nichtmitgliedschaft haben.

2. Kosten einer Unternehmensrepräsentanz in Brüssel

Auch die Kosten eines unternehmenseigenen Verbindungsbüros in Brüssel lassen sich naturgemäß nicht pauschalisieren, sind sie doch abhängig von Art und Umfang der gestellten Aufgaben sowie den gewählten strukturellen und prozessualen Instrumenten. Unternehmen veröffentlichen hierzu keine belastbaren Daten – die einzige zugängliche Quelle sind die im Lobbying-Register der Europäischen Kommission veröffentlichten Kostengrößen.[418] Auch dort werden allerdings nur die Gesamtkosten des direkten Lobbyings – in der Regel Sachausgaben wie Büro-

Tabelle 5.2: Angaben von Unternehmen zu Lobbyingausgaben im Register der Europäischen Kommission[419]

Ranking	Unternehmen	Lobbyingausgaben EU (in EUR)
1	Telefonica	1,49 Mio.
2	BASF	1,20 Mio
2	Deutsche Telekom	1,20 Mio.
3	Statoil Hydro	0,75 Mio.
4	ENI (2009)	0,67 Mio.
5	Siemens	0,55 Mio.

und Reisekosten sowie Personalausgaben – erfasst. Nach einer Untersuchung der NGO *Friends of Earth Europe*[420] liegen dabei die fünf höchsten Budgets für das Jahr 2008 zwischen EUR 550 000 und 1,5 Mio., vgl. Tabelle 5.2.

Interessant sind die doch beträchtlichen Differenzen bei einigen im Register gelisteten Unternehmen, vergleicht man die direkten Lobbyingausgaben in der EU und den USA: BP beispielsweise gibt im US-Lobbyingregister für das Jahr 2008 Ausgaben von USD 10,45 Millionen an; dem stehen für den gleichen Zeitraum lediglich EUR 400 000 bis EUR 450 000 in der EU gegenüber (Faktor 17,1). Die Richtigkeit der Angaben vorausgesetzt, lässt dies interessante Rückschlüsse auf das vorhandene Entwicklungspotenzial der Interessenvertretung in Brüssel zu.[421]

Hinsichtlich der Personalkosten existiert auf dem Feld der Interessenvertretung – wie in den meisten Dienstleistungsbranchen – keine einheitliche Gehaltsstruktur. Die individuelle Entlohnung eines angestellten Interessenvertreters hängt von dessen persönlichem Hintergrund ab, nicht zuletzt also von dessen Verbindungen und Zugängen zu den verschiedenen Stellen der Exekutive und Legislative: Ein Interessenvertreter wird umso kostenintensiver für das Unternehmen sein, je mehr (gute) Kontakte er unterhält. Da auch von Unternehmensseite keine belastbaren Angaben über die Personalkosten ihrer Repräsentanzen vorliegen,[422] sollen beispielhaft einige grundsätzliche Kostenfaktoren für den Leiter einer Brüsseler Unternehmensrepräsentanz dargestellt werden.[423]

Als fachlich geeignete Unternehmensrepräsentanten kommen neben ehemaligen Abgeordneten des Parlaments oder Spitzenbeamten aus der Kommission insbesondere führende Persönlichkeiten aus anderen EU-Institutionen oder aus in Brüssel tätigen nationalen Institutionen infrage, die infolge ihrer meist langjährigen Tätigkeiten über ein weitreichendes und interinstitutionelles Beziehungsgeflecht sowie große Detailkenntnis

Tabelle 5.3: Besoldung von EU-Beamten in EUR pro Monat[424]

Dienstaltersstufen	Besoldungsgruppen				
01.07.2008	1.	2.	3.	4.	5.
16.	16299,08	16983,99	17697,68		
15.	14405,66	15011,01	15641,79	16076,97	16299,08
14.	12732,20	13267,22	13824,73	14209,36	14405,66
13.	11253,14	11726,01	12218,75	12558,70	12732,20
12.	9945,89	10363,83	10799,33	11099,79	11253,14
11.	8790,51	9159,90	9544,81	9810,36	9945,89
10.	7769,34	8095,82	8436,01	8670,72	8790,51
9.	6866,80	7155,35	7456,03	7663,46	7769,34
8.	6069,10	6324,13	6589,88	6773,22	6866,80
7.	5364,07	5589,48	5824,35	5986,40	6069,10
6.	4740,94	4940,16	5147,76	5290,97	5364,07
5.	4190,20	4366,28	4549,76	4676,34	4740,94
4.	3703,44	3859,06	4021,22	4133,10	4190,20
3.	3273,22	3410,76	3554,09	3652,97	3703,44
2.	2892,98	3014,55	3141,22	3228,61	3273,22
1.	2556,91	2664,35	2776,31	2853,56	2892,98

hinsichtlich der intrainstitutionellen Verwaltungs- und Organisationsabläufe verfügen. Da diese Gruppe jedoch eine vergleichsweise hohe Vergütung genießt, ist davon auszugehen, dass auch an ein Gehalt für Unternehmenstätigkeiten entsprechend hohe Ansprüche gestellt werden. Tabelle 5.3 gibt einen Überblick über die aktuelle Besoldung von Beamten bei den Institutionen der EU.

Es darf zudem nicht unberücksichtigt bleiben, dass den Beamten zuzüglich zu den genannten Bezügen erhebliche Vergünstigungen, beispielsweise erhebliche Steuererleichterungen, sowie Sicherheiten, wie etwa die Anstellung auf Lebenszeit und eine überdurchschnittlich gute Altersversorgung vom Dienstherren gewährt werden. Viele entsprechend erfahrenen und mit einem guten Beziehungsgeflecht ausgestatteten Beamten werden sich darüber hinaus naturgemäß in einem Alter befinden, in dem sie eine Familie oder andere soziale Verpflichtungen begründet haben. Um dann ihre sichere und sehr gut bezahlte Stellung im öffentlichen Sektor für eine Unternehmenstätigkeit aufzugeben, bedarf es eines attraktiven Ausgleichs zu den vom Staat erbrachten Leistungen.[425]

Für eine Tätigkeit als Unternehmensrepräsentant ebenfalls geeignet sein können ehemalige (langjährige) Mitarbeiter von Europaabgeordneten. Auch sie sind in der Regel mit dem europäischen politischen und administrativen System und den Usancen des Brüsseler Politbetriebes gut vertraut und verfügen über breit gefächerte Kontakte innerhalb der Institutionen. Gleichwohl ist jeder Einzelfall für sich zu bewerten: Das Unternehmen muss vorab einschätzen können, ob die (Hierarchie-)Ebene der Kontakte eines ehemaligen Mitarbeiters aus dem Parlament für die Vertretung der Unternehmensinteressen ausreicht. In der Regel wird dies zu bejahen sein bei Referentenstellen und Mitarbeitern des Leiters der Repräsentanz. Der Zugang zu einer größeren Zahl von Entscheidungsträgern höherer Ebenen wird sich so freilich selten eröffnen lassen. Vor diesem Hintergrund sind jedoch auch die in der Regel deutlich geringeren Gehaltskosten zu sehen: Gesamtgehaltskosten für einen solchen Mitarbeiter (einschließlich Arbeitgeberanteilen) von mehr als EUR 80 000 sind hier üblich. Darüber hinaus sind für eine Unternehmensrepräsentanz noch Personalkosten für weitere Mitarbeiter im Back-Office-Bereich zu berücksichtigen.

Neben den Personalkosten einer Unternehmensrepräsentanz fallen natürlich noch andere Belastungen wie beispielsweise Miet- und Ausstattungskosten an. Diese können je nach konkretem Fall beträchtlich schwanken: Bei der jährlichen Miete ergeben sich je nach Lage des Objekts, etwa inmitten des Behördenviertels in Brüssel oder aber am Stadtrand, erhebliche Unterschiede. Um einerseits die Wege zu den Institutionen kurz zu halten, andererseits eine gewisse Repräsentativität des Objekts zu gewährleisten, sollte hier freilich nicht am falschen Ende gespart werden.

Insgesamt wird deutlich, dass eine eigene Unternehmensrepräsentanz als strukturelles Instrument der Interessenvertretung hohe Fixkosten verursacht. Selbst bei einer Minimalausstattung (ein bis zwei Interessenvertreter, eine Teamassistenz) ist ohne Weiteres von einem Sockelbetrag von EUR 0,5–1 Mio. pro Jahr auszugehen – nach oben sind kaum Grenzen gesetzt. Bereits dieser Minimalbetrag ist freilich eine Summe, die sich für ein Unternehmen häufig erst ab einer gewissen Umsatzgröße rentieren wird.

3. Kosten eines externen Dienstleisters

Bei den Kosten externer Dienstleister ist zunächst zwischen den verschiedenen Arten von Dienstleistern, das heißt Rechtsanwaltskanzleien, PA-Agenturen und Governmental-Relations-Agenturen, zu unterscheiden.[426]

a) Rechtsanwaltskanzleien

Rechtsanwaltskanzleien rechnen in aller Regel nach einem von drei Vergütungsmodellen ab (beziehungsweise nach einer Kombination derselben): Gebühren nach der einschlägigen Gebührenordnung, Stunden- beziehungsweise Tagessätze oder Erfolgshonorare. Gleichwohl dürften die einschlägigen Gebührenordnungen nur in den seltensten Fällen relevant werden, geht es doch bei dem Spektrum der oben dargestellten Dienstleistungen von Rechtsanwälten im Bereich der Interessenvertretung kaum um Beratung im Rahmen von rechtlichen Auseinandersetzungen. Nur für solche sind die Gebührenordnungen jedoch in der Regel einschlägig. Vor dem Hintergrund, dass Rechtsanwaltskanzleien meist nicht in der »direkten« Interessenvertretung, sondern vielmehr im vorbereitenden (inhaltlichen) Bereich tätig sind, sind auch Erfolgshonorare hier nicht an der Tagesordnung – was sollte auch die auslösende Bedingung sein?

Den Regelfall bilden insofern Stunden- oder Tagessätze. Richtwerte lassen sich hier nur sehr eingeschränkt bilden, hängt doch die Höhe der Entlohnung von der Größe der Kanzlei, der konkreten Aufgabenstellung und den eingesetzten Rechtsanwälten ab (die Stundensätze variieren auch innerhalb einer Kanzlei in der Regel beträchtlich, etwa zwischen angestellten Associates und den Partnern der Sozietät). Anhaltspunkte (zumindest für den deutschen Markt) bietet etwa der jährlich erstellte Vergütungsmonitor des Soldan Instituts für Anwaltsmanagement;[427] hiernach liegt die Spannbreite der festen Stundensätze in deutschen Anwaltskanzleien zwischen EUR 110 bis EUR 260 (wobei es sich hier, wie bereits gesagt, um Größenordnungen aus dem Bereich der »normalen«, das heißt nicht-lobbyistischen Rechtsberatung handelt). Gleichwohl ist davon auszugehen, dass angesichts des hohen Spezialisierungsgrades der Brüsseler Sozietäten beziehungsweise der im europäischen Bereich tätigen nationalen Anwaltskanzleien deutlich höhere Stundensätze vereinbart werden; Beträge von mehr als EUR 200 bereits für Associates und mehr als EUR 400 für Partner erscheinen hier als realistisch. Für komplexe rechtliche Gutachten, die Begleitung eines Hearingprozesses oder gar die Erstellung ganzer (kommentierter) Gesetzentwürfe können so schnell hohe sechsstellige Euro-Beträge anfallen.

b) Public-Affairs-Agenturen

Bei den Kosten der Tätigkeit einer PA-Agentur ist zwischen den regelmäßig mit Fixpreisen vereinbarten Dienstleistungen und der variabel vergüteten Tätigkeit zu unterscheiden. Was die erste Kategorie angeht, ist beispielsweise die Durchführung von Monitoring-Dienstleistungen anzuführen: Je nach Umfang der erbrachten Leistung können hierfür EUR 5000 und mehr pro Monat anfallen. Ebenfalls fix vergütet wird häufig die Organisation von Veranstaltungen; zu den dabei anfallenden Kosten ist angesichts der Vielfalt möglicher Varianten keine Aussage möglich.

Variabel vergütete Dienstleistungen sind regelmäßig die Anfertigung komplexer Analysen und Reportings sowie die Erarbeitung ganzer Kommunikationsstrategien für den Auftraggeber. Zu den dabei üblichen Honoraren sind – ähnlich wie bei Rechtsanwälten – kaum pauschale Aussagen möglich; lediglich einen Anhaltspunkt liefern die vom Bundesverband Deutscher Unternehmensberater ermittelten Durchschnittshonorare (siehe Tabelle 5.4).

Es ist zu berücksichtigen, dass in diesen Tagessätzen sämtliche anfallenden Sach- und Personalkosten des externen Dienstleisters bereits inbegriffen sind. Lediglich Spesen wie etwa Reise- und Übernachtungskosten, Kosten für Tagungen und Veranstaltungen etc. fallen ebenso wie bei einer Unternehmensrepräsentanz oder einer Rechtsanwaltskanzlei an und treten zu diesen Beträgen noch hinzu.

Da der externe Dienstleister in der Regel projektbezogen oder nach Bedarf für das Unternehmen tätig wird, sind die für ihn anfallenden durchschnittlichen Kosten je nach der Bedarfslage des Auftraggebers zu berechnen. Vorhaltekosten fallen in der Regel nicht an; zugrundeliegende Verträge sind in aller Regel kurzfristig kündbar. Das Unternehmen bezahlt folglich nur für die Leistung, die es wirklich benötigt. Diese kann von wenigen Stunden in der Woche oder gar im Monat bis zu einer faktischen

Tabelle 5.4: Honorarstudie 2005 zu Tageshonoraren[428)]

Umsatz	bis € 200 000	bis € 1 Mio.	bis € 5 Mio.	über € 5 Mio.
CEO/Senior-Partner		1600	2100	2500
		750–4000	1000–4500	2000–5000
Seniorberater	1405	1520	1670	1850
	750–2500	810–2800	950–3500	1650–2000
Projektleiter		1157	1398	1438
		760–2800	900–2700	1400–1800
Berater	1067	1109	1254	1325
	600–1800	500–2300	850–2200	1000–1750
Juniorberater	841	910	933	962
	770–900	600–1000	800–1050	800–1150
Back Office	408	441	518	533
	381–510	400–550	400–580	400–600

Die fett gedruckten Zahlen geben den ermittelten Durchschnitt an.

Vollbeschäftigung, etwa bei schwierigen oder umfangreichen Projekten, reichen; entsprechend differieren die anfallenden Kosten.

c) Governmental-Relations-Agenturen

Governmental-Relations-Agenturen sind – wie dargestellt – auf prozessuale Dienstleistungen fokussiert, liefern also nicht schwerpunktmäßig Inhalte, sondern bereiten vor allem Zugänge zu Entscheidungsträgern, vermitteln Informationen und erarbeiten (prozessuale) Kommunikationsstrategien. Ähnlich wie bei PA-Agenturen gibt es auch hier z. T. die Möglichkeit einer rein variablen, das heißt stunden- oder tagessatzbasierten Vergütung. Insofern ist auf die Ausführungen im vorangegangenen Abschnitt zu verweisen.

Allerdings ist zu berücksichtigen, dass sich häufig – anders als bei inhaltlicher Tätigkeit, etwa der Anfertigung einer schriftlichen Analyse – weder Aufwand noch Wert der Dienstleistung in den im Einzelfall erbrachten Zeiteinheiten und dem dafür entrichteten Entgelt widerspiegelt. Im Extremfall kann über einen hochrangigen Zugang des Interessenvertreters ein Unternehmensanliegen mit dem Aufwand weniger Minuten übermittelt sein, etwa durch einen erfolgreichen Telefonanruf. Würde man hier auf Stundenbasis arbeiten, wäre dies für den Interessenvertreter kaum rentabel: Er hat eine für den Kunden womöglich äußerst wertvolle Dienstleistung erbracht und wird dafür – legt man beispielsweise einen Stundensatz von EUR 400 zugrunde – mit EUR 100 entlohnt.

Von dem Missverhältnis Wert/Entgelt abgesehen, würde eine solche Kalkulation auch den Aufwand des Interessenvertreters nicht berücksichtigen: Er hat in der Regel Jahre gebraucht, um sich den entsprechenden Zugang zu erarbeiten; auch erschöpft sich seine Tätigkeit nicht in dem einbahnstraßenartigen Vortragen eigener Bedürfnisse gegenüber den politischen Entscheidungsträgern. Vielmehr ist zu berücksichtigen, dass ein Netzwerk auch abseits von Kundenprojekten aufwendig gepflegt werden muss. Maßnahmen der (selbstverständlich legalen und transparenten) Netzwerkpflege reichen von der (oft zeit- und kostenintensiven) Zusammenstellung und Weitergabe von für den Entscheidungsträger womöglich wichtigen Informationen auch abseits konkreter Kundenprojekte bis hin zum Besuch politischer Veranstaltungen.

Vor diesem Hintergrund sind einige Agenturen zu kombinierten Vergütungsmodellen übergegangen. Denkbar sind – neben variablen Vergütungsbestandteilen – die Vereinbarung sowohl einer festen (i. d. R. monatlich zu entrichtenden) Gemeinkostenpauschale als auch eines Erfolgshonorars. Gerade bei regelmäßig oder über einen längeren Zeitraum hinweg für ein Unternehmen tätigen, also strukturell eingesetzten, Agenturen ist vor allem die Gemeinkostenpauschale gängig, zu der zusätzlich der geleistete Arbeitsaufwand zu honorieren ist (zum Teil werden auch in der Gemeinkostenpauschale bereits enthaltene Stundenkontingente vereinbart). Im Ausgleich für die Zahlung einer Gemeinkostenpauschale sind dann regelmäßig niedrigere Stundensätze zu entrichten, da die sonst darin mit enthaltenen Sach- und Back-Office-Kosten des Dienstleisters durch die Pauschale zumindest teilweise bereits vergütet sind.

Die Höhe der Gemeinkostenpauschale wird in jedem Einzelfall zwischen den Vertragspartnern vereinbart, weshalb kaum allgemein gültige Aussagen hierzu getroffen werden können. Bei der konkreten Höhe der Pauschale kommt – neben der Komplexität der übertragenen Aufgaben, den enthaltenen Stundenkontingenten und anderen Faktoren – der Frage einer möglichen Branchenexklusivität des Dienstleisters (»Only One Interest«) große Bedeutung zu. Wird der Dienstleister exklusiv nur für ein Unternehmen einer bestimmten Branche tätig, wird er sich dies regelmäßig zusätzlich vergüten lassen – entgehen ihm doch (entsprechende Nachfrage vorausgesetzt) Umsätze aus weiteren Verträgen mit Wettbewerbern des Kunden. Für das Unternehmen kann eine entsprechende Exklusivität aus zwei Gründen attraktiv sein: Zum einen kann so die Gefahr von Informationslecks zwischen den einzelnen Kundenbeziehungen des Dienstleisters ausgeschlossen werden. Intern kann und wird eine professionelle Agentur dies zwar durch Chinese Walls gewährleisten, letzte Sicherheit kann jedoch nur ein Konkurrenzausschluss bringen. Zum anderen sichert sich das Unternehmen durch die »Only-One-Interest«-Klausel auch die Exklusivität der Kontakte des Dienstleisters. In einem Bereich, in dem Erfolge entscheidend von der Belastbarkeit der Zugänge zu Entscheidungsträgern in Legislative und Exekutive abhängen, sollte dieser Faktor nicht gering geschätzt werden.

Trotz nicht unbeträchtlicher Kosten kann eine Governmental-Relations-Agentur am Ende kostengünstiger sein als eine eigene Unternehmensrepräsentanz,[429] nicht zuletzt vor dem Hintergrund, dass der Aufgabenbereich eines externen Dienstleisters über den einer Unternehmensrepräsentanz regelmäßig hinausgehen wird.

	+	**–**
Public-Affairs-Agenturen	• inhaltliche Kompetenz (Monitoring bzgl. Presse, inhaltliche Analysen) • Veranstaltungsorganisation • projektbezogen und flexibel einsetzbar	• Kontakte zu Entscheidungsträgern nur bedingt vorhanden • Kernkompetenz nicht im prozessualen Bereich der Interessenvertretung
Anwaltskanzleien	• juristische Kompetenz bzgl. komplexer europarechtlicher Zusammenhänge • Schnittstelle zwischen Recht und Politik	• Kompetenz endet dort, wo echte (prozessuale) Interessenvertretung beginnt • z.T. übermäßig komplexer, wenig »politiktauglicher« Ansatz
Governmental-Relations-Agenturen	• Strategieberatung und Koordination anderer Instrumente (»verlängerter Arm des Auftraggebers«) • prozessuale Komponente der Interessenvertretung als Kernkompetenz • Belastbare Kontakte zu den maßgeblichen Entscheidungsträgern • Struktureller Ansatz, d.h. meist keine rein projektbezogene Tätigkeit	• höhere Kosten, bedingt durch langfristige Aufstellung

Abbildung 5.2: Externe Dienstleistungsmodelle im Vergleich.

C. Prozessuale Instrumente

Die prozessualen Instrumente, die zur konkreten Realisierung der Interessenvertretung eingesetzt werden können, lassen sich grundsätzlich in zwei Kategorien einteilen (vgl. Abbildung 5.3). Zum einen sind dies die monoprozessualen Instrumente, die vom Interessenvertreter jeweils nur gegenüber einem einzelnen Abgeordneten oder Beamten eingesetzt werden. Zum anderen gibt es die polyprozessualen Instrumente, die gegenüber mehreren Zielpersonen, auch aus verschiedenen Institutionen, wirken können.

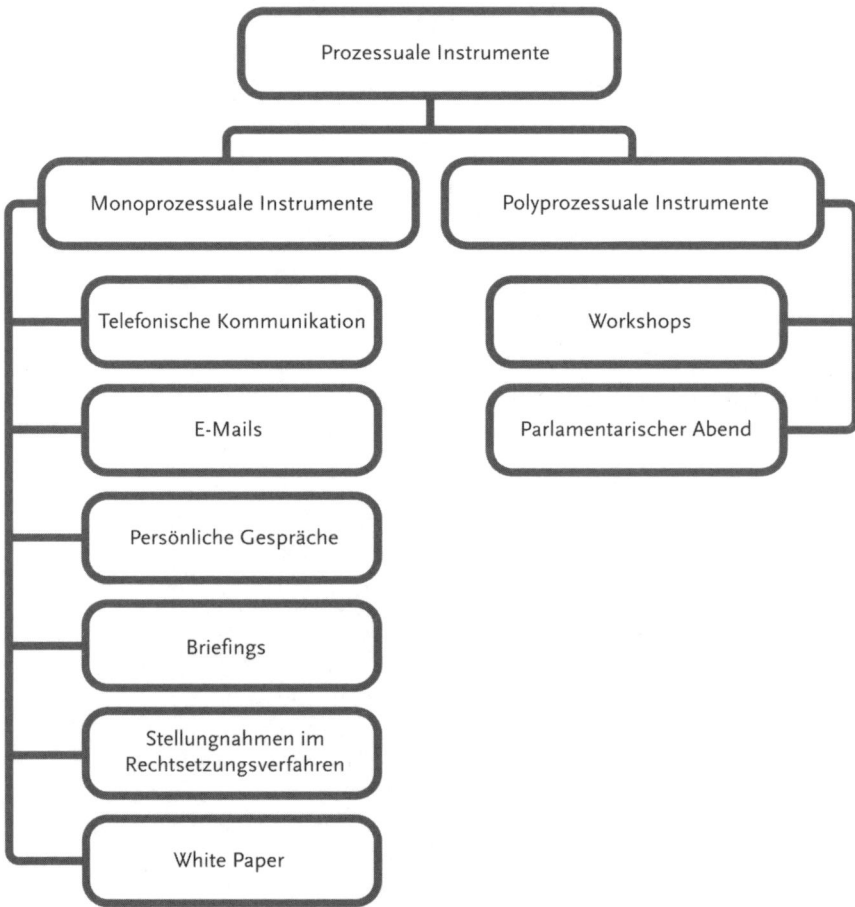

Abbildung 5.3: Prozessuale Instrumente des Lobbyings.

Grundsätzlich ist jedes der bereits dargestellten strukturellen Instrumente in der Lage, alle nachfolgenden prozessualen Instrumente zur Interessenvertretung anzuwenden. Im Hinblick auf die Realisierung einer effektiven Interessenvertretung ergeben sich jedoch individuelle Unterschiede, so etwa aufgrund der Größe eines Verbandes oder der volkswirtschaftlichen Bedeutung eines Unternehmens mit eigener Repräsentanz. Hieraus können sich Präferenzen, welches prozessuale Instrument im Tagesgeschäft zur Zielerreichung jeweils eingesetzt werden sollte, ergeben. Zunächst sollen die monoprozessualen Instrumente zum Austausch von Informationen betrachtet werden.

I. Monoprozessuale Instrumente

1. Telefonische Kommunikation

Das wohl häufigste monoprozessuale Instrument der Interessenvertretung ist das Telefonat. Durch regelmäßige telefonische Kontakte des Interessenvertreters mit Mandatsträgern und Beamten entsteht ein Wechselspiel des gegenseitigen Gebens und Nehmens von Informationen. Durch die Übermittlung objektiver Informationen, die in die Interessensphäre des Entscheidungsträgers fallen, kann sich der Interessenvertreter über einen gewissen Zeitraum hinweg bei dem Betreffenden eine Reputation als zuverlässiger Informationsgeber aufbauen. Darüber hinaus kann auch der Interessenvertreter wertvolle Informationen, beispielsweise über den Stand eines Gesetzgebungsverfahrens, erhalten, die ihm ein rasches und gezieltes Agieren ermöglichen oder an anderer Stelle von Nutzen sein können. Insbesondere wenn zwischen dem Interessenvertreter und seiner Zielperson bereits ein partnerschaftliches Vertrauensverhältnis besteht, wird auch die gezielte Gabe oder die Bitte um Informationen zur konkreten Interessenvertretung eher Gehör finden als das Wort eines unbekannten anderen Interessenvertreters.

2. E-Mails

Neben dem Telefonat ist die E-Mail ein häufig gebrauchtes monoprozessuales Instrument der Interessenvertretung, dessen Vorteil vor allem in der Schnelligkeit der Informationsübermittlung liegt.[430] Allerdings ist die E-Mail nur für das Abfragen von Informationen geeignet. Das Instrument E-Mail lässt keine persönliche Verbindung zwischen den Akteuren entstehen und ist damit nicht dazu geeignet, das für eine effektive Interessenvertretung essenzielle Vertrauen zwischen den Beteiligten zu schaffen. Der Abgeordnete oder Beamte kann nicht wie bei einem persönlichen Gespräch aus dem Auftreten oder Verhaltenssignalen des Gesprächspartners Schlüsse ziehen oder die Vertrauenswürdigkeit der erhaltenen Informationen einschätzen. Daher ermöglicht das Instrument E-Mail in vielen Fällen weder eine aktive Interessenvertretung, noch ist über E-Mail der Erhalt von anderen als objektiven, eher oberflächlichen Informationen zu erwarten.

3. Persönliche Gespräche

Ebenso wie das Telefonat können sowohl bei Parlamentariern als auch bei Kommissionsbeamten Besuche in den jeweiligen Institutionen angebracht sein. Dabei kann ein zwangloses Gespräch zwischen Abgeordneten beziehungsweise Beamten und Interessenvertreter zustande kommen, in dem Informationen zu beider Vorteil ausgetauscht werden. Grundsätzlich ist das persönliche Gespräch aus Sicht von Politikern und Kommissionsbeamten die bevorzugte Basis für einen Informationsaustausch.[431] Dieses Instrument eignet sich jedoch in aller Regel nur, wenn auch wirklich ein berechtigter Anlass zu einem Besuch besteht, zumal dieser schließlich für den Entscheidungsträger einen erheblich größeren Zeitaufwand darstellt, als etwa ein Telefonat desselben Inhalts. Keinesfalls sollte der Interessenvertreter seinem Gesprächspartner mit Belanglosigkeiten im wahrsten Sinne des Wortes die Zeit rauben.

Besonders günstig ist bei einem Besuch im Europäischen Parlament, dass man an diesem Ort, an dem alle Parlamentarier zusammenkommen, leicht über einen Bekannten weitere Personen kennenlernen und so persönliche Beziehungen zu ihnen knüpfen kann. Die Beamten der einzelnen GDs der Kommission haben dagegen ihre Büros regelmäßig in verschiedenen Gebäuden, sodass hier die Möglichkeiten des Kennenlernens über bekannte Beamte eher begrenzt sind (in der Regel auf die jeweilige GD).

Ein weiterer Vorteil für eine effektive Interessenvertretung liegt darin, dass der Lobbyist durch sein persönliches Auftreten und seine Ausstrahlung seine Persönlichkeit zur Geltung bringen und eventuell seine Überzeugungskraft gegenüber einem Telefongespräch steigern kann. Auch kann der Interessenvertreter hilfreiche Schlüsse aus dem Verhalten seines Gegenübers, beispielsweise dessen Gestik und Mimik, ziehen und sein Verhalten entsprechend gut anpassen. Darüber hinaus sei bemerkt, dass eine geschickte persönliche Ansprache von Entscheidungsträgern oftmals auch dort zum Erfolg führen kann, wo Telefonate bereits im Vorzimmer des Betreffenden abgewiesen werden.

Der Nachteil (zu) häufiger Besuche ist dagegen, dass diese als zu aufdringlich empfunden werden können und sich außerdem Terminprobleme bei den Entscheidungsträgern ergeben.

4. Briefings

Ein ähnliches Instrument stellt das Briefing dar. Unter Briefing versteht man die Gabe von Informationen an den Entscheidungsträger für ein konkretes Thema in der frühen Vorbereitungsphase von Entscheidungen, also noch bevor ein Referentenentwurf, Weißbuch oder Grünbuch in der betreffenden Angelegenheit vorliegt. Derlei Informationen werden meist gerne angenommen: Man muss sich vergegenwärtigen, dass insbesondere Parlamentarier nur über einen recht kleinen Verwaltungsapparat verfügen und folglich – mangels für sie aufbereiteten Informationen – mit zum Teil nur begrenzten Kenntnissen von der bearbeiteten Materie einen Rechtsetzungsprozess mit europaweiter Geltung vorbereiten. Durch das Briefing werden dem Entscheidungsträger objektive Informationen von kompetenter Seite, nämlich aus der Praxis der Unternehmen, zugänglich gemacht, die er von sich aus kaum in seine Überlegungen einbeziehen würde und die somit seinen thematischen Wissenshorizont erweitern.

Das Briefing setzt voraus, dass der Interessenvertreter bei dem Entscheidungsträger bereits über eine entsprechende Reputation verfügt, sodass dieser ein Interesse an seinen Informationen zu dem konkreten Thema hat und ihm Aufmerksamkeit schenkt. Die Effektivität des Briefings ist in starker Abhängigkeit vom gewählten strukturellen Instrument der Interessenvertretung zu sehen. Der Vertreter eines großen und einflussreichen Verbandes kann hier ebenso wie der Lobbyist eines Unternehmens oder ein externer Dienstleister, die sich bei dem betreffenden Entscheidungsträger eine Reputation als kompetente Partner erworben haben, erfolgreich sein. Die Bemühungen anderer Dienstleister oder Vertreter von weniger bedeutenden Verbänden, die weder kraft ihrer Größe noch infolge ihrer bisherigen Zusammenarbeit mit dem betreffenden Beamten oder Abgeordneten über eine entsprechende Reputation verfügen, können hingegen zum Scheitern verurteilt sein.

5. Stellungnahmen im Rechtsetzungsverfahren

Eine Ergänzung des Briefings stellt die Stellungnahme dar. Dieses Instrument kann eingesetzt werden, wenn von institutioneller Seite bereits ein Entwurf in einem Rechtsetzungsverfahren vorliegt, auf das ein Unternehmen Einfluss nehmen möchte. Stellungnahmen werden zum Teil unaufgefordert, zum Teil nach Aufforderung vorgelegt. Insbesondere die Kommission ist bemüht, die größten betroffenen Verbände und auch Unternehmen in einer Angelegenheit zu hören und fordert daher bisweilen selbst Stellungnahmen an.

Einem Unternehmen, das gezielt seine eigenen Interessen vertreten möchte, wird dies mitunter dennoch wenig nützen. Deshalb ist es oft angebracht, unaufgefordert eine eigene Stellungnahme gegenüber den Entscheidungsträgern abzugeben. Das setzt zunächst einmal voraus, dass das Unternehmen durch seine strukturellen Interessenvertretungsinstrumente über die offiziellen Vorlagen ausreichend und möglichst rasch informiert wird. Daneben gelten für einen möglichen Erfolg der Stellungnahme die Ausführungen zum Briefing entsprechend: Eine effektive Interessenvertretung erfordert in aller Regel entweder ein so großes volkswirtschaftliches Gewicht des Unternehmens beziehungsweise des Interessenvertreters oder aber eine entsprechende erworbene Reputation, dass dem vorgetragenen Standpunkt auch Beachtung geschenkt wird.

Zu beachten ist bei derartigen schriftlichen Eingaben eine klare und verständliche Formulierung; auf europäischer Ebene sollten grundsätzlich auch die sprachlichen Möglichkeiten des Adressaten beachtet werden: Texte sollten auf jeden Fall in Englisch verfasst sein, gegebenenfalls zusätzlich in der Muttersprache des Ansprechpartners. Zudem sollten insbesondere unaufgeforderte Eingaben so kurz wie möglich gehalten sein.

6. White Paper

Im Gegensatz zu allen bisher genannten Instrumenten, die in aller Regel den Verfasser beziehungsweise die Quelle der Informationen und Argumente zu erkennen geben, handelt es sich bei einem White Paper – teils auch in Anlehnung an den Umfang eines solchen Dokuments auch als »One Pager« bezeichnet – um ein Kommunikationsmittel, bei dem »auf einem weißen Blatt Papier« Informationen und Argumente zu einem Thema zusammengefasst sind. Das hat nichts mit der Meidung von Öffentlichkeit oder Geheimniskrämerei zu tun, sondern dient allein der besseren Verwertbarkeit im weiteren Kommunikationsprozess aus der Perspektive des Entscheidungsträgers, an den das White Paper adressiert ist. Er kann es den eigenen Gesprächspartnern zur Diskussion vorlegen, ohne dabei zugleich – was strategisch ungünstig sein kann – den Ursprung des Textes zu offenbaren. Zum anderen ist es eine Tatsache, dass die Güte und Überzeugungskraft eines Sacharguments nie »im luftleeren Raum« bewertet wird, sondern immer in Abhängigkeit des Umfeldes, aus dem das Argument kommt. So wird beispielsweise das Argument, die Verschreibung von Generika sei im Vergleich zu Originalpräparaten äußerst kostensparend und sollte daher gesetzlich besonders gefördert werden, weder aus dem Munde eines Generikaherstellers noch eines Kostenträgers sonderlich glaubwürdig klingen: Während bei Ersterem die Vermutung der Verfolgung von Eigeninteressen in Form von Gewinnstreben assoziiert werden dürfte, hätte Letzterer mit dem Vorwurf von Sparmaßnahmen auf Kosten der Gesundheit der Versicherten zu kämpfen. Objektiv vermag das Argument der größeren Wirtschaftlichkeit jedoch in vielen (freilich nicht allen) Fällen zu überzeugen. Wird es daher von einem des Eigennutzes unverdächtigen Akteur vorgebracht – etwa einem anerkannten Gesundheitspolitiker – so liegt der Schwerpunkt der Debatte viel eher auf der sachlichen Ebene.

Weiterhin kann der Interessenvertreter in einem White Paper unter Beweis stellen, dass sein Anliegen nicht nur einem Partikularinteresse seines Auftraggebers entspricht, sondern weitergehende Sachargumente für seine Position streiten. Ein White Paper argumentiert stets aus der Perspektive des Adressaten und damit einer vom Interessenumfeld des Auftraggebers womöglich vollkommen unterschiedlichen Sphäre heraus. Während eine vom Auftraggeber angestrebte Gesetzesänderung für ihn möglicherweise vor allem wirtschaftliche Vorteile hat, kann sie – durch eine andere Brille betrachtet – auch mit Vorteilen für die Allgemeinheit verbunden sein, sei es eine bessere Versorgung der Bevölkerung mit einer Dienstleistung, Verbesserungen im Datenschutz, dem Erhalt von Arbeitsplätzen oder fiskalisch positiven Auswirkungen.

Wie ein White Paper aufgebaut sein sollte, lässt sich kaum pauschal darstellen. Drei Grundregeln sollten freilich stets beherzigt werden:
- Erstens sollte sich der Verfasser des Papiers genau über den Hintergrund, das Vorwissen und die Perspektive möglicher Adressaten informieren. Nicht nur definiert sich damit der durch das Papier abzudeckende Informationsbedarf: Einem Fachpolitiker oder mit einer Thematik seit Langem befassten Beamten muss nicht in aller Ausführlichkeit die Genese einer Gesetzesinitiative samt Folgenabschätzung vorgelegt werden; er wäre gelangweilt und würde sich zurecht unterschätzt fühlen. Richtigerweise sollte ein Papier genau dort ansetzen, wo das Informationsbedürfnis des Adressaten liegt – das Textpensum eines Spitzenpolitikers oder Beamten ist zu groß und seine Zeit zu wertvoll, um sich mit Altbekanntem zu befassen. Ähnlich einem Anwalt, der in einem Schriftsatz versuchen wird, die aus der Sicht des Richters für seinen Mandanten sprechenden Argumente herauszuarbeiten und die Argumente der Gegenseite zu

schwächen, wird ein Interessenvertreter versuchen, die aus Sicht seines Gegenübers wesentlichen Punkte deutlich zu machen und entsprechend zu argumentieren.
- Zweitens sollte sich der Verfasser über das begrenzte Zeitbudget des Adressaten bewusst sein. Selbst ein hervorragend geschriebenes, in sich schlüssiges und mit nachvollziehbaren Argumenten verfasstes Papier wird im »Markt der Meinungen« wirkungslos verpuffen, wenn es eine gewisse Maximallänge beziehungsweise einen gewissen Komplexitätsgrad überschreitet. Dies hat wohlgemerkt nichts damit zu tun, dass der Adressat nicht in der Lage wäre, es inhaltlich nachzuvollziehen: Er hat schlichtweg nicht die Zeit dazu. Hier muss berücksichtigt werden, dass ein Spitzenpolitiker oder -beamter häufig mehrere hundert Textseiten pro Tag zu bearbeiten hat, vom Pressespiegel über persönliche Schreiben bis hin zu einer Vielzahl von Argumentationspapieren und Stellungnahmen. Eine Argumentationslinie, deren Darstellung mehr als ein oder zwei Textseiten benötigt, wird vor diesem Hintergrund kaum eine Chance zur effektiven Wahrnehmung bekommen.
- Drittens – einer der wichtigsten Aspekte – muss das Papier inhaltlich überzeugen. Damit ist nicht nur die Schlüssigkeit in sich gemeint; vielmehr muss sich eine Argumentation stets auch mit den Gegenargumenten auseinandersetzen beziehungsweise diese zumindest nicht vernachlässigen. Ehrlichkeit und Seriosität zahlen sich auch hier aus: Vor dem Hintergrund, dass ein Thema in der Regel von verschiedenen Interessengruppen bearbeitet wird, ist die Wahrscheinlichkeit groß, dass einem Adressaten auch mehrere Argumentationspapiere vorliegen. Bis zur Aufdeckung von Widersprüchen oder objektiven Unrichtigkeiten wäre es dann nicht mehr weit; Image und Glaubwürdigkeit des Interessenvertreters wären massiv beschädigt.

Um diesen Anforderungen gerecht zu werden, sollte ein Interessenvertreter wichtige Papiere einem Qualitätstest unterziehen, das heißt, sie ehemaligen Amts- oder Mandatsträgern, denen er vertraut und die in der Sache keinem Interessenkonflikt unterliegen, vorlegen. Sie können in der Regel zum einen sehr gut einschätzen, ob ein Papier auf den richtigen Empfänger ausgerichtet ist und dessen Empfängerhorizont gerecht wird, zum anderen (mit dem unverfälschten Blick eines nicht betroffenen Dritten) die argumentative und politische Stringenz des Textes fundiert beurteilen.

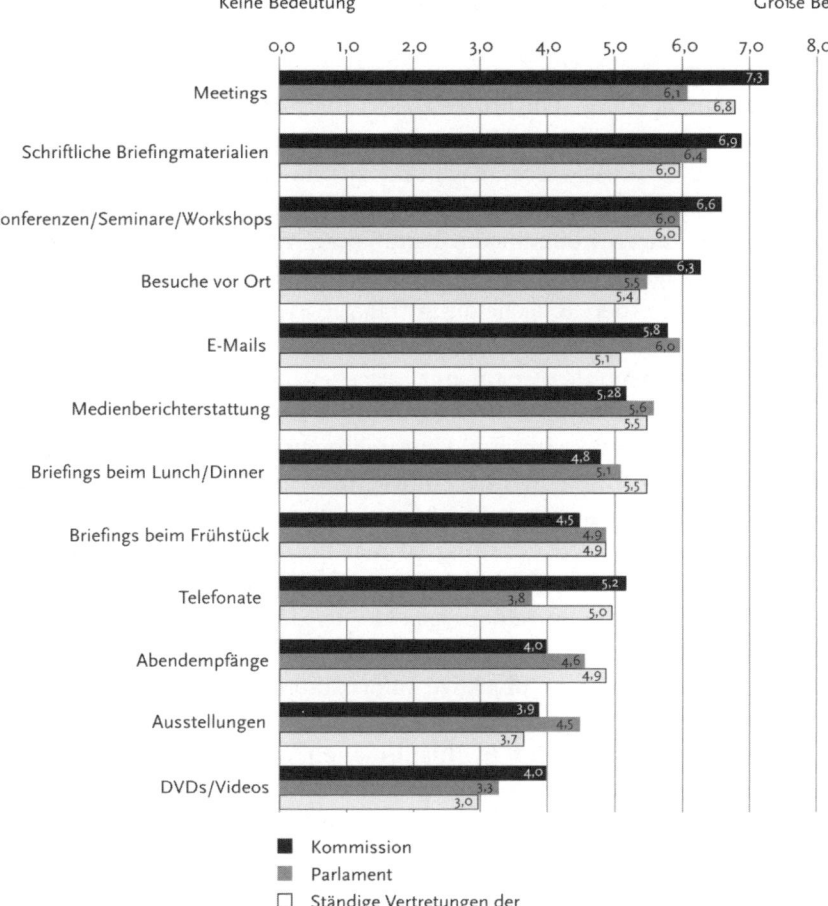

Abbildung 5.4: Informationsvermittlung auf europäischer Ebene, unterteilt nach Kommunikationsinstrumenten.[432]

Die praktische Bedeutung von White Papers in der Lobbying-Praxis ist außerordentlich hoch, wie eine Umfrage der Public-Affairs-Agentur *Burson-Marsteller* aus dem Jahr 2005 in Kommission, Parlament und den Ständigen Vertretungen der Mitgliedstaaten gezeigt hat (siehe Abbildung 5.4): Sie sind das zweitwichtigste Informationsinstrument nach persönlichen Meetings.

II. Polyprozessuale Instrumente

1. Workshop

Als herausragendes polyprozessuales Instrument ist der politische Workshop zu nennen. Darunter ist eine institutionenübergreifende Informations- und Diskussionsveranstaltung zu einem speziellen Thema zu verstehen, die meist von oder im Auftrag eines Unternehmens durchgeführt wird. Daran nehmen die betroffenen Vertreter der Kommission und des Parlaments sowie des Unternehmens teil. Zweck eines solchen Workshops ist es, den Entscheidungsträgern Experten- und Praxiswissen seitens des Unternehmens zukommen zu lassen. Dabei ist es oftmals förderlich, eine neutrale Person mit ausgezeichneter Reputation und einem ebensolchen fachlichen Hintergrund mit der Leitung des Workshops zu betrauen. Dadurch wird das Unternehmensinteresse gegenüber den Politikern und Beamten in den Hintergrund gestellt, sodass diese sich leichter zu einer Teilnahme bereit erklären. Besonderer Vorteil dieses Instruments der Interessenvertretung ist die Bündelung der Kommunikation. Die relevanten Beamten, Politiker und Experten sitzen an einem Tisch und können die einzelnen Aspekte der Thematik sofort und ohne Zeitverluste durch gegenseitige Zuleitung von Positionspapieren miteinander diskutieren. Eine objektive Information und sachliche Diskussion stärkt auch die professionelle Anerkennung der Unternehmensvertreter seitens der Vertreter der EU-Institutionen, was ihrer Reputation für die Zukunft zugutekommt. In diesem Sinne kann der Workshop zugleich auch als Instrument der Imagepflege des Unternehmens in Brüssel dienen.

2. Parlamentarischer Abend

Des Weiteren gibt es die Möglichkeit des Parlamentarischen Abends. Dieser ist institutionsspezifisch und richtet sich grundsätzlich vor allem an die Abgeordneten des Parlaments und ihre Mitarbeiter. Eventuell können auch Beamte der Kommission zugeladen werden, die für das Unternehmen von Interesse sein könnten.

Der Zweck eines solchen Abends ist es, Vertreter des Unternehmens eine allgemeine Gesprächsmöglichkeit mit den Parlamentariern zu eröffnen und miteinander bekannt zu machen. Er dient damit mehr der Öffentlichkeitsarbeit als der konkreten Interessenvertretung im eigentlichen Sinn; jedoch ist die Image- und Kontaktpflege eines Unternehmens für seine Reputation und damit für einen potenziellen Interessenvertretungserfolg von eminenter Bedeutung. Da es bei einem Parlamentsabend in der Regel nicht um ein bestimmtes Thema geht, ist auch die Auswahl der teilnehmenden Abgeordneten nach ihrer Ausschusszugehörigkeit nicht unbedingt erforderlich. Vielmehr soll er dazu beitragen, das Unternehmen auch in der Breite bekannt zu machen.

Ein Parlamentarischer Abend ist ohne Frage eine besonders herausfordernde Form politischer Veranstaltungen, deren Gelingen von einer sehr professionellen Vorbereitung abhängt. Die Parlamentarier und Beamten sehen sich insbesondere in den Sitzungswochen einer breiten und anspruchsvollen Auswahl an abendlichen Ereignissen gegenüber. Des Weiteren sind diese Personen in der Regel höchste Standards – einerseits fachlich, andererseits auch hinsichtlich ihrer Betreuung durch einen Gastgeber – gewöhnt. Ein Unternehmen kann sich hier keinesfalls Fehler erlauben, da hier Ansehen und Reputation unwiederbringlich verspielt werden können. Die langfristige und sorgfältige Planung eines solchen Abends beginnt mit der Terminfindung, die spätestens sechs Monate im Voraus erfolgen sollte. Grundsätzlich muss eine derartige Veranstaltung während einer (Brüsseler oder Straßburger) Sitzungswoche des Europäischen Parlaments stattfinden, da sich die Abgeordneten andernfalls beispielsweise in ihren Heimatmitgliedstaaten befinden. Ferner sollte der Termin hinsichtlich möglicher wichtiger Sitzungstermine geprüft werden, damit es hier zu keiner zeitlichen Überschneidung kommt. An dieser Stelle empfiehlt es sich zudem, bei einigen ausgewählten Abgeordneten anzufragen, ob der avisierte Termin grundsätzlich günstig wäre. Außerdem sollte nach Möglichkeit geklärt werden, ob an den möglichen Terminen eventuell andere derartige Veranstaltungen geplant sind. Viel Sorgfalt sollte ebenso auf die Auswahl des Veranstaltungsorts gelegt werden. Dies kann beispielsweise ein Hotel mit geeigneten Räumlichkeiten sein, welches in der Nähe des Europäischen Parlaments liegt. Wenn der Termin feststeht, sollte möglichst rasch eine Vorankündigung an den Adressatenkreis versandt werden, verbunden mit der höflichen Bitte, sich den avisierten Termin nach Möglichkeit freizuhalten. Es ist dabei zusätzlich sinnvoll, Lobbying in eigener Sache zu betreiben: Es sollte versucht werden, hochrangige Abgeordnete, z. B. die Fraktionsvorsitzenden im Europäischen Parlament, zu einer frühen Zusage zu bewegen, da sich dies erfahrungsgemäß auf die Attraktivität der Veranstaltung für die anderen Abgeordneten auswirkt. Die eigentlichen Einladungen für den Parlamentarischen Abend sollten ca. drei Monate vor der Veranstaltung verschickt werden, gefolgt von einer zeitnahen Erinnerung an die Veranstaltung.

Die obige Beschreibung zeigt, wie wichtig und umfänglich die Vorbereitung eines Parlamentarischen Abends ist. Bei der Durchführung selbst ist ebenfalls auf höchste Ansprüche zu achten. Entscheidend ist, dass auch ein Parlamentarischer Abend professionelle Expertise benötigt, um die gewünschte Wirkung im Rahmen der Interessenvertretung zu erreichen.

D. Umsetzung in die Praxis: Gesamtmodell zur Strukturierung einer effektiven und effizienten Interessenvertretung

Vor dem Hintergrund der eingangs dargestellten Instrumente widmet sich der nun folgende Abschnitt der Umsetzung in die Praxis – wie sollte ein Unternehmen die Vertretung seiner Interessen aufstellen? Welche Kombination der verschiedenen (vor allem strukturellen) Instrumente bietet den optimalen Mix, das heißt, wie kann eine – sowohl strukturell als auch projektspezifisch – effektive und ressourceneffiziente Interessenvertretungsstrategie aussehen?

In einem ersten Schritt werden dazu die Stärken und Schwächen der einzelnen Instrumente anhand eines in sieben Punkten formulierten Qualitätsmaßstabes effektiver Interessenvertretung dargestellt (dazu Abschnitt I unten). In einem zweiten Schritt ist auf die optimale Koordination der unterschiedlichen Aktivitäten im Unternehmen einzugehen (dazu Abschnitt II unten): Wo sollten Verantwortlichkeiten im Unternehmen verortet sein; wie können dort reibungslose und belastbare Strukturen aufgebaut werden? Schritt drei befasst sich sodann mit der Bestandsaufnahme (Taking Stock) und der darauf folgenden strukturellen Grundaufstellung des Unternehmens im Bereich Interessenvertretung (dazu Abschnitt III unten): Was ist das unternehmensspezifische Anforderungsprofil? Welche Kontakte und Arbeitsbeziehungen sind vorhanden? Welche Defizite bestehen, wie ist das Image des Unternehmens in Politik und Verwaltung? Schritt vier verdeutlicht schließlich die projektspezifische Aufstellung einer Interessenvertretungsstrategie (dazu Abschnitt IV unten).

I. Qualitätsmaßstäbe setzen: Eckpunkte einer effektiven Interessenvertretung für ein Unternehmen

Zweifellos gibt es kein Patentrezept einer guten Interessenvertretung – zu unterschiedlich sind die Anforderungen jeder einzelnen Branche, jedes individuellen Unternehmens und jedes einzelnen Projekts. Dennoch lassen sich gewisse Eckpunkte setzen, gleichsam Qualitätsmaßstäbe einer

Interessenvertretung: Letztere kann sich gerade nicht darin erschöpfen, wohlklingende Konzepte zu entwerfen und diese dann über mehr oder minder zufällige Kontakte in den Bereich von Legislative und Exekutive »einzuspeisen«. Vielmehr setzt gute Interessenvertretung kumulativ hervorragende Informationsversorgung, ein Gefühl für *Timing*, vertrauensvolle Kontakte, Begeisterungsfähigkeit und Durchschlagskraft voraus – fehlt es an einem dieser Aspekte, wird das Unternehmen seine Ziele nicht oder nur zufällig erreichen.

Im Folgenden wird daher ein sieben Punkte umfassender Qualitätsmaßstab aufgestellt. Jeder dieser sieben Punkte soll sodann kurz aus der Perspektive der strukturellen Interessenvertretungsinstrumente beleuchtet werden: Kann das jeweilige Instrument den Anforderungen entsprechen oder bestehen wesentliche Defizite?

Qualitätsmaßstäbe der Interessenvertretung bei den Institutionen der EU

1. Verfügbarkeit von Quellen für eine *fortlaufende, tiefgehende Informationsbeschaffung* und *Identifikation von Entscheidungsprozessen* aufgrund eines funktionierenden Netzwerks in den Institutionen
2. Fähigkeit, aus den so gewonnenen Informationen die *richtigen Schlüsse* zu ziehen und *zur richtigen Zeit* aktiv zu werden (Timing)
3. *Belastbare, vertrauensvolle Kontakte* zu den *zuständigen* Beamten und Mandatsträgern, jedoch nicht begrenzt auf zufällig verteilte Akteure, sondern unter Abdeckung einer *Vielzahl* von Gremien und Institutionen der EU (Europäisches Parlament, GDs der Kommission etc.)
4. Position, diese Kontakte *zeitgerecht*, das heißt in der Regel *schnell* anzusprechen
5. Fähigkeit, ein *wirkliches Interesse* des Beamten oder Mandatsträgers am jeweiligen Anliegen auszulösen
6. Möglichkeit zum Nachfassen beziehungsweise Nachfragen beim zuständigen Beamten oder Mandatsträger, das heißt zur *längerfristigen Begleitung* eines Entscheidungsprozesses
7. Ansprechbarkeit des Beamten oder Mandatsträgers *auch bei hohem Zeitdruck*

Übersicht 5.1: Maßstab für eine effektive Interessenvertretung

Im Einzelnen ist dazu auszuführen:
- *Verfügbarkeit von Quellen für eine fortlaufende, tiefgehende Informationsbeschaffung und Identifikation von Entscheidungsprozessen aufgrund eines funktionierenden Netzwerks in den Institutionen:* Hier ist der Einsatz eines Verbandes zur Deckung des »Grundbedarfs« an Interessenvertretung insbesondere aufgrund der Breite des verbandlichen Informationsansatzes empfehlenswert. Ein Verband – zumindest wenn er über eine entsprechende Größe und Reputation verfügt – hat sehr gute formelle Zugänge zu den Institutionen der EU und gewährleistet insofern einen fortlaufenden Informationsfluss zu allen öffentlichen beziehungsweise verbandsöffentlichen Vorgängen auf europäischer Ebene. Auch ist über die Verbandsmitgliedschaft die Teilnahme an formellen Beteiligungsprozessen auf europäischer Ebene (Hearings etc.) gesichert beziehungsweise zumindest wesentlich erleichtert. Weniger geeignet erscheint ein Verband hingegen zum einen zur Identifikation unternehmensspezifischer Themen beziehungsweise zur Informationsbeschaffung in diesem Bereich, zum anderen zur Eröffnung informeller Informationsströme. Ersterem steht das bereits ausführlich erörterte Heterogenitätsproblem im Wege: Es ist einem Verbandsvertreter schon rein faktisch unmöglich, Monitoring für jedes einzelne Mitgliedsunternehmen zu betreiben (beziehungsweise die entsprechenden Themen überhaupt zu identifizieren) und daraufhin womöglich detailliertere Informationen abzufragen. Letzterem hingegen steht häufig der formalisierte Interessenvertretungsansatz der Verbände entgegen: Die Informationsversorgung von Verbänden funktioniert – hier scheint noch der korporatistische Ansatz aus den Mitgliedstaaten durch – in der Breite eher auf offiziellem Wege als durch vertrauliche Hintergrundgespräche. Gerade für diese Punkte erscheinen daher die weisungsabhängigen Instrumente besser geeignet: Unternehmensspezifische, auf allgemein zugängliche Quellen beschränkte Monitoringtätigkeiten lassen sich auch durch eine PA-Agentur erbringen (eine Unternehmensrepräsentanz mit in aller Regel etwas dünnerer Personaldecke würde dies in komplexeren Bereichen schlicht zeitlich überfordern), während die erforderlichen Kontakte zur detaillierten Vertiefung im Einzelfall meist nur bei dem Unternehmensrepräsentanten oder aber einem externen Dienstleister (Governmental-Relations-Agentur) gegeben sein werden. Nur in rechtlich komplexen Bereichen – insbesondere zur juristischen Bewertung von Nachrichten und Informationen – sollte hier eine Anwaltskanzlei zum Einsatz kommen.

Kurz gesagt: Zur informationellen Grundversorgung dient der Verband; zum unternehmensspezifischen Monitoring kommen PA-Agentur und Rechtsanwaltskanzlei zum Einsatz; zur Vertiefung und Nachforschung im Einzelfall sind Unternehmensrepräsentant und Governmental-Relations-Agentur prädestiniert.

- *Fähigkeit, aus den so gewonnenen Informationen die richtigen Schlüsse zu ziehen und zur richtigen Zeit aktiv zu werden (Timing):* Der Schwerpunkt liegt hier im Inhaltlichen, das heißt der Filterung wesentlicher Informationen für das Unternehmen und der Ziehung strategischer Schlüsse für dessen politische Aufstellung. Auch hier kann ein Verband eine gewisse Grundversorgung garantieren; aufgrund des Heterogenitätsproblems stößt er jedoch an seine Grenzen, sobald verbandsintern konfligierende Interessen auftreten. Hinzu kommt, dass ein Verband aufgrund der Verschiedenheit seiner Mitgliedsunternehmen neue Informationen häufig erst zielgruppengerecht aufbereiten muss. Diese Verlangsamung des (häufig institutionalisierten) Informationsflusses, etwa über Newsletter, regelmäßige Briefings etc. bedeutet jedoch einen schwerwiegenden Nachteil im Hinblick auf die wünschenswerte Minimierung des Faktors Zeit. Vom Unternehmen eingesetzte PA-Agenturen und Rechtsanwaltskanzleien können hier bis zu einem gewissen Grad kompensieren, allerdings fehlt ihnen meist das prozessuale Knowhow, um die praktischen Folgen abschätzen zu können.

Auch hier sind demnach Unternehmensrepräsentanz und Governmental-Relations-Agentur gefordert; vor allem bei letzterer ist mit ihrer prozessualen Expertise eine (strategische) Kernkompetenz berührt.

- *Vertrauensvolle Kontakte zu den zuständigen Beamten und Mandatsträgern, jedoch nicht begrenzt auf zufällig verteilte Akteure, sondern unter Abdeckung einer Vielzahl von Gremien und Institutionen der EU (Europäisches Parlament, Generaldirektionen der Kommission etc.):* Auch hier leisten Verbände eine wertvolle Grundversorgung – sie haben über die institutionalisierten Kommunikationswege in der Regel zuverlässige Zugänge zu einer Vielzahl relevanter Entscheidungsträger. Diese Zugänge exklusiv für ein Unternehmen zu eröffnen, ist jedoch kaum möglich: Ein Verbandsvertreter ist kraft seines Amts allen Verbandsmitgliedern verpflichtet; bei konfligierenden Interessen kann er sich nicht für einen einzelnen Akteur verwenden, ohne seine Glaubwürdigkeit als Vertreter eines Interessenkollektivs zu riskieren. PA-Agentur und Rechtsanwaltskanzlei scheiden in der Regel aus, liegt ihre Kernkompetenz doch im inhaltlichen, weniger im prozessualen Bereich. Zwischen Unternehmensrepräsentanz und Governmental-Relations-Agentur spricht vieles für den externen Dienstleister: Er verfügt meist über das belastbarere Netzwerk und kann im Zweifel (im Zusammenhang mit seiner branchenübergreifenden Tätigkeit für verschiedene Klienten) auch auf Akteure zugreifen, die für die Anliegen des Unternehmens nur mittelbar relevant sind und daher vom Unternehmensrepräsentanten in dessen alltäglicher Arbeit aus Kapazitätsgründen kaum abgedeckt werden können.

Letztlich verspricht hier die Kombination der Netzwerke von Unternehmensrepräsentant und externem Dienstleister den größten Erfolg.

- *Position, diese Kontakte zeitgerecht, das heißt in der Regel schnell anzusprechen:* Diese – rein prozessuale – Kernanforderung wirkungsvoller Interessenvertretung kann in der Praxis fast ausschließlich von Unternehmensrepräsentanz und Governmental-Relations-Agentur erfüllt werden. Entscheidende Vorteile des externen Dienstleisters können dabei sowohl die Vielfalt der für ihn verfügbaren Zugänge als auch die für ihn eher gegebene Möglichkeit sein, subjektive Unternehmensinteressen nicht als solche, sondern mit objektiv glaubwürdigen Argumenten in die Debatte einzubringen: Als »Interessenvertreter in beide Richtungen« wird ihm damit häufig eher Gehör geschenkt als dem mit der Fahne des Unternehmens auftretenden Repräsentanten.
- *Fähigkeit, ein wirkliches Interesse des Beamten oder Mandatsträgers am jeweiligen Anliegen auszulösen:* Hier sind eher methodische Fähigkeiten als spezifisch einem strukturellen Instrument zuzuordnende Charakteristika gefragt. Es wurde bereits dargestellt, dass der Kern guter Interessenvertretung darin liegt, dem Gegenüber zu vermitteln, warum die Erfüllung eines Anliegens auch in dem von ihm wahrzunehmenden Interesse liegt. Ein Abgeordneter ist immer am wirtschaftlichen Erfolg der in seinem Wahlkreis angesiedelten Unternehmen interessiert; eine Generaldirektion wird sich grundsätzlich für die fiskalischen Auswirkungen eines Vorhabens interessieren; ein Abgeordneter oder Beamter kann ein Anliegen zu »seinem« Thema machen und damit innerhalb der eigenen Institution an Profil gewinnen. Insoweit muss jedes der Interessenvertretungsinstrumente die eigene Argumentation immer wieder hinterfragen

und justieren, um den Adressaten nicht aus den Augen zu verlieren.
- *Möglichkeit zum Nachfassen beziehungsweise Nachfragen, das heißt zur längerfristigen Begleitung eines Entscheidungsprozesses; Ansprechbarkeit des Beamten oder Mandatsträgers auch bei hohem Zeitdruck:* Um ein Anliegen dauerhaft begleiten zu können, ohne die zuständigen Amts- und Mandatsträger zu ermüden oder gar zu entnerven, sind belastbare Netzwerke erforderlich. Der Entscheidungsträger muss aus eigener Erfahrung um die Seriosität und die Zuverlässigkeit des Interessenvertreters wissen; er muss den Vorteil der Zusammenarbeit für die eigene Arbeit und die eigene Institution erkennen können. Dies wiederum setzt – neben der bereits angesprochenen Fähigkeit zum Perspektivwechsel – voraus, dass er auch abseits des konkreten Anliegens häufiger inhaltliche Berührungspunkte mit dem Interessenvertreter hatte beziehungsweise haben wird: Ein Unternehmensrepräsentant, der beispielsweise in einer Frage der Exportregulierung zum ersten Mal mit einem dafür zuständigen Amtsträger in Berührung kommt, wird sich dabei schwer tun.

Hier sind wiederum die nicht auf einen Klienten begrenzten Arbeitsbeziehungen einer Governmental-Relations-Agentur ein klarer Vorteil.

Im Ergebnis zeigt sich eine klare Verteilung von Stärken und Schwächen der einzelnen Instrumente: Während der Verband die (branchenorientierte) Grundversorgung im Bereich der Interessenvertretung sicherstellt, muss für unternehmensspezifische Belange auf externe Dienstleister oder eine eigene Unternehmensrepräsentanz zurückgegriffen werden. Inhaltliche Arbeit, beispielsweise politische Analysen, Trendforschung oder rechtliche Beurteilungen, lassen sich dabei am besten durch PA-Agenturen und Rechtsanwaltskanzleien abdecken. Im prozessualen Bereich schlägt hingegen die Stunde von Unternehmensrepräsentanz und Governmental-Relations-Agentur: Sie sind die »Schaltstellen« der Interessenvertretung, tragen strategische Verantwortung und erbringen die eigentliche Kerntätigkeit der Vermittlung der Interessen in Legislative und Exekutive. Die eigene Repräsentanz ist dabei als »Gesicht« des Unternehmens im politischen Brüssel so gut wie unverzichtbar, während sowohl Breite als auch Tiefe der Interessenvermittlung in die Hände einer Governmental-Relations-Agentur gelegt werden sollte, dies natürlich in Abstimmung mit der Unternehmensrepräsentanz.

II. Leitungsstrukturen geben: Koordination der Instrumente durch das Unternehmen

Die Vielzahl verfügbarer und – wie gerade gesehen – in ihrem jeweiligen Kompetenzbereich auch sinnvoller Instrumente muss optimal koordiniert werden, um Redundanzen und Reibungsverluste zu verhindern. Mitentscheidend für die Effektivität eines der verschiedenen strukturellen Interessenvertretungsansätze sind damit die Kommunikations- und Entscheidungsstrukturen sowohl innerhalb des Unternehmens als auch zwischen den eingesetzten strukturellen Instrumenten. Ebenso wie für strategische Entscheidungen in Unternehmensbereichen wie Produktentwicklung, Einkauf oder Vertrieb benötigt ein Unternehmen daher einen eigenen Zuständigkeitsbereich »Interessenvertretung« und dementsprechend auch einen eigenen Ansprechpartner für alle diesbezüglichen Belange. Dieser interne Entscheidungsträger, der die zu erfüllenden Aufgaben differenziert und zwischen den einzelnen Aufgabenträgern koordiniert, wird im Folgenden als Koordinator bezeichnet.

An welcher Stelle der Unternehmenshierarchie der Koordinator angesiedelt sein sollte, hängt neben dem Strukturtyp der Unternehmensorganisation auch von der strategischen Ausrichtung des Interessenvertretungsansatzes ab. Grundsätzlich und insbesondere dann, wenn die Interessenvertretungsinstrumente eingesetzt werden, um Informationen als Grundlage für weitreichende Planungsentscheidungen des Unternehmens zu erlangen, sollte der Koordinator in der Unternehmenshierarchie so nah wie möglich an der Leitungsebene des Unternehmens angesiedelt sein: Bei Berührung strategischer Belange des Unternehmens durch die Interessenvertretung ist ein umfassender Überblick über die unternehmerische Gesamtsituation und die Möglichkeit, entsprechende strategische Weichenstellungen wirksam anregen zu können, unerlässlich für eine effektive und effiziente Koordination der Instrumente.

So wird durch den direkten Kontakt zwischen der obersten Unternehmensleitung und den strukturellen Interessenvertretungsinstrumenten mittels des Koordinators die zeitliche Verzögerung des Informationsflusses minimiert. Zudem wird die Gefahr von Informationsverlusten beziehungsweise -fehlleitungen möglichst gering gehalten. Optimal ist es, wenn ein Mitglied der Unternehmensleitung die Position des Koordinators einnimmt. Als Alternative hierzu – was insbesondere bei Großunternehmen aufgrund der Fülle der Aufgaben der Unternehmensleitung unerlässlich sein wird – sollte der Koordinator der Unternehmensleitung unmittelbar disziplinarisch unterstellt sein. Dies kann neben dem persön-

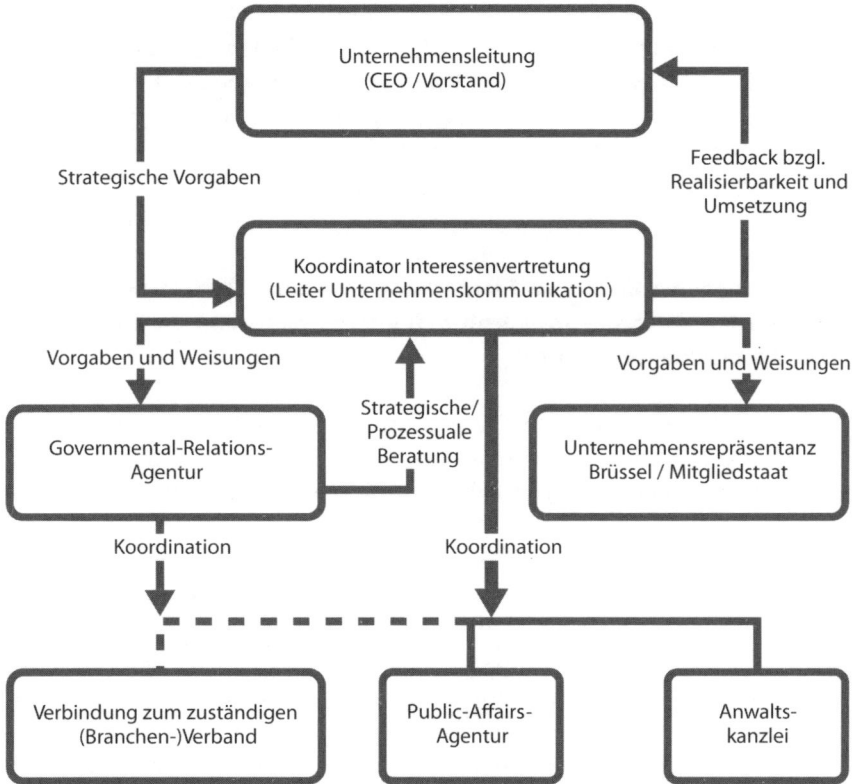

Abbildung 5.5: Koordination des Instrumentenmixes der Interessenvertretung durch das Unternehmen.

lichen Referenten eine eigens eingerichtete Stabsstelle oder der Leiter der Abteilung Öffentlichkeitsarbeit/Unternehmenskommunikation sein. In einigen großen Unternehmen hat die Umsetzung dieser Erkenntnis bereits zur Gründung eigener »Governmental-Relations« oder »Governmental-Affairs«-Abteilungen geführt, die direkt an den Vorstand berichten.

Als »verlängerter Arm« des Koordinators (neben den eigenen Mitarbeitern) erscheint eine Governmental-Relations-Agentur prädestiniert. Jede inhaltliche Analyse und strategische Entscheidung im Bereich der Interessenvertretung setzt zwangsläufig eine fundierte Einschätzung des politisch (das heißt vor allem prozessual) Möglichen voraus. Um dies fortlaufend gewährleisten zu können (jedes Anliegen sollte informell auf Realisierbarkeit geprüft werden, bevor weitergehende Anstrengungen unternommen werden), ist der Koordinator jedoch auf externe Dienstleister angewiesen. Über ihre breite Kontaktbasis kann eine Governmental-Relations-Agentur somit schon vor Beginn der eigentlichen Interessenvermittlung wichtige Einsichten in den Brüsseler Politikbetrieb liefern. Erst auf einer solchen Entscheidungsgrundlage lassen sich dann – projektspezifisch – konkrete Planungen für den Einsatz der verschiedenen Instrumente anstellen.

III. Ausgangspunkt und Zielsetzung erfassen: Definition eines generellen Anforderungsprofils des Unternehmens im Bereich der Interessenvertretung

Die grundlegende und mithin wichtigste Aufgabe des Koordinators ist die Entwicklung einer unternehmenseigenen Strategie der Interessenvertretung. Dabei sind fünf Entwicklungsstufen zu unterscheiden (siehe Abbildung 5.6).

In einem ersten Schritt ist das branchen- ebenso wie das unternehmensspezifische Anforderungsprofil des Unternehmens zu definieren. Grundsätzlich wird sich die Definition auf dieser Stufe vorrangig an der jeweiligen Branchenzugehörigkeit und dem Produkt- beziehungsweise Dienstleistungsportfolio des Unternehmens orientieren – hier erfolgen naturgemäß die grundlegenden Weichenstellungen bei der Feststellung der Interessen des Unternehmens. Bei der Festlegung einer grundsätzlichen Strategie ist das betriebswirtschaftliche Know-how des Interessenvertreters gefragt, kommen doch verschiedenste Analysemethoden in Betracht. Ein recht einfaches, dennoch bei der Erarbeitung von Interessenvertretungsstrategien häufig angewandtes Werkzeug ist die SWOT-Analyse;[433] aus ihr können sich beispielsweise Risiken für das Unternehmen aus dem Bereich der branchenspezifischen Regulierung ergeben. Darüber hinaus ist genau zu analysieren, ob und inwieweit auch noch andere Politikbereiche benachbarter Sektoren in den Interessenvertretungsprozess einbezogen werden müssen: Es genügt für ein Automobilunternehmen beispielsweise nicht, sich in seinen Aktivitäten auf die Sektoren Technologie, Industrie und Handel zu beschränken; vielmehr sind die Bereiche Umwelt, Energie und Sozialpolitik unter Umständen wichtige Betätigungsfelder.

Aus der Problemanalyse ergeben sich entsprechende Vorschläge und Lösungsansätze für den Interessenvertretungsprozess beziehungsweise die grundsätzliche Positionierung des Unternehmens im politischen Raum. Im Sinne nachhaltiger Erfolge sind dabei die übergeordneten (ökono-

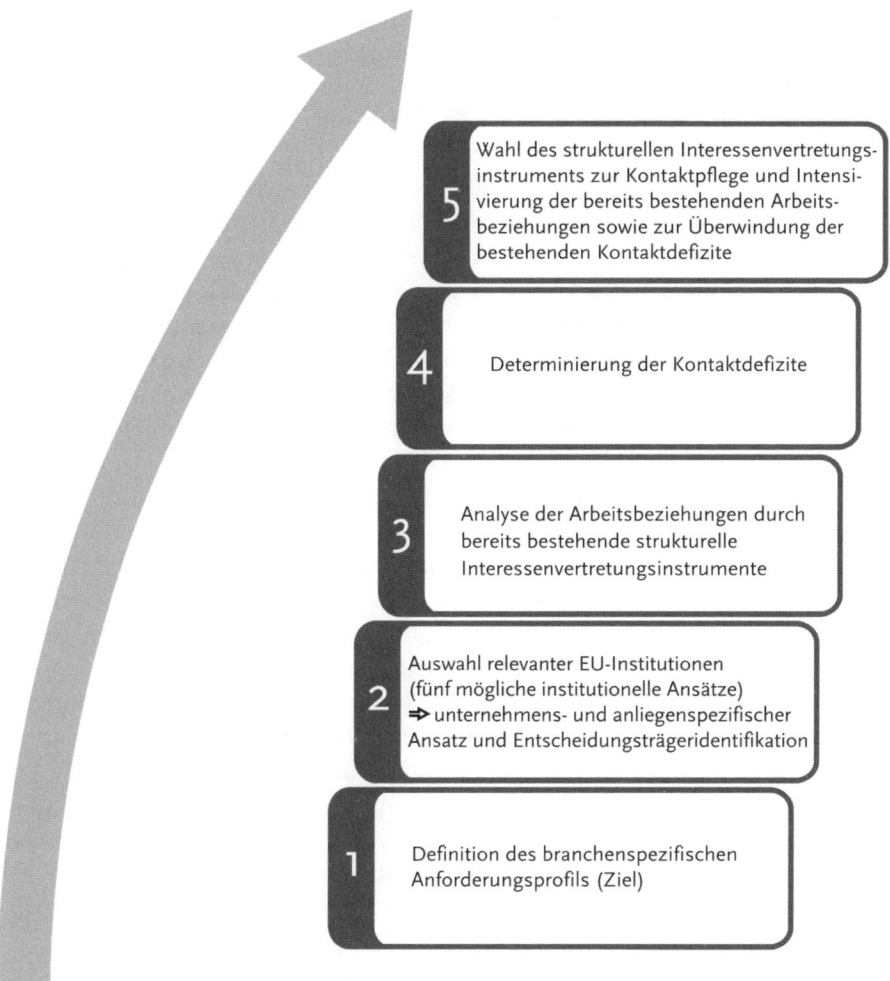

Abbildung 5.6: Strukturelle Aufstellung einer unternehmensspezifischen Interessenvertretung.

mischen) Ziele des Unternehmens stets zu berücksichtigen, damit eine kongruente Ausrichtung der gesamten Unternehmensstrategie gewährleistet bleibt. Umgekehrt wäre es entsprechend sinnvoll, die politischen Interessen soweit als nötig in die Unternehmensstrategie zu integrieren. Dadurch wird die langfristige Kohärenz der Unternehmensausrichtung und Interessenvertretung gewährleistet. Die letztliche Entscheidung sowohl über den Inhalt der Lösungsansätze als auch über deren Implementierung trifft das Unternehmen selbstverständlich selbst.

Auf einer zweiten Stufe sind sodann aus den fünf theoretisch zur Verfügung stehenden institutionellen Ansätzen auf der Ebene der EU, also dem Rat der EU, der Kommission, dem Parlament und (eher theoretisch) dem WSA und dem AdR, diejenigen auszuwählen, die für das Unternehmen relevant erscheinen. Hieraus ergibt sich das Spektrum der relevanten unternehmensspezifischen, institutionellen Ansätze und damit der für die Institutionen handelnden Entscheidungsträger.

Anschließend ist zu analysieren, welche Arbeitsbeziehungen, also Kontakte zu relevanten Entscheidungsträgern, bereits durch strukturelle Interessenvertretungsinstrumente des Unternehmens bestehen. Auf dieser dritten Stufe erlangen damit die ausschließlich bei dem betreffenden Unternehmen vorliegenden Voraussetzungen über die bereits auf der ersten Stufe berücksichtigten branchenspezifischen Anforderungen hinaus ihre besondere Bedeutung.

Direkt an diese Analyse schließt sich in einem vierten Schritt die Bestimmung der Kontaktdefizite an. Diese ergeben sich aus dem Vergleich der auf der ersten und zweiten Stufe herausgearbeiteten branchen- und unternehmensspezifisch relevanten Institutionen und deren jeweiligen Entscheidungsträgern mit dem auf der dritten Stufe analysierten, bereits bestehenden Arbeitsbeziehungsgeflecht.

In einem abschließenden fünften Schritt sind diejenigen strukturellen Interessenvertretungsinstrumente auszuwählen und einzusetzen, die unter den Gesichtspunkten der Effektivität und der Effizienz die größte Eignung sowohl zur Pflege und Intensivierung bereits bestehender Kontakte im Arbeitsbeziehungsgeflecht als auch zur Überwindung der ermittelten Kontaktdefizite aufweisen. Hier sollte die in den vorangegangenen Abschnitten vorgenommene Analyse der Stärken und Schwächen der jeweiligen Instrumente zur strategischen Richtschnur gemacht werden.

IV. Interessenvertretungsprojekte aufsetzen und erfolgreich durchführen: Grundlegende Schritte

Erst nachdem ein Unternehmen interne Entscheidungsstrukturen im Bereich Interessenvertretung etabliert, Klarheit über seine Interessenlage und die eigene Aufstellung in Brüssel gefunden und die Einsatzmöglichkeiten struktureller Instrumente analysiert hat, können konkrete Maßnahmen in Angriff genommen werden. Dies gilt sowohl für Aktivitäten, die eher als allgemeine Imagepflege im politisch-öffentlichen Raum einzustufen sind, beispielsweise Empfänge, Vorträge, Tagungen, Parlamentarische

Abende etc., als auch für konkrete Vorhaben zur zielgerichteten Interessenvermittlung: Erstere sind ohne besagte Bestandsaufnahme schlicht wenig effizient und drohen im an derartigen Events wahrhaftig nicht armen Brüssel wirkungslos zu verpuffen. Letztere hingegen gleichen einem lobbyistischen Blindflug, der – abgesehen von der Tatsache sinnloser Ressourcenverwendung – im ungünstigsten Fall viel »politisches Porzellan« zu zerschlagen droht. In der Praxis zeigt sich, dass ein solches Vorgehen leider keinen Seltenheitswert hat – sei es aus Gründen mangelnder Professionalität aufseiten der Auftragnehmer oder mangelnder Koordination vonseiten der Auftraggeber.

Wie sollte ein konkretes Interessenvertretungsprojekt demnach angegangen werden? Selbstredend verbieten sich auch hier Pauschalrezepte. Allerdings lassen sich fünf grundlegende Schritte ausmachen, die als Richtschnur dienen können, um eine strukturierte Interessenvertretung zu planen und in die Tat umzusetzen (siehe Abbildung 5.7).

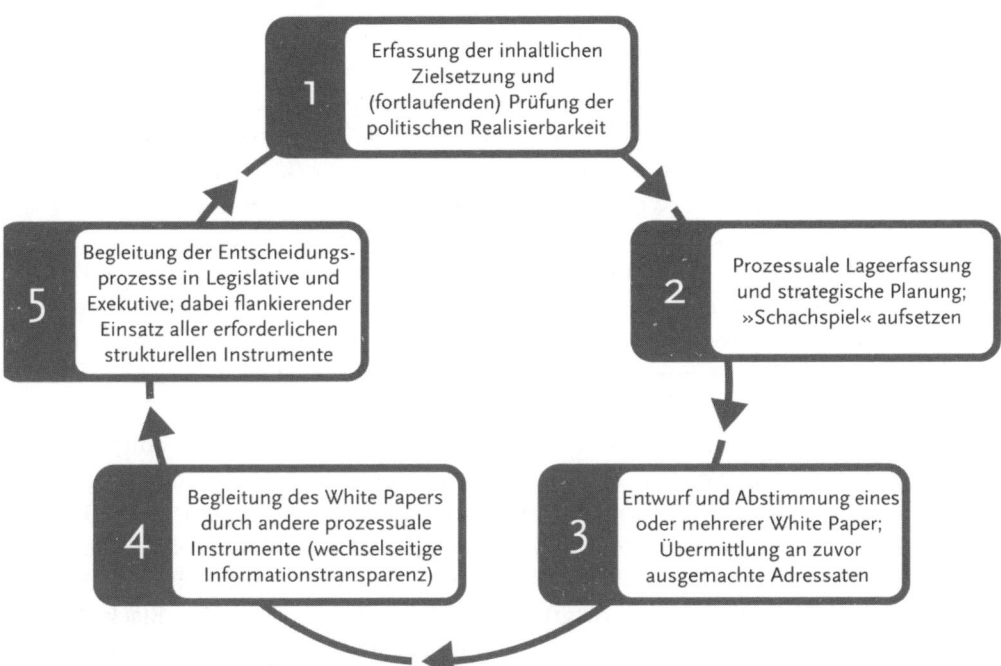

Abbildung 5.7: Umsetzung eines konkreten Interessenvertretungsprojekts.

1. Erfassung der inhaltlichen Zielsetzung und fortlaufende Prüfung der politischen Realisierbarkeit

In einem ersten Schritt ist die inhaltliche Zielsetzung des Projekts zu erfassen. Dieser Schritt darf nicht mit der apodiktischen Festsetzung eines Benchmarks verwechselt werden, ist doch das politische Brüssel keine Arena, in der nur ein einziger Spieler aufläuft. In aller Regel treffen mindestens zwei Interessen aufeinander, unter denen Legislative und Exekutive dann zu vermitteln haben – ein völlig normaler demokratischer Prozess. Dies erfordert jedoch zugleich eine gewisse Flexibilität aufseiten des Unternehmens: Eine einhundertprozentige Verwirklichung seiner Idealvorstellungen ist kaum realistisch; deutlich wahrscheinlicher sind Kompromisslösungen. Bei der Festlegung von Zielsetzungen sollte also ein gewisser Korridor definiert werden, innerhalb dessen für das Unternehmen erstrebenswerte Ergebnisse liegen könnten.

Was einfach klingt, ist in der Praxis eine den in Brüssel unerfahrenen Akteur oft überfordernde Aufgabenstellung. Nicht ausreichend sind Outside-In-Analysen, das heißt sich allein auf Presseäußerungen oder anderweitige Manifestierungen der Ansichten politischer Entscheidungsträger stützende Einschätzungen. Zum einen liegen öffentliche Äußerungen und tatsächliche Überzeugungen häufig meilenweit auseinander. Darin liegt nichts Illegitimes, sondern eine normale strategische Reaktion der politischen Entscheidungsträger, die sich in der politischen Auseinandersetzung nicht ohne Weiteres in die Karten blicken lassen wollen. Zum anderen bildet das öffentliche Meinungsbild nur einen kleinen Teil der für die Entscheidungsfindung wesentlichen Aspekte ab: Persönliche Verbindungen und Interessen der Akteure, (häufig nicht sofort ersichtliche) parteipolitische Erwägungen und – ein Brüsseler Spezifikum – nationale Besonderheiten im Europa der 27 Mitgliedstaaten machen »einfache« Antworten unmöglich.

Ein Blick hinter die Kulissen erscheint unvermeidbar. Allerdings kennen Unternehmen die Notwendigkeit solcher Analysen aus einem ganz anderen Bereich, namentlich der Marktforschung. Bevor ein neues Produkt auf den Markt gebracht wird (häufig sogar, bevor überhaupt die eigentliche Entwicklungsarbeit beginnt), versuchen Unternehmen über Kundenbefragungen, Fokusgruppen, »Testballons« u. Ä. die Black Box »Verbraucher« zu entschlüsseln: Welche Produkte kommen an, welche haben keine Chance zum Markterfolg? Ganz ähnlich funktioniert die »politische Feldforschung« im Bereich der Interessenvertretung, für die – infolge des vorwiegend prozessualen Fokus – eine Governmental-Relations-Agentur eingesetzt werden sollte. Im Sinne eines unternehmerischen Willensbildungsinstruments kann sie informell vorfühlen beziehungsweise fortlaufend überprüfen, welche Zielsetzungen inwieweit erreichbar sind und an welchen Stellen nachjustiert werden sollte.

2. Prozessuale Lageerfassung und Strategieplanung

Sobald eine (freilich ständig zu aktualisierende) Realisierbarkeitsanalyse durchgeführt ist, sind die »Mitspieler« auf der europäischen Bühne genau zu analysieren: Wie sind die Interessen verteilt, welche anderen Akteure sind mit welchen Mitteln aktiv? Gerade auf europäischer Ebene kann dies auch innerhalb ein und derselben Branche in vollkommen entgegengesetzte Richtungen gehen, wie der Streit um verbindliche CO_2-Grenzwerte für Kraftfahrzeuge gezeigt hat. Während die deutsche Automobilindustrie, deren Produktportfolio auf größere Fahrzeuge fokussiert ist, tendenziell großzügigere Grenzwerte anstrebte, plädierten französische und italienische Hersteller mit tatkräftiger Unterstützung ihrer Regierungen für strenge Anforderungen – unternehmerisch nur allzu verständlich, stellen den Löwenanteil ihrer Fahrzeugflotten doch die naturgemäß verbrauchsgünstigeren Wagen der Kleinwagen- und Kompaktklasse. Dies auch in komplexer gelagerten Fällen herauszufinden, bedarf eines Joint Effort von Unternehmen (inhaltliche Seite) und Governmental-Relations-Agentur (prozessuale Seite).

Noch wichtiger ist die genaue Analyse des relevanten Umfelds in Legislative und Exekutive. Ein erster Schritt dazu ist die Prüfung des rechtlichen Hintergrundes des laufenden Verfahrens: Wer sind beteiligte Entscheidungsträger, wann sind welche Entscheidungen zu treffen, wo sind Möglichkeiten der (legitimen) Einflussnahme?[434] Die Spannweite bei Letzterem reicht von formellen Beteiligungsmöglichkeiten wie Konsultationen und Hearings bis hin zur direkten Adressierung von Mandats- und Amtsträgern. Ein zweiter Schritt ist die Erfassung der eigenen, für das konkrete Projekt nutzbaren Kontakte und die Einschätzung, was über diese Kontakte erreicht werden kann. Auch für diese Aufgabe erweist sich die Governmental-Relations-Agentur – in Zusammenarbeit mit Verband und Unternehmensrepräsentanz vor Ort in Brüssel – als prädestiniert.

3. Entwurf und Übermittlung eines oder mehrerer White Paper

In einem dritten Schritt sind die inhaltlichen Vorstellungen des Unternehmens in eine für den jeweiligen Adressaten nachvollziehbare und verständliche Form zu bringen. Ein solches Papier ist mehr als nur eine schriftliche Darlegung der eigenen Position. Man sollte nicht vergessen, dass Entscheidungsträger in Legislative und Exekutive ihre Entscheidungen häufig unter Zeitdruck treffen müssen. Ein Anliegen, das ihnen auf begrenztem Raum nachvollziehbar dargelegt wird, findet häufig eher Anklang als ein auf vielen Seiten ausgeführtes Interesse, dessen Durchdringung mehrere Stunden konzentrierter Aktenarbeit erfordern würde.[435] Hinzu kommt, dass ein White Paper im Einzelfall die einzige Möglichkeit eines Interessenvertreters darstellt, sein Anliegen zu kommunizieren: Verfügt er nicht über einen direkten Kontakt zum jeweiligen Entscheidungsträger, sondern nur zu Personen aus seinem Umfeld (etwa zu einem Fraktionskollegen oder Landsmann des relevanten MdEPs), muss er seine Zielsetzung so überzeugend in diesem Schriftstück verbriefen, dass es weiterer Überzeugung womöglich nicht mehr bedarf. Hinzu kommt die Verwendbarkeit des White Papers als Argumentationsgrundlage für Dritte: Gerade im Multiebenensystem der EU darf sich eine Interessenvertretungsstrategie nicht nur auf die europäische Ebene beschränken, sondern muss auch die mitgliedsstaatlichen Ebenen mit einbeziehen. Auch über die Mitgliedstaaten können Positionen und Argumente in den europäischen Prozess hineingetragen werden, sei es formell (z. B.) über den Rat oder informell über die im Parlament vertretenen Fraktionen. Gleiches gilt für die Organe der EU: Wo immer möglich, sollten Fürsprecher sowohl aus Kommission als auch aus dem Parlament für die eigene Position gewonnen werden, erfordern doch mittlerweile praktisch alle wichtigen Rechtsetzungs- und Entscheidungsverfahren die Beteiligung beider Organe.[436]

4. Flankierung des White Papers durch andere strukturelle und prozessuale Instrumente

Ein White Paper darf nur der erste – wenn auch sehr wesentliche – Schritt einer Strategie sein. Alle weiteren, oben vorgestellten Instrumente sind einzusetzen, soweit dies Erfolg verspricht. So können Unternehmensrepräsentanten beispielsweise an formellen Hearings des Europäischen Parlaments teilnehmen; flankierend kann (soweit dies sinnvoll erscheint) über PA- und PR-Agenturen an öffentlichkeitswirksamen Kampagnen gearbeitet werden. Eine Anwaltskanzlei ist als beratende Kraft gerade bei rechtlich komplexen Verfahren und Sachfragen gefragt.

Ein Verband kann sowohl als institutionelle Informationsquelle (etwa im Zuge von Anhörungen und Konsultationen) als auch zur formalisierten Interessenvertretung genutzt werden – Letzteres besonders dann, wenn sich unternehmensspezifische in branchenspezifische oder branchenübergreifende Interessen einbetten lassen.[437] Gerade bei öffentlichkeitsrelevanten Themen kann dem politischen Gewicht, das Verbandsmeinungen bei Anhörungen und Rechtsetzungsverfahren zuteil wird, besondere Bedeutung zukommen. Einschränkend ist freilich auch hier auf die gegenüber ihrer traditionellen Position in den Mitgliedstaaten geringere Durchsetzungskraft der Verbände auf europäischer Ebene zu verweisen.[438] Eher für kleinere Unternehmen relevant ist darüber hinaus die Möglichkeit, bei ihrer eigenen Interessenvertretung auf Vorarbeiten des Verbandes zurückzugreifen. Rechtliche Analysen, Argumentationspapiere, Pressearbeit etc. sind Bereiche, in denen gute Verbandsarbeit ein Unternehmen entlasten kann.[439]

Zugleich können sich hierbei Risiken für die Glaubwürdigkeit der eigenen Position ergeben: Um widersprechende Aussagen von Verband und Unternehmen zu vermeiden, sollte sich das Unternehmen trotz eigenständiger Interessenvertretung stets so stark wie möglich im eigenen Verband einbringen. In vielen Verbänden bringt sich leider nur ein kleiner Teil der Mitgliedsunternehmen wirklich aktiv in die Verbandsarbeit ein. Gerade für größere Unternehmen, die sich eine eigene Interessenvertretung leisten, bieten sich hier interessante Möglichkeiten:[440] So kann dem Verband in gewissem Maße Rückgriff auf die eigenen Ressourcen eingeräumt werden, beispielsweise durch Zurverfügungstellung von Argumentationspapieren, Versorgung mit Informationen etc. Einerseits können durch eine solch aktive Mitarbeit widerstreitende Positionen im Verband frühzeitig erkannt und im Rahmen der verbandlichen Willensbildungsprozesse angegangen werden. Andererseits kann das Unternehmen eigene Positionen einbringen und sich – die Durchsetzung zumindest von Teilen der eigenen Argumentation auf Verbandsebene vorausgesetzt – eine starke Rückendeckung für die eigenen Aktivitäten in Brüssel verschaffen.

Ganz wesentlich ist bei alldem die Aufrechterhaltung wechselseitiger Informationstransparenz. So darf ein Interessenvertreter nicht nur seine eigene zeitnahe Information durch Amts- und Mandatsträger im Auge haben, sondern sollte stets darauf bedacht sein, ihm vorliegende Informationen mit den maßgeblichen Entscheidungsträgern zu teilen – dies selbstverständlich nur in Abstimmung mit dem Unternehmen, um keine vertraulichen Informationen weiterzugeben. Interessenvertretung ist zu einem ganz wesentlichen Teil Informationsaustausch; informationelle Einbahnstraßen funktionieren in aller Regel nicht lange.

5. Begleitung der Entscheidungsprozesse in Legislative und Exekutive

Häufig dauert ein Entscheidungsprozess beziehungsweise ein Rechtsetzungsverfahren mehrere Monate oder gar Jahre, was hohe Anforderungen an Präsenz und Flexibilität sowohl des Unternehmens als auch seiner Interessenvertreter stellt. Die eigene Position ist vor dem Hintergrund der Verfahrensentwicklung infrage zu stellen und immer wieder neu zu justieren. Es genügt nicht, die eigene Argumentation einmalig in den Prozess »einzuspeisen« und dann auf das (hoffentlich positive) Ergebnis zu warten. Vielmehr ist eine fortlaufende Begleitung der Entscheidungsprozesse in Brüssel und in den Mitgliedstaaten erforderlich, um Entwicklungen und Trends frühzeitig erkennen und nutzen beziehungsweise abwehren zu können. Der Kreislauf der Interessenvertretung schließt sich: Die anfangs entwickelte Strategie ist womöglich zu überarbeiten, geänderte Sach- und Verfahrenslagen sind zu bedenken, eigene Argumentationslinien und White Papers sind neu zu fassen etc.

Darüber hinaus – ein selbst von großen Konzernen zum Teil noch vernachlässigter Aspekt – muss sich ein Unternehmen auch abseits von konkreten Anliegen und tagesaktuellen Problemen im »Brüsseler Gespräch« halten. Nur so rosten Kontakte nicht ein, versiegen Informationsquellen nicht und bleibt das Unternehmen als vertrauensvoller und verlässlicher Partner präsent.

V. Schlussfolgerung

Es ist deutlich geworden, dass Interessenvertretung geradezu generalstabsmäßig und langfristig geplant werden muss, um am Ende des Tages den gewünschten Erfolg erzielen zu können. Entscheidend ist zunächst der Koordinator im Unternehmen selbst: Er muss über den nötigen Weitblick verfügen, um sein Unternehmen in der politischen Arena richtig positionieren zu können. Der Einsatz eines externen Prozesspartners in Gestalt einer Governmental-Relations-Agentur kann ihn sowohl bei der Grundaufstellung des Unternehmens im Bereich der Interessenvertretung als auch bei der Strukturierung und Durchführung konkreter Projekte maßgeblich unterstützen beziehungsweise insbesondere den prozessualen Teil der Aufgaben abdecken. Gleichwohl macht sie die übrigen Instrumente – Verband, Unternehmensrepräsentanz, PA-Agentur und Anwaltskanzlei – nicht überflüssig. Im Gegenteil erscheint eine optimale Interessenvertretung als Mix der genannten Instrumente, wobei jedes von ihnen entsprechend seiner individuellen Stärken und Schwächen eingesetzt werden sollte.

E. Persönliche Anforderungen an einen Interessenvertreter

Interessenvertretung in Brüssel ist aufgrund der großen Konkurrenz der Akteure sowie der prinzipiellen Offenheit der Institutionen – verglichen mit den meisten Mitgliedstaaten – wesentlich dynamischer und offensiver; entsprechend härter ist der Wettbewerb. Ein Interessenvertreter muss sich einen gewissen Stand erarbeiten, muss glaubwürdig sein und sich für beide Seiten – Adressaten ebenso wie Auftraggeber – »interessant machen«, um nicht im »Markt der Meinungen, Standpunkte und Argumente« an der starken Konkurrenz zu scheitern.

Welche konkreten persönlichen Voraussetzungen ein Interessenvertreter dazu erfüllen sollte, lässt sich kaum sinnvoll danach differenzieren, ob er als Verbands- oder Unternehmensrepräsentant oder als Mitarbeiter eines externen Dienstleisters tätig wird. Die folgenden Ausführungen gelten daher für alle strukturellen Interessenvertretungsinstrumente.

I. Ausbildungswege

Wie wird man ein »guter« Interessenvertreter? Diese Frage ist nicht einfach zu beantworten, ist der Weg dahin doch nicht institutionalisiert, sondern eher verzweigt und unübersichtlich. Entsprechend bunt gemischt sind die professionellen Hintergründe der in Brüssel tätigen Vertreter dieses Standes. Dennoch wird in aller Regel ein Universitätsabschluss Voraussetzung für die sinnvolle Erfüllung der Aufgaben eines Interessenvertreters sein[441)] – weniger aufgrund des akademischen Grades als im Hinblick auf die methodischen Kenntnisse und Fähigkeiten, die während eines Studiums vermittelt und erlernt werden. Ein Interessenvertreter muss mit umfangreichem Material schnell und sicher umgehen können; er muss zur Vereinfachung und Entzerrung komplexer Sachverhalte in der Lage sein, um diese verständlich und überzeugend vermitteln zu können. Hinreichende sprachliche Eloquenz und analytische Fähigkeiten setzen dabei eine gewisse Sicherheit und Gewöhnung an das Verfassen und Analysieren umfangreicherer Textwerke voraus; entsprechend finden sich besonders viele Geistes- und Sozialwissenschaftler unter den Interessenvertretern.

Auch müssen dem Interessenvertreter der Organisationsablauf zwischen und innerhalb der für seine Anliegen relevanten Institutionen bestens bekannt sein, um sofort den richtigen inter- wie intrainstitutionellen Ansatz auswählen zu können. »Ein wichtiges Element ist das Timing der Lobbyarbeit. Dies erfordert fundierte Detailkenntnisse bezüglich der Gesetzgebungsverfahren, über die internen Meinungsbildungs- und Entscheidungsfindungsprozesse sowohl im Zusammenspiel zwischen den Institutionen als auch über deren interne Abläufe«.[442] Bereits kleine Zeitverluste können im konkreten Fall einen entscheidenden und irreversiblen Nachteil, beispielsweise gegenüber Interessenvertretern mit anderen Intentionen, bedeuten. Kandidaten mit juristischem oder politikwissenschaftlichem Hintergrund können hier eine wichtige Grundeigenschaft mitbringen: Ein präsentes Verständnis für staatsrechtliche und politische Zusammenhänge. Ein juristischer Hintergrund ist auch in den (zahlreichen) Fällen von Vorteil, in denen sich die Aufgabe des Interessenvertreters auf konkrete Gesetzgebungsverfahren erstreckt und er die – sachlichen wie rechtlichen – Inhalte verstehen und vermitteln muss.

Abgesehen davon haben die Inhalte klassischer Studiengänge jedoch häufig nur mittelbare Relevanz für die praktische Tätigkeit eines Interessenvertreters. Politik in der Theorie und Politik in der Praxis sind zwei Paar Schuhe. Während in den USA beispielsweise die wissenschaftliche Politikberatung eine der Hauptquellen für professionelle Interessenvertreter darstellt, sind europäische Think Tanks häufig zu theorielastig, zu wenig an praktischer Politik ausgerichtet; sie »arbeiten (...) oft am Ziel vorbei, indem sie ihren Fokus nur auf die Exekutive als (wichtigsten) Adressaten richten und Legislative und Öffentlichkeit vernachlässigen«.[443] Nicht zuletzt vor dem Hintergrund dieser Problematik haben mehr und mehr europäische Hochschulen spezialisierte Programme im Portfolio – vor dem Hintergrund des Bologna-Prozesses meist als Master-Studiengang organisiert.[444] Ein Beispiel ist die Quadriga Hochschule in Berlin, gegründet im Jahr 2009, die sich selbstbewusst als neue Kommunikations-Schmiede im Herzen der deutschen Hauptstadt präsentiert, in unmittelbarer Nähe zu Bundestag, Kanzleramt, Ministerien und den Hauptstadtrepräsentanzen der wichtigen Unternehmen, Gewerkschaften und Verbände.[445] Am 21. April 2010 ist dort der erste Jahrgang des MBA-Studiengangs »Public Affairs and Leadership« in die Ausbildung gestartet[446] – der Stundenplan der angehenden Interessenvertreter setzt sich aus verschiedenen Lern-Modulen zusammen, unter anderem Krisenkommunikation, Strategie und Kampagnenführung, Kommunikationsmanagement, Unternehmensführung und Marketing. Vergleichbare Studiengänge bieten etwa die Pariser Universität *Sciences Po* mit dem »Master of Public Affairs« (MPA)[447] oder die Universität Maastricht mit dem »Master of European Public Affairs«.[448]

Insgesamt bieten derartige Studiengänge sicherlich eine hilfreiche Zusammenstellung von Wissensmodulen, die eine Tätigkeit im Interessenvertretungsbereich gut unterstützen. Zwingend erforderlich für eine Karriere sind sie jedoch nicht: Die Tätigkeit des Lobbyisten hat zu viel mit »Learning on the Job« zu tun, als dass ein Mehr an Faktenwissen ein Weniger an praktischer Methodenkenntnis ersetzen könnte. Besonderes Fachwissen über die für die eigene Tätigkeit jeweils aktuellen Fragestellungen eignet man sich in der täglichen Arbeit an – sei es über die eigene Organisation (etwa die Fachabteilungen des Verbandes beziehungsweise des Unternehmens) oder durch entsprechendes Briefing durch den Auftraggeber.[449] Essenziell jedoch – viel wichtiger als trockenes Wissen und Hard Facts – sind gewachsene Arbeitsbeziehungen in Legislative und Exekutive.

II. Gute Kontakte als Grundvoraussetzung erfolgreicher Interessenvertretung

Wenngleich der Start eines offiziellen Lobbyregisters im Rahmen der EU-Transparenzinitiative erst in jüngster Zeit vollzogen wurde,[450] gehen Schätzungen davon aus, dass es in der EU-Metropole über 3500 Verbände, Unternehmensvertretungen, Länderbüros, Anwaltskanzleien und Beratergremien mit ca. 15000 »hauptamtlichen Lobbyisten« gibt.[451] Bereits diese Zahlen legen nahe, dass ein Interessenvertreter in Brüssel, soweit er nicht selbst aus dem Umfeld einer Institution stammt und von dort aus auf die anderen Institutionen zugeht, Beziehungen nur anhand von besonderen Gegebenheiten knüpfen und aufrechterhalten kann. Dies gilt für unabhängige Berater und Rechtsanwälte ebenso wie für die Vertreter von Unternehmen und Verbänden, wie auch *Dr. Wolf-Dieter Zumpfort*, ehemaliger Leiter der Verbindungsbüros der TUI AG in Berlin und Brüssel, zusammenfasst: »Die wichtigsten Grundlagen der Arbeit sind (...) die Erfahrungen und Kenntnisse über das Unternehmen und die Politik. Von außen ins Lobbying hineinzukommen ist fast unmöglich«.[452]

So entstammen denn auch Interessenvertreter häufig dem politischen Betrieb der europäischen Hauptstadt:[453] Teils als aktive Politiker oder ehemalige Beamte, teils als Mitarbeiter in Abgeordnetenbüros oder als Sachbearbeiter/Referenten in den Generaldirektionen der Kommission haben sie im Zuge ihrer früheren Tätigkeit Netzwerke aufgebaut, die sie für die neue Tätigkeit als Interessenvertreter nutzen können. Hier ist freilich darauf zu achten, auf welchem (sach-)politischen Sektor der Mitarbeiter tätig gewesen ist: So werden beispielsweise Kenntnisse und Netzwerke im Agrarsektor für eine Verwendung in energiepolitischen Aufgabenstellungen nur begrenzt von Nutzen sein. Für »Externe« erscheint der Einstieg in den politischen Betrieb hingegen als schwierig: Realistische Chancen auf den Aufbau eines (belastbaren und hochrangigen) Netzwerkes haben sie in der Regel nur, soweit sie über bereits etablierte Persönlichkeiten (in Form eines Vertrauenstransfers) in die entsprechenden Kreise eingeführt werden. Zufällige Bekanntschaften oder Freundschaften mit einem Politiker oder Beamten können zwar im Einzelfall hilfreich sein; sie ersetzen aber (auch als Ausgangspunkt) kaum ein im Laufe einer langjährigen Tätigkeit gewachsenes Netzwerk.

Üblicherweise werden derartige Kontakte im Zuge einer beruflichen Tätigkeit hergestellt und aufrechterhalten; daneben spielt der persönliche Austausch bei Empfängen, Vortragsabenden und wiederkehrenden Mittagessen oder gemeinsamen Freizeitbeschäftigungen eine wichtige Rolle. Daraus ergibt sich die persönliche Anforderung an den Interessenvertreter, flexibel und bereit zu sein, seinen Tagesablauf und mehr noch seinen gesamten Lebensrhythmus auf seine Zielgruppe einzustellen und erforderlichenfalls sein Privatleben ihr unterzuordnen. In diesem Zusammenhang verdienen auch die Arbeitszeiten in den Brüsseler Behörden Beachtung. So beginnt beispielsweise der Büroalltag in der Kommission zwischen 8.30 Uhr und 9.00 Uhr und endet bei den Führungskräften selten vor 19.00 Uhr. Ein Kommissionsbeamter, der tagsüber an einer Vielzahl von Meetings und internen Abstimmungen teilnimmt, ist oft nur schwierig zu erreichen – erst recht, wenn etwas Ruhe (das heißt hinreichendes Interesse, Geduld und Kommunikationswilligkeit) gegeben sein muss, um ein komplexeres Anliegen vorbringen zu können.

III. Soft Skills als wesentliches Handwerkszeug

1. Soziale Kompetenz

Der Beruf des Interessenvertreters verlangt ein hohes Maß an sozialer Kompetenz. Ein Berufsträger muss die Fähigkeit mitbringen, ohne Scheu auf Menschen zugehen zu können und dabei auch einmal ungefragt Politikberatung zu erbringen – zugleich sollte er jedoch ein feines Gespür dafür haben, wie weit er mit einer bestimmten Argumentation bei seinem konkreten Adressaten gehen kann. Er muss sich in sein Gegenüber hineinversetzen können, muss die Vor- und Nachteile einer Position für ihn nachzuvollziehen und in die eigene Argumentation umzusetzen in der Lage sein. Ein gewisses Verkaufstalent ist dabei sicherlich hilfreich; entscheidend sind jedoch die Sachargumente. Ein Mandats- oder Amtsträger wird sich nicht aufgrund des alerten Auftretens eines Interessenvertreters von dessen Position überzeugen lassen. Zugleich benötigt ein Interessenvertreter Verhandlungsgeschick nach innen wie nach außen, wie es *Cornelia Yzer*, Hauptgeschäftsführerin des Verbandes Forschender Arzneimittelhersteller (VFA) zum Ausdruck bringt: »Für den Lobbyisten geht es oftmals darum, die Balance zwischen den Interessen des eigenen Unternehmens beziehungsweise des Verbandes und den politischen Möglichkeiten zu wahren. Dieses Gleichgewicht gilt es herzustellen, was bedeutet, den Unternehmen mit ihren organisationsindividuellen Idealvorstellungen den Spielraum zu vermitteln, in dem zu gegebener Zeit die politischen Entscheider handeln müssen«.[454] Davon, dass gerade die Vermittlung zwischen »Gewünschtem« und »Möglichem«, die im politischen Geschäft zum Alltag gehörende Kompromissfindung, gegenüber den Entscheidungsträgern in der freien Wirtschaft nicht immer einfach ist, wissen erfahrene Interessenvertreter ein Lied zu singen.

2. Interkulturelle und sprachliche Kompetenz

Unabhängig davon, welcher strukturelle Ansatz für die Interessenvertretung in Brüssel gewählt wird, ist die interkulturelle Kompetenz der Akteure, die auf die Entscheidungsträger der verschiedenen Institutionen zugehen, von großer Bedeutung. Für die EU-Metropole bedarf es eines außerordentlich gewandten Umgangs sowie einer ausreichenden Menschenkenntnis und Flexibilität, um mit den stark unterschiedlichen Mentalitäten der EU-Bediensteten adäquat umgehen zu können. Die Sensibilitäten in diesem Umfeld dürfen nicht unterschätzt werden. Der Interessenvertreter muss – frei nach *Otto von Bismarck* – nicht nur ein »Gesandter« des Unternehmens sein, sondern zudem auch ein »Geschickter«. Schon ein kleiner Fauxpas, wie der ungeschickte Umgang mit dem Nationalstolz eines Beamten, kann hier Kontakte nachhaltig zerstören. Von besonderem Vorteil ist es für den Interessenvertreter dementsprechend, wenn er auf einen Abgeordneten oder Beamten der eigenen Nationalität trifft. Beachtung verdient darüber hinaus, dass es noch keine durchgehend europäische politische Kultur gibt, in den Behörden also je nach vorherrschender, nationaler politischer Kultur unterschiedlich verfahren wird. So finden sich beispielsweise die deutsche Tradition einer sehr formalistischen Verfahrensweise, die als eher locker gesehene südeuropäische Tradition und die angelsächsische Tradition. Diesem Umstand muss der Interessenvertreter mit ausreichender Fähigkeit der situationsbezogenen Anpassung an die jeweiligen Gepflogenheiten begegnen.

Daneben stellt die Arbeit in Brüssel hohe sprachliche Anforderungen an einen Interessenvertreter. Die allgemeine Verwaltungssprache ist Französisch, in praktisch allen Generaldirektionen wird jedoch als Arbeitssprache Englisch gesprochen. Einige wenige ältere Beamte sprechen außer ihrer Muttersprache nur eine der zuvor genannten Sprachen – auf unterschiedlichem Niveau. Hier zeigt sich der hohe Wert persönlicher Gewandtheit besonders. So können beispielsweise einem Interessenvertreter wenige, auch unvollkommen in der Muttersprache eines Beamten ausgesprochene Sätze, beispielsweise in Spanisch oder in Schwedisch, die Sympathie des Beamten einbringen, während ein anderer, weniger gewandter Akteur kein Gehör findet. Generell lässt sich sagen, dass ein in Brüssel tätiger Interessenvertreter mindestens drei Sprachen sprechen sollte: Neben der eigenen Muttersprache muss er das Englische perfekt – »verhandlungssicher« – beherrschen; daneben kann eine dritte Sprache entweder bei der Zusammenarbeit mit der jeweiligen Nationalität helfen oder aber – gerade im Bereich der legislativen Interessenvertretung – auch hilfreich für das Gespür für unterschiedliche Begriffsbedeutungen sein.[455]

IV. Integrität und Verhaltensregeln

Von großer Bedeutung für die Akzeptanz und damit für den potenziellen Erfolg eines Interessenvertreters ist darüber hinaus seine Integrität. Wie im ersten Teil dieses Buches ausführlich analysiert, begegnen einem Interessenvertreter in seinem Berufsalltag vielfältige Vorurteile und Negativassoziationen; umso wichtiger erscheint es daher, die eigene Tätigkeit absolut seriös und integer zu betreiben: Aus nachvollziehbaren Gründen wird kaum ein Politiker oder Beamter Gespräche mit Lobbyisten führen wollen, denen unlauteres Verhalten nachgesagt wird. Ein Interessenvertreter muss darauf achten, seine Arbeit selbst als etwas Selbstverständliches, Notwendiges und Legitimes zu betrachten, nicht als etwas Heimliches und Verstecktes. Natürlich heißt das nicht, dass er vertrauliche Informationen an Dritte weitergibt – wie in jedem anderen Geschäft muss auch hier genau abgewogen werden, welche Daten und Fakten für Dritte bestimmt sind und welche nicht. Unnötige Heimlichtuerei oder gar Täuschung über die eigenen Absichten und Auftraggeber ist jedoch unredlich und schadet sowohl dem eigenen Image als auch dem des Berufsstandes, verschlechtert also langfristig den Zugang zu den Entscheidungsträgern in Legislative und Exekutive.

In diese Richtung geht auch der Verhaltenskodex für Brüsseler Interessenvertreter, der im Rahmen der Europäischen Transparenzinitiative (ETI) im Mai 2008 veröffentlicht wurde. Nach diesem Verhaltenskodex[456] (der hier nochmals im Zusammenhang abgedruckt wird) haben Interessenvertreter, die sich in das freiwillige EU-Lobbyregister aufnehmen lassen, im Umgang mit Repräsentanten der EU folgende Regeln zu befolgen:[457]

»Interessenvertreter haben stets Folgendes zu beachten:
- Sie nennen sich namentlich und geben den Namen der Organisation(en) an, für die sie tätig sind oder die sie vertreten;
- sie machen über sich selbst keine falschen Angaben im Hinblick auf die Registrierung, um Dritte und/oder EU-Bedienstete zu täuschen;
- sie geben an, welche Interessen und gegebenenfalls welche Klienten oder Mitglieder sie vertreten;
- sie stellen sicher, dass die von ihnen bereitgestellten Informationen nach ihrem besten Wissen unverzerrt, vollständig, aktuell und nicht irreführend sind;
- sie beschaffen sich nicht auf unlautere Weise Informationen oder erwirken auf unlautere Weise Entscheidungen und unternehmen keine diesbezüglichen Versuche;
- sie verleiten EU-Bedienstete nicht dazu, gegen die für sie geltenden Regeln und Verhaltensnormen zu verstoßen;
- sie respektieren, falls sie ehemalige EU-Bedienstete beschäftigen, deren Pflicht, die für sie geltenden Regeln einzuhalten und ihrer Geheimhaltungspflicht zu genügen.«

Wie aber sieht die Realität des Auftretens von Interessenvertretern bei den Institutionen der EU aus? Zwar gibt es hinsichtlich der Qualität der Interessenvertretung teils erhebliche Unterschiede, aber Vertreter von europäischen Institutionen wie dem Parlament oder der Kommission weisen immer wieder darauf hin, dass Interessenvertreter überwiegend objektive Informationen und Praxiserfahrung in einem gewissermaßen partnerschaftlichen Verhältnis den Institutionen nutzbar machen wollen.[458] Grundsätzlich besteht auch die Möglichkeit der Manipulation der Entscheidungsfreiheit in den Institutionen durch Interessenvertreter, allerdings ist diese Gefahr aufgrund der Vielzahl der konkurrierenden Interessen und der damit verbundenen Informationen, die Abgeordnete und Beamte erhalten, relativ gering. Grundsätzlich kann also davon ausgegangen werden, dass Interessenvertreter ihren Rat und ihre Praxiserfahrung gegenüber den EU-Institutionen in den Vordergrund stellen und nicht versuchen, auf unlautere Weise Druck auszuüben.

F. Executive Summary zu Teil 5

Der fünfte Teil der Darstellung analysiert denkbare Instrumente und Methodik einer gezielten Interessenvertretung auf europäischer Ebene. Den Ausgangspunkt bilden vier Fragenkomplexe:
- Wer sind denkbare Akteure (strukturelle Instrumente) der Interessenvertretung? Was sind ihre Wesensmerkmale, ihre Kosten, Stärken und Schwächen?
- Welche prozessualen Instrumente stehen einem Interessenvertreter zur Verfügung und wie sollten sie eingesetzt werden?
- Wie sollte ein Unternehmen vor dem Hintergrund der skizzierten strukturellen und prozessualen Instrumente die Vertretung seiner Interessen in der Praxis aufstellen?
- Welche persönlichen Anforderungen sind schließlich an einen Interessenvertreter zu stellen, unabhängig davon, für wen (Verband, Unternehmen oder externer Dienstleister) er tätig wird?

Die wesentlichen Ergebnisse lassen sich wie folgt zusammenfassen:
(1) Strukturell ist zwischen Interessenvertretung durch kollektive und nicht-kollektive Akteure zu differenzieren: Zu ersteren zählen Verbände und projektbezogene Zusammenschlüsse mehrerer Akteure, letztere sind Unternehmensrepräsentanzen und externe Dienstleister (Public-Affairs- und Governmental-Relations-Agenturen sowie Anwaltskanzleien).
(2) Allein in Brüssel sind Schätzungen zufolge ca. 15 000 Lobbyisten für Unternehmen und Verbände tätig, dies bei wachsender Tendenz. In jüngster Zeit lässt sich ein deutlicher Zuwachs von nicht-kollektiven Akteuren feststellen.
(3) Die Gründe für die allgemein wachsende Nachfrage einerseits und den Bedeutungsgewinn nicht-kollektiver Akteure andererseits sind vor allem der fortschreitende Kompetenzzuwachs der EU, die zunehmende Heterogenisierung von Unternehmensinteressen (resultierend in abnehmender Kohäsionskraft der Verbände) sowie ein wachsendes Bewusstsein der Wichtigkeit europäischer Weichenstellungen.
(4) Verbandsarbeit in Brüssel wird sowohl von europäischen als auch von nationalen Verbänden gemacht. Beide haben ihre Stärken in der formellen Interessenvertretung, z. B. im Rahmen von öffentlichen Anhörungen und als Informationsquelle und Monitoringinstrument für branchenrelevante Themen.

(5) Die Vertretung von Unternehmensinteressen durch Verbände weist jedoch drei Schwächen auf:
   – Zwang zum verbandsinternen Kompromiss: Der Vertretung eines Interesses nach außen ist die verbandsinterne Willensbildung vorangestellt, was häufig den Zwang zu unbefriedigenden Kompromissen (»kleinster gemeinsamer Nenner«) bedeutet – besonders auf europäischer Ebene infolge einer noch gesteigerten Heterogenität der Interessen. Folge ist eine zunehmende Fragmentierung der Verbandslandschaft, was jedoch die Durchsetzungskraft mindert (Konflikt zwischen Mitgliedschafts- und Einflusslogik).
   – Mangelnde Schlagkraft des Verbandes nach außen: Der interne Zwang zu Kompromisspositionen verhindert nach außen eine klare Profilbildung und klare Positionen auch in strittigen Detailfragen. Institutionsbedingt komplizierte Entscheidungswege harmonieren nicht mit einem hochdynamischen europäischen Entscheidungsumfeld. Resultat ist eine gewisse Schwerfälligkeit im politischen Prozess.
   – Keine Bindung an Weisungen der Mitgliedsunternehmen: In strittigen Fragen (jenseits des »kleinsten gemeinsamen Nenners«) besteht die Gefahr der Nichtartikulation der Interessen eines Mitgliedsunternehmens.
(6) Größere Unternehmen verfügen auf EU-Ebene über eigene Verbindungsbüros (Unternehmensrepräsentanzen); Schätzungen zufolge gibt es in Brüssel derzeit 200 bis 300 solcher Büros. Der Unternehmensrepräsentant ist vor allem das »Gesicht« des Unternehmens in der politischen Sphäre Brüssels, vermittelt aber auch unternehmensintern die Relevanz europäischer Sachverhalte, um die nötige Aufmerksamkeit bei strategischen Entscheidungen sicherzustellen.
(7) Gegenüber dem Verband hat ein Unternehmensrepräsentant den Vorteil der Weisungsgebundenheit; eine Verwässerung der Unternehmensanliegen durch Zwang zum Kompromiss ist ausgeschlossen. Der Unternehmensrepräsentant hat seinen Schwerpunkt im prozessualen, nicht im inhaltlichen Bereich. Zentrale Schwäche des Instruments ist die Bündelung der Kontakte des Unternehmens in (meist) einem einzigen Akteur: Das ihm vonseiten der Legislative und Exekutive entgegengebrachte Vertrauen geht bei seinem Ausscheiden für das Unternehmen verloren (»Vertrauen kann nicht vererbt werden«).

(8) Neben dem eigenen Verbindungsbüro kommen externe Dienstleister als Interessenvertretungsinstrumente in Betracht:
- Anwaltskanzleien bieten eine schwerpunktmäßig inhaltliche Dienstleistung an der Schnittstelle zwischen Recht und Politik, z. B. rechtliche Vorfeldanalysen, rechtspolitisches Monitoring und rechtsberatende Begleitung von EU-Rechtsetzungsverfahren. Die politische Tätigkeit der Kanzleien endet allerdings meist dort, wo das eigentliche Lobbying beginnt: bei der Vermittlung der relevanten Interessen in den politischen Prozess.
- Die Kernkompetenz von Public-Affairs-Agenturen liegt ebenfalls im inhaltlichen, nicht im prozessualen Bereich: Monitoring, inhaltliche Analysen, Planung und Durchführung von Kampagnen und Veranstaltungen im politischen Bereich gehören zu ihrem Dienstleistungsportfolio.
- Governmental-Relations-Agenturen wiederum sind vorwiegend Prozesspartner, werden also zur aktiven Interessenvertretung mit direktem Kontakt zu den politischen Entscheidungsträgern eingesetzt. In ihrem Kompetenzbereich weisen sie mehrere Vorteile gegenüber anderen strukturellen Instrumenten auf: Erstens gibt es keine Heterogenitätsprobleme; die Dienstleistung wird auf den Klienten maßgeschneidert. Zweitens sind Kontakte zu den Entscheidungsträgern in der Regel nicht bei Einzelpersonen gebündelt (mit der Gefahr personeller Fluktuation); das Risiko eines Kontaktverlusts ist stark vermindert. Drittens sind die Agenturen langfristig in verschiedenen Branchen tätig, was in einem breiten Netzwerk und langfristigen, vertrauensvollen Arbeitsbeziehungen zu politischen Entscheidungsträgern resultiert. Die Agenturen besitzen daher meist große Kompetenz in Sachen »Europäischem Coalition Building«.

(9) Hinsichtlich der Kosten der verschiedenen Instrumente für das Unternehmen lassen sich kaum pauschale Aussagen treffen. Die Tätigkeit des nationalen Verbandes auf EU-Ebene wird den Mitgliedsunternehmen in der Regel nicht gesondert (beziehungsweise optierbar) in Rechnung gestellt, sondern ist in den Kosten der nationalen Mitgliedschaft enthalten. Für eine eigene Unternehmensrepräsentanz in Brüssel kann von mindestens EUR 0,5–1 Mio. pro Jahr ausgegangen werden. Kosten für Public-Affairs-Agenturen und Rechtsanwaltskanzleien fallen projektbezogen an und sind insofern nur im Einzelfall plan- und

kalkulierbar. Governmental-Relations-Agenturen erheben im Rahmen einer langfristigen Zusammenarbeit zum Teil auch Gemeinkostenpauschalen; zusätzlich sind in der Regel stundenorientierte Vergütungsbestandteile zu kalkulieren.

(10) Bei den prozessualen Instrumenten, die im Rahmen von Interessenvertretungsprojekten eingesetzt werden, ist das White Paper hervorzuheben, ein ohne Urheberangabe verfasstes Argumentationspapier, das zur Unterstützung der eigenen Position an Entscheidungsträger weitergegeben wird. White Paper sind zum einen eine wichtige Grundlage für die Vermittlung komplexerer Anliegen, die sich nicht rein mündlich vermitteln lassen; zum anderen sind sie häufig die einzige Möglichkeit, eine Thematik dem adressierten Entscheidungsträger konzentriert und pointiert vortragen zu können. Eine sachliche und objektive Argumentation kann einen Entscheidungsträger ganz unabhängig von dem dahinterstehenden Urheber überzeugen.

(11) Die Entscheidung darüber, wie – insbesondere unter Einsatz welcher struktureller Instrumente – ein Unternehmen die Vertretung seiner Interessen in Brüssel organisieren will, sollte sich an einem sieben Punkte umfassenden Qualitätsmaßstab orientieren: (i) Verfügbarkeit von Quellen für eine fortlaufende, tiefgehende Informationsbeschaffung und Identifikation von Entscheidungsprozessen aufgrund eines funktionierenden Netzwerks in den Institutionen; (ii) Fähigkeit, aus den so gewonnenen Informationen die richtigen Schlüsse zu ziehen und zur richtigen Zeit aktiv zu werden (Timing); (iii) Vertrauensvolle Kontakte zu den zuständigen Beamten und Mandatsträgern, jedoch nicht begrenzt auf zufällig verteilte Akteure, sondern unter Abdeckung einer Vielzahl von Gremien und Institutionen der EU (Parlament, Generaldirektionen der Kommission etc.); (iv) Position, diese Kontakte zeitgerecht, das heißt in der Regel schnell anzusprechen; (v) Fähigkeit, ein wirkliches Interesse des Beamten oder Mandatsträgers am jeweiligen Anliegen auszulösen; (vi) Möglichkeit zum Nachfassen beziehungsweise Nachfragen beim zuständigen Beamten oder Mandatsträger, das heißt zur längerfristigen Begleitung eines Entscheidungsprozesses; (vii) Ansprechbarkeit des Beamten oder Mandatsträgers auch bei hohem Zeitdruck.

(12) Im Ergebnis zeigt sich eine klare Verteilung von Stärken und Schwächen der einzelnen Instrumente: Während der Verband die (branchenorientierte) Grundversorgung im Bereich der Interes-

senvertretung sicherstellt, muss für unternehmensspezifische Belange auf eine eigene Unternehmensrepräsentanz oder externe Dienstleister zurückgegriffen werden. Inhaltliche Arbeit (z. B. politische Analysen oder rechtliche Beurteilungen) lässt sich über Public-Affairs-Agenturen und Rechtsanwaltskanzleien abdecken. Im prozessualen Bereich schlägt hingegen die Stunde von Unternehmensrepräsentanz und Governmental-Relations-Agentur: Sie sind die »Schaltstellen« der Interessenvertretung, tragen strategische Verantwortung und erbringen die eigentliche Kerntätigkeit der Vermittlung der Interessen in Legislative und Exekutive. Die eigene Repräsentanz ist dabei als »Gesicht« des Unternehmens im politischen Brüssel so gut wie unverzichtbar, während Breite und Tiefe der Interessenvermittlung ergänzend in die Hände einer Governmental-Relations-Agentur gelegt werden sollten.

(13) Wesentlich mitentscheidend für die Effektivität der verschiedenen strukturellen Instrumente ist ihre Koordination. Dazu ist im Unternehmen ein eigener Zuständigkeitsbereich »Interessenvertretung«, entsprechend auch ein eigener Ansprechpartner für alle diesbezüglichen Belange (»Koordinator«), empfehlenswert. Um die Einbindung in die Unternehmensstrategie zu sichern, sollte der Koordinator direkt an der Leitungsebene (Vorstand/ Geschäftsführung) angesiedelt sein.

(14) Als »verlängerter Arm« des Koordinators sollte in Ergänzung zu den eigenen Mitarbeitern beziehungsweise der eigenen Unternehmensrepräsentanz eine Governmental-Relations-Agentur beauftragt werden: Jede inhaltliche Analyse und strategische Entscheidung im Bereich der Interessenvertretung erfordert eine fundierte Einschätzung des politisch (das heißt vor allem prozessual) Möglichen. Über ihre breite Kontaktbasis kann die Agentur hierbei frühzeitig wichtige Einsichten in den Brüsseler Politikbetrieb liefern.

(15) Grundlegende Aufgabe des Koordinators ist die Entwicklung einer unternehmenseigenen Strategie der Interessenvertretung. Zweckmäßig erscheint ein fünfstufiges Vorgehen: (i) Definition des branchen- und unternehmensspezifischen Anforderungsprofils; (ii) Analyse der zu adressierenden EU-Institutionen und der für sie handelnden Entscheidungsträger; (iii) Bestimmung der bereits bestehenden Arbeitsbeziehungen zu diesen Entscheidungsträgern; (iv) Determinierung der Kontaktdefizite; (v) Wahl

strukturellerInstrumente zur Pflege bestehender Kontakte beziehungsweise zur Überwindung der ermittelten Kontaktdefizite.

(16) Die Planung und Durchführung konkreter Interessenvertretungsprojekte verläuft ebenfalls in fünf Schritten: (i) Erfassung der inhaltlichen Zielsetzung und fortlaufende Prüfung der politischen Realisierbarkeit; (ii) Prozessuale Lageerfassung und Planung eines »Schachspiels«; (iii) Entwurf eines oder mehrerer White Papers und Übermittlung an zuvor ausgemachte Adressaten; (iv) Begleitung des White Papers durch andere prozessuale Instrumente (wechselseitige Informationstransparenz); (v) Begleitung der Entscheidungsprozesse in Legislative und Exekutive, dabei flankierender Einsatz weiterer struktureller Instrumente.

(17) Die subjektiven Anforderungen an einen guten Interessenvertreter in Brüssel lassen sich nur bedingt pauschalisieren. Wesentlich sind eine gute Ausbildung, gute Kontakte, soziale, sprachliche und interkulturelle Kompetenz, absolute Integrität und Seriosität. Interessenvertretung in Brüssel ist aufgrund der großen Konkurrenz der Akteure sowie der prinzipiellen Offenheit der Institutionen wesentlich dynamischer und offensiver als in den Mitgliedstaaten; entsprechend härter ist der Wettbewerb. Ein Interessenvertreter muss sich einen gewissen Stand erarbeiten, muss glaubwürdig sein und sich für beide Seiten – Adressaten ebenso wie Auftraggeber – »interessant machen« (gegenseitige Informationstransparenz), um nicht im »Markt der Meinungen, Standpunkte und Argumente« an der starken Konkurrenz zu scheitern.

Teil 6
Fallstudie

Zum Abschluss soll anhand eines Fallbeispiels der Ablauf eines Interessenvertretungsprozesses exemplarisch dargestellt werden. Die Schilderung erfolgt in chronologischer Form, wobei die in Teil 5 der Darstellung erläuterte Vorgehensweise bei der Strukturierung und Durchführung konkreter Interessenvertretungsprojekte deutlich wird:[459]

- Schritt 1: Erfassung der inhaltlichen Zielsetzung und Prüfung der politischen Realisierbarkeit
- Schritt 2: Prozessuale Lageerfassung und Planung eines »Schachspiels«
- Schritt 3: Entwurf eines White Papers und Übermittlung an zuvor ausgemachte Adressaten in Legislative und Exekutive
- Schritt 4: Begleitung des White Papers durch andere prozessuale Instrumente (wechselseitige Informationstransparenz)
- Schritt 5: Begleitung der Entscheidungsprozesse in Legislative und Exekutive, dabei flankierender Einsatz weiterer struktureller Instrumente

Die Fallstudie ist einem authentischen Interessenvertretungsprozess nachgebildet, sodass sich die verschiedenen Aspekte erfolgreicher Interessenvertretung anschaulich aufzeigen lassen. Gegenstand des dargestellten Interessenvertretungsprozesses sind europarechtliche Vorgaben im handelsrechtlichen Bereich.

A. Ausgangssituation: Kenntnis über ein laufendes EU-Rechtsetzungsverfahren

Ein Branchenverband wurde auf ein Regelungsvorhaben der EU im handelsrechtlichen Bereich aufmerksam, das in Form einer Richtlinie ergehen sollte. Von den möglicherweise anstehenden Änderungen hatte der Verband eher zufällig durch den Besuch einer Expertenrunde erfahren.

Daraufhin wurden weitergehende Nachforschungen angestellt, in deren Verlauf sich herausstellte – maßgeblich befördert durch Nachfragen der Verbandskontakte im nationalen Justizministerium – dass bei der Kommission beziehungsweise der zuständigen Generaldirektion (GD) Binnenmarkt bereits ein konkreter Textentwurf für eine Richtlinie vorlag. Nach Studium dieses Textentwurfs wurde deutlich, dass sich für die vom Verband vertretenen Mitglieder bei Umsetzung der gegebenen Formulierung in die endgültige Richtlinie ein gravierender Wettbewerbsnachteil gegenüber konkurrierenden Unternehmen ergeben würde. Demzufolge sah der Verband im Interesse seiner Mitglieder umgehenden Handlungsbedarf: Ziel war eine entsprechende Änderung des Textentwurfs unter Berücksichtigung der spezifischen Situation der Verbandsmitglieder.

Der Verband verfügte zwar in seinem Heimatmitgliedstaat über gute Kontakte zu Amts- und Mandatsträgern in Exekutive und Legislative, Zugänge zu den maßgeblichen Institutionen der EU waren jedoch nicht vorhanden. In der Folge wandte sich der Verband mit seinen inhaltlichen Vorstellungen an eine in Brüssel ansässige Governmental-Relations-Agentur, die eine prozessuale Strategie entwickeln und in die Praxis umsetzen sollte.

Interessant ist zunächst das Mandatsverhältnis als solches, beauftragte doch hier ein Verband als klassisches strukturelles Interessenvertretungsinstrument einen externen Dienstleister zur Wahrnehmung seiner Interessen beziehungsweise der Interessen seiner Mitglieder. Dabei wird besonders bewusst, dass es im Bereich der Interessenvertretung kein Gegeneinander der unterschiedlichen Anbieter von Interessenvertretungsdienstleistungen geben kann: Nicht nur greift in der Praxis – wie bereits geschildert wurde – eine Unternehmensrepräsentanz oder ein externer Dienstleister im Auftrag des Unternehmens auf Angebote und Kontakte des zuständigen (Branchen-)Verbandes zurück. Vielmehr kann auch ein Verband von sich aus mit anderen Interessenvertretungsinstrumenten zusammenarbeiten, um das eigene Lobbying-Portfolio im Interesse seiner Mitglieder zu vervollständigen. Am Ende des Tages unterscheidet sich der Fall im Übrigen nicht wesentlich von der Normalsituation der Mandatierung des Dienstleisters durch ein einzelnes Unternehmen: Auch der Verband ist letztlich Mediator von Unternehmensinteressen.

B. Schritt 1: Erfassung der inhaltlichen Zielsetzung und Prüfung der politischen Realisierbarkeit

Obwohl der externe Dienstleister den prozessualen Teil des Interessenvertretungsprojekts sowohl auf nationaler als auch auf europäischer Ebene übernehmen sollte, unternahm der Verband zunächst ebenfalls prozessuale Schritte in seinem Heimatmitgliedstaat. Relativ früh wurde dabei allerdings deutlich, dass der Dienstleister über belastbarere Zugänge zu den relevanten Entscheidungsträgern in der Exekutive verfügte als der Verband, der daraufhin seine eigenen Aktivitäten deutlich einschränkte. Auf diese Weise konnten mögliche Abstimmungsprobleme und Reibungsverluste von vornherein vermieden werden.

Bereits zu Beginn der Zusammenarbeit wurde deutlich, dass die Tätigkeit der Governmental-Relations-Agentur nicht rein prozessual, sondern durchaus auch inhaltlicher Natur sein würde: Der Verband musste – wie in Teil 5 der Darstellung abstrakt erläutert – zu Beginn des Projekts auch in Bezug auf die politische Realisierbarkeit einzelner Projektbestandteile beraten werden.[460] Ursprünglich standen in Bezug auf den Regelungsgehalt der Richtlinie eine Vielzahl von Änderungswünschen und -vorstellungen des Verbandes im Raum. Die damit angestrebte Maximalposition schien freilich nach Lage der Dinge politisch nicht vermittelbar, weshalb die Agentur gemeinsam mit dem Kunden realistisch erreichbare Kernzielsetzungen (»Must-Haves«) herausarbeitete. Dem zugrunde lagen eine Vielzahl informeller Gespräche der Agentur mit Entscheidungsträgern im Europäischen Parlament und der Kommission.

C. Schritt 2: Prozessuale Lageerfassung und Planung eines ›Schachspiels‹

Nach einer ersten Analyse sowohl der Zielsetzung des Verbandes (textliche Änderung des Richtlinienentwurfs) als auch der politischen Realisierbarkeit des Projekts entwarf der Dienstleister eine konkrete Projektstrategie.

Zunächst wurde aufseiten der Agentur ein dreiköpfiges Team zusammengestellt. Ein Mitarbeiter übernahm dabei vorwiegend prozessuale Aufgaben, war also für Kontaktmanagement und Gesprächsführung mit Abgeordneten und Beamten zuständig. Zwei weitere Mitarbeiter leisteten organisatorischen Support, waren jedoch vor allem mit inhaltlichen Fragen, das heißt mit Monitoring, Recherche und der Verfassung und Fortschreibung von Argumentationspapieren sowie sonstigem Schriftverkehr betraut. Ein Mitarbeiter des Teams stand dem Verband darüber hinaus während der gesamten Projektdauer als fester Ansprechpartner zur Verfügung, berichtete kontinuierlich über den Projektstatus und leistete die erforderliche Abstimmungsarbeit.

Im Vordergrund der Aktivitäten stand zunächst eine eingehende Key-Player-Analyse, das heißt die Identifikation der zuständigen Institutionen und Personen auf europäischer Ebene, um unmittelbare Ansatzpunkte für die Artikulation des Kundeninteresses zu definieren. Dem verfahrensrechtlichen Rahmen des Richtlinienvorhabens geschuldet (Mitentscheidungs- beziehungsweise ordentliches Gesetzgebungsverfahren),[461] waren neben der Initiativkraft Europäische Kommission sowohl der Rat der EU als auch das Europäische Parlament am Rechtsetzungsverfahren beteiligt und demgemäß in die Interessenvertretungsstrategie einzubeziehen: Zu allen drei relevanten EU-Organen galt es, belastbare Zugänge zu öffnen. Erste Erkenntnisse dazu waren bereits in der informellen Abstimmungsphase[462] gesammelt worden und konnten nun in die weitere Planung einfließen. Identifiziert wurden auf europäischer Ebene der Generaldirektor, der zuständige Abteilungsleiter (Head of Unit) und der federführende Sachbearbeiter in der GD Binnenmarkt sowie verschiedene mit der Sache befasste Abgeordnete des Europäischen Parlaments,[463] auf nationaler Ebene die zuständigen Beamten im Ressortministerium.

Weiterhin setzte die Agentur einen Monitoring-Prozess in Bezug auf die inhaltliche Thematik auf und klärte Fragen des institutionellen und rechtlichen Rahmens des Rechtsetzungsvorschlags. Dazu griff die Agentur neben eigenen Analysen auf die Expertise einer Brüsseler Anwaltskanzlei zurück, worin sich erneut die bereits oben angesprochene Komplementarität der unterschiedlichen strukturellen Instrumente der Interessenvertretung zeigt.[464]

Die Kontaktaufnahme der Agentur mit den zuständigen Kommissionsmitarbeitern hatte ergeben, dass der Richtlinientext in der Kommission noch nicht endgültig verabschiedet war. Zumindest theoretisch bestand also noch die Möglichkeit, auf die Formulierung des Richtlinienvorschlags Einfluss zu nehmen. Das gegebene Zeitfenster dazu war allerdings recht eng. Freilich wäre der Zeitdruck noch höher gewesen, hätte die Kommission den Vorschlag bereits Rat und Parlament vorgelegt gehabt. Optimal wäre ein früherer Einstieg in das Verfahren – im Sinne präventiver Interessenvertretung[465] – gewesen: Auf diese Weise hätte bereits der erste Textvorschlag der GD Binnenmarkt antizipiert werden können; die Anliegen des Verbands hätten möglicherweise schon bei der Formulierung der Entwurfsfassung berücksichtigt werden können.

D. Schritt 3: Entwurf eines White Papers und Übermittlung an zuvor ausgemachte Adressaten in Legislative und Exekutive

Ein schwerwiegendes, für die Interessenvertretung bei der EU jedoch typisches Problem bestand zunächst in der mangelnden Aufmerksamkeit der europäischen Entscheidungsträger für die Relevanz des Verbandsanliegens. Die Thematik wurde in Brüssel anfangs als »rein nationales«, das heißt nur einen einzigen Mitgliedstaat betreffendes Problem angesehen, womit sich der Verband im europäischen Kontext in einer schwachen Ausgangsposition befand.[466] In der Tat zeigten die übrigen Mitgliedstaaten zu diesem Zeitpunkt weitgehende Gleichgültigkeit gegenüber der Regelungsthematik. »Offene Türen und Ohren« gab es demzufolge wenige, vielmehr bedurfte es einiger Informationsarbeit, um überhaupt die notwendige Awareness bei Kommission und Parlament zu erzeugen.

Aufgrund des bereits angelaufenen Rechtsetzungsprozesses war die Auswahl der prozessualen Instrumente eingeschränkt. Es galt, möglichst rasch und zielgenau zu agieren. Um das Anliegen prägnant vorbringen zu können, wurde ein White Paper verfasst, das auf einer Seite alle relevanten Informationen und die wesentliche Argumentationslinie des Verbandes enthielt. Neben der rein sachlichen Argumentation musste (siehe oben) besonders darauf geachtet werden, die europäische Dimension des Anliegens herauszuarbeiten. Das White Paper wurde mehrfach zwischen Verband und Agentur abgestimmt und schließlich in verschiedenen Versionen an die zuvor identifizierten Entscheidungsträger in Kommission und Parlament übermittelt.

E. Schritte 4 und 5: Begleitung des White Papers und Begleitung der Entscheidungsprozesse in Legislative und Exekutive

I. Interessenvertretung gegenüber der Europäischen Kommission

Nach der Übermittlung des White Papers fanden zunächst persönliche Gespräche des Interessenvertreters in der GD Binnenmarkt statt, namentlich mit dem Generaldirektor, dem zuständigen Head of Unit und dem sachbearbeitenden Beamten. Das vorhandene Netzwerk der Agentur spielte dabei eine wichtige Rolle; von Vorteil war insbesondere, dass sich der zuständige Kommissionsbeamte und der für die Agentur tätige Interessenvertreter bereits aus einem früheren Projekt kannten, in dem die Agentur den Eindruck hoher Professionalität und Seriosität hinterlassen hatte. Dennoch blieb zunächst unklar, wie entschieden sich die zuständigen Beamten tatsächlich für das Verbandsanliegen engagieren wollten: So wurde auf Arbeitsebene zwar Verständnis für die inhaltliche Position des Verbandes geäußert; Bereitschaft zu einer nachträglichen Textänderung schien allerdings nur in sehr begrenztem Umfang zu bestehen – nicht zuletzt infolge des bereits vorliegenden Richtlinienentwurfs.

Der direkte Weg über die GD Binnenmarkt erschien damit allein nicht ausreichend. Ohnehin hätte die angestrebte Wortlautänderung nur den Richtlinienentwurf betroffen; ob Rat und Parlament diesem Entwurf letztlich überhaupt zustimmen würden, stand auf einem anderen Blatt. Da die Zustimmung beider Organe somit in jedem Fall gesichert werden musste, konnte auch die Textänderung in ein späteres Stadium des Mitentscheidungsverfahrens verlagert werden.[467]

II. Interessenvertretung gegenüber dem Rat

Vor allem die Einbeziehung des Rats im Mitentscheidungsverfahren sollte sich für den Projekterfolg als entscheidend herausstellen. Zwar verfügte die Agentur zu diesem Zeitpunkt nicht über unmittelbare Zugänge zu den nationalen Ressortministern der Mitgliedstaaten im Rat, konnte dieses Defizit aber mit der Ansprache der zuständigen Entscheidungsträger durch landsmannschaftliche Kontakte (»Spiel über Bande«) überwinden. Grundidee war dabei, sich in die Position des jeweiligen Mitgliedstaats hineinzuversetzen: Inwieweit war das Problem des Verbandes auch ein Problem von Verbänden beziehungsweise Unternehmen in den anderen Mitgliedstaaten? Wie eine sich auf sämtliche größeren EU-Mitgliedstaaten erstreckende Recherche ergab, war dies in mindestens sechs Fällen gegeben.

In der Folge wurde Kontakt zu der Agentur bekannten MdEPs aus diesen sechs Mitgliedstaaten sowie zu weiteren Akteuren auf mitgliedsstaatlicher Ebene aufgenommen, die über gute Verbindungen zu ihren nationalen Exekutiven verfügten. In vier der sechs Mitgliedstaaten konnte die Exekutive durch die Fürsprache der MdEPs und nationalen Akteure hinreichend für das Problem sensibilisiert werden, um sich auf europäischer Ebene für eine entsprechende Richtlinienfassung einzusetzen.[468] Darüber hinaus gelang es in zwei der vier Mitgliedstaaten, neben der Exekutive weitere Akteure zu einem Tätigwerden in Brüssel zu veranlassen:

- In Mitgliedstaat 1 ging ein Kontakt der Agentur auf den zuständigen Ressortminister zu und schilderte ihm (unter Verwendung des White Papers) die problematischen Auswirkungen der geplanten Richtlinie für Unternehmen aus dem eigenen Mitgliedstaat. Der Minister konnte von der Notwendigkeit der gewünschten Änderung überzeugt werden und veranlasste daraufhin ein entsprechendes Tätigwerden des Mitgliedstaats in Brüssel sowie eine dahingehende Stimmabgabe im Rat.
- In Mitgliedstaat 2 gelang der Zugang zum Ressortministerium über einen MdEP. Dieser Kontakt konnte nicht nur den Ressortminister von der Relevanz der Thematik überzeugen, sondern sensibilisierte auch große Unternehmen aus dem Mitgliedstaat für das Problem. Diese Unternehmen gingen daraufhin selbst auf die nationale Exekutive zu, um auf ein Tätigwerden für die Sache in Brüssel hinzuwirken (»zweifaches Spiel über Bande«).
- Die Vorgehensweise in Mitgliedstaat 3 ähnelte der in Mitgliedstaat 2. Ein sehr einflussreicher MdEP konnte als Fürsprecher gewonnen werden und sensibilisierte die nationale Regierung ebenso wie große Unternehmen und einen Verband aus dem Mitgliedstaat. Letzterer begann aufgrund der Hinweise des Abgeordneten anschließend selbst in der Sache Lobbying bei Kommission und Parlament zu betreiben.
- Schließlich wandte sich ein MdEP aus Mitgliedstaat 4 in dieser Sache erfolgreich an seine nationale Regierung, die daraufhin im Interesse der von der Thematik ebenfalls betroffenen heimischen Unternehmen in Brüssel tätig wurde.

III. Interessenvertretung gegenüber dem Europäischen Parlament

Im Europäischen Parlament federführend war der Rechtsausschuss (JURI); der Wirtschaftsausschuss (ECON) war begleitend tätig. Der strategische Ansatz der Agentur war dabei, zunächst den zuständigen Berichterstatter im Rechtsausschuss, der die Abstimmungsvorlage (»Bericht«) für das Plenum erstellen würde, vom Ansinnen des Kunden zu überzeugen. Nach Übermittlung des White Papers wurden zum einen persönliche Gespräche mit dem Abgeordneten geführt, um ihn von dem Anliegen des Verbands zu überzeugen; daneben gingen auch mehrere der bereits oben angesprochenen MdEPs auf den Berichterstatter zu. Um weitere Abgeordnete für das Anliegen des Kunden zu gewinnen und eine Mehrheit sowohl in den Ausschüssen als auch in der Plenumsabstimmung sicherzustellen, wurden zur Mobilisierung der Fraktionen im Parlament auch die Obleute und Schattenberichterstatter mit einbezogen. Die Kooperation mit den MdEPs gestaltete sich durchweg sehr gut: Es zeigte sich abermals, dass die Abgeordneten gegenüber seriösen fachlichen Informationen und einer ausgewogenen Argumentation aufgeschlossen waren.[469]

Allerdings trat in der Folge eine unvorhersehbare Komplikation auf: Ein Mitarbeiter des zuständigen Berichterstatters erkundigte sich bei der EU-Vertretung des Mitgliedstaates, in dem der Verband beheimatet war, nach der Relevanz des Problems aus dessen Perspektive. Der mit der Beantwortung der Frage befasste Vertretungsmitarbeiter – mit der Sache vermutlich nicht sonderlich vertraut – erklärte daraufhin, das Problem werde als nicht sonderlich gravierend eingeschätzt. Diese Aussage führte daraufhin nachvollziehbarer Weise zu einer Verstimmung des Berichterstatters, welcher sich falsch informiert fühlte und zunächst die Relevanz der an ihn herangetragenen problematischen Aspekte nicht mehr sehen wollte. In aller Eile musste daher die tatsächliche Position des Mitgliedstaats – hohe Relevanz des Verbandsanliegens – richtiggestellt werden. Über eine Intervention des nationalen Ressortministeriums konnte die Agentur dies kurzfristig erreichen.

Kurz vor der letzten Abstimmung im Parlament trat nochmals eine kritische Situation ein: Die Fraktion der Sozialisten hatte einen inhaltlichen Punkt, der für den Verband zu den eingangs erwähnten »Must-Haves« zählte, ohne erkennbaren Grund vor der letzten Lesung im Parlament von ihrer Liste der zur Zustimmung empfohlenen Themen gestrichen. Vonseiten des Interessenvertreters war hier höchster persönlicher Einsatz gefordert: Nur durch eine persönliche Intervention über einen ihm gut bekannten Mitarbeiter des Schattenberichterstatters und einer nochmals sehr aufwendigen argumentativen Auseinandersetzung gelang es ihm, diesen von der Wiederaufnahme des entscheidenden Punkts auf die Zustimmungsliste zu überzeugen. Tatsächlich stimmten die Abgeordneten der Fraktion tags darauf in allen Punkten zu.

F. Ergebnis: Zielerreichung

In der endgültigen, von Parlament und Rat verabschiedeten Fassung der Richtlinie war eine gegenüber dem ursprünglichen Entwurf deutlich »entschärfte«, die Belange des Verbandes beziehungsweise seiner Mitglieder berücksichtigende Formulierung enthalten. Ausschlaggebend für diesen Erfolg waren die über Fraktions- und Nationalitätsgrenzen hinweg geknüpften Allianzen im Rat und im Europäischen Parlament, insbesondere auch die Nutzung der unterschiedlichen Einflussinstrumente im Mehrebenensystem der EU (in Form einer informellen Allianz mit Exekutiven der Mitgliedstaaten).

Der geschilderte Fall zeigt eindrucksvoll: Lobbying ist kein obskures Strippenziehen und keine halbseidene Tätigkeit. Lobbying läuft nicht auf intransparente Absprachen im Hinterzimmer hinaus. Vielmehr handelt es sich um harte Arbeit – Informationen müssen gesammelt und analysiert werden, Entscheidungsprozesse durchdrungen und aufwendige Allianzen geschaffen werden. All dies gelingt nur, wenn ein Interessenvertreter neben einer nachvollziehbaren und seriösen Argumentation große Erfahrung, Kompetenz, Prozessintelligenz und ein breit gefächertes Netzwerk mitbringt. Brüssel ist kein Ort, an dem einem Anliegen durch Ansprechen einzelner Kontakte oder ein Schreiben an einen dem Unternehmen verbundenen Abgeordneten des Europäischen Parlaments zur Durchsetzung verholfen werden kann. Erforderlich sind starke (Prozess-)Partner, die den politischen Betrieb in der »europäischen Hauptstadt« wirklich verinnerlicht haben.

Teil 7
Vergleich der Interessenvertretung in der EU und in den USA: Die ›K Street‹ als Vorbild für Brüssel?

»K Street« – diese Straße im Herzen von Washington, D.C. steht als Synonym für die Lobbying-Branche in der US-Hauptstadt. Nirgends sonst reihen sich so viele Büros der Interessenvertreter aneinander.[470] Dies kommt nicht von ungefähr: Die Vereinigten Staaten gelten als Wiege des modernen Pluralismus, der nicht zuletzt in der Artikulation einer Vielzahl differierender Interessen zum Ausdruck kommt.[471] Lobbying gehört in den USA, auch im Bewusstsein der breiten Öffentlichkeit, zur politischen Realität;[472] Lobbyisten werden weitgehend als Bestandteil der politischen Meinungs- und Willensbildung akzeptiert.[473] Das ist jedoch nicht mit vorurteilsloser Zustimmung zum »Phänomen Lobbying« zu verwechseln: Schon in den Federalist Papers warnte *Madison* vor den »mischiefs of faction«,[474] die Auseinandersetzung mit der Thematik in den Medien ist ambivalent und die seit etwa 1907 unternommenen, unterschiedlich weit gehenden Regulierungsversuche des Gesetzgebers zeugen von einem gewissen Problembewusstsein.[475]

Angesichts der oben erläuterten Situation in EU-Europa und der verbreiteten Skepsis gegenüber einer organisierten Vertretung von Unternehmensinteressen in der kontinentaleuropäischen Öffentlichkeit wirft dies Fragen nach den wesentlichen Unterschieden auf, ebenso aber nach Trends, die sich daraus unter Umständen mittel- bis langfristig auf europäischer Ebene ergeben können:

- Grundlage einer Analyse von Gemeinsamkeiten und Unterschieden von Interessenvertretung in unterschiedlichen politischen Systemen ist stets die Kenntnis der Hard Facts: Was sind also die wesentlichen Elemente der politischen Kultur und des Regierungssystems der USA (dazu Abschnitt A unten)?
- Was sind die Rahmenbedingungen und Verfahrensweisen von Interessenvertretung in den USA? Wo liegen Gemeinsamkeiten und Unterschiede zur bereits analysierten »europäischen Interessenvertretung« (dazu Abschnitte B und C unten)?

- Lassen sich aus den so identifizierten Unterschieden Trends für die weitere Entwicklung von Instrumenten, Methodik und Regulierung von Interessenvertretung in der EU ableiten (dazu Abschnitt D unten)?

A. Das politische System der USA

Das politische System der Vereinigten Staaten basiert auf spezifischen kulturellen und gesellschaftlichen Fundamenten, die bis in die Gründerzeit der Nation zurückreichen. Diese bilden die normative Basis der politischen Kultur der Vereinigten Staaten. Für das Verständnis des politischen Systems der USA im Allgemeinen und des Lobbyings im Speziellen ist zunächst ein kurzer Blick auf die politische Kultur der Vereinigten Staaten und ihre ideellen Grundlagen notwendig.

I. Die politische Kultur

Aus historischen und gesellschaftlichen Gründen ist der Glaube an Selbsthilfe und eine grundsätzliche Staatsskepsis deutlich ausgeprägter als in (Kontinental-)Europa. Schon bei der Gründung der Vereinigten Staaten wurde in Abgrenzung zu Europa eine Entscheidung für die Freiheit des Individuums und gegen obrigkeitsstaatliche Institutionen getroffen. Daher sind der persönliche Anspruch auf Glück, der »Pursuit of Happiness«, die individuelle Freiheit und Unabhängigkeit sowie die Volkssouveränität seit jeher konstitutive Determinanten der US-Gesellschaft und damit der politischen Kultur. Im Vergleich zu den Gemeinwesen in Europa sind die USA daher weniger etatistisch ausgerichtet, vielmehr können sie als »Bürgergesellschaft« bezeichnet werden. Die Brücke vom Individuum zum Gemeinwesen wird dabei durch die Idee des Pluralismus geschlagen, was sich auch im Spruch »e pluribus unum« auf dem Siegel der Vereinigten Staaten augenfällig widerspiegelt.

Die angestrebte politische Freiheit ist in den USA untrennbar mit wirtschaftlicher Freiheit verknüpft: »Die Bewahrung dieser beiden individuellen Freiheiten ist das Ziel politischen Handelns in den USA«.[476] Das Streben nach wirtschaftlichem Erfolg – basierend auf der persönlichen Leistung – hat dementsprechend einen sehr hohen Stellenwert: »The chief business of the American people is business«, sagte einst *Calvin Coolidge* (1872–1933, 30. Präsident der USA). Vor diesem Hintergrund lässt sich auch die positive Konnotation von Konkurrenz und Wettbewerb in der US-Gesellschaft erklären.

Durch das historisch angelegte Bedürfnis nach individueller Freiheit ist die Gesellschaft der Vereinigten Staaten von einer prinzipiellen Staatsskepsis geprägt, was bereits *Alexis de Tocqueville* vor 175 Jahren feststellte: »Der Bürger der Vereinigten Staaten lernt von klein auf, dass er sich im Kampf gegen die mancherlei Schwierigkeiten des Lebens auf sich selbst verlassen muss; er hat für die Obrigkeit nur einen misstrauischen und unruhigen Blick und ruft ihre Macht nur zur Hilfe, wenn er es gar nicht vermeiden kann«.[477] In dieser Grundhaltung liegt die Ursache der traditionellen Schwäche der Parteien und generell der Großorganisationen wie Gewerkschaften und Arbeitgeberverbände.[478] Das politische System der Vereinigten Staaten ist daher von vornehrein offen für individuelle Interessen; symptomatisch ist etwa die Vielschichtigkeit der Verbändelandschaft der USA.[479]

II. Aufbau, Struktur und Funktionsweise des Regierungssystems

Auch das Regierungssystem der USA unterscheidet sich in vielfältiger Weise von den Regierungssystemen in Europa. Ein grundlegendes Merkmal der Vereinigten Staaten und gleichzeitig das wesentliche Grundprinzip der Machtarchitektur ist die strikte Gewaltenteilung beziehungsweise Gewaltentrennung zwischen Exekutive, Legislative und Judikative (vgl. Abbildung 7.1). Insbesondere das Verhältnis von Exekutive und Legislative ist in den USA bewusst antagonistisch angelegt. Hintergrund war die Idee eines Machtgleichgewichts zwischen Exekutive und Legislative, wodurch ein permanenter Ausgleich durch das System der Checks and Balances stattfindet:[480]

1. Präsident[481]

Die starke Stellung des US-Präsidenten als Machtzentrum im politischen System der Vereinigten Staaten fußt auf weitreichenden Vollmachten und Befugnissen: Er ist oberster Diplomat seines Landes und der Oberbefehlshaber der Streitkräfte. Als Staatsoberhaupt und Regierungschef in Personalunion ist seine Position bei Weitem machtvoller als die eines Premierministers in parlamentarischen Demokratien. Seine Stellung an der Spitze der US-Exekutive ist unangefochten: Der Präsident ist die »Quelle aller exekutiven Autorität«, weswegen sich der Verwaltungsapparat des Präsidenten (»Executive Office«) während einer Amtszeit oft

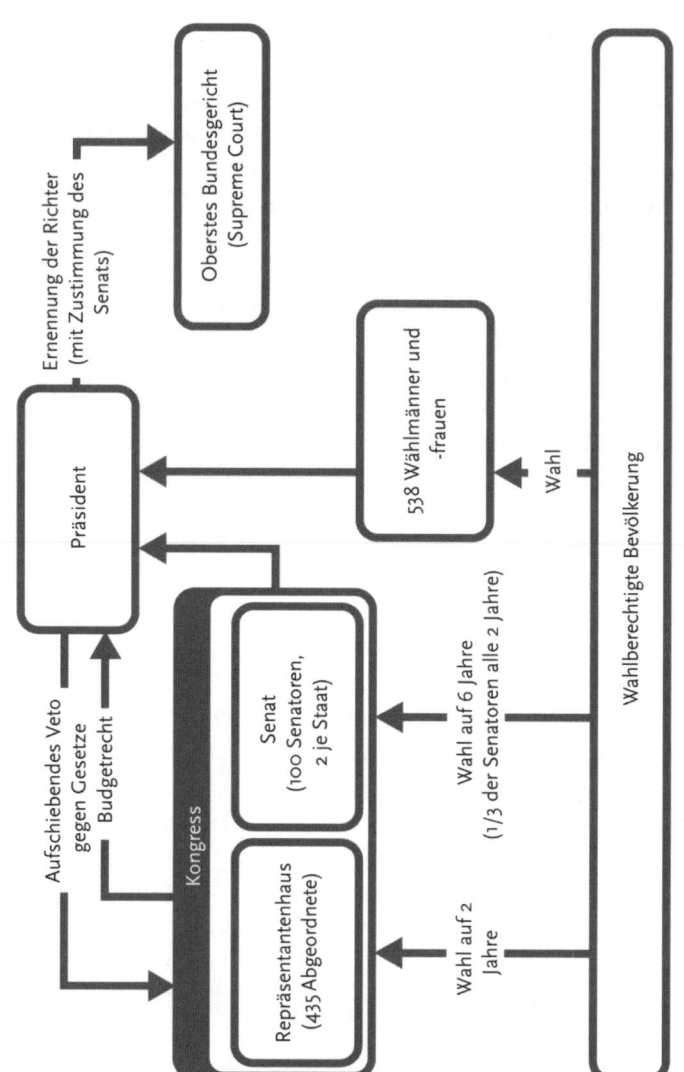

Abbildung 7.1: Das politische System der USA.

zum »Aktionszentrum der Regierung in der Politikformulierung« entwickelt.[482] Das Kabinett, die einzelnen Minister und die Ministerialbürokratie spielen daher keine solche wesentliche Rolle wie in europäischen Staaten; entsprechend vermindert ist ihre Bedeutung auch aus Sicht der Interessenvertretung.

Die Machtfülle des Präsidenten wird durch ein umfängliches System von Kontroll- und Machtverschränkungsmechanismen eingeschränkt (Checks and Balances). Anders als in parlamentarischen Demokratien geht die Exekutive nicht aus dem Parlament hervor, sondern ist weitgehend von ihr getrennt. Damit besitzt der Präsident im Legislativprozess keine formalen Initiativrechte. Stattdessen manifestiert sich der innenpolitische Erfolg eines Präsidenten durch seine Fähigkeit, den Kongress in Gesetzesfragen informell auf seine Linie zu bringen, z. B. durch die »State of the Union Address«.[483] Allerdings hat der Präsident ein aufschiebendes Vetorecht, wodurch er zwar keine Gesetze endgültig verhindern, jedoch deren Verabschiedung zeitlich verzögern kann (siehe Abbildung 7.2 zum Gesetzgebungsverfahren). Ein Veto des Präsidenten kann nur mit Zwei-Drittel-Mehrheit in beiden Kammern des Kongresses überwunden werden.

Die Wahl zum Präsidenten weist ebenfalls deutliche Unterschiede zur in parlamentarischen Systemen üblichen Praxis auf. Da es hier keine festen Parteistrukturen wie in Europa gibt, erfolgt die Nominierung und Auswahl geeigneter Kandidaten über Vorwahlen in den einzelnen Bundestaaten (Primaries) (siehe dazu nochmals Abbildung 7.1). Der Sieger der Vorwahlen wird dann auf einer Parteiversammlung (Convention) offiziell in das Rennen um die Präsidentschaft geschickt. Die Präsidentschaftswahl erfolgt streng genommen nicht unmittelbar durch die Wähler: Diese stimmen auf Ebene der Bundesstaaten über die Zusammensetzung des Wahlmännerkollegiums (Electoral College) ab, welches schließlich den Präsidenten wählt.[484] Zum Präsidenten der USA ist schließlich derjenige Kandidat gewählt, der die Mehrheit der Wahlmännerstimmen auf sich vereint.

2. Kongress [485]

Die wichtigsten Funktionen des Kongresses sind die Gesetzgebung, die Verabschiedung des Haushalts und die Kontrolle der Exekutive. Gemäß der US-Verfassung ist der Kongress die oberste Gesetzgebungsinstanz. In der Gesetzgebung besitzt der Kongress bereits in der Konzeptionsphase von Gesetzen eine dominante Stellung. Der Kongress besteht aus dem Senat und dem Repräsentantenhaus und bildet ein klassisches Zweikam-

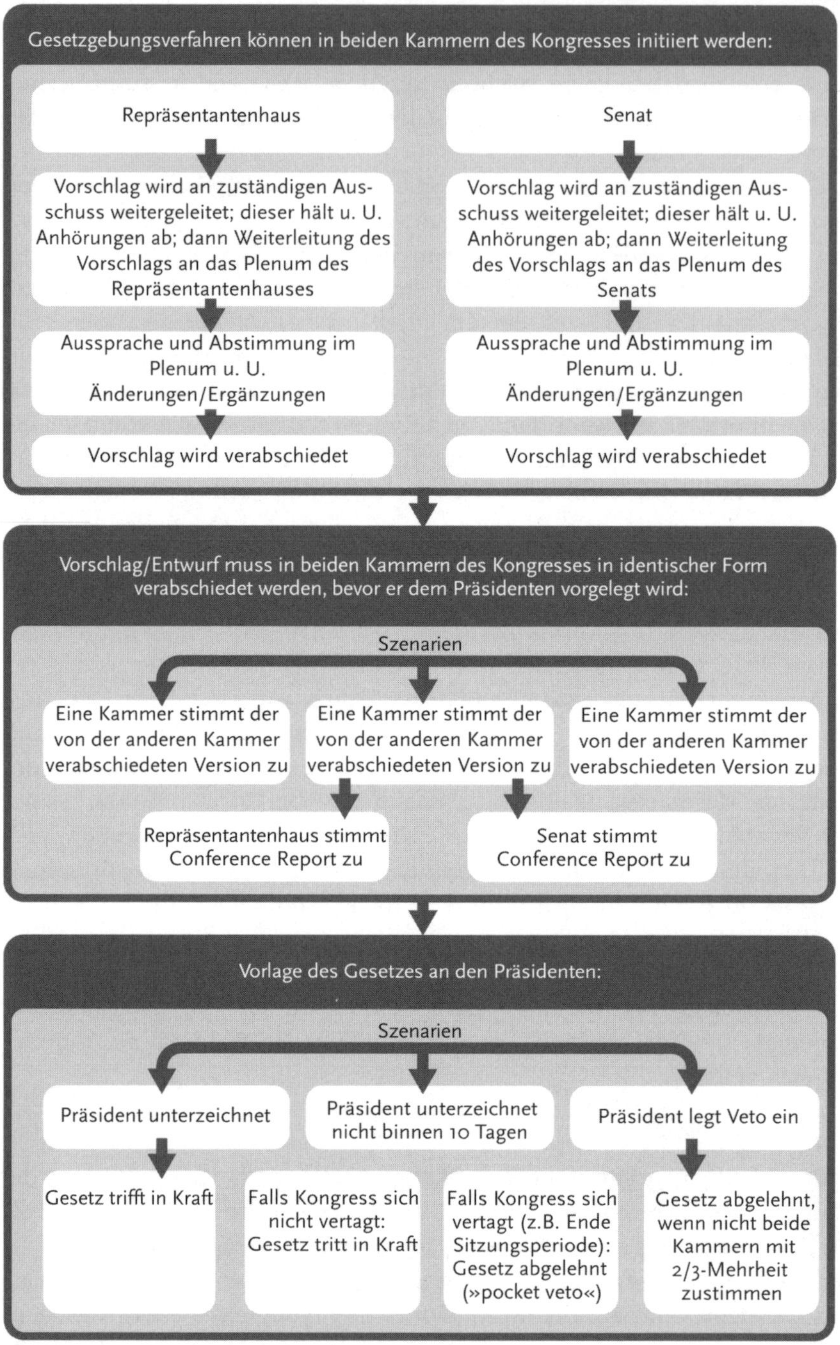

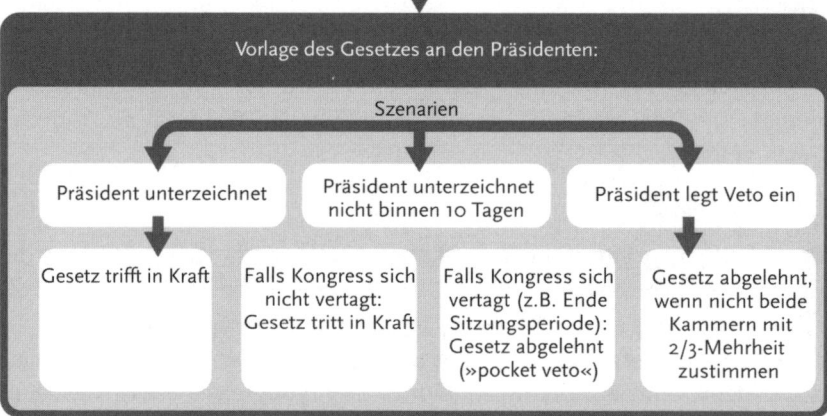

Abbildung 7.2: Gesetzgebungsverfahren in den USA.

mersystem. Beide Kammern sind im Prinzip gleichermaßen am Gesetzgebungsverfahren beteiligt und verfügen mit der Budgethoheit über ein äußerst umfassendes Machtinstrument (siehe Abbildung 7.2 unten). Gesetze müssen jeweils von beiden Kammern mit Mehrheit verabschiedet werden, damit sie in Kraft treten können. Der Kongress hat das Recht, Bundesbeamte, Richter, Kabinettsmitglieder sowie den Präsidenten wegen Vergehen zu belangen. Ferner hat der Kongress das Recht, Befragungen und Ermittlungen durchzuführen. Für den Abschluss von internationalen Verträgen ist zuvor der Kongress zu befragen, dies gilt auch im Bereich des Außenhandels. Der Kongress ist daher ein wirkungsvolles Gegengewicht zum Präsidenten. Um seine politischen Vorhaben umsetzen zu können, muss der Präsident versuchen, den Kongress von seinen politischen Vorstellungen zu überzeugen. Dies ist keineswegs einfach, da es in den Vereinigten Staaten im Vergleich zu Europa nur eine gering ausgeprägte Fraktionsdisziplin gibt. Die Angehörigen beider Häuser verstehen sich vor allem als Vertreter der Legislative – und damit im weiteren Sinne als Repräsentanten des Volkes als dem Souverän – und infolgedessen als Gegengewicht zum Präsidenten, was zu einem, parteipolitisch betrachtet, uneinheitlichen Abstimmungsverhalten führt.[486] Aufgrund der verfassungsmäßig gebotenen Gewaltentrennung kann ein Kongress-Mitglied kein Amt in der Exekutive oder Judikative besetzen (Checks and Balances), wie auch umgekehrt kein Mitglied der Regierung oder des Richterstands Mitglied des Kongresses sein kann. Faktisch aber hat der Kongress aufgrund seiner Machtfülle und legislativen Gestaltungsmöglichkeiten durchaus ebenso Einfluss auf die Bürokratie. Dies zeigt sich unter anderem daran, dass der Kongress per Gesetz die Ministerien schafft und deren Aufgabenbereich festlegt.[487]

Die konkrete Arbeit an Gesetzgebungsvorhaben findet in den (ständigen) Ausschüssen (Committees) des Kongresses statt. Beide Kammern verfügen über im Wesentlichen inhaltlich identische Ausschüsse. Die Ausschüsse entsprechen ressortspezifisch den Ministerien, darüber hinaus gibt es weitere Ausschüsse, die sich beispielsweise mit der Geschäftsordnung der jeweiligen Kammer befassen. Daneben gibt es nach Bedarf eingerichtete nicht ständige Vermittlungs- und Sonderausschüsse. Die Bedeutung der Ausschüsse kann kaum überschätzt werden, sie sind das Machtzentrum und in ihrem jeweiligen Geschäftsbereich sehr oft die maßgeblichen Akteure. Deshalb ist auch die Position des Ausschussvorsitzenden sehr machtvoll und einflussreich. Jeder Ausschuss verfügt in der Regel über mehrere Unterausschüsse (Subcommittees), die sich wiederum im Sinne einer Spezialisierung im Rahmen des Sachgebiets des Ausschusses mit bestimmten Bereichen befassen. Die Arbeitsergebnisse der Unterausschüsse fließen dann in die Tätigkeit der Ausschüsse ein.

Beide Kammern des Kongresses sind im Prinzip gleichgestellt. Allerdings gibt es einige bedeutende Unterschiede:

a) Repräsentantenhaus

Das Repräsentantenhaus hat derzeit 435 Sitze, die alle zwei Jahre nach dem Mehrheitswahlrecht vergeben werden. Dabei richtet sich die Anzahl der Abgeordneten pro Bundesstaat proportional nach der dortigen Bevölkerungszahl, jeder Bundesstaat entsendet jedoch mindestens einen Abgeordneten. Bei der Gesetzgebung ist das Repräsentantenhaus dem Senat gleichrangig, eine Ausnahme besteht bei der Steuer- und Haushaltsgesetzgebung. Hier besitzt das Repräsentantenhaus das alleinige Initiativrecht (Power of the Purse). Finanzgesetze können deshalb erst nach ihrer Verabschiedung im Repräsentantenhaus im Senat behandelt werden. In sämtlichen Budgetfragen ist der Präsident deshalb vollkommen auf das Repräsentantenhaus angewiesen, was die Machtfülle dieser Kammer unterstreicht. Auch hat nur das Repräsentantenhaus das Recht, eine Anklage gegen den Präsidenten zu erheben, die dann zu einem Amtsenthebungsverfahren (Impeachment) führen kann.

b) Senat

Der Senat ist das institutionelle Gegengewicht zum Repräsentantenhaus und ist zur Repräsentation der einzelnen Staaten auf Bundesebene gedacht. Er besteht aus 100 Senatoren, die für eine Amtszeit von sechs Jahren gewählt werden, wobei sich alle zwei Jahre ein Drittel der Senatoren zur (Wieder-)Wahl stellen muss. Im Gegensatz zum Repräsentantenhaus stellt jeder Bundesstaat grundsätzlich jeweils zwei Senatoren, unabhängig von der Bevölkerungszahl des Bundesstaats. Der Senat ist in der Gesetzgebung gegenüber dem Repräsentantenhaus weitgehend gleichgestellt. Er hat jedoch das alleinige Zustimmungsrecht bei der Ernennung von Ministern, Bundesrichtern und anderen staatlichen Amtsinhabern; ohne die Bestätigung des Senats können derartige Positionen nicht besetzt werden. Außerdem entscheidet der Senat nach einer Anklage durch das Repräsentantenhaus unter Vorsitz des obersten Bundesrichters über die Einleitung von Impeachment-Verfahren und führt diese gegebenenfalls anschließend durch. Eine Ausnahme von der ansonsten strikten Gewaltenteilung ist die Tatsache, dass der Vizepräsident qua Amt der Vorsitzende des Senats ist. Allerdings besitzt er einzig bei Stimmengleichheit

Stimmrecht. Die tägliche Arbeit wird von einem Präsidenten geleitet, den die Senatoren aus ihrem Kreis wählen. Das Senatorenamt ist mit großem Prestige für seinen Inhaber versehen, vergleichbar nur mit dem Amt eines Bundesrichters oder des US-Präsidenten.

3. Parteiensystem

Ähnlich der Ausformung und Organisation des Regierungssystems unterscheidet sich auch das Parteiensystem der USA deutlich von jenen in Europa. Begünstigt durch das Mehrheitswahlsystem hat sich in den USA ein Zwei-Parteien-System ausgebildet, welches von der Republican Party mit konservativer Ausrichtung und der Democratic Party mit liberaldemokratischer Ausrichtung bestimmt wird.[488] Verglichen mit Parteien in anderen westlichen Staaten sind diese beiden Parteien hinsichtlich ihrer Struktur und ihres Organisationsgrades nur schwach ausgebildet. Hauptzweck der Parteien ist die Rekrutierung und besonders die anschließende Unterstützung von Kandidaten für politische Ämter, vor allem bei der Nominierung der Kandidaten für die Präsidentschaftswahl.[489] Programmatische oder weltanschauliche Aspekte sind dagegen eher gering ausgeprägt. Infolge dessen gibt es auch keine Parteimitgliedschaft im formalen Sinne, ebenso wenig wie festgeschriebene Grundsatzprogramme. Eine parteipolitische Karriere wie meistens in Europa üblich ist vor diesem Hintergrund gleichfalls gänzlich unbekannt.

Traditionell spielten und spielen Parteibindungen in der politischen Praxis nur eine untergeordnete Rolle. Dies gilt in weiten Teilen nach wie vor, allerdings ist seit den 1990er-Jahren ein steter Zuwachs an Partisanship in der Bundespolitik zu verzeichnen.[490] Konkret bedeutet dies angesichts des duopolistischen Parteiensystems (Bipartisanship) eine zunehmende Polarisierung zwischen »demokratischer« und »republikanischer« Politik. So wird in letzter Zeit im Kongress bei wichtigen Entscheidungen zunehmend nach Parteizugehörigkeit abgestimmt.[491] Jedoch spielt bei Abstimmungen in den Ausschüssen beider Kammern die Parteibindung meistens nach wie vor nur eine geringe Rolle.[492] Insgesamt lässt sich feststellen, dass die Parteien, verglichen mit ihrem Einfluss auf das öffentliche Leben in Europa, als eigenständiger Machtfaktor keine entscheidende Rolle spielen.

Die Parteifinanzierung in den USA ist wesentlich stärker als in Europa durch die Suche nach finanzieller Unterstützung durch Privatpersonen gekennzeichnet, da die staatliche Finanzierung deutlich geringer ausfällt. Private Spendengelder sind daher die Hauptfinanzierungsquelle der US-Parteien beziehungsweise für deren Hauptzweck, die Unterstützung der

Kandidaten bei Wahlen. Die Zuwendung von Firmen und Privatpersonen an einen Kandidaten beziehungsweise an eine Parteiorganisation ist aber jeweils auf einen Höchstbetrag begrenzt.[493] Dies führt zwar zwangsläufig zu einer gewissen Abhängigkeit der Parteien und der Politiker von privaten Geldgebern, andererseits unterliegen die Zuwendungen diversen Regeln, beispielsweise der Offenlegungspflicht. Grundsätzlich sind die Regelungen der US-Parteienfinanzierung sehr umfangreich und streng.

Eine Besonderheit stellen die Political Action Committees (PACs) dar. Dies sind private Wahlkampforganisationen, die entweder für oder gegen einen Kandidaten agieren oder sich politisch für – meist ein singuläres – Sachthema einsetzen.[494] Ihre Größe kann variieren, sie können einige wenige, aber auch mehrere tausend Unterstützer haben. Die Unterstützung besteht in erster Linie aus finanziellen Mitteln, oft in Höhe vieler Millionen Dollar. Daneben stellen sie oftmals auch organisatorische Ressourcen zur Verfügung. Da die PACs keine Parteien sind, fallen sie nicht unter die Regelungen der Parteienfinanzierung, ebenso unterliegen sie hinsichtlich der Verwendung ihrer eingeworbenen Gelder anderen Regeln. Zwar ist die direkte Unterstützung eines Politikers durch eine Spende summenmäßig begrenzt, jedoch können die PACs praktisch unbegrenzt Geldmittel sammeln und für ihre Zwecke – also beispielsweise für die Kandidatenwerbung in den Medien – ausgeben, was angesichts der Bedeutung der Medien im US-Wahlkampf und der dadurch entstehenden Kosten von eminenter Wichtigkeit ist.[495] Auf diese Weise werden in der Praxis die strikten Regeln der Parteienfinanzierung unterlaufen, worin letztlich auch der Grund für den Aufstieg der PACs in den letzten 40 Jahren liegt.[496]

4. Gesetzgebungsverfahren

Das Gesetzgebungsverfahren verläuft ausschließlich im Rahmen der Legislative, da allein der Kongress über die entsprechenden Kompetenzen verfügt. Nichts desto weniger ist das Prozedere sehr langwierig und komplex. Vor allem innerhalb des Repräsentantenhauses gibt es eine Fülle von Verfahrensregeln, darüber hinaus sind die einzelnen Schritte mitunter relativ vielschichtig. Der nachfolgende Überblick (ebenso wie Abbildung 7.2) stellt deshalb aus praktischen Gründen nur eine grobe Übersicht über die wichtigsten Stationen der Gesetzgebung dar.

Das Initiativrecht für Gesetzesvorhaben (Bills beziehungsweise Joint Resolutions) liegt allein bei den Kongressmitgliedern. Über 95 Prozent aller Initiativvorschläge scheitern allerdings auf dem Weg zum Gesetz (Act beziehungsweise Statute).[497] Gesetzentwürfe können gleich zu Beginn parallel in beide Kammern oder zunächst nur in eine allein eingebracht werden. Falls ein Gesetzesvorschlag zunächst nur in eine Kammer eingebracht wird, so wird der Vorschlag nach erfolgreicher Abstimmung im Plenum jeweils an die andere Kammer verwiesen. Im Repräsentantenhaus übergibt dessen Vorsitzender (Speaker) den Vorschlag an einen sachlich zuständigen Ausschuss, welcher ihn wiederum nach einer ersten positiven Begutachtung an einen Unterausschuss weiterreicht. Der Unterausschuss veranstaltet gewöhnlich mehrere Anhörungen (Hearings) und holt schriftlichen Expertenrat ein, wobei auch die entsprechenden Organe der Exekutive konsultiert werden. Weiterhin wird der Vorschlag auf Konformität hinsichtlich bestehender Gesetze, entstehender Kosten und der zu erwartenden Effekte hin geprüft. Falls nach diesen Schritten das Vorhaben weiterhin für gut befunden wird, wird nach diversen Beratungen und Diskussionen ein Textentwurf erstellt (Mark-Up). Dieser Entwurf geht mit einer entsprechenden Empfehlung an den Ausschuss zurück. Jener wiederum veranstaltet in aller Regel weitere Anhörungen und kann den Textentwurf verändern. Per Abstimmung wird schließlich entschieden, ob die Gesetzesvorlage ins Plenum eingebracht wird.[498] Im Repräsentantenhaus wird anschließend im Rahmen des Committee of the Whole über die Vorlage debattiert und abgestimmt.[499] Nachdem der Gesetzentwurf auch diese Hürde überwunden hat, wird er ins Plenum des Repräsentantenhauses zur Abstimmung eingebracht.

Das Gesetzgebungsprocedere im Senat läuft ähnlich wie jenes im Repräsentantenhaus ab. Dort geht der Gesetzesvorschlag ebenfalls seinen Weg durch die Ausschüsse und Unterausschüsse. Dort werden ebenso Anhörungen veranstaltet und Fachwissen eingeholt, es wird über das geplante Gesetz beraten und ein Textentwurf erstellt. Falls der Entwurf nicht in den Ausschüssen fallen gelassen wird, gelangt er schließlich ins Plenum des Senats und wird dort zur Abstimmung gestellt.

Wenn beide Kammern positiv über den jeweiligen Gesetzestext abgestimmt haben, kommen die allermeisten Entwürfe in einen Vermittlungsausschuss (Conference Committee). Der Grund hierfür liegt darin, dass der Kongress als Ganzes über einen einheitlichen Text abstimmen muss. Ein von vornherein identischer Text ist aber in der Praxis sehr selten, da der Gesetzesvorschlag in aller Regel durch seinen oben beschriebenen Weg durch die Ausschüsse mitunter sehr stark verändert wird. Falls die Arbeit des Vermittlungsausschusses erfolgreich ist, so wird im Kongress über den Gesetzentwurf abgestimmt. Wird der Gesetzesvorschlag mehrheitlich angenommen, wird er dem Präsidenten übergeben. Erst wenn dieser das Gesetz unterzeichnet hat, tritt es in Kraft.[500]

B. Interessenvertretung in den USA

I. Strukturen und Trends

Betrachtet man die politische Arena in den Vereinigten Staaten, so gibt es buchstäblich kein Thema, welches nicht durch eine Interessengruppe unterstützt wird. Die Rahmenbedingungen des präsidentiellen Regierungssystems in den USA haben sich auf die Interessenvertretungslandschaft dahingehend ausgewirkt, dass ein »ausgeprägter Verbändepluralismus« besteht,[501] die Verbandslandschaft also sehr vielgestaltig ist, obgleich sich aber in den USA keine korporatistischen Arrangements wie in Europa herausgebildet haben.[502] Dies spiegelt sich bis heute in der bloßen Zahl von Lobbyisten wider: Im Jahr 2005 waren beim Senat knapp 33 000 Interessenvertreter registriert, von denen freilich nur eine Minderheit im Auftrag von Verbänden agieren. Die pluralistische Grundstruktur und die damit verbundene Vielzahl der einzelnen Interessen führt zu einer fragmentierten und vielschichtigen Lobby-Landschaft.[503] Auf dem Gebiet der Interessenvertretung gibt es verschiedene Akteure, wie Verbände, die Unternehmen selbst und vor allem externe Dienstleister. Die bereits erwähnten PACs sind ebenfalls Akteure der Interessenvertretung. Ihre Bedeutung wird im Einzelfall allerdings überschätzt; es gibt schlicht zu viele von ihnen, weshalb sich die Wirkmächtigkeit eines einzelnen PACs relativiert.[504] Think Tanks sind ebenfalls in gewisser Hinsicht als Akteure zu nennen. Sie treten zwar selten von sich aus als Lobbyisten auf, jedoch wird in Interessenvertretungsprozessen häufiger als in Europa auf ihre Expertise und ihr Fachwissen zurückgegriffen, um eine Ansicht zu stützen oder zu untergraben.[505]

Politische Interessenvertretung in den USA war in den vergangenen vier Jahrzehnten tiefgreifenden Veränderungen unterworfen. Seit ca. 1970 fand eine sowohl qualitative als auch quantitative Ausweitung und Institutionalisierung des Lobbyings statt. Zu den neueren Entwicklungen gehört die Entstehung des Grassroots Lobbying und allgemein die stärkere Beachtung bestimmter Politikfelder, z. B. Ökologie und Verbraucherschutz. Im Gegensatz treten die traditionellen Akteure, die Verbände, zunehmend in den Hintergrund.

Das Anwachsen der Anzahl an Lobby-Gruppen und Lobbyisten korreliert zunächst mit der Entstehung vermehrter regierungsseitiger Regelungen und Strukturen (Regulierung): Je mehr Dinge von der Politik geregelt werden, umso mehr wird von den Betroffenen versucht, auf die Regelungen Einfluss zu nehmen. Andererseits ergibt sich daraus auch ein selbstverstärkender Effekt, da Lobbying beinahe unvermeidlich Gegen-Lobbying nach sich zieht.[506] Hier kommt ein »Me-too-Effekt« zum Tragen: Erfolgreiche Lobby-Arbeit wird von anderen Akteuren kopiert, um so dem First Mover nachzueifern. Eine relativ neue Entwicklung ist das parteispezifisch ausgerichtete Lobbying, das aus der steigenden Parteipolitisierung resultiert.[507] Interessenvertretung in den Vereinigten Staaten zielt auf zwei Ebenen: »In the American political system, interest group politics proceeds not only outside the government, mobilizing voters and making demands on candidates for elective office, but also inside the government, and is frequently expressed through administrative and bureaucratic activity, as in the creation and normal operation of iron triangles (...)«.[508]

Aufgrund der zahlreichen Anhörungen und einzuholenden Expertenmeinungen sind die Committees im Kongress der wichtigste Ansatzpunkt für die Interessenvertretung:[509] »Gemeinsam mit Interessengruppen, Lobbyisten und Exekutivbehörden nehmen Kongressausschüsse die Interessenaggregationsfunktion für das politische System wahr und sind gleichzeitig wegen des legislativen Initiativmonopols unverzichtbarer Bestandteil aller Policy-Making-Prozesse«.[510] Deshalb müssen die Interessenvertreter hier unbedingt versuchen, ihr Anliegen nachhaltig vorzubringen. Dabei üben die Interessenvertreter durchaus auch mehr oder weniger unvermittelten Druck auf die politischen Akteure aus (daher der Begriff Pressure Groups).[511]

Viel Energie wird im Allgemeinen auch auf das Einwirken auf das weitere Umfeld verwandt. Hierbei wird versucht, ein günstiges öffentliches Klima für die eigene Sache zu schaffen. Dieses »Outside-Lobbying« kann mitunter den Charakter einer klassischen PR-Kampagne annehmen, wobei allerdings politische Ziele verfolgt werden.[512] Ebenfalls umfeldbezogen ist das sogenannte Grassroots Lobbying:[513] Mitglieder des Kongresses sind infolge des relativen Mehrheitswahlrechts bei gleichzeitiger Schwäche der Parteien sehr stark an den Meinungen und Wünschen ihrer Wähler (sozusagen die Grassroots des politischen Systems) in den Constituencies orientiert. Es ist daher keine Seltenheit, dass Interessenvertreter über den Umweg der lokalen Wählermeinung Einfluss auf Entscheidungen des in einer Sache federführenden Kongressabgeordneten zu nehmen versuchen.

II. Kontrolle und Regulierung des Lobbyings in den USA

Die Lobbying-Branche in den USA wird immer wieder von spektakulären Skandalen erfasst. Der vorläufige Höhepunkt in der jüngeren Geschichte war die Affäre um den einflussreichen Lobbyisten *Jack Abramoff*, die im Jahr 2005 die US-Hauptstadt erschütterte.[514] Angesichts der zahlreichen Berichte über die Bestechungspraktiken Abramoffs beschloss der Kongress weitere Maßnahmen gegen derartige Verhaltensweisen zu ergreifen. Das Ergebnis war die Verabschiedung des Honest Leadership and Open Government Act (HLOG) im Jahr 2007.

Die Diskussion um Kontrolle und Regulierung der Interessenvertretung begann in den USA allerdings schon vor über 100 Jahren.[515] Erste Gesetze wurden in den 1930er-Jahren verabschiedet, die erste umfassende Regulierung jedoch erst 1946 in Form des Federal Regulation of Lobbying Act ins Werk gesetzt.[516] Dieses Gesetz verpflichtete jeden Lobbyisten zur Registrierung. Allerdings erwiesen sich die Regelungen nach wie vor als zu schwach, nicht zuletzt, da sie keinerlei Sanktionsmöglichkeiten für Verstöße bereitstellten.[517] Nach jahrzehntelangem Stillstand kam es erst 1995 mit dem Lobbying Disclosure Act (LDA) zu einem Durchbruch; Anlass für das neue Gesetz waren diverse Korruptionsskandale im Kongress seit der Mitte der 1980er-Jahre. Vorrangiges Ziel des LDA war es, durch eine Offenlegungspflicht von insbesondere finanziellen Aufwendungen Transparenz in Lobbying-Aktivitäten zu schaffen. Durch den LDA wurden Interessenvertreter verpflichtet, sich beim Secretary of the Senate beziehungsweise Büro des Clerk of the House of Representatives zu registrieren. Offenzulegen sind Name, Adresse und Dienstsitz des Interessenvertreters, gegebenenfalls auch Name, Adresse und Dienstsitz seines Auftraggebers oder Dienstherrn, die Honorare und Aufwendungen bei einer Gesamtsumme von über USD 10 000 sowie die inhaltlichen Schwerpunkte. Im Gegensatz zu früheren Regelungen kann die Nicht- oder fehlerhafte Registrierung mit Geldstrafen bis zu USD 50 000 bestraft werden. Die Angaben müssen seitens des Interessenvertreters vierteljährlich erneuert werden. Der LDA hat bislang sein Ziel erreicht. Als wesentliche Ergänzung wurde 2007 der Honest Leadership and Open Government Act verabschiedet, von dem man sich eine Erhöhung der Transparenz im Gesetzgebungsprozess erhofft, insbesondere im Hinblick auf die Finanzierung der Interessenvertretung.[518] Verboten sind nunmehr weitestgehend alle Geschenke oder Vergünstigungen (freie Übernachtungen, Freiflüge, gastronomische Gratis-Betreuung, Freikarten für Kultur- oder Sportveranstaltungen etc.). Um dem Drehtür-Effekt (Revolving Doors) zwischen politischem Amt und nachfolgender Beschäftigung in der Privatwirtschaft zu begegnen, wurden außerdem Offenlegungspflichten hinsichtlich der Anstellung von ehemaligen Kongressmitgliedern eingeführt; nach dem Ausscheiden aus dem Kongress dürfen ehemalige Mitglieder nun zwei Jahre nicht als (bezahlte) Lobbyisten gegenüber dem Kongress tätig werden.

Mittlerweile sind die Registrierung und der Offenlegungszwang von der Interessenvertretungsbranche anerkannt worden und sogar tendenziell positiv konnotiert.[519] Die ergriffenen Maßnahmen haben zur Professionalisierung der gesamten Branche beigetragen.[520] Die Offenlegungspflicht dient erfolgreichen Lobbyisten mittlerweile zum Nachweis erfolgreicher Arbeit. Die öffentlich verfügbaren Klienten und Honorare werden in den USA als Werbung angesehen, weniger als ein Problem der Indiskretion. Insgesamt ist festzuhalten, dass die deutlichen gesetzlichen Vorschriften der Lobbying-Branche fühlbare Rahmenbedingungen gegeben haben. Salopp ausgedrückt: Das Spielfeld ist klar abgesteckt und die Spielregeln, Verstöße und Sanktionen sind allen Beteiligten bewusst.[521] Auch üben die Medien als »vierte Gewalt« durch sachlich-kritische Berichterstattung eine zwar indirekte, dennoch aber starke Kontrolle über die Interessenvertreter aus.[522]

III. Ausbildung zum Lobbyisten?

Lobbying ist in den USA, wie bereits dargelegt, kein solches Reizthema wie in Europa. Die Lobby-Branche wird zwar nicht geliebt, aber sie kann im Allgemeinen ohne Weiteres offen auftreten. Auch in der öffentlichen Perzeption von politischen Entscheidungen wird die Tätigkeit von Interessenvertretern weitgehend hingenommen. Indiz dafür ist auch die seit fast drei Jahrzehnten etablierte universitäre Ausbildung zum Interessenvertreter.[523] Die ersten Studiengänge mit Optionen zur Spezialisierung auf den Bereich »Politische Kommunikation« wurden in den USA bereits Anfang der 1980er-Jahre ins Leben gerufen: Im Jahr 1983 bot die Kent State University in Ohio den Studenten eines politikwissenschaftlichen Masterstudiengangs erstmals die Spezialisierung »Wahlkampf-Management« an; ein Jahr später ermöglichte auch das Political Communication Center an der University of Oklahoma seinen Politikstudenten, den Kommunikationsaspekt zwischen Legislative, Exekutive und privaten Stakeholdern als Studieninhalt zu belegen. Auch renommierte Institute wie das Emerson College in Boston und die Manship School of Mass Communication der

Louisiana State University boten im weiteren Verlauf Spezialisierungen für den Bereich Public Affairs und Lobbying an. 1986 wurde in New York die Graduate School of Political Management gegründet und gilt heute (zwischenzeitlich nach Washington, D.C. umgezogen) als stark praxisorientierte Public-Affairs- und Lobbying-Schmiede. Erreichbare Studienabschlüsse sind ein »Master of Arts in Political Management« oder ein »Master of Arts in Legislative Affairs«.

Seit 1979 besteht mit der American League of Lobbyists (ALL) sogar eine Art Berufsverband der Lobbyisten.[524] Dieser bietet seinen Mitgliedern verschiedene Serviceleistungen an und verpflichtet diese auf professionelle, rechtliche und ethische Standards in der Interessenvertretung. Darüber hinaus vergibt die ALL nach der Absolvierung diverser Schulungen an Lobbyisten ein »Professional Lobbying Certificate«.[525] Auch der interessierten Öffentlichkeit bietet die ALL zahlreiche Informationen zum Thema Interessenvertretung. Neben der ALL gibt es weitere Vereinigungen wie das Public Affairs Council[526] oder die Women in Government Relations.[527] Auch gibt es gewerbliche Anbieter zur Suche und Vermittlung von Interessenvertretern, wie beispielsweise den Internetdienst lobbyists.info.[528]

C. Vergleich der Interessenvertretungsansätze in der EU und den USA

Wie stark unterscheidet sich nach alledem Lobbying in der EU von Lobbying in den Vereinigten Staaten? Zunächst ist offensichtlich, dass sich bereits aus der Verschiedenheit der politischen Kulturen und Systeme Unterschiede hinsichtlich Gestalt und Ausprägung der Interessenvertretung in der EU und den USA ergeben.[529]

Interessenvertreter konzentrieren sich aus Effizienzgründen auf Entscheidungsträger, die einen möglichst großen Einfluss auf die gewünschte Entscheidung haben. Ihre Strategien sind dabei den jeweiligen informellen Regeln des politischen Systems angepasst.[530] Auf EU-Ebene besteht – ähnlich wie in den Regierungssystemen vieler Mitgliedstaaten – Gewaltenverschränkung, in den USA hingegen eine striktere Gewaltentrennung. Daher ist das Lobbying in den USA etwas stärker auf den Kongress als Gesetzgeber konzentriert, wenngleich die Exekutive keinesfalls komplett in den Hintergrund rückt. In der EU gibt es dagegen zwei Hauptziele der Lobbying-Aktivitäten: Neben den Gesetzgebungsorganen (Parlament und Rat) wird auch die Exekutive gleichermaßen mit einbezogen. Ein grundsätzlicher Unterschied liegt auch in der jeweiligen Rolle der Parteipolitik: Zentrale Begriffe der politischen Systeme Europas wie Fraktion, Koalition oder Opposition haben angesichts der Verhältnisse in den USA keine vergleichbare Bedeutung.[531]

Auch die unterschiedlichen Wahlsysteme haben einen Einfluss auf die Strukturen und Prozesse der Interessenvertretung: »Gerade die indirekte Bindung der europäischen Institutionen an bestimmte Wählergruppen, aber auch die relative Unabhängigkeit von Wahlspenden führt dazu, dass der Zugang europäischer Lobbyisten zum politischen Geschäft von einer anderen Auswahllogik bestimmt ist«.[532] Techniken wie das Grassroots Lobbying in den Wahlkreisen stecken in Kontinentaleuropa noch in den Kinderschuhen; mangels eines durchgängig nachvollziehbaren Abstimmungsverhaltens der Parlamentarier ist dies auch nachvollziehbar.

Weiterhin spielt die politische Kultur eine wesentliche Rolle. Hier besteht ganz grob gesagt der Unterschied in der Priorität des Interesses an der »Verwirklichung individueller Chancen« im Gegensatz zum »Interesse am Gemeinwohl«. Darüber hinaus herrscht in der US-Gesellschaft eine tendenziell kompetitive Grundhaltung vor (siehe oben), während in Europa eher eine Orientierung an einvernehmlichem Konsens überwiegt. Hier kommt eine ganz grundsätzliche Verschiedenheit zwischen den Vereinigten Staaten und der EU zu Tage, welche aber die Umfeldbedingungen für Interessenvertretung (öffentliche Wahrnehmung etc.) in den USA erleichtert.

Wie schon erwähnt, bestehen natürlich Unterschiede aufgrund der verschiedenen politischen Grundstrukturen. So sind die USA ein souveräner Nationalstaat, die EU ist ein supranationaler Verbund von Nationalstaaten. Jedoch sind sowohl die Vereinigten Staaten als auch die EU (letztere zumindest informell) durch das Prinzip des Föderalismus geprägt; dieser ist allerdings in den Vereinigten Staaten (vor allem durch den Senat als zweite Kongresskammer) wesentlich strikter ausgestaltet, wogegen in der EU-Interessenvertretung auch immer die europäische Mehrebenenverflechtung berücksichtigt werden muss.[533] Deshalb verwenden die Interessenvertreter auf den verschiedenen Seiten des Atlantiks unterschiedliche Argumentationsweisen. In den USA werden sehr oft primär Wählerinteressen in den Vordergrund gestellt, was für den einzelnen Abgeordneten ein nachhaltiges Argument sein kann, da er sehr stark vom unmittelbaren Wählervotum abhängig ist. In der EU wird dagegen im Dialog stärker sachliche Expertise und fachliche Repräsentativität in den Vordergrund gerückt.[534] Auch ist der Lobbying-Stil in den USA oft schon von vorneherein prohibitiv angelegt und basiert auf einer Art »Hop-oder-Top«-Strategie: Häufig wird versucht, ein Gesetz von vorneherein gänzlich zu verhindern, was dem US-Lobbying einen mitunter aggressiveren Grundton verleiht.[535] In Europa ist der Lobbying-Stil hingegen stärker kooperativ-gestaltend. Hier werden eher Umformulierungen oder Änderungen in den Gesetzestexten angestrebt, selbst wenn diese nur als Teilerfolge verbucht werden können.[536]

Ein ganz wesentlicher Unterschied besteht im Umgang mit der breiten Öffentlichkeit. Die Interessenvertreter in den USA treten teilweise bewusst öffentlich nach außen in Erscheinung und geben sich offen als Lobbyisten zu erkennen. Um eine nachhaltige Wirkung in der Öffentlichkeit zu erzielen, erstreckt sich Lobbying in den meisten Fällen auch auf die Beeinflussung der öffentlichen Meinung über die Medien. Dies hängt mit dem System der Direktwahl zusammen: Da der Abgeordnete stets auf die Stimmen der Wähler angewiesen ist, tut er gut daran, sich die Meinung der Wähler zumindest anzuhören.[537] Eine dahingehende Entwicklung ist zwar auch in Europa zu beobachten, allerdings sind die Dimensionen des Medieneinsatzes bisher nicht vergleichbar. Lobbying in der EU ist im Gegensatz dazu kaum auf die Öffentlichkeit ausgerichtet; vielmehr werden eher direkte und diskrete Wege in die Entscheidungsebenen von Legislative und Exekutive gegangen.

Erhebliche Unterschiede bestehen in der rechtlichen Regulierung des Lobbyings. Wie oben erläutert unterliegt die Interessenvertretung in den USA hinsichtlich Transparenz und Offenlegungspflicht deutlich strikteren Anforderungen als in der EU. Während hier die Regulierung des Lobbyings noch ganz am Anfang steht, gibt es in den USA seit anderthalb Jahrzehnten klare Vorschriften und Publizitätspflichten.

In Bezug auf die Akteure der Interessenvertretung gibt es zwei wesentliche Unterschiede: In den USA gibt es neben den Verbänden, Unternehmen und Dienstleistern die PACs als Akteure der Interessenvertretung. Ferner spielen Think Tanks eine größere Rolle im Bereich des »Outside Lobbying«, aber auch als Vermittler von Expertenwissen in den Ausschussanhörungen des Kongresses. Ansonsten gibt es auf beiden Seiten des Atlantiks sowohl in den Unternehmen angesiedelte In-House-Lobbyisten als auch Verbände sowie Beratungsunternehmen beziehungsweise Einzelpersonen, die Lobbying als externe Dienstleistung anbieten.

Eine gemeinsame Entwicklung ist die relative Abschwächung des Einflusses der Verbände; dies stärker in der EU als in den USA, wo Verbände nie eine ihrer Bedeutung in Europa vergleichbare Rolle innehatten.[538] An die Stelle verbandlicher Interessenaggregation tritt vermehrt die Artikulation von Einzelinteressen.

Der Grad an Professionalisierung ist in Europa in den letzten Jahrzehnten gestiegen und mittlerweile wohl auf beiden Seiten in etwa gleich hoch.[539] Sieht man von strukturell bedingten Unterschieden ab, so ist auch die grundsätzliche Arbeitsweise in Washington, D.C. und Brüssel alles in allem durchaus vergleichbar: Hier wie dort braucht der Interessenvertreter ein belastbares Netzwerk an Kontakten sowie ein hohes Maß an genauen Informationen rund um das zu vertretende Interesse.

D. Fazit: Die USA als Vorreiter für die Interessenvertretung in der EU?

Die USA sind im Bereich Interessenvertretung ohne Frage führend. In keiner anderen Hauptstadt der Welt sind so viele Lobbyisten tätig wie in Washington, D.C., und nirgends sonst ist die Einwirkung der Interessenvertreter auf die Politik stärker. Wie in vielen anderen Bereichen werden in den Vereinigten Staaten auch in diesem Sektor Trends und Maßstäbe gesetzt. So wurden und werden viele Eigenarten der Interessenvertretung in Europa übernommen. Mittlerweile ist der »Catch-up-Prozess« weit fortgeschritten. Nicht zuletzt ist eine gewisse Konvergenz darin zu sehen, dass viele amerikanische Lobbying-Unternehmen in Brüssel Dependancen eröffnet haben, wie z.B. *APCO Worldwide*, *Fleishman-Hillard* oder *Waggener Edstrom*. Ziel und Zweck ist dabei nicht nur die adäquate Vertretung ihrer US-Klienten in der EU, sondern auch die Akquise europäischer Kunden.[540]

Nicht zuletzt stellt sich damit auch die Frage, inwieweit sich Strukturen und Arbeitsweisen des US-Lobbyings auf die Interessenvertretung in der EU auswirken werden. Naturgemäß kann diese Frage nur spekulativ und unter Berücksichtigung der oben beschriebenen strukturellen Unterschiede der politischen Systeme beantwortet werden. So beeinträchtigte beispielsweise bislang das überaus komplexe und verzweigte politische System der EU eine ähnlich direkte Einflussnahme einzelner starker Interessengruppen.[541] Inwiefern sich hier in Zukunft Veränderungen durch die neuen Rahmenbedingungen des Lissabon-Vertrages ergeben könnten, ist unklar – da die Neuerungen jedoch kaum zur Entwirrung politischer und rechtlicher Strukturen beigetragen haben, ist das kaum zu erwarten.

Obwohl die Unterschiede abseits davon nicht mehr so groß sind wie vor einigen Jahren, so gibt es dennoch zwei Entwicklungen im Bereich der Interessenvertretung, die sich bald auch in der EU manifestieren könnten. Zum einen könnte das Lobbying angesichts der Informationsgesellschaft durch stärkeren Einbezug der Medien »öffentlicher« werden. Vor diesem Hintergrund wird sich auch die Bandbreite der Interessenvertretung verändern; beispielsweise könnte sich das in den USA mittlerweile gängige Grassroots Lobbying – wenn auch in anderer Form, siehe oben – auch in Europa etablieren. Damit einhergehend (gerade vor dem Hintergrund der weiteren Stärkung des Europäischen Parlaments durch den Vertrag von Lissabon nachvollziehbar) könnte auch eine stärkere Berücksichtigung der Interessen bestimmter Wählergruppen in die Interessenvertretungsstrategien einfließen.

Ein weiterer Trend aus den USA ist (wie schon erwähnt) zunehmend auch in Europa zu beobachten: der relative Abstieg der Verbände als Akteure der Interessenvertretung. Damit korreliert ein Wachstum externer Dienstleister, die von Unternehmen als weisungsgebundene, nicht-kollektive Vertreter ihrer Interessen beschäftigt werden. Die Fragmentierung der europäischen Lobby-Landschaft dürfte sich fortsetzen.[542]

Auch hinsichtlich der Regulierung der Interessenvertretung ist eine Annäherung an die Vereinigten Staaten im Gange: Nicht zuletzt aufgrund der recht positiven Erfahrungen in den USA könnte die EU bald der dortigen Regulierung des Lobbyings nachfolgen, insbesondere in den Bereichen allgemeine Transparenz und Offenlegungspflicht. Erste Schritte wurden seitens der EU mit der Einrichtung eines freiwilligen Lobby-Registers im Rahmen der Europäischen Transparenzinitiative bereits gemacht.[543] Aktuell deuten jedenfalls verschiedene Anzeichen darauf hin, dass Lobbying auch in der EU zukünftig einem strikten Rechtsrahmen unterworfen werden wird.[544]

E. Executive Summary zu Teil 7

Der siebte Teil der Darstellung blickt über die unmittelbare europäische Sphäre hinaus auf die USA und die dortigen Rahmenbedingungen von politischer Interessenvertretung und befasst sich ausgehend von drei Leitfragen mit wesentlichen Gemeinsamkeiten und Unterschieden zur EU und daraus für die EU ableitbaren Trends:

- Grundlage einer Analyse von Gemeinsamkeiten und Unterschieden von Interessenvertretung in unterschiedlichen politischen Systemen ist stets die Kenntnis der »harten Tatsachen«: Was sind also die wesentlichen Elemente der politischen Kultur und des Regierungssystems der USA?
- Was sind die Rahmenbedingungen und Verfahrensweisen von Interessenvertretung in den USA? Wo liegen Gemeinsamkeiten und Unterschiede zur bereits analysierten »europäischen« Interessenvertretung?
- Lassen sich aus den so identifizierten Unterschieden Trends für die weitere Entwicklung von Instrumenten, Methodik und Regulierung von Interessenvertretung in der EU ableiten?

Die folgenden Ausführungen fassen die wesentlichen Ergebnisse zusammen:

(1) Lobbying gehört in den USA, auch im Bewusstsein der breiten Öffentlichkeit, zur politischen Realität; Lobbyisten werden weitgehend als Bestandteil der politischen Meinungs- und Willensbildung akzeptiert. Das bedeutet freilich nicht vorurteilslose Zustimmung zum »Phänomen Lobbying«: Die Auseinandersetzung mit der Thematik in der Öffentlichkeit ist ambivalent und die seit mehr als 100 Jahren unternommenen, unterschiedlich weit gehenden Regulierungsversuche des Gesetzgebers zeugen von einem gewissen Problembewusstsein.

(2) Grundlegende Unterschiede ergeben sich einerseits aus den unterschiedlichen politischen Systemen (präsidentielles Regierungssystem in den USA, parlamentarische Demokratie in den meisten EU-Mitgliedstaaten), anderseits aus den verschiedenen soziokulturellen Grundlagen und Prämissen der politischen Kulturen. So besteht in den Vereinigten Staaten eine striktere Gewaltenteilung, während in der EU das Parteiwesen eine deutlich größere Rolle spielt. Lobbying ist in den USA eher legislativlastig, zielt also stärker auf den Kongress als auf die Regierung, während in der

EU – infolge nicht zuletzt der komplexen Rechtsetzungsverfahren unter Beteiligung von mindestens zwei, meist drei Organen – Legislative und Exekutive aus Sicht der Interessenvertretung ähnliches Gewicht zukommt. Auch ist die USA ein souveräner Nationalstaat, die EU hingegen ein supranationaler Verbund von Nationalstaaten; das Föderale ist in den USA durch den Senat als zweite Kongresskammer jedoch stärker verankert.

(3) Interessenvertretung in den USA ist häufig offensiver und aggressiver als in der EU und bezieht verstärkt die Öffentlichkeit – insbesondere die Wählerschaft in den Constituencies – mit ein. Die pluralistische Grundstruktur und die damit verbundene Vielzahl der einzelnen Interessen führen zu einer fragmentierten und vielschichtigen Lobbying-Landschaft. Verbände haben im Gegensatz zu Europa nie eine entscheidende Rolle gespielt.

(4) Interessenvertretung spielt in den USA – schon allein angesichts der absoluten Zahl von mehr als 30 000 Interessenvertretern in Washington, D.C. – eine größere Rolle als in Europa. Lange Zeit waren die Verhältnisse in den USA die Richtschnur für Entwicklungen im Bereich der Interessenvertretung; mittlerweile hat sich der Grad an Professionalisierung in Brüssel dem Washingtoner Standard weitgehend angeglichen. Sieht man von strukturell bedingten Unterschieden ab (z. B. Grassroots Lobbying in den USA), so sind auch die Arbeitsweisen in Washington, D.C. und Brüssel grundsätzlich vergleichbar.

(5) Ein wesentlicher Unterschied besteht in der gesetzlichen Regulierung des Lobbyings in den Vereinigten Staaten: Seit 1995 bestehen recht strikte Registrierungs- und Publizitätspflichten für Interessenvertreter, die sich sogar auf Entgeltfragen beziehen. Demgegenüber stecken die Versuche der Regulierung auf europäischer Ebene, vgl. die geplante Einführung eines freiwilligen europäischen Lobbying-Registers, noch in den Kinderschuhen.

(6) Zwei Entwicklungen im US-Lobbying könnten zukünftig auch in Europa in Erscheinung treten beziehungsweise sich weiter verstärken: Zum einen könnte das Lobbying in Europa durch eine stärkere mediale Vermittlung der inhaltlichen Interessen »öffentlicher« werden; dies umfasst auch einen stärkeren Fokus auf Interessen bestimmter Wählergruppen bei der Entwicklung von Interessenvertretungsstrategien (Grassroots Lobbying). Zum anderen dürften sich die Fragmentierung der Lobbying-Landschaft und der

Bedeutungsgewinn externer Dienstleister auf dem Markt weiter verstärken.

(7) Der Vertrag von Lissabon trägt in zweierlei Hinsicht zu einer zunehmenden Wichtigkeit von Interessenvertretung in Brüssel und damit letztlich auch zu einer Angleichung der »europäischen« an die »amerikanischen« Verhältnisse bei: Zum einen bringen die Neuerungen in den europäischen Verträgen praktisch keine Vereinfachung der politischen Abläufe, zum anderen wurde durch den Vertrag von Lissabon die Bedeutung der EU (Kompetenzen, Abstimmungsverfahren etc.) weiter gefestigt. Expertise und Beratung, vor allem jedoch die strukturelle Vertretung ihrer Interessen in Brüssel sind für Unternehmen also wichtiger denn je.

Verzeichnis der zitierten Quellen und Literatur

Amtliche Dokumente, Verlautbarungen und Rechtsgrundlagen

(AEUV) Vertrag über die Arbeitsweise der Europäischen Union, ABl, 2010/C83/01, im Internet verfügbar unter http://eur-lex.europa.eu/LexUriServ/LexUriServ.do?uri=OJ:C:2010:083:FULL:DE:PDF, (zuletzt abgerufen am 19.07.2010)

(EUV) Vertrag über die Europäische Union, ABl, 2010/C 83/01, im Internet verfügbar unter http://eur-lex.europa.eu/LexUriServ/LexUriServ.do?uri=OJ:C:2010:083:FULL:DE:PDF, (zuletzt abgerufen am 19.07.2010)

Ausschuss der Regionen (2010) Geschäftsordnung AdR: ABl. Nr. L 6/14 vom 09.01.2010, im Internet verfügbar unter http://www.cor.europa.eu/COR_cms/ui/ViewDocument.aspx?siteid=default&contentID=f68d43d4-950b-4ba4-8357-b65bb 3d94796 (zuletzt abgerufen am 17.05.2010)

Bundesministerium der Finanzen: EU-Haushaltsentlastung und Finanzkontrolle – Die Rolle des Europäischen Rechnungshofes, im Internet verfügbar unter http://www.bundesfinanzministerium.de/nn_1308/DE/Wirtschaft_und_Verwaltung/Europa/Betrugsbekaempfung/14286.html?_nnn=true (zuletzt abgerufen am 02.04.2009)

Deutscher Bundestag: Lobbyliste beim Deutschen Bundestag, im Internet verfügbar unter http://www.bundestag.de/wissen/archiv/sachgeb/lobbyliste/lobbylisteaktuell.pdf (zuletzt abgerufen am 19.07.2010)

Europäische Kommission (2001) Consultations Conducted for the Preparation of the White Paper on Democratic European Governance, 2001, im Internet verfügbar unter http://ec.europa.eu/governance/whats_new/consultation_report.pdf (zuletzt abgerufen am 15.07.2010)

Europäische Kommission (2004) Beamtenstatut VO 259/68, ABl. L 56/1 (1968); VO 723/2004, ABl. L 124/1 (2004) (VO 259/68, ABl. L 56/1 (1968)), im Internet verfügbar unter http://ec.europa.eu/civil_service/docs/toc100_de.pdf (zuletzt abgerufen am 22.03.2010)

Europäische Kommission (2004) Beschäftigungsbedingungen für die sonstigen Beschäftigten, im Internet verfügbar unter http://ec.europa.eu/civil_service/docs/toc100_de.pdf (zuletzt abgerufen am 22.03.2010)

Europäische Kommission (2006) Grünbuch Europäische Transparenzinitiative, KOM(2006) 194 endgültig, im Internet verfügbar unter http://ec.europa.eu/transparency/eti/docs/gp_de.pdf (zuletzt abgerufen am 19.07.2010)

Europäische Kommission (2008) Mitteilung der Kommission »Rahmen für die Beziehungen zu Interessenvertretern (Register und Verhaltenskodex)« KOM (2008) 323, im Internet verfügbar unter http://ec.europa.eu/transparency/docs/323_de.pdf (zuletzt abgerufen am 24.11.2009)

Europäische Kommission (2008) Mitteilung der Kommission (KOM(2008) 323 endgültig) vom 27.05.2008, Europäische Transparenzinitiative »Rahmen für die

Beziehungen zu Interessenvertretern (Register und Verhaltenskodex)«

Europäische Kommission (2008) Mitteilung der Kommission »European Transparency Initiative, A framework for relations with interest representatives«, COM(2008) 323 final (Register and Code of Conduct), im Internet verfügbar unter http://ec.europa.eu/transparency/docs/ 323_en.pdf (zuletzt abgerufen am 10.11.2009)

Europäische Kommission (2009) Arbeitsprogramm, im Internet verfügbar unter http://ec.europa.eu/atwork/programmes/ index_de.htm (zuletzt abgerufen am 12.11.2009)

Europäische Kommission (2009) Gesamthaushalt der Europäischen Union für das Haushaltsjahr 2009 – Übersicht in Zahlen, im Internet verfügbar unter http://ec.europa.eu/budget/library/ publications/budget_in_fig/ syntchif_2009_de.pdf (zuletzt abgerufen am 17.11.2009)

Europäische Kommission (2009) Grünbuch zur Europäischen Bürgerinitiative, KOM(2009) 622 endg., im Internet verfügbar unter http://ec.europa.eu/dgs/secretariat_ general/citizens_initiative/docs/com_ 2009_622_de.pdf (zuletzt abgerufen am 17.05.2010)

Europäische Kommission (2009) Mitteilung der Kommission an den Rat und das Europäische Parlament: Europäische Transparenzinitiative: ein Jahr seit Eröffnung des Registers der Interessenvertreter KOM (2009) 612, im Internet verfügbar unter http://ec.europa.eu/transparency/docs/ communication_2009_de.pdf (zuletzt abgerufen am 30.10.2009)

Europäische Kommission (2009) Table Salary Officials, im Internet verfügbar unter http://ec.europa.eu/civil_service/docs/ salary_officials_en.pdf (zuletzt abgerufen am 08.12.2009)

Europäische Kommission (2010) Pressemitteilung »Wiederaufnahme der Arbeiten von Kommission und Parlament zur Einrichtung eines gemeinsamen Registers und eines Verhaltenskodex für Interessenvertreter«, im Internet verfügbar unter http://europa.eu/rapid/ pressReleasesAction.do?reference=IP/ 10/544&format=HTML&aged=0& language=DE&guiLanguage=en (zuletzt abgerufen am 16.07.2010)

Europäische Kommission/Europäisches Parlament (2005) Framework Agreement on Relations Between the European Commission and the European Parliament, im Internet verfügbar unter http:/ec.europa.eu/dgs/secretariat_ general/relations/relations_other/docs/ framework_agreement_ep-ec_en.pdf (zuletzt abgerufen am 17.12.2009)

Europäische Kommission: Abteilungen und Dienststellen, im Internet verfügbar unter http://ec.europa.eu/dgs_de.htm (zuletzt abgerufen am 13.07.2010)

Europäische Kommission: Datenbank der interinstitutionellen Verfahren (PRELEX) im Internet verfügbar unter http://ec.europa.eu/prelex/ apcnet.cfm?CL=de (zuletzt abgerufen am 13.11.2009)

Europäische Kommission: Europäische Transparenzinitiative, im Internet verfügbar unter http://ec.europa.eu/ transparency/eti/index_de.htm (zuletzt abgerufen am 15.11.2009)

Europäische Kommission: HR Key Figures, im Internet verfügbar unter http:/ec.europa.eu/civil_service/docs/ key_figures_2009_externe_en.pdf (zuletzt abgerufen am 13.07.2010)

Europäische Kommission: Register der Interessenvertreter, im Internet verfügbar unter https://webgate.ec.europa.eu/ transparency/regrin/welcome.do?locale=de (zuletzt abgerufen am 16.07.2010)

Europäischer Gerichtshof (2006) Urteil Rs. C 344/04, IATA, Slg. 2006, S. 1–403, im Internet verfügbar unter http://eur-lex.europa.eu/LexUriServ/ LexUriServ.do?uri=CELEX:62004J0344: DE:HTML (zuletzt abgerufen am 15.07.2010)

Europäischer Gerichtshof Urteil vom 20. Februar 1979, Rechtssache 120-78, (»Cassis-de-Dijon-Entscheidung«), im Internet verfügbar unter http://eur-lex.europa.eu/LexUriServ/ LexUriServ.do?uri=CELEX:61978J0120: DE:HTML (zuletzt abgerufen am 02.04.2009)

Europäisches Parlament (2008) Entschließung des Europäischen Parlaments vom 8. Mai 2008 zu dem Aufbau des Regelungsrahmens für die Tätigkeit von Interessenvertretern (Lobbyisten) bei den Organen der Europäischen Union, 2007/2115 (INI), im Internet verfügbar unter http://www.europarl.europa.eu/ sides/getDoc.do?type=TA&reference= P6-TA-2008-0197&language=DE (zuletzt abgerufen am 01.03.2010)

Europäisches Parlament (2008) Hintergrund Dossier – EU-Lobbyismus im Blickpunkt im Internet verfügbar unter http://www.europarl.europa.eu/sides/ getDoc.do?language=DE&type= IM-PRESS&reference=20080414FCS2649 5 (zuletzt abgerufen am 08.10.2009)

Europäisches Parlament (2009) Geschäftsordnung, im Internet verfügbar unter http://www.europarl.europa.eu/sides/ getDoc.do?pubRef=-//EP//NONSGML+ RULES-EP+20090714+0+DOC+PDF +V0//DE&language=DE (zuletzt abgerufen am 17.05.2010)

Europäisches Parlament (2009) Das Europaparlament in Zahlen, im Internet verfügbar unter http://www.europarl.europa.eu/news/ public/story_page/008-57353-187-07-28- 901-20090619STO57318-2009-06- 07-2009/default_de.htm, (zuletzt abgerufen am 24.11.2009)

Europäisches Parlament (2009) EP Parliament-Commission working group, Pressemitteilung vom 17.11.2009, im Internet verfügbar unter http://www.europarl.europa.eu/news/ expert/infopress_page/008-64654-321-11- 47-901-20091117IPR64653-17-11- 2009-2009-false/default_en.htm (zuletzt abgerufen am 17.11.2009)

Europäisches Parlament/Europäische Kommission/Rat (2007) Gemeinsame Erklärung zu den praktischen Modalitäten des neuen Mitentscheidungsverfahrens, 2007/C 145/02, ABl. 1997 C 145/5

Europäisches Parlament: Legislative Observatory (OEIL), im Internet verfügbar unter http://www.europarl.europa.eu/oeil/ (zuletzt abgerufen am 13.11.2009)

EUROSTAT (2008) »Eine halbe Milliarde Einwohner in der EU-27 am 1. Januar 2009«, Pressemitteilung vom 15.12.2008, im Internet verfügbar unter http://www.eds-destatis.de/de/press/ download/08_12/179-2008-12-15.pdf (zuletzt abgerufen am 06.05.2010)

Generalsekretariat des Rates der Europäischen Union, im Internet verfügbar unter http://europa.eu/whoiswho/public/ index.cfm?fuseaction=idea.hierarchy& lang=DE&nodeid=4553 (zuletzt abgerufen am 13.11.2009)

Geschäftsordnung des Rates, ABl. L 106/22 vom 15. April 2004, im Internet verfügbar unter http://eur-lex.europa.eu/LexUriServ/ LexUriServ.do?uri=OJ:L:2004:106:0022: 0045:DE:PDF (zuletzt abgerufen am 13.07.2010)

House of Commons (UK), The Official Report (5th Series), 11. November 1947, vol. 444, cc. 206–207

Rat (1999) BRat vom 18.06.1999, ABl. L 184/1999, geändert durch BRat vom 17.07.2006, ABl. L 200/2006

Rat (2003) Verhaltenskodex des Rates, Dok. 7105/03 im Internet verfügbar unter http://www.consilium.europa.eu/uedocs/ NewsWord/de/gena/75291.doc (zuletzt abgerufen am 17.05.2010)

Wirtschafts- und Sozialausschuss: Geschäftsordnung WSA, im Internet verfügbar unter http://www.eesc.europa.eu/ organisation/rules/docs/ces1103-2006_ rev2_d_de.pdf (zuletzt abgerufen am 17.05.2010)

Internetseiten und Online-Dokumente

Brussels Sunshine, http://blog.brusselssunshine.eu/ 2009/07/confidential-law-firm-lobbyists-at-work.html (zuletzt abgerufen am 05.05.2010)

Bundesverband deutscher Unternehmensberater, Honorarstudie 2005:

http://www.bdu.de/Honorare.html (zuletzt abgerufen am 18.12.2009)

Corporate Europe Obervatory, Law firms engaged in EU lobbying – A survey, http://archive.corporateeurope.org/docs/lobbycracy/EU_law_firm_lobbying_survey.pdf (abgerufen am 05.05.2010)

Deutsche Bank Research, http://www.dbresearch.de (zuletzt abgerufen am 08.12.2009)

European Chemical Industry Council, http://www.cefic.be/ (zuletzt abgerufen am 08.12.2009)

Hommerich, Christoph/Kilian, Matthias (2009) »Vergütungsbarometer 2009 – Praxis der Vergütungsvereinbarungen deutscher Rechtsanwältinnen und Rechtsanwälte«, http://www.soldaninstitut.de/uploads/media/Presseinfo_Verguetungsbarometer2009_01.pdf (zuletzt abgerufen am 26.04.2010)

Sciences Po, http://mpa.sciences-po.fr (zuletzt abgerufen am 27.04.2010)

Public Affairs Council, http://pac.org (zuletzt abgerufen am 12.02.2010)

DLA Piper: Our People, http://www.dlapiper.com/global/people/list.aspx?Offices=59 (zuletzt abgerufen am 05.05.2010)

Lobbyists.info, http://www.lobbyists.info (zuletzt abgerufen am 12.02.2010)

Maastricht University: European Public Affairs, http://www.maastrichtuniversity.nl/web/show/id=323147/langid=42 (zuletzt abgerufen am 27.04.2010)

UK Parliament: Whips, http://www.parliament.uk/about/mps-and-lords/principal/whips (zuletzt abgerufen am 17.05.2010)

Quadriga Hochschule Berlin: MBA Public Affairs & Leadership, http://www.quadriga.eu/studium/mba-public-affairs-and-leadership (zuletzt abgerufen am 27.04.2010)

FEACO: Survey of the European Management Consultancy Market, http://www.webserverone.net/projects/feaco/FCKeditor_project/feaco%20survey%202007%20-%202008.pdf (zuletzt abgerufen am 18.12.2009)

Women in Government Relations, http://www.wgr.org/ (zuletzt abgerufen am 12.02.2010)

American League of Lobbyists: Lobbying Certificate Program, https://www.alldc.org/certificate/index.cfm (zuletzt abgerufen am 12.02.2010)

Lobby Control: EU-Lobbyregister: 60% der EU-Lobbyagenturen sind nicht eingetragen, http://www.lobbycontrol.de/blog/index.php/2010/03/eu-lobbyregister-60-der-eu-lobbyagenturen-sind-nicht-eingetragen/(zuletzt abgerufen am 17.05.2010)

Soldan Institut für Anwaltsmanagement (2009) Vergütungsmonitor 2009, http://www.soldaninstitut.de/uploads/media/Presseinfo_Verguetungsbarometer2009_01.pdf (zuletzt abgerufen am 26.04.2010)

Zeitungen und Zeitschriften

»37,000? 39,402? 11,500? Just How Many Lobbyists Are There in Washington, Anyway?«, im Internet verfügbar unter http://www.washingtonpost.com/wpdyn/content/article/2006/01/28/AR2006012800042.html (zuletzt abgerufen am 14.12.2009)

»Abramoff Pleads Guilty to 3 Counts«, im Internet verfügbar unter http://www.washingtonpost.com/wp-dyn/content/article/2006/01/03/AR2006010300474.html (zuletzt abgerufen am 14.12.2009)

»Atom-Lobby plante Wahlkampf minutiös«, im Internet verfügbar unter http://www.spiegel.de/wirtschaft/soziales/0,1518,650172,00.html (zuletzt abgerufen am 23.09.2009)

»Beamte klagen über Lobbyismus«, in: *Financial Times Deutschland*, 12.10.2009, S. 10)

»Beratungsresistenz der Politiker steigt«, in: *Frankfurter Allgemeine Zeitung*, 17.02.2003, S. 13)

»Brussels braces for a US lobbying invasion«, in: *Financial Times*, 03.10.2005, S. 8

»Bulgarische Kandidatin Schelewa gibt auf«, im Internet verfügbar unter http://www.spiegel.de/politik/ausland/0,1518,672706,00.html (zuletzt abgerufen am 05.05.2010)

»Bush Signs Lobby-Ethics Bill«, im Internet verfügbar unter http://www.washingtonpost.com/wp-dyn/content/article/2007/09/15/AR2007091500589.html (zuletzt abgerufen am 14.12.2009)

»Das Lobbyregister hat Schwächen«, im Internet verfügbar unter http://www.handelsblatt.com/politik/deutschland/das-eu-lobbyregister-hat-schwaechen;2405206, (zuletzt abgerufen am 30.06.2009)

»Der 50-Euro-Kostendeckel für den Urlaub«, *SPIEGEL Online* vom 28.06.2010, im Internet verfügbar unter http://www.spiegel.de/netzwelt/gadgets/0,1518,703334,00.html (zuletzt abgerufen am 21.07.2010)

»Die Firmen brauchen Lobbying à la carte«, in: *Handelsblatt*, 20.11.2002

»Die ignorante Elite«, in: *Manager Magazin* 10/2006 S. 132–153

»Die Lobby-Republik«, im Internet verfügbar unter http://www.manager-magazin.de/unternehmen/karriere/0,2828,259242,00.html (zuletzt abgerufen am 15.05.2009)

»Die Lobby-Schmiede«, im Internet verfügbar unter http://www.berlinonline.de/berliner-zeitung/archiv/.bin/dump.fcgi/2010/0327/karriere/0012/index.html (zuletzt abgerufen am 27.04.2010)

»Die Macht-Flüsterer«, in: *Cicero*, Juni 2009, S. 48)

»Die Statthalterin«, im Internet verfügbar unter http://www.welt.de/die-welt/article1441286/Die_Statthalterin.html (zuletzt abgerufen am 24.04.2009)

»Die Überzeugungstäter«, im Internet verfügbar unter http://www.spiegel.de/unispiegel/jobundberuf/0,1518,690457,00.html (zuletzt abgerufen am 27.04.2010)

»Die unsichtbare Gefahr« in: *Der Spiegel* 14/2005, S. 78–94

»EU will Stromkonzerne zerschlagen«, *Tagesspiegel Online* vom 19.09.2007, im Internet verfügbar unter http://www.tagesspiegel.de/wirtschaft/eu-will-stromkonzerne-zerschlagen/1047150.html (zuletzt abgerufen am 17.07.2010)

Frankfurter Allgemeine Zeitung: Themen-Dossier »Die griechische Schuldenkrise«, im Internet verfügbar unter http://www.faz.net/s/Rub3ADB8A210E754E748F42960CC7349BDF/Tpl~Ecommon~SThemenseite.html (zuletzt abgerufen am 05.05.2010)

»How Business can influence Europe«, in: *Financial Times*, 17.11.2003

»Ich, Merkel«, in: *Der Spiegel* 26/2009, S. 34–36

»Im Bundestag schwindet die Wirtschaftskompetenz«, im Internet verfügbar unter http://www.faz.net/s/Rub4D8A76D29ABA43699D9E59C0413A582C/Doc~E018AD61B444D43FB83F29FE719A477D8~ATpl~Ecommon~Scontent.html, 29.06.2009

»Im Lobbyland«, in: *Der Spiegel* 30/2006, S. 48–52.

»Lobbying – eine Gefahr für die Demokratie«, *Tagesschau online* vom 06.11.2006, im Internet verfügbar unter http://www.tagesschau.de/wirtschaft/meldung90960.html (zuletzt abgerufen am 04.05.2010)

»Lobbyismus ist eine latente Gefahr für den Rechtsstaat«, Interview Hans-Jürgen Papier, in: *Börsenzeitung*, 02.03.2010, S. 6.)

»Lobbyisten boykottieren EU-Register«, in: *Financial Times Deutschland*, 05.06.2009, S. 12)

»Machtvolle Einflüsterer«, in: *Das Parlament* Nr. 15/16 2009, S. 8

»Ministerialrat Dr. Hektik« in: *Süddeutsche Zeitung* vom 17.09.2009, S. 5

»Mit Blick auf den Reichstag«, im Internet verfügbar unter http://www.tagesspiegel.de/magazin/karriere/art292,2417282, 24.04.2009

»Neues Denken aus dem alten Europa«, in: *Handelsblatt*, 27.07.2009, S. 7

»Präsenz, Ehrlichkeit und Seriosität. Politikberater Klemens Joos über ein Geschäft, das Fingerspitzengefühl erfordert«, in: *Profil* Nr. 10/2009, S. 16–17

»The Amazing Money Machine«, im Internet verfügbar unter http://www.theatlantic.com/magazine/archive/2008/06/the-amazing-money-machine/6809/(zuletzt abgerufen am 26.03.2010)

»The Fast Rise and Steep Fall of Jack Abramoff«, im Internet verfügbar unter http://www.washingtonpost.com/wp-dyn/content/article/2005/12/28/AR2005122801588.html, (zuletzt abgerufen am 14.12.2009)

»The Road to Riches is called K Street«, im Internet verfügbar unter http://www.washingtonpost.com/wp-dyn/content/article/2005/06/21/AR2005062101632.html, (zuletzt abgerufen am 22.11.2009)

»Vor dem Spiel«, in: *Wirtschaftswoche* Nr. 40/2009, S. 26–29

»Wahlkampf in Amerika ist der teuerste aller Zeiten«, im Internet verfügbar unter http://www.faz.net/s/Rub0A1169E18C724B0980CCD7215BCFAE4F/Doc~E4F093B0D25B1455BB7A7EB7590B4F938~ATpl~Ecommon~Scontent.html (zuletzt abgerufen am 03.03.2010)

»Was Wirtschaftsverbände für EU-Lobbying zahlen« im Internet verfügbar unter http://www.handelsblatt.com/politik/deutschland/was-wirtschaftsverbaende-fuer-eu-lobbying-zahlen;2319511 (zuletzt abgerufen am 27.04.2010)

»Wässriges Steuergesetz«, *Manager Magazin Online* vom 20.10.2004, im Internet verfügbar unter http://www.manager-magazin.de/unternehmen/artikel/0,2828,323905,00.html (zuletzt abgerufen am 20.07.2010)

»Wissen, wer wichtig wird«, in: *Financial Times Deutschland*, 10.09.2009, S. 23)

»Zwei Welten«, in: *Wirtschaftswoche* Nr. 33/2009, S. 14–18

»Zweite Liga – Lobbying in der Hauptstadt, früher fest in der Hand der Wirtschaftsverbände, zerfasert«, in: *Wirtschaftswoche* Nr. 31/2003, S. 26–27

Wissenschaftliche Aufsätze, Beiträge und Bücher

Abromeit, Heidrun (1993) *Interessenvermittlung zwischen Konkurrenz und Konkordanz: Studienbuch zur Vergleichenden Lehre politischer Systeme*, Opladen

Adamek, Sascha/Otto, Kim (2008) *Der gekaufte Staat. Wie Konzernvertreter in deutschen Ministerien sich ihre Gesetze selbst schreiben*, Köln

Ahrens, Katharina (2007) »Nutzen und Grenzen der Regulierung von Lobbying«, in: Kleinfeld/Willems/Zimmer (Hrsg.) (2007) *Lobbying – Strukturen. Akteure. Strategien*, Wiesbaden S. 124–147

ALTER-EU Survey, http://www.alter-eu.org/sites/default/files/documents/eu-lobby-firms-registration-2010-03-22.pdf (zuletzt abgerufen am 17.05.2010)

ALTER-EU: *Bursting the Brussels Bubble* (2010), http://www.alter-eu.org/sites/default/files/documents/bursting-the-brussels-bubble.pdf (zuletzt abgerufen am 17.05.2010)

Althaus, Marco/Geffken, Michael/Rawe, Sven (Hrsg.) (2005) *Handlexikon Public Affairs*, Münster

Andres, Gary J. (2009) *Lobbying Reconsidered. Under the Influence*, New York u.a.

Baecker, Dirk (Hrsg.) (2009) *Niklas Luhmann – Einführung in die Systemtheorie*, Heidelberg

Bangemann, Martin (1992) *Mut zum Dialog. Wege zu einer europäischen Industriepolitik*, Bonn

Bauer, Martin (2007) »Politikberatung im Rat der Europäischen Union«, in: Dagger/Kambeck (2007) S. 90–102

Bender, Gunnar/Reulecke, Lutz (2003) *Handbuch des deutschen Lobbyisten. Wie modernes Politikmanagement funktioniert*, Frankfurt am Main

Benz, Arthur (2003) »Mehrebenenverflechtung in der Europäischen Union«, in: Jachtenfuchs/Kohler-Koch S. 317–351

von Beyme, Klaus (1996) *Theorie der Politik im 20. Jahrhundert. Von der Moderne zur Postmoderne*, Frankfurt am Main

Bieber, Roland/Epiney, Astrid/Haag, Marcel (2009) *Die Europäische Union. Europarecht und Politik*, Baden-Baden

von Bogdandy, A./Bast, J./Arndt, F. (2002) *Handlungsformen im Unionsrecht – Empirische Analysen und dogmatische Strukturen in einem vermeintlichen Dschungel.* ZaöRV 62/1-2, S. 77–161.

Bouwen, Pieter (2002) »Corporate Lobbying in the European Union: The Logic of Access«, in: *Journal of European Public Policy*, Vol. 9 (2002), S. 365–390

Brunn, Gerhard (2002) *Die Europäische Einigung*, Stuttgart

Bruns, Tissy (2007) *Die Republik der Wichtigtuer. Ein Bericht aus Berlin*, Freiburg

Burholt, Christian/Reulecke, Lutz (2007) »Public Affairs – Rechtsberatung zum frühestmöglichen Zeitpunkt«, in: Rieksmeier (2007), S. 106–111

Burson-Marsteller (Hrsg.) (2005) *The definite guide to lobbying the European Union*, Brüssel

Ders. (Hrsg.) (2009) *A Guide to effective Lobbying in Europe 2009*, Brüssel

Clemens, Gabriele/Reinfeldt, Alexander/ Wille, Gerhard (2008) *Geschichte der europäischen Integration*, Paderborn

Coen, David (2007) »Empirical and theoretical studies in EU lobbying«, in: *Journal of European Public Policy*, Vol. 14 No. 3/2007, S. 333–345

Ders./Richardson, Jeremy (Hrsg.) (2009) *Lobbying the European Union: Institutions, Actors and Issues*, Oxford/New York

Dagger, Steffen/Kambeck, Michael (Hrsg.) (2007) *Politikberatung und Lobbying in Brüssel*, Wiesbaden

de Tocqueville, Alexis (2003) *Über die Demokratie in Amerika*, Stuttgart (De la démocratie en Amérique. 2 Bde. Paris 1835/1840)

Eichener, Volker/Voelzkow, Helmut (Hrsg.) (1994) *Europäische Integration und verbandliche Interessenvermittlung*, Marburg

Eilfort, Michael/Wasser, Hartmut (2008) »Politische Parteien und Wahlen«, in: Lösche (2008), S. 237–273

Eschenburg, Theodor (1955) *Herrschaft der Verbände*

Frevel, Bernhard (2004) *Demokratie*, Wiesbaden

Friends of Earth Europe: *Lobbying in Brussels* (2010), http://www.foeeurope.org/ corporates/pdf/Lobbying_in_Brussels_ April2010.pdf (zuletzt abgerufen am 17.05.2010)

Gammelin, Cerstin/Hamann, Götz (2005) *Die Strippenzieher: Manager, Minister, Medien – wie Deutschland regiert wird*, Berlin

Geiger, Andreas (Hrsg.) (2006) *EU Lobbying Handbook. A Guide to Modern Participation in Brussels*, Berlin

Gellner, Wienand/Kleiber, Martin (2007) *Das Regierungssystem der USA. Eine Einführung*, Baden-Baden

Greenwood, Justin (2002) *The Effectiveness of EU Business Associations*, Basingstoke

Grünhage, Jochen: »Der Ausschuss der Ständigen Vertreter der Mitgliedstaaten«, in: Dagger/Kambeck (2007), S. 103–120

Haacke, Eva (2006) »Wirtschaftsverbände als klassische Lobbyisten – auf neuen Pfaden«, in: Leif,/Speth (2006), S. 164–187

Hamilton, Alexander/Madison, James/Jay, John (2007) *Die Federalist Papers*, hgg. v. Barbara Zehnpfennig, München

Hartmann, Jürgen (1985) *Verbände in der westlichen Industriegesellschaft: ein international vergleichendes Handbuch*, Frankfurt a.M. u.a.

Herz, Dietmar/Jetzlsperger, Christian (2008) *Die Europäische Union*, München

Hill, Wilhelm/Fehlbaum, Raymond/Ulrich, Peter (1989) *Organisationslehre. Band I: Ziele, Instrumente und Bedingungen der Organisation sozialer Systeme*, Bern u. a.

Hofmann, Thorsten/Frevel, Sebastian (2007) »Politisches Krisenmanagement aus Unternehmenssicht«, in: Rieksmeier (2007), S. 78–88

Holman, Craig (2007) *Making the U.S. Lobbying Disclosure Act Work as Intended: Implications for the European Transparency Initiative*, http://www.cleanupwashington.org/ documents/makingldawork.pdf (zuletzt abgerufen am 17.07.2010)

Horster, Detlef (2005) *Sozialphilosophie*, Leipzig

Ingenhoff, Diana/Röttger, Ulrike (2008) »Issue Management«, in: Meckel/Schmid (2008), S. 325–354

Ismayr, Wolfgang (Hrsg.) (2008) *Die politischen Systeme Westeuropas*, Wiesbaden

Jachtenfuchs, Markus/Kohler-Koch, Beate (Hrsg.) (2003) *Europäische Integration*, Opladen

Joos, Klemens (1998) *Interessenvertretung deutscher Unternehmen bei den Institutionen der Europäischen Union. Mit Beispielen aus der Versicherungs-, Energie- und Verkehrssicherheitsbranche*, Berlin

Judt, Tony (2006) *Geschichte Europas seit 1945*, München

Karr, Carolina (2007) *Democracy and Lobbying in the European Union*, Frankfurt/New York

Klewes, Joachim/Busch-Janser, Florian: *Akademische Weihen für Politikberater*, http://www.poli-c.de/bjp/pab_Akademische_Weihen.pdf, Rn. 226 f. (zuletzt abgerufen am 27.04.2010)

Kleinfeld, Ralf/Willems Ulrich/Zimmer, Annette (Hrsg.) (2007) »Interessenvermittlung – zentrale Agenda der Politikwissenschaft«, in: Dies. (Hrsg.): *Lobbying – Strukturen. Akteure. Strategien*, Wiesbaden

Knott, Guido/Voigts, Harm (2005) »Warum muss ein Unternehmen seine Interessen vertreten – und wie kann es dieses verantwortungsvoll tun? – Argumente aus der Sicht eines Energieunternehmens«, in: Ritter, Rubin/Feldmann, David (2005) (Hrsg.): *Lobbying zwischen Eigeninteresse und Verantwortung*, Baden-Baden S. 65–74

Koch-Mehrin, Silvana (2007) »Lobbyismus zwischen Brüssel und Berlin – ein Sonderfall der Politikberatung«, in: Dagger/Kambeck (2007), S. 32–41

König, Johann-Günther (2007) *Die Lobbyisten. Wer regiert uns wirklich?*, Düsseldorf

Köppl, Peter (2008) »Lobbying und Public Affairs. Beeinflussung und Mitgestaltung des gesellschaftpolitischen Unternehmensumfeldes«, in: Meckel/Schmid (2008), S. 187–220

Korte, Karl-Rudolf/Fröhlich, Manuel (2004) *Politik und Regieren in Deutschland. Strukturen, Prozesse, Entscheidungen*, Paderborn u. a.

Kretschmer, Heiko/Elbe, Wiebke (2007) »Issues Managegement«, in: Rieksmeier (2007), S. 89–94

Kriele, Martin (2003) *Einführung in die Staatslehre. Die geschichtlichen Legitimitätsgrundlagen des demokratischen Verfassungsstaates*, Stuttgart

Lahusen, Christian (2004) »Institutionalisierung und Professionalisierung des europäischen Lobbyismus«, in: *Zeitschrift für Parlamentsfragen* Nr. 4/2004, S. 777–794

Ders. (2005) »Kommerzielle Beratungsfirmen in der Europäischen Union«, in: Eising, Rainer/Kohler-Koch, Beate (Hrsg.): *Interessenpolitik in Europa*, Baden-Baden

Ders./Jauß, Claudia (2001) *Lobbying als Beruf. Interessengruppen in der Europäischen Union*, Baden-Baden

Langguth, Gerd (2007) »Lobbyismus und Politikberatung in der EU«, in: Dagger, Steffen/Kambeck, Michael (Hrsg.) (2007) *Politikberatung und Lobbying in Brüssel*, Wiesbaden S. 183–264

Leif, Thomas/Speth, Rudolf (Hrsg.) (2006) *Die fünfte Gewalt. Lobbyismus in Deutschland*, Bonn

Lieb, Julia/Maurer, Andreas (2009) *Der Vertrag von Lissabon*, Diskussionspapier der FG 1, 2009/09 und FG 2, 2009/04, April 2009, SWP Berlin

Lösche Peter (2005)

Ders. (2006a): »Demokratie braucht Lobbying«, in: Leif, Thomas/Speth, Rudolf (Hg.) (2006) *Die fünfte Gewalt. Lobbyismus in Deutschland*, Wiesbaden S. 53–68

Ders. (2006 b): »Lobbyismus als spezifische Form der Politikberatung«, in: Falk, Svenja/Römmele, Andrea/Rehfeld, Dieter/Thunert Martin (Hg.) (2006) *Handbuch Politikberatung*, Wiesbaden S. 334–342

Ders. (2007) *Verbände und Lobbyismus in Deutschland*, Stuttgart

Ders. (2008) »Verbände, Gewerkschaften und das System der Arbeitsbeziehungen«, in: Ders. (2008), S. 274–314

Ders. (Hrsg.) (2008) *Länderbericht USA*, Bonn

Mahoney, Christine (2008) *Brussels versus the Beltway: Advocacy in the United States and the European Union*, Washington

Mast, Claudia (2008) *Unternehmenskommunikation. Ein Leitfaden*, Stuttgart

McGrath, Conor (2005) *Lobbying in Washington, London and Brussels. The persuasive Communication of political Issues*, Lexington

Meckel, Miriam/Schmid, Beat F. (Hrsg.) (2008) *Unternehmenskommunikation: Kommunikationsmanagement aus Sicht der Unternehmensführung*, Wiesbaden

Meyer, Thomas (2003) *Was ist Politik?*, Opladen

Michalowitz, Irina (2007) *Lobbying in der EU*, Wien

Mouffe, Chantal (2007) *Über das Politische. Wider die kosmopolitische Illusion*, Frankfurt am Main

Nohlen, Dieter (Hrsg.) (1998) *Lexikon der Politik*, Bd. 7: Politische Begriffe, München

Olson, Mancur (1985) *Aufstieg und Niedergang von Nationen*, Tübingen (*The Rise and Decline of Nations*, New Haven/London 1982)

Oppermann, Thomas/Classen, Claus Dieter/Nettesheim, Martin (2009) *Europarecht. Ein Studienbuch*, München

Papier, Hans-Jürgen (2007) »Lobbyismus und parlamentarische Demokratie«, http://www.freiheit.org/webcom/show_article.php/_c-85/_nr-1312/_p-1/i.html (zuletzt abgerufen am 15.07.2009)

Petersen, Sönke (2004) »Manager des Parlaments«, in: *Blickpunkt Bundestag* 09/2004, http://www.bundestag.de/blickpunkt/103_Parlament/0409004.html (zuletzt abgerufen am 24.04.2009)

Polsby, Nelson W. (2008) »The Political System«, in: Schuck/Wilson (2008), S. 3-26

von Prittwitz, Volker (1994) *Politikanalyse*, Opladen

Püschner, Michael: »Der Fraktionsreferent – ein politischer Akteur?«, in: *Aus Politik und Zeitgeschichte* 38/2009, S. 33-40

Ranacher, Christian/Staudigl, Fritz (2007) *Einführung in das EU-Recht*, Wien

Reinhard, Wolfgang (2007) *Geschichte des modernen Staates*, München

Rieksmeier, Jörg (Hrsg.) (2007) *Praxisbuch: Politische Interessenvermittlung – Instrumente – Kampagnen – Lobbying*, Wiesbaden

Rousseau, Jean-Jacques (2005) *Der Gesellschaftsvertrag oder die Grundsätze der Staatsstruktur*, Frankfurt am Main (*Du Contrat Social ou Principes du Droit Politique*, Amsterdam 1762)

Rubner, Jeanne (2009) *Brüsseler Spritzen: Korruption, Lobbyismus und Finanzen der EU*, München

Sabathil, Gerhard/Joos, Klemens/Keßler, Bernd (Hrsg.) (2008) *The European Commission. An essential Guide to the Institution, the Procedures and the Policies*, London/Philadelphia

Scharpf, Fritz W. (2004) *Legitimationskonzepte jenseits des Nationalstaats*, MPIfG Working Paper 04/06

van Schendelen, Rinus (2002) *Machiavelli in Brussels: The Art of Lobbying in the EU*, Amsterdam

Ders. (2006) »Brüssel: Die Champions League des Lobbying«, in: Leif, Thomas/Speth, Rudolf (Hrsg.) (2006) *Die fünfte Gewalt. Lobbyismus in Deutschland*, Wiesbaden S. 132-162

Ders. (2007) »Trends im EU-Lobbying und in der EU-Forschung«, in: Kleinfeld, Ralf/Willems Ulrich/Zimmer, Annette (Hrsg.) (2007): *Lobbying – Strukturen. Akteure. Strategien*, Wiesbaden

Schmid, Beat/Lyczek, Boris (2008) »Die Rolle der Kommunikation in der Wertschöpfung der Unternehmung«, in: Meckel/Schmid (2008), S. 3-150

Schmidt, Manfred G. (2008) *Demokratietheorien. Eine Einführung*, Wiesbaden

Schmitt, Carl (1932) *Der Begriff des Politischen*, Berlin 1932

Scholz, Thomas (2007) »Lobbyismus aus Sicht der Europäischen Kommission – Tugend oder notwendiges Übel?«, in: Dagger/Kambeck (2007), S. 68-77

Schuck, Peter H./Wilson, James Q. (Hrsg.) (2008) *Understanding America. The Anatomy of an exceptional Nation*

Schulz, Martin (2007) »Ziel und Quelle – Politikberatung und das EP«, in: Dagger/Kambeck (2007), S. 21–31

Sebaldt, Martin (2007) »Strukturen des Lobbying: Deutschland und die USA im Vergleich, in: Kleinfeld, Ralf/Zimmer, Annette/Willems, Ulrich (Hrsg.) (2007) Lobbying – Strukturen. Akteure. Strategien, Wiesbaden S. 92–123

Seeger Sarah (2008) »Die Institutionen- und Machtarchitektur der Europäischen Union mit dem Vertrag von Lissabon«, in: Weidenfeld, Werner (Hrsg.) (2008) Lissabon in der Analyse. Der Reformvertrag der Europäischen Union, Baden-Baden S. 63–98

Shell, Kurt L. (2008) »Kongress und Präsident«, in: Lösche (2008), S. 94–141

Speth, Rolf (2006) »Wege und Entwicklungen der Interessenpolitik«, in: Leif, Thomas/Speth, Rudolf (Hrsg.) (2006) Die fünfte Gewalt. Lobbyismus in Deutschland, Bonn S. 38–52

Ders./Zimmer, Annette (2008) »Verbändeforschung«, in: Kaina, Viktoria/Römmele, Andrea Hrsg.) (2008) Politische Soziologie. Ein Studienbuch, Wiesbaden S. 267–309

Ders. (2009: »Machtvolle Einflüsterer«, in: Das Parlament, Nr. 15/16

Strohmeier, Gerd (2007) »Die EU zwischen Legitimität und Effektivität«, in: Aus Politik und Zeitgeschichte 10/2007, S. 24–30

Strohmeier, Rudolf W. (2007) »Die Europäische Kommission im Gefüge von Politikberatung und Lobbying«, in: Dagger/Kambeck (2007), S. 61–67

Thalmeier, Bettina (2006) Partizipation und Politisierung als Antwort auf die Akzeptanz- und Legitimationskrise der Europäischen Union, CAP Analyse, 1/2006

Tömmel, Ingeborg (1994) »Interessenartikulation und transnationale Politikkooperation im Rahmen der EU«, in: Eichner/Voelkow (1994), S. 263–282

Töpfer, Armin (2008) »Krisenkommunikation. Anforderungen an den Dialog mit Stakeholdern in Ausnahmesituationen«, in: Meckel/Schmid (2008), S. 355–402

Traxler, Franz/Schmitter, Philippe C.: (1994) »Perspektiven europäischer Integration, verbandlicher Interessenvermittlung und Politikformulierung«, in: Eichener/Voelzkow (1994) Europäische Integration und verbandliche Interessenvermittlung, Marburg S. 45–70

von Alemann, Ulrich/Eckert, Florian (2006) »Lobbyismus als Schattenpolitik«, in: Aus Politik und Zeitgeschichte 15/16 2006, S. 3–10

von Winter, Thomas (2004) »Vom Korporatismus zum Lobbyismus. Paradigmenwechsel in Theorie und Analyse der Interessenvermittlung«, in: Zeitschrift für Parlamentsfragen Nr. 4/2004, S. 761–776

Vondenhoff, Christoph/Busch-Janser, Sandra (2008) Praxishandbuch Lobbying, Berlin/München/Brüssel

Vorländer, Hans (1999) Die Verfassung. Idee und Geschichte, München

Wallace, Helen (2003) »Die Dynamik des EU-Institutionengefüges«, in: Jachtenfuchs/Kohler-Koch (2003), S. 255–285

Walter, Franz (2009) »Partei der Büroleiter«, im Internet verfügbar unter http://www.spiegel.de/politik/deutschland/0,1518,485370,00.html (zuletzt abgerufen am 24.04.2009)

Weber, Max (1984) »Soziologische Grundbegriffe«, Tübingen (Wirtschaft und Gesellschaft, 1922/1925, Erster Teil, Kapital I. »Soziologische Grundbegriffe«)

Ders. (1988) »Der Reichspräsident«, in: Gesammelte Politische Schriften, Stuttgart S. 498–501 (hgg. v. Johannes Winckelmann)

Weilemann, Peter R.: »Im Brüsseler Think Tank Biotop – zur Kultur politischer Beratung in der Hauptstadt Europas«, in: Dagger/Kambeck (2007), S. 212–219

Wessels, Wolfgang (2008) Das politische System der Europäischen Union, Wiesbaden

Wessels, Wolfgang, Schäfer, Verena (2007) »Think Tanks in Brüssel: ›sanfte‹ Mitspieler im EU-System? – Möglichkeiten und Grenzen der akademisch geleiteten Politikberatung«, in: Dagger, Steffen/Kambeck, Michael (Hrsg.) (2007) Politikberatung und Lobbying in Brüssel, Wiesbaden S. 197–211

Wolfram, Dieter (2009) *Underground Law – Abgeleitete Rechtsetzung durch Komitologieverfahren in der EU*, http://www.cep.eu/fileadmin/user_upload/Kurzanalysen/Komitologie/Studie_Komitologie.pdf (zuletzt abgerufen am 10.05.2010)

Woll, Cornelia (2006) *Lobbying in Brüssel: Amerikanische Verhältnisse?* http://www.mpifg.de/pu/ueber_mpifg/mpifg_jb/jb0304/MPIfG_2003-2004(9)_EU-Lobbying.pdf. 10.04.2010 (Max-Planck-Gesellschaft (Hrsg.) (2006) Jahrbuch 2006, S. 57–62

Anmerkungen

Vorwort

1 Joos (1998).

Teil 1
Interessenvertretung – Funktion und Legitimation

2 Kleinfeld/Willems/Zimmer (2007), S. 7.
3 Vgl. Lösche (2007), S. 20.
4 Vgl. Köppl (2008), S. 191.
5 van Schendelen (2006), S. 132.
6 König (2007), S. 10.
7 Im Englischen wird zunehmend auch das Wort »Advocacy« für »Interessenvertretung« gebraucht.
8 Vgl. McGrath (2005), S. 15.
9 Vgl. Mast (2008), S. 26; die interne Dimension der Unternehmenskommunikation (z. B. mit Mitarbeitern, dem Betriebsrat etc.) soll im Rahmen dieser Darstellung nicht vertieft werden.
10 Vgl. Schmid/Lyczek (2008), S. 133.
11 Vgl. Schmid/Lyczek (2008), S. 131 ff.
12 Vgl. Mast (2008), S. 336.
13 Vgl. Althaus/Geffken/Rawe (2005), S. 7.
14 Bouwen (2002), S. 366 m.w.N. (»legislative lobbying«).
15 Lösche (2007), S. 20.
16 van Schendelen (2002), S. 203 f.
17 Europäische Kommission (2006), S. 5.
18 Zitiert nach McGrath (2005), S. 17.
19 Lösche (2007), S. 13.
20 Meyer (2003), S. 110.
21 Europäische Kommission (2006), S. 5
22 Kleinfeld/Willems/Zimmer (2007), S. 7.
23 Bereits hier ist anzumerken, dass Interessenvertretung in beiden Ländern zwar ebenfalls kontrovers diskutiert wird, keineswegs jedoch einen derart schlechten Ruf hat wie beispielsweise in Kontinentaleuropa, vgl. dazu vertiefend Teil 7 unten.
24 Vgl. Joos (1998), S. 27.
25 Vgl. Lösche (2005), S. 53; McGrath (2005), S. 3.
26 Speth (2008), S. 8.
27 Headline in *Der Spiegel* 30/2006, S. 48.
28 Sator (2003), http://www-manager-magazin.de/koepfe/artikel/0,2828,259242,00.html (zuletzt abgerufen am 15.05.2008).
29 Adamek/Otto (2008).
30 König (2007).
31 Gammelin/Hamann (2005).
32 Leif/Späth (2006).
33 Schreibers Tätigkeiten hatten mit Lobbying in der oben dargestellten Definition rein gar nichts zu tun – Schreiber war bei der Vermittlung von Geschäftsabschlüssen tätig und hatte dabei offenbar ein (zu) enges geschäftliches Verhältnis zum einen oder anderen Politiker. Dabei handelt es sich – sofern der strafrechtliche Vorwurf zutrifft, was nicht Gegenstand des Verfahrens vor dem Landgericht Augsburg war – jedoch um Korruption und nicht um Interessenvertretung im legalen Sinn.
34 Rubner (2009), S. 10.
35 von Alemann/Eckert (2006), S. 3.
36 Rousseau (1762), S. 124.
37 Weber in: Winckelmann (1988), S. 499.
38 Weber in: Winckelmann (1988), S. 544.

39 Eschenburg (1955).
40 Vgl. Olson (1982).
41 Interview »Lobbyismus ist eine latente Gefahr für den Rechtsstaat«, in: *Börsenzeitung* Nr. 41 vom 02.03.2010, S. 6.
42 Papier (2007), http://www.freiheit.org/webcom/show_article.php/_c-85/_nr-1312/_p-1/i.html (zuletzt abgerufen am 17.07.2010).
43 Papier (2007), http://www.freiheit.org/webcom/show_article.php/_c-85/_nr-1312/_p-1/i.html (zuletzt abgerufen am 17.07.2010).
44 Vgl. Kleinfeld/Willems/Zimmer (2007), S. 10.
45 Meyer (2003).
46 Nohlen (1998), S. 488; »Polis« ist die Bezeichnung für den antiken griechischen Stadtstaat; zu dieser Zeit war Politik »Bürgerpolitik«, das heißt, Politik war für die Bürger der Polis Allgemeingut; der Begriff Politik erfuhr in der Frühen Neuzeit mit der Herausbildung von modernen Staaten eine semantische Wandlung, siehe hierzu grundlegend Meier (1995).
47 Der hier unterstellte Handlungsrahmen ist der neuzeitliche Staat, der sich aus einem einheitlichen Staatsgebiet, einem Staatsvolk (Souverän) und der Staatsgewalt (i.S. der Souveränität) zusammensetzt, vgl. Reinhard (2007), S. 11 ff; dieser (National-)Staat als Organisation in seiner konkreten, im Wesentlichen bis heute bestehenden Ausprägung entstand seit dem 17. Jahrhundert in Europa; im Zuge seiner Entstehung wurde Politik immer mehr zur Sache von Repräsentanten, »Politik« unterscheidet sich daher im neuzeitlichen Zusammenhang von der antiken »Bürgerpolitik«, vgl. Reinhard (2007), S. 37 ff; die folgenden Ausführungen meinen die neuzeitliche, nationale Form von Staatlichkeit, denn erst seit der Mitte des letzten Jahrhunderts beginnen sich supranationale Macht- und Herrschaftsstrukturen auszubilden, siehe dazu Teil 3 dieses Buches zum politischen System der Europäischen Union.
48 Meyer (2003), S. 48.
49 Weber (1984), S. 89.
50 Weber (1984), S. 89.
51 Weber (1984), S. 62.
52 Weber (1984), S. 62.
53 Vgl. Vorländer (1999), S. 9 ff.
54 Vgl. Kriele (2003), S. 239.
55 Vgl. Kriele (2003), S. 101.
56 Frevel (2004), S. 66 f., Reinhard (2007), S. 22.
57 Vgl. Scharpf (2004).
58 Scharpf (2004).
59 Scharpf (2004).
60 Schmidt (2008), S. 282 f.
61 Vgl. Scharpf (2004).
62 Siehe hierzu Schmitt (1932).
63 Vgl. dazu von Beyme (1996), S. 24.
64 Vgl. Meyer (2003), S. 110 ff. und S. 124 f.
65 Nohlen (1998), S. 489.
66 Meyer (2003), S. 110.
67 Vgl. Mouffe (2007), S. 7–14.
68 Vgl. Frevel (2004), S. 114 ff.
69 Zitiert nach House of Commons, *The Official Report* (5th Series), 11. November 1947, vol. 444, cc. 206–207.
70 Vgl. Prittwitz (1994), S. 11 ff.; da es im Deutschen keine solche sprachliche Unterscheidung des Begriffs Politik gibt, werden diese politikwissenschaftlichen Anglizismen auch hier benutzt.
71 Vgl. Meyer (2003), S. 87.
72 Vgl. Meyer (2003), S. 84.
73 Nohlen (1998), S. 513.
74 Nohlen (1998), S. 484.
75 Vgl. auch die Darstellung als »politisches Dreieck« bei Prittwitz (1994), S. 13
76 Natürlich bestehen die einzelnen Politikfelder nicht völlig unabhängig nebeneinander.
77 Vgl. Meyer (2003), S. 90 f.
78 Nohlen (1998), S. 487.
79 Meyer (2003), S. 114.
80 Vgl. Teil 1 B. I. 1. oben.
81 Vgl. Mit *Blick auf den Reichstag*, http://www.tagesspiegel.de/magazin/karriere/art292,2417282 (zuletzt abgerufen am 27.07.2010).

82 Vgl. *Die Statthalterin*, http://www.welt.de/die-welt/article1441286/Die_Statthalterin.html, (zuletzt abgerufen am 27.07.2010).
83 Fietz (2009), S. 48.
84 Vgl. »Ich, Merkel«, in: *Der Spiegel* 26/2009, S. 34–36.
85 Siehe dazu ausführlich Petersen (2000).
86 *Partei der Büroleiter*, http://www.spiegel.de/politik/deutschland/0,1518,485370,00.html (zuletzt abgerufen am 24.04.2009).
87 Vgl. Petersen (2009), http://www.bundestag.de/blickpunkt/103_Parlament/0409004.html (zuletzt abgerufen am 24.04.2009).
88 Vgl. UK Parliament (2010), http://www.parliament.uk/about/mps-and-lords/principal/whips (zuletzt abgerufen am 17.05.2010).
89 Vgl. Püschner (2009), S. 33–40.
90 Siehe dazu Teil 3 dieses Buches zum politischen System der EU.
91 Prittwitz (1994), S. 14 f.
92 Vgl. Korte/Fröhlich (2004), S. 20; siehe hierzu kritisch aus journalistischer Sicht unter anderem Bruns (2007).
93 Vgl. Meyer (2003), S. 115.
94 Korte/Fröhlich (2004), S. 71–101.
95 Vgl. McGrath (2005), S. 6. Dabei fällt das wissenschaftliche Urteil deutlich besser aus als das der öffentlichen Meinung. Dass diese Forschungsergebnisse kaum in der breiten Öffentlichkeit wahrgenommen werden, darf bedauert werden.
96 Historisch grundlegend hierzu Artikel 10 der Federalist Papers, in: Hamilton/Madison/Jay (2007), S. 93–100.
97 Siehe dazu Teil 3 C. unten.
98 Vgl. Langguth (2007), S. 184.
99 Vgl. Lösche (2006 b), S. 334.
100 Für die EU-Politik gilt das in besonderem Maße.
101 Vgl. Europäische Kommission (2001), http://ec.europa.eu/governance/whats_new/consultation_report.pdf (zuletzt abgerufen am 15.07.2010)
102 Zitiert nach Rieksmeyer (2007), S. 218.
103 Vgl. unter anderem »Beratungsresistenz der Politiker steigt«, in: FAZ, 17.02.2003 S. 13; »Die ignorante Elite«, in: *Manager Magazin* 10/2006, S. 132–153; siehe auch Im »Bundestag schwindet die Wirtschaftskompetenz«, in: *FAZ Online*, http://www.faz.net/s/Rub4D8A76D29ABA43699D9E59C0413A582C/Doc~E018AD61B444D43FB83F29FE719A477D8~ATpl~Ecommon~Scontent.html (zuletzt abgerufen am 29.06.2009); vgl. auch »Zwei Welten«, in: *Wirtschaftwoche* Nr. 33/2009, S. 14–18.
104 Siehe Teil 1 B. I. 2. Oben.
105 Siehe Luhmann (1984); einführend zur Systemtheorie von Niklas Luhmann: Horster (2005).
106 Baecker (2009), S. 100 ff.
107 Siehe Teil 1 A. I. oben.
108 Vgl. Köppl (2008), S. 189.
109 Köppl (2008), S. 189.
110 Knott/Voigt (2005), S. 65.
111 Vgl. Köppl (2008), S. 189.
112 Köppl (2008), S. 196.
113 Vondenhoff/Busch-Janser (2008), S. 13.
114 Vgl. auch Teil 5 unten.
115 Vgl. Knott/Voigts (2005), S. 66.
116 Köppl (2008), S. 200.
117 Köppl (2008), S. 201.
118 Knott/Voigts (2005), S. 69.
119 Knott/Voigts (2005), S. 69.
120 Siehe hierzu ausführlich Teil 5 D. unten.

Teil 2
Interessenvertretung – weit mehr als nur ad-hoc-Kommunikation

121 Hofmann/Frevel (2007), S. 80.
122 Vgl. Hofmann/Frevel (2007), S. 80.
123 Vgl. Bender/Reulecke (2003), S. 117 ff.
124 Vgl. Bender/Reulecke (2003), S. 35.
125 van Schendelen (2002).
126 Bender/Reulecke (2003), S. 118.
127 Bender/Reulecke (2003), S. 119.
128 Joos (1998), S. 89 f.
129 Vgl. Joos (1998), S. 90.
130 Vgl. Ingenhoff/Röttger (2008).

131 Zitiert nach Bender/Reulecke (2003), S. 35.
132 Kretschmer/Elbe (2007), S. 89.
133 Bender/Reulecke (2003), S. 117.
134 Bender/Reulecke (2003), S. 45; vgl. auch Teil 1 B. I. oben.
135 So gibt es hinsichtlich der institutionellen Ausprägung einzelner Bestandteile und auch politischer Entscheidungsprozesse teils erhebliche Unterschiede, jedoch sind die grundlegenden Arrangements der Gewaltenteilung – insbesondere der Dualismus von Exekutive und Legislative – in allen Mitgliedstaaten der EU vorhanden, siehe dazu Ismayr (2008), S. 9–64.
136 Quelle: Bender/Reulecke (2003), S. 47.
137 Siehe hierzu Teil 3 B, zum politischen System der EU.
138 Wie in Teil 3 B. über das politische System der EU dargestellt, ist die Einteilung und Bezeichnung nach herkömmlichen Kategorien wie Exekutive, Legislative aber auch Regierung oder Opposition im politischen System der EU nicht möglich. Zur Vereinfachung wurde das Grundschema der ersten Abbildung aber in der zweiten Abbildung beibehalten.
139 Quelle: Nach Bender/Reulecke (2003), S. 47.
140 Siehe *Wissen, wer wichtig wird*, in: Financial Times Deutschland, 10.09.2009, S. 23.
141 Vgl. Bender/Reulecke (2003), S. 120.
142 Siehe »Beamte klagen über Lobbyismus«, in: *Financial Times Deutschland* 12.10.2009, S. 10.
143 Vgl. »Präsenz, Ehrlichkeit und Seriosität. Politikberater Klemens Joos über ein Geschäft, das Fingerspitzengefühl erfordert«, in *Profil* Nr. 10/2009, S. 16 f.
144 Siehe »Vor dem Spiel«, in Wirtschaftswoche Nr. 40/2009, S. 26–29. Freilich ist zu beachten, dass die Politiker in einer solchen Phase von allen Seiten angesprochen werden – umso wichtiger ist an dieser Stelle ein professionelles Auftreten des Interessenvertreters.
145 Vgl. *Atom-Lobby plante Wahlkampf minutiös*, http://www.spiegel.de/wirtschaft/soziales/0,1518,650172,00.html (zuletzt abgerufen am 23.09.2009).
146 Vgl. »EU will Stromkonzerne zerschlagen«, in: *Tagesspiegel Online* vom 19.09.2007, http://www.tagesspiegel.de/wirtschaft/eu-will-stromkonzerne-zerschlagen/1047150.html (zuletzt abgerufen am 17.07.2010).
147 Vgl. »Der 50-Euro-Kostendeckel für den Urlaub«. in: *SPIEGEL Online* vom 28.06.2010, http://www.spiegel.de/netzwelt/gadgets/0,1518,703334,00.html (zuletzt abgerufen am 21.07.2010).
148 Vgl. dazu ausführlich Teil 5 D. III. unten.
149 Vgl. Bender/Reulecke (2003), S. 71 f.
150 Vgl. Teil 5 C. unten.
151 Vgl. »Präsenz, Ehrlichkeit und Seriosität. Politikberater Klemens Joos über ein Geschäft, das Fingerspitzengefühl erfordert«, in *Profil* Nr. 10/2009, S. 17.
152 Vgl. »Wässriges Steuergesetz«, in: *Manager Magazin Online* vom 20.10.2004, http://www.manager-magazin.de/unternehmen/artikel/0,2828,323905,00.html (zuletzt abgerufen am 20.07.2010).
153 So gibt es bereits seit 1980 seitens der EG beziehungsweise der EU diverse Richtlinien für Grenzwerte, die jedoch in Deutschland nur bedingt umgesetzt wurden. Als Antwort auf die öffentliche Diskussion seit 2004/2005 wurde das Thema Feinstaub seitens der Politik verstärkt angenommen, so unter anderem hinsichtlich der Einführung von Rußpartikelfiltern für Diesel-Fahrzeuge, ausgeweitetem Immissionsschutz etc., vgl. »Die unsichtbare Gefahr«, in *Der Spiegel* 14/2005, S. 78–94.
154 Siehe »Ministerialrat Dr. Hektik«, in *Süddeutsche Zeitung* vom 17.09.2009, S. 5; vgl. auch Karpen/Nünke/Breutz (2008).
155 Dies zeigt die Unersetzlichkeit einer guten Vernetzung im politischen Raum: Ein kompletter Kaltstart bei einem dringenden politischen Thema hat in der Regel kaum Aussicht auf Erfolg. Falls

also keinerlei vertrauensvolle Kontakte vorhanden sind, bliebe nur noch die suboptimale Möglichkeit der indirekten Ansprache über ein Mailing oder eventuell die Medien.

156 Bender/Reulecke (2003), S. 144; vgl. dazu auch Teil 5 E. unten.
157 Eine solche offensive Kommunikationspolitik richtet sich natürlich nicht, wie bei der konventionellen Krisenkommunikation, in erster Linie an die breite Öffentlichkeit; der Einsatz solcher PR-Instrumente ist hier als Ausnahme beziehungsweise Ergänzung zu den dargestellten Instrumenten gedacht; allgemein zur Krisenkommunikation von Unternehmen vgl. Töpfer (2008) und Mast (2008), S. 371–387.
158 Falls ein Thema wirklich schon so weit fortgeschritten ist, kann es unter Umständen sogar besser sein, keinerlei Aktionen mehr vorzunehmen, um sich gegenüber der Politik oder der Öffentlichkeit nicht als unprofessionell (im Sinne eines zu späten beziehungsweise inadäquaten Handelns) darzustellen. In diesem Fall hat ein redlicher Interessenvertreter als externer Berater die professionelle Pflicht, seinen Auftraggeber auf die Auswegslosigkeit der Situation hinzuweisen.
159 Vgl. Bender/Reulecke (2003), S. 143.
160 Bender/Reulecke (2003), S. 120.

Teil 3
Die Europäische Union: Politisches System und Besonderheiten der Interessenvertretung auf europäischer Ebene

161 Vgl. Judt (2006), S. 18.
162 Vgl. Clemens/Reinfeldt/Wille (2008), S. 49f.
163 Zitiert nach Brunn (2002), S. 315.
164 Vgl. Judt (2006), S. 276; Joos (1998), S. 40f.
165 Brunn (2002), S. 118.
166 Herz/Jetzlsperger (2008), S. 41.

167 Herz/Jetzlsperger (2008), S. 67.
168 Brunn (2002), S. 281f.
169 Herz/Jetzlsperger (2008), S. 69.
170 Herz/Jetzlsperger (2008), S. 71.
171 Clemens/Reinfeldt/Wille (2008), S. 235.
172 Herz/Jetzlsperger (2008), S. 75.
173 Herz/Jetzlsperger (2008), S. 82.
174 Vgl. Clemens/Reinfeldt/Wille (2008), S. 237.
175 Vgl. Clemens/Reinfeldt/Wille (2008), S. 239; die Rechtspersönlichkeit der EG ging auf die gesamte Union über.
176 Der EGKS-Vertrag lief 2002 aus, der Euratom-Vertrag wurde an den Vertrag von Lissabon als Protokoll angefügt.
177 Herz/Jetzlsperger (2008), S. 115.
178 Vgl. Artikel 1 EUV.
179 Vgl. Judt (2006), S. 598ff.
180 Vgl. die EUROSTAT-Pressemitteilung vom 15.12.2008: http://www.eds-destatis.de/de/press/download/08_12/179-2008-12-15.pdf (zuletzt abgerufen am 06.05.2010).
181 Vgl. Clemens/Reinfeldt/Wille (2008), S. 248.
182 Vgl. beispielsweise die Themenzusammenstellung auf *FAZ online* »Die griechische Schuldenkrise«, http://www.faz.net/s/Rub3ADB8A210E754E748F42960CC7349BDF/Tpl~Ecommon~SThemenseite.html (zuletzt abgerufen am 05.05.2010).
183 Strohmeier (2007), S. 24.
184 Auch bei der Theoriebildung zur Entstehung und Entwicklung der europäischen Integration wurden viele unterschiedliche Ansätze entwickelt, von denen jedoch kein einziger bislang ein stringentes und umfassendes Erklärungsmodell für die fundamentalen Impulse und den Ablauf der europäischen Einigung liefern konnte, vgl. Bieber/Epiney/Haag (2009), S. 49–53.
185 Brunn (2002), S. 12.
186 Vgl. Ranacher/Staudigl (2007), S. 32.
187 Bieber/Epiney/Haag (2009), S. 109.
188 Bieber/Epiney/Haag (2009), S. 109.
189 Wallace (2003), S. 255.
190 Vgl. Benz (2003); siehe auch Teil 3 C. unten.

191 Nach *Frankfurter Allgemeine Zeitung* vom 01.12.2009, S. 7
192 Siehe auch den historischen Abriss in Teil 3 A. oben. Der Vertrag von Lissabon und damit die EU-Verfassung sollten ursprünglich bereits zum 01.01.2009 in Kraft treten.
193 Vgl. Bieber/Epiney/Haag (2009), S. 186.
194 Wobei hierzu noch weitere Voraussetzungen zu erfüllen sind, unter anderem inhaltliche Unbedingtheit und Bestimmtheit; vgl. dazu Bieber/Epiney/Haag (2009), S. 186 und S. 188.
195 Bieber/Epiney/Haag (2009), S. 187.
196 Bieber/Epiney/Haag (2009), S. 195.
197 Vgl. Wessels (2008), S. 119.
198 Vgl. Strohmeier (2007), S. 30.
199 Vgl. Bieber/Epiney/Haag (2009), S. 118.
200 Vgl. Wessels (2008), S. 119.
201 Vgl. Wessels (2008), S. 119.
202 Vgl. Wessels (2008), S. 140 ff.
203 Vgl. Wessels (2008), S. 141.
204 Vgl. die Personalie der bulgarischen Kommissarskandidatin *Schelewa* im Januar 2010; siehe dazu *Bulgarische Kandidatin Schelewa gibt auf* in: http://www.spiegel.de/politik/ausland/0,1518,672706,00.html (zuletzt abgerufen am 17.07.2010).
205 Vergleiche dazu – auch zum sogenannten Schattenberichterstatter – die Ausführungen in Teil 4 D. I. unten.
206 Der Europäische Rat legte auf Initiative des EP und mit dessen Zustimmung vor den Wahlen in einem Beschluss fest, dass die Sitzverteilung auf der Grundlage des Prinzips der »degressiv proportionalen« Vertretung erfolgen muss; vgl. Seeger (2008), S. 68.
207 Dazu Teil 4 A. II. unten.
208 Vgl. Wessels (2008), S. 237.
209 Sabathil/Joos/Keßler (2008), S. 6; mittlerweile ist allerdings der Europäische Rat mitunter dominierend, sodass die Kommission teilweise als »Juniorpartner« des Rats bezeichnet wird, vgl. Oppermann/Classen/Nettesheim (2009), S. 107.
210 Siehe den Abschnitt zur Rechtsetzung in der EU.
211 Vgl. Oppermann/Classen/Nettesheim (2009), S. 107.
212 Der Hohe Vertreter für die Außen- und Sicherheitspolitik ist einer der Vize-Präsidenten der Kommission, wird aber in einem gesonderten Verfahren ernannt.
213 Jedes Mitgliedsland schlägt einen Kandidaten für die Kommission vor; ab 2014 wird die Kommission verkleinert, die Zahl der Kommissionsmitglieder entspricht dann zwei Dritteln der Zahl der Mitgliedstaaten; diese werden nach einem Rotationsverfahren besetzt.
214 Vgl. Wessels (2008), S. 240 f.
215 Vgl. Wessels (2008), S. 226.
216 Vgl. Wessels (2008), S. 245 ff.
217 Vgl. Wessels (2008), S. 247.
218 Vgl. Wessels (2008), S. 249.
219 Vgl. Wessels (2008), S. 249; des Weiteren prüft der Juristische Dienst jeden Entwurf auf Konformität mit dem Recht der EU. Eine besonders wichtige Dienststelle im Gesetzgebungsverfahren ist auch das Generalsekretariat, das den Entscheidungsprozess innerhalb der Kommission begleitet und währenddessen die Verbindung zu anderen EU-Institutionen hält.
220 Vgl. Europäische Kommission (2009): http://ec.europa.eu/civil_service/docs/key_figures_2009_externe_en.pdf (zuletzt abgerufen am 13.07.2010).
221 Vgl. Wessels (2008), 155 f.
222 Tatsächlich finden regelmäßig zwei Treffen während jeder Präsidentschaft statt; die Präsidentschaft dauert ein halbes Jahr und entspricht dem Kalenderhalbjahr. Die Bedeutung des Präsidentenamts kann für den jeweiligen Amtsträger nicht unterschätzt werden; er übernimmt neben den Leitungs- und Lenkungsaufgaben auch die informelle Koordination bei Streitfragen und ist für die Zeit der Präsidentschaft in gewissem Maße auch das »Gesicht« der EU.
223 Vgl. Wessels (2008), S. 171 f.
224 Vgl. Wessels (2008), S. 169 ff.
225 Oppermann/Classen/Nettesheim (2009), S. 104.
226 Bieber/Epiney/Haag (2009), S. 127.

227 Vgl. Bieber/Epiney/Haag (2009), S. 125.
228 Teilweise mit Zustimmung des EP, vgl. Ranacher/Staudigl (2007), S. 43 f.
229 Bieber/Epiney/Haag (2009), S. 125; vergleiche dazu Teil 4 A. III. unten.
230 »Rat« bezeichnet genau betrachtet allein die gemeinsame Rechtsform für die Tagungen der neun verschiedenen Gremien, vgl. Bieber/Epiney/Haag (2009), S. 128.
231 Oft wird für den AStV auch die französische Bezeichnung COREPER (kurz für Comité des représentants permanents) gebraucht.
232 Bieber/Epiney/Haag (2009), S. 128.
233 Eine Ausnahme stellt der Rat für »Auswärtige Angelegenheiten« dar, dem der Hohe Vertreter für die gemeinsame Außen- und Sicherheitspolitik vorsitzt, vgl. Seeger (2008), S. 81.
234 Vgl. Seeger (2008), S. 81.
235 Annahme mit mindestens 255 Stimmen (von insgesamt 345) aus mindestens 14 Mitgliedstaaten; ab 2014 (Sonderbestimmungen bis 2017) erfordert die qualifizierte Mehrheit mindestens 55 Prozent der Ratsmitglieder, die mindestens 65 Prozent der EU-Bevölkerung repräsentieren, vgl. Biebner/Epiney/Haag (2009), S. 130.
236 Ein berühmter historischer Fall ist z. B. die »Cassis-de-Dijon-Entscheidung« im Jahre 1979, vgl. http://eur-lex.europa.eu/LexUriServ/LexUriServ.do?uri=CELEX: 61978J0120:DE:HTML (zuletzt abgerufen am 02.04.2009).
237 Mit Ausnahme der Bewertungen von Gültigkeit und Verhältnismäßigkeit nationalstaatlicher Handlungen.
238 Vgl. Bieber/Epiney/Haag (2009), S. 140 f.
239 Bieber/Epiney/Haag (2009), S. 144.
240 Vgl. Bieber/Epiney/Haag (2009), S. 145.
241 Vgl. Bieber/Epiney/Haag (2009), S. 145.
242 Vgl. Bieber/Epiney/Haag (2009), S. 145.
243 Vgl. Bieber/Epiney/Haag (2009), S. 146.
244 Vgl. Bundesfinanzministerium (2009): http://www.bundesfinanzministerium.de/nn_1308/DE/Wirtschaft_und_Verwaltung/Europa/Betrugsbekaempfung/14286.html (zuletzt abgerufen am 02.04.2009).
245 Bieber/Epiney/Haag (2009), S. 143.
246 Man könnte dies salopp als Interessenvertretung nach dem Motto »Heimatmitgliedstaat plus 26« bezeichnen.
247 Vgl. Tydecks in: Rieksmeier u. a. (2007), S. 114. Die Autorin führt allerdings ein Motiv für Coalition Building an, das keinesfalls eine Rolle spielen sollte, namentlich eine »Schutzfunktion« für einzelne Unternehmen, die sich in einem bestimmten Themenfeld nicht exponieren wollen, um ihren Produkt- und Markenauftritt nicht zu beeinflussen. Wohin eine solche (intransparente) Taktik führen kann, zeigt der Fall des Pharmakonzerns *Roche*, für den die Brüsseler Public-Affairs-Agentur *Weber Shandwick* den Worst Lobby Award 2006 erhielt (vgl. *Tagesschau online* vom 06.11.2006, http://www.tagesschau.de/wirtschaft/meldung90960.html (zuletzt abgerufen am 04.05.2010): Eine Anfang Oktober 2006 gestartete Kampagne »Cancer United« hatte sich offiziell zum Ziel gesetzt, in allen EU-Staaten nationale »Anti-Krebs-Pläne« einzurichten. *Weber Shandwick* trat dabei als »Sekretariat« der Initiative auf. Nach Auskunft ehemaliger Mitarbeiter und Recherchen der britischen Tageszeitung *Guardian* wurde die Kampagne jedoch allein von *Roche* finanziert; *Roche* hat zugleich mehrere Krebs-Medikamente in seinem Produktportfolio. Basis der »Cancer United« Kampagne war eine von *Roche* bezahlte Studie, der zufolge höhere Investitionen in Krebs-Medikamente in einer geringeren Sterblichkeit bei Krebs resultieren.
248 In den USA, wo Mehrheiten unter Kongressabgeordneten und Senatoren nicht immer über die Fraktionen der beiden großen Parteien (Republikaner und Demokraten) organisiert werden, sondern die Meinungsbildung und Entscheidungsfindung häufig – insofern ähnlich wie im Europäischen Parlament – über die gesellschaftlichen Interessen-

gruppen abläuft, ist das Coalition Building fester Bestandteil der politischen Kultur, vgl. Tydecks in: Rieksmeier u. a. (2007), S. 112; vgl. auch Teil 7 A. II. 2.–4. unten.
249 Vgl. Bender/Reulecke (2003), S. 178.
250 Geiger (2006), S. 111.
251 Vgl. Teil 3 B. II. 1. oben.
252 Geiger (2006), S. 111.

Teil 4
Interessenvertretung bei den Institutionen der Europäischen Union: Ansatzpunkte und Rahmenbedingungen

253 Ein dem österreichischen Komponisten *Josef Anton Bruckner* zugeschriebenes Zitat.
254 Vgl. zu den »alten« Verfahren nach dem EGV: Bieber/Epiney/Haag (2009), S. 195 ff.
255 Für eine Darstellung der übrigen Verfahren wird auf die einschlägigen Lehr- und Handbücher zum europäischen Recht verwiesen; vgl. etwa Oppermann/Classen/Nettesheim (2009), S. 222 ff.
256 Vgl. Lieb/Maurer (2009), S. 43.
257 Europäische Kommission/Europäisches Parlament (2005): http://ec.europa.eu/dgs/secretariat_general/relations/relations_other/docs/frame work_agreement_ep-ec_en.pdf (zuletzt abgerufen am 17.12.2009).
258 Europäisches Parlament/Europäische Kommission/Rat (2007).
259 Quelle: Lieb/Maurer (2009), S. 46.
260 Bieber/Epiney/Haag (2009), S. 196.
261 Vgl. das Grünbuch zur Europäischen Bürgerinitiative, KOM(2009) 622 endg., http://ec.europa.eu/dgs/secretariat_general/citizens_initiative/docs/com_2009_62 2_de.pdf (zuletzt abgerufen am 17.05.2010).
262 Vgl. Oppermann/Classen/Nettesheim (2009), S. 224.
263 Vgl. Oppermann/Classen/Nettesheim (2009), S. 224.
264 Verfügbar unter http://www.europarl.europa.eu/sides/getDoc.do?pubRef=-//EP//NONSGML+RULES-EP+20090714+0+DOC+PDF+V0//DE&language=DE (zuletzt abgerufen am 17.05.2010).
265 Vgl. Bieber/Epiney/Haag (2009), S. 201.
266 Bieber/Epiney/Haag (2009), S. 225.
267 Vgl. Oppermann/Classen/Nettesheim (2009), S. 226.
268 Oppermann/Classen/Nettesheim (2009), S. 227.
269 Vgl. EuGH, Rs. C 344/04, IATA, Slg. 2006, S. I-403.
270 Dabei ist zu beachten, dass eine Entscheidung des Vermittlungsausschusses der qualifizierten Mehrheit der Mitglieder des Rats und der (einfachen) Mehrheit der das EP vertretenden Mitglieder bedarf, vgl. Artikel 294 Absatz 10 AEUV. Im Unterschied zur zweiten Lesung im Rat spielt die Stellungnahme der Kommission jedoch hinsichtlich des Quorums keine Rolle mehr, vgl. Oppermann/Classen/Nettesheim (2009), S. 227.
271 Zu einer solchen Konstellation ist es bisher in zwei Fällen gekommen: Zum einen hinsichtlich der Übernahmerichtlinie 1995/0341 im Jahr 2001, zum anderen hinsichtlich der Hafendienstleistungen 2001/0147 COD im Jahr 2003. Vgl. dazu Europäische Kommission (2009): http://ec.europa.eu/codecision/stepbystep/text/index6_en.htm (zuletzt abgerufen am 18.12.2009) sowie Oppermann/Classen/Nettesheim (2009), S. 227.
272 Zur Abgrenzung gegenüber dem primären Rechtsetzungsakt ist dem Titel von Durchführungsrechtsakten gemäß Artikel 290 Absatz 3 AEUV künftig das Wort »delegiert« voranzustellen.
273 Durchführungsrechtsakte machen einen wesentlichen Teil des europäischen Sekundärrechts aus: Nach einer jüngeren Studie (von Bogdandy/Bast/Arndt (2002), S. 139) halten sich Basisrechtsakte und Durchführungsrechtsakte zah-

lenmäßig in etwa die Waage. Dabei ergeht das Durchführungsrecht in denselben Handlungsformen wie die Basisrechtsakte des europäischen Rechts (in der Regel Verordnungen, teils auch Richtlinien).
274 Vgl. dazu Bieber/Epiney/Haag (2009), S. 202.
275 Dazu Bieber/Epiney/Haag (2009), S. 202.
276 Zur Abgrenzung gegenüber dem primären Rechtsetzungsakt ist dem Titel von Durchführungsrechtsakten gemäß Artikel 291 Absatz 3 AEUV künftig der Wortteil »Durchführungs-« voranzustellen.
277 Die Kontrolle der Wahrnehmung der Durchführungsbefugnisse durch den Rat erfolgt naturgemäß auf dem direkten Weg der Stimmabgabe durch den Mitgliedstaat im Rat selbst.
278 Vgl. zum Komitologieverfahren Wolfram (2010), http://www.cep.eu/fileadmin/user_upload/Kurzanalysen/Komitologie/Studie_Komitologie.pdf (zuletzt abgerufen am 10.05.2010).
279 BRat vom 18.06.1999, ABl. L 184/1999, S. 23; geändert durch BRat vom 17.07.2006, ABl. L 200/2006, S. 11.
280 Vgl. dazu Oppermann/Classen/Nettesheim (2009), S. 110 ff.
281 BRat vom 18.06.1999, ABl. L 184/1999, S. 23; geändert durch BRat vom 17.07.2006, ABl. L 200/2006, S. 11.
282 Oppermann/Classen/Nettesheim (2009), S. 100; auf keinen Fall darf der Rat der EU mit dem Europäischen Rat verwechselt werden.
283 Problematisch ist in dieser Hinsicht die faktische Intransparenz der Entscheidungsfindung, wenngleich entsprechend den Veränderungen des Lissabon-Vertrages die Sitzungen des Ministerrats öffentlich stattfinden, wenn über Gesetze beraten oder abgestimmt wird, vgl. Wessels (2008), S. 197.
284 Vgl. Teil 3 B. oben; der Rat tagt und arbeitet nach Politikbereichen getrennt in momentan neun verschiedenen sogenannten Ratsformationen, deren bekannteste wohl der Rat Wirtschaft und Finanzen (Ecofin-Rat) darstellt.
285 Siehe Artikel 16 Absatz 1 EUV.
286 Vgl. Biber/Epiney/Haag (2009), S. 125.
287 Der Rat als Organ der EU hat wegen seiner nationalstaatlichen Zusammensetzung eine »Scharnier«-Funktion zwischen der EU und ihren Mitgliedstaaten, vgl. Wessels (2008), S. 191.
288 Ab dem 01.11.2014 gilt konsequent das Prinzip der doppelten Mehrheit. Mit einer Sperrminorität von mindestens vier Mitgliedstaaten; allerdings gibt es die Möglichkeit, auch darüber hinaus bis zum 31.03.2017 auf das alte Abstimmungssystem (Vertrag von Nizza) zurückzugreifen. Hinsichtlich der Sperrminorität sind ggf. auch die Bestimmungen der »Ioannina-Klausel« zu berücksichtigen, vgl. Artikel 16 Absätze 4–6 EUV u. Artikel 238 Absätze 2–3 AEUV.
289 Der AStV selbst ist wiederum in das Botschafterkollegium (AStV I, Arbeitsgebiete Grundsatzfragen, Vorbereitung des Europäischen Rates) und den Ausschuss der Stellvertreter (AStV II, Arbeitsgebiete sonstige Rechtsbereiche) unterteilt.
290 Vgl. Artikel 240 AEUV.
291 Oppermann/Classen/Nettesheim (2009), S. 103.
292 Grünhage (2007), S. 107.
293 Grünhage (2007), S. 110.
294 Der SAL ist auch in Beratungen allgemeinpolitischer Natur eingebunden, die landwirtschaftliche Aspekte berühren. Insoweit können sich in diesem Bereich konkurrierende Zuständigkeiten des SAL und des AStV ergeben, vgl. Oppermann/Classen/Nettesheim (2009), S. 103.
295 Dasselbe gilt faktisch für das Politische und Sicherheitspolitische Komitee, vgl. Art 38 EUV.
296 Artikel 240 Absatz 2 EUV.
297 Eine Auflistung der einzelnen Generaldirektionen findet sich unter http://europa.eu/whoiswho/public/index.cfm?fuseaction=idea.hierarchy&

lang=DE&nodeid=4553 (zuletzt abgerufen am 13.11.2009).
298 VO 259/68, ABl. L 56/1 (1968); vgl. zur Neufassung von 2004 VO 723/2004, ABl. L 124/1 (2004).
299 Online abrufbar unter http://ec.europa.eu/civil_service/docs/toc100_de.pdf (zuletzt abgerufen am 22.03.2010).
300 Vgl. dazu Teil 4 C. III. unten.
301 Siehe Rat der Europäischen Union (2004) Dok. 7105/03: http://eur-lex.europa.eu/LexUriServ/LexUriServ.do?uri=OJ:L:2004:106:0022:0045:DE:PDF (zuletzt abgerufen am 17.07.2010).
302 Zur Geschäftsordnung einschließlich der Anhänge siehe ABl. L 106/22 vom 15. April 2004, S. 22 ff., abrufbar unter http://eur-lex.europa.eu/LexUriServ/LexUriServ.do?uri=OJ:L:2004:106:0022:0045:DE:PDF (zuletzt abgerufen am 13.07.2010).
303 Fälschlicherweise auch häufig »EU-Kommission« genannt.
304 Vgl. Teil 3 B. zum politischen System der EU.
305 Europäische Kommission (2009): http://ec.europa.eu/budget/library/publications/budget_in_fig/syntchif_2009_de.p df (zuletzt abgerufen am 17.11.2009).
306 Europäische Kommission (2009): http://ec.europa.eu/civil_service/docs/key_figures_2009_externe_en.pdf (zuletzt abgerufen am 13.07.2010).
307 Wessels (2008), S. 249
308 Europäische Kommission (2009): http://ec.europa.eu/atwork/programmes/index_de.htm (zuletzt abgerufen am 12.11.2009).
309 Europäische Kommission (2009): http://ec.europa.eu/prelex/apcnet.cfm?CL=de (zuletzt abgerufen am 13.11.2009); Europäisches Parlament (2009): http://www.europarl.europa.eu/oeil (zuletzt abgerufen am 13.11.2009).
310 Ab 2014 verringert sich die Zahl der Kommissare gemäß dem Vertrag von Lissabon auf zwei Drittel der Zahl der Mitgliedstaaten.
311 Siehe dazu Teil 5 unten.
312 Vgl. Sabathil/Joos/Keßler (2008), S. 41.
313 Vgl. dazu bereits Teil 4 B. I. oben zum Verfahren beim Rat.
314 Vgl. Scholz (2007), S. 71 f.
315 Vgl. dazu auch die Fallstudie in Teil 7 dieser Darstellung.
316 Zitiert nach Lahusen/Jauß (2001), S. 44.
317 Coen (2007), S. 339.
318 Vgl. Europäische Kommission: Abteilungen und Dienststellen, http://ec.europa.eu/dgs_de.htm (zuletzt abgerufen am 13.07.2010).
319 VO 259/68, ABl. L 56/1 (1968); vgl. zur Neufassung von 2004 VO 723/2004, ABl. L 124/1 (2004).
320 Europäische Kommission (2004): http://ec.europa.eu/civil_service/docs/toc100_de.pdf (zuletzt abgerufen am 22.03.2010).
321 Europäische Kommission (2008): http://ec.europa.eu/transparency/docs/323_de.pdf (zuletzt abgerufen am 24.11.2009).
322 Europäische Kommission (2008): http://ec.europa.eu/transparency/docs/323_de.pdf (zuletzt abgerufen am 24.11.2009).
323 Vgl. Europäische Kommission (2009): http://ec.europa.eu/transparency/eti/index_de.htm (zuletzt abgerufen am 15.11.2009).
324 Vgl. Ahrens (2007), S. 125.
325 Vgl. die Mitteilung der Kommission »Europäische Transparenzinitiative – Rahmen für die Beziehungen zu Interessenvertretern (Register und Verhaltenskodex)«, KOM (2008) 323; siehe auch die Website des Registers unter https://webgate.ec.europa.eu/transparency/regrin/welcome.do (zuletzt abgerufen am 15.06.2009).
326 Bisher ist das Lobbyregister allerdings kein Erfolg, da sich Schätzungen zufolge weniger als 25 Prozent der in Brüssel tätigen Interessenvertreter registrierten, vgl.: »Lobbyisten boykottieren EU-Register«, in *Financial Times Deutschland*, 05.06.2009, S. 12.

327 Siehe den Online-Auftritt des Registers (Stand: 16.07.2010) unter https://webgate.ec.europa.eu/transparency/regrin/welcome.do?locale=de (zuletzt abgerufen am 16.07.2010).
328 Vgl. Mitteilung der Kommission an den Rat und das Europäische Parlament: Europäische Transparenzinitiative: ein Jahr seit Eröffnung des Registers der Interessenvertreter KOM(2009) 612.
329 Vgl. Friends of Earth Europe (2010): http://www.foeeurope.org/corporates/pdf/Lobbying_in_Brussels_April2010.pdf (zuletzt abgerufen am 17.05.2010).
330 Vgl. ALTER-EU (2010): http://www.alter-eu.org/sites/default/files/documents/bursting-the-brussels-bubble.pdf (zuletzt abgerufen am 17.05.2010).
331 Vgl. Lobby Control (2010): http://www.lobbycontrol.de/blog/index.php/2010/03/eu-lobbyregister-60-der-eu-lobbyagenturen-sind-nicht-eingetragen (zuletzt abgerufen am 17.05.2010).
332 Vgl. dazu die Studie von ALTER-EU (2010): http://www.alter-eu.org/sites/default/files/documents/eu-lobby-firms-registration-2010-03-22.pdf (zuletzt abgerufen am 17.05.2010).
333 Vgl. die Pressemitteilung der Kommission vom 06.05.2010: Europäische Kommission (2010), http://europa.eu/rapid/pressReleasesAction.do?reference=IP/10/544&format=HTML&aged=0&language=DE&guiLanguage=en (zuletzt abgerufen am 16.07.2010).
334 Vgl. *Das Lobbyregister hat Schwächen*, http://www.handelsblatt.com/politik/deutschland/das-eu-lobbyregister-hat-schwaechen;2405206, 30.06.2009.
335 Quelle: Lieb/Maurer (2009), S. 47.
336 Vgl. Europäisches Parlament (2009): http://www.europarl.europa.eu/news/public/story_page/008-57353-187-07-28-901-20090619STO57318-2009-06-07-2009/default_de.htm (zuletzt abgerufen am 24.11.2009).
337 Durch das Informationssystem OEIL ist der Stand einzelner Verfahren im EP jederzeit aktuell einsehbar, vgl. Europäisches Parlament (2010): http://www.europarl.europa.eu/oeil (zuletzt abgerufen am 17.07.2010).
338 Schulz (2007), S. 25.
339 Koch-Mehrin (2007), S. 36; so verfügt das EP nicht über einen Wissenschaftlichen Dienst.
340 Zitiert nach Karr (2007), S. 157.
341 Vgl. Schulz (2007), S. 28.
342 Wessels (2008), S. 119.
343 Europäisches Parlament (2009): http://www.europarl.europa.eu/sides/getDoc.do?pubRef=-//EP//NONSGML+RULES-EP+20090714+0+DOC+PDF+V0//DE&language=DE (zuletzt abgerufen am 15.11.2009).
344 Der Schattenberichterstatter hat sogar Eingang in die Geschäftsordnung des Europäischen Parlaments gefunden, vgl. Artikel 192 Absatz 3 der Geschäftsordnung.
345 Vgl. Wessels (2008), S. 142 ff.
346 Vgl. Wessels (2008), S. 141.
347 Siehe die Definition von Interessenvertretung in Teil 1 der Darstellung.
348 Vgl. Europäisches Parlament (2010): http://www.europarl.europa.eu/sides/getDoc.do?pubRef=-//EP//TEXT+RULES-EP+200912 01+RULE-009+DOC+XML+V0//DE&language=DE&navigationBar=YES (zuletzt abgerufen am 22.03.2010).
349 Vgl. Europäisches Parlament (2010): http://www.europarl.europa.eu/activities/committees/committeesList.do?language=DE# (zuletzt abgerufen am 13.07.2010).
350 Vgl. Europäisches Parlament (2010): http://www.europarl.europa.eu/sides/getDoc.do?pubRef=-//EP//TEXT+RULES-EP+20091201+RULE-009+DOC+XML+V0//DE&language=DE&navigationBar=YES (zuletzt abgerufen am 22.03.2010).
351 Quästoren sind sechs gewählte Präsidiumsmitglieder des Europäischen Parlaments, die für verwaltungstechnische und finanzpolitische Angelegenheiten zuständig sind, von denen die EP-Abgeordneten unmittelbar betroffen

werden, vgl. Artikel 25 der Geschäftsordnung des Europäischen Parlaments.
352 Vgl. Europäisches Parlament (2010): http://www.europarl.europa.eu/sides/getDoc.do?pubRef=-//EP//TEXT+RULES-EP+20091201+ANN-10+DOC+XML+V0//DE&language=DE&navigationBar=YES (zuletzt abgerufen am 22.03.2010).
353 Dazu Teil 4 C. III. oben.
354 Dazu Teil 4 C. III. oben; vgl. auch die Pressemitteilung der EP Parliament-Commission Working Group vom 17.11.2009, http://www.europarl.europa.eu/news/expert/infopress_page/008-64654-321-11-47-901-20091117IPR64653-17-11-2009-2009-false/default_en.htm (zuletzt abgerufen am 17.11.2009).
355 Zu Aufgaben und Funktion des AdR und WSA vgl. Teil 3 B. oben zum politischen System der EU.
356 ABl. Nr. L 6/14 vom 09.01.2010, im Internet abrufbar unter http://www.cor.europa.eu/COR_cms/ui/ViewDocument.aspx?siteid=default&contentID=f68d43d4-950b-4ba4-8357-b65bb3d94796 (zuletzt abgerufen am 17.05.2010)
357 Im Internet abrufbar unter http://www.eesc.europa.eu/organisation/rules/docs/ces1103-2006_rev2_d_de.pdf (zuletzt abgerufen am 17.05.2010).

Teil 5
Methodik und Instrumente gezielter Interessenvertretung in der EU

358 Vgl. Michalowitz (2007), S. 89 m.w.N. sowie Coen/Richardson (2009), S. 147ff.
359 Allein die Lobbyliste beim Deutschen Bundestag umfasste im Juli 2010 2186 Verbände, siehe die jeweils aktuellste Fassung unter http://www.bundestag.de/wissen/archiv/sachgeb/lobbyliste/lobbylisteaktuell.pdf; nicht enthalten sind hier einzelne Unternehmen, Anwälte, Freiberufler u.ä. (zuletzt abgerufen am 19.07.2010).
360 Die Zahlen schwanken je nach Definition und Quelle, vgl. http://www.washingtonpost.com/wp-dyn/content/article/2006/01/28/AR2006012800042.html (zuletzt abgerufen am 07.06.2009). Beim Senat registriert sind ca. 33000 Interessenvertreter, vgl. Sebaldt (2007), S. 101 und Teil 7 B. unten.
361 Vgl. Speth (2009), S. 8.
362 Vgl. Lahusen (2005).
363 Vgl. Michalowitz (2007), S. 73f.
364 Vgl. Michalowitz (2007), S. 58.
365 Vgl. Lahusen (2004), S. 782.
366 Lahusen (2004), S. 781.
367 Vgl. von Winter (2004), S. 764.
368 Vgl. Kleinfeld/Willems/Zimmer (2007), S. 16.ff.
369 Vgl. van Schendelen (2007), S. 72.
370 Vgl. Hartmann (1985), S. 15.
371 Vgl. Speth (2006), S. 43ff; vgl. auch Teil 5 I. oben.
372 Haacke (2006), S. 168.
373 Vgl. Speth (2006), S. 45f.
374 Zitiert nach Greenwood (2002), S. 104.
375 Vgl. Greenwood (2002), S. 11.
376 Vgl. Greenwood (2002), S. 8.
377 Vgl. Greenwood (2002), S. 46–47.
378 Vgl. Greenwood (2002), S. 10.
379 Traxler/Schmitter (2002), S. 45.
380 Traxler/Schmitter (2002), S. 45.
381 Abromeit (1993), S. 37.
382 Angaben nach CEFIC (2009): http://www.cefic.be (zuletzt abgerufen am 08.12.2009).
383 Vgl. Abromeit (1993), S. 37f.
384 So ist durch das Inkrafttreten des Lissabon-Vertrages die institutionelle Struktur der EU bis auf Weiteres festgelegt worden, jedoch bleibt abzuwarten, wie die politischen Prozesse in dieser Struktur ablaufen werden.
385 So agieren auf der Brüsseler Bühne auch beispielsweise viele verschiedene politikberatende Think Tanks, vgl. Weilemann (2007), S. 212–219.
386 Vgl. Greenwood (2002), S. 50f.
387 Bangemann (1992), S. 161.
388 Tömmel (1994), S. 278.

389 Traxler/Schmitter (1994), S. 46.
390 Vgl. Teil 1 A. I. oben.
391 Vgl. How Business can influence Europe, in: *Financial Times*, 17.11.2003, http://search.ft.com/ftArticle?queryText=UNICE+CBI&aje=true&id=031117000975&ct=0 (zuletzt abgerufen am 01.07.2009).
392 Siehe Zweite Liga – Lobbying in der Hauptstadt, früher fest in der Hand der Wirtschaftsverbände, zerfasert, in *Wirtschaftswoche* Nr. 31, 24.07.2003, S. 26 f.
393 Siehe Die Firmen brauchen Lobbying à la carte, in: *Handelsblatt* vom 20.11.2002.
394 Siehe Weidenfeld (1996).
395 Vgl. Michailowitz (2007), S. 88.
396 Vgl. Michailowitz (2007), S. 89 m.w.N. sowie Coen/Richardson (2009), S. 147 ff.
397 Michailowitz (2007), S. 90.
398 Michailowitz (2007), S. 90 m.w.N.
399 Vgl. dazu bereits die Ausführungen zur Repräsentanz eines Unternehmensverbands in Teil 5 A. I. oben.
400 Siehe dazu Abschnitt Teil 4 D. II. oben.
401 Selbst große Konzerne besetzen ihr Verbindungsbüro in Brüssel häufig nur mit ein bis zwei hauptamtlichen Referenten; hinzu kommt eventuell Sekretariats- und Assistenzpersonal.
402 Vgl. Corporate Europe Observatory (2009): http://blog.brusselssunshine.eu/2009/07/confidential-law-firm-lobbyists-at-work.html (zuletzt abgerufen am 05.05.2010).
403 Vgl. den Webauftritt der Kanzlei unter http://www.dlapiper.com/global/people/list.aspx?Offices=59 (zuletzt abgerufen am 05.05.2010).
404 Vgl. zum Ganzen m.w.N.: Corporate Europe Observatory (2010): http://archive.corporateeurope.org/docs/lobbycracy/EU_law_firm_lobbying_survey.p df (zuletzt abgerufen am 05.05.2010).
405 Vgl. Burholt/Reulecke (2007), S. 107; Bender/Reulecke (2003), S. 154 f.
406 Bender/Reulecke (2003), S. 155; vgl. auch Burholt/Reulecke (2007), S. 109: »Als Kontaktvermittler in die Politik sollten Rechtsanwälte aus wirtschaftsberatenden Kanzleien nicht fungieren«.
407 Bender/Reulecke (2003), S. 157.
408 Vgl. Sebaldt (2007), S. 112.
409 Vgl. Michalowitz (2007), S. 94.
410 Dazu ausführlich Weilemann, in: Dagger/Kambeck (2007), S. 212 ff.
411 Wessels/Schäfer (2007), S. 200.
412 Vgl. etwa Deutsche Bank Research: Dieser Think Tank sieht sich selbst als Beobachter des operativen Umfeldes der Deutschen Bank, http://www.dbresearch.de/servlet/reweb2.ReWEB?rwdspl=0&rwnode=dbr_internet_de-prod$rsnn 0000000000018402&rwsite=dbr_internet_de-prod (zuletzt abgerufen am 08.12.2009).
413 Vgl. Wessels/Schneider (2007), S. 210, ein Beispiel hierfür ist der deutsch-französische Think Tank *Bruegel*, vgl. »Neues Denken aus dem alten Europa«, in *Handelsblatt*, 27.07.2009, S. 7.
414 Vgl. Teil 1 A. I. oben.
415 Freilich lassen sich aus den Jahresberichten der Verbände häufig die direkten Kosten der Interessenvertretung ablesen, vgl. »Was Wirtschaftsverbände für EU-Lobbying zahlen«, *Handelsblatt online* vom 02.06.2009, http://www.handelsblatt.com/politik/deutschland/was-wirtschaftsverbaende-fuer-eu-lobbying-zahlen;2319511 (zuletzt abgerufen am 27.04.2010).
416 Vgl. Greenwood (2002), S. 14.
417 Vgl. Greenwood (2002), S. 14.
418 Vgl. die alphabetische Liste der registrierten Interessenvertreter unter https://webgate.ec.europa.eu/transparency/regrin/consultation/listlobbyists.do? (zuletzt abgerufen am 18.05.2010).
419 Quelle: Friends of Earth Europe (2010): http://www.foeeurope.org/corporates/pdf/Lobbying_in_Brussels_April2010.pdf (zuletzt abgerufen am 17.05.2010).

420 Vgl. Friends of Earth Europe (2010): http://www.foeeurope.org/corporates/pdf/Lobbying_in_Brussels_April2010.pdf (zuletzt abgerufen am 17.05.2010).
421 Siehe dazu die Ausführungen in Teil 7 dieser Darstellung.
422 Vgl. etwa »Die Überzeugungstäter«, in *Spiegel Online* vom 27.04.2010, http://www.spiegel.de/unispiegel/jobundberuf/0,1518,690457,00.html (zuletzt abgerufen am 27.04.2010). Hier werden (am Beispiel von angestellten Verbandslobbyisten) Nettomonatsgehälter von mehr als EUR 6 000,– ins Spiel gebracht – ein Wert, der in der Regel nur vom oberen Quartil der Interessenvertreter erreicht werden dürfte.
423 Dabei muss die große Spannweite der Gehälter dieser Führungskräfte ausdrücklich berücksichtigt werden.
424 Quelle: Europäische Kommission (2009): http://ec.europa.eu/civil_service/docs/salary°fficials_en.pdf (zuletzt abgerufen am 19.07.2010).
425 Es ist selbstverständlich nicht unbedingt erforderlich, die Beamtenstellung gänzlich aufzugeben. Auch eine Beurlaubung für mehrere Jahre ist denkbar. In diesem Fall entstehen dem Beamten keine direkten finanziellen Nachteile, zumal er in der Regel in den Dienstalterstufen weiterbefördert wird und nach der Beurlaubung in der bis dahin erreichten Besoldungsgruppe wieder in den öffentlichen Dienst einsteigen kann. Jedoch ist zu erwarten, dass er nach einer mehrjährigen Pause nicht mehr in einer bedeutenden Abteilung oder Schlüsselfunktion eingesetzt werden wird, da für diese Posten dann erfahrenere beziehungsweise »behördentreuere« Beamten zur Verfügung stehen. Dieser faktische Karriereknick wird ebenfalls eines finanziellen Ausgleichs durch das Unternehmen bedürfen.
426 Auf Kosten, die bei der Beauftragung von Think Tanks oder der Entsendung eigener Mitarbeiter in die EU-Institutionen entstehen können, wird im Folgenden nicht näher eingegangen. Zu Ersteren existieren keinerlei Richtgrößen; bei Letzteren fallen – wenig überraschend – Kosten für die Weiterzahlung der Gehälter zuzüglich eventueller Expat-Zuschläge an.
427 Vgl. Hommerich/Kilian (2009): http://www.soldaninstitut.de/uploads/media/Presseinfo_Verguetungsbarometer2009_01.pdf (zuletzt abgerufen am 26.04.2010).
428 Bundesverband Deutscher Unternehmensberater (2005): http://www.bdu.de/Honorare.html (zuletzt abgerufen am 07.07.2010) sowie FEACO (2008): http://www.webserverone.net/projects/feaco/FCKeditor_project/feaco%20survey%2020 07%20-%202008.pdf (zuletzt abgerufen am 18.12.2009).
429 Vgl. auch Sebaldt (2007), S. 112.
430 Vgl. Sebaldt (2007), S. 113: »Lobbying aus der Distanz«.
431 Vgl. Burson-Marsteller (2009), S. 26.
432 Burson-Marsteller (2005), S. 14.
433 Eine SWOT-Analyse (SWOT ist ein engl. Akronym für die Begriffe *Strengths* (Stärken), *Weaknesses* (Schwächen), *Opportunities* (Chancen) und *Threats* (Gefahren)) ist ein einfaches, vor allem im strategischen Management eingesetztes Werkzeug. Es dient der Analyse sowohl unternehmensinterner Stärken und Schwächen (Strengths and Weaknesses) als auch in Bezug auf das Unternehmen bestehender, jedoch unternehmensexterner Chancen und Gefahren (Opportunities and Threats). Die so gewonnenen Erkenntnisse sollen die künftige strategische Ausrichtung des Unternehmens unterstützen, z. B. in Bezug auf Struktur, Portfolioentscheidungen oder – wie hier relevant – Fragen der Positionierung im politischen Raum.
434 Siehe Teil 4 B bis E. oben.
435 Vgl. dazu bereits Teil 5 C. I. 6. oben.
436 Vgl. etwa zum ordentlichen Gesetzgebungsverfahren Teil 4 A. II. 2. oben.
437 Vgl. Bender/Reulecke (2003), S. 175.
438 Vgl. Teil 5 B. I. 3 und 4. oben.
439 Bender/Reulecke (2003), S. 175 f.
440 Bender/Reulecke (2003), S. 177 f.

441 Vgl. Klewes/Busch-Janser (2008): http://www.poli-c.de/bjp/pab_Akademische_Weihen.pdf (zuletzt abgerufen am 27.04.2010), Rn. 225: Nach einer dort zitierten Umfrage gaben 58 Prozent der befragten Arbeitgeber (allesamt Public-Affairs-Agenturen) einen Universitätsabschluss als Einstellungsvoraussetzung an. Vgl. auch Vondenhoff/Busch-Janser (2008), S. 161 f., die eine Studie der Personalberatung Kienbaum aus dem Verbandsbereich anführen: Demnach haben 80 Prozent der Führungskräfte in den Verbänden ein Studium absolviert, 18 Prozent haben sogar promoviert.
442 Schulz (2007), S. 29.
443 Klewes/Busch-Janser (2008): http://www.poli-c.de/bjp/pab_Akademische_Weihen.pdf (zuletzt abgerufen am 27.04.2010), Rn 226.
444 Vgl. die Darstellung der Ausbildungsmöglichkeiten in den USA in Teil 7 B I. unten.
445 Vgl. »Die Lobby-Schmiede«, in Berliner Zeitung online vom 27.03.2010, http://www.berlinonline.de/berliner-zeitung/archiv/.bin/dump.fcgi/2010/0327/karriere/0012/index.html (zuletzt abgerufen am 27.04.2010).
446 Vgl. die Website der Hochschule zu diesem Studiengang: http://www.quadriga.eu/studium/mba-public-affairs-and-leadership (zuletzt abgerufen am 27.04.2010).
447 Vgl. die Website der Hochschule zu diesem Studiengang: http://mpa.sciences-po.fr (zuletzt abgerufen am 27.04.2010).
448 Vgl. die Website der Hochschule zu diesem Studiengang: http://www.maastrichtuniversity.nl/web/show/id=323147/langid=42 (zuletzt abgerufen am 27.04.2010).
449 Vgl. Kleinfeld u.a. (2007), S. 243, 275 und 278.
450 Vgl. bereits Teil 4 C. III. oben.
451 Schätzung des Europäischen Parlaments (2008): http://www.europarl.europa.eu/sides/getDoc.do?language=DE&type=IM-PRESS&reference=20080414FCS26495 (zuletzt abgerufen am 08.10.2009).
452 Zitiert nach Kleinfeld u.a. (2007), S. 275.
453 Vgl. dazu Vondenhoff/Busch-Janser (2008), S. 163.
454 Zitiert nach Kleinfeld u.a. (2007), S. 278.
455 Kleinfeld u.a. (2007), S. 253.
456 Siehe: European Commission (2009): http://ec.europa.eu/transparency/docs/323_en.pdf (zuletzt abgerufen am 19.07.2010).
457 Quelle: Mitteilung der Kommission (KOM(2008) 323 endgültig) vom 27.05.2008 (SEC(2008) 1926), S. 8
458 Schulz (2007), S. 22 f.

Teil 6
Fallstudie

459 Vgl. hierzu nochmals Abbildung 5.12.
460 Vgl. Teil 5 D. IV. 1. oben.
461 Vgl. zum ordentlichen Gesetzgebungsverfahren Teil 4 A. II. 2. oben.
462 Siehe dazu den vorherigen Abschnitt.
463 Siehe zum EP Teil 6 E. 3. unten.
464 Vgl. nochmals Teil 5 D. II. oben zur Koordination der verschiedenen Instrumente.
465 Vgl. dazu Teil 2 A. oben (»Interessenvertretung als Frühwarnsystem«).
466 Siehe dazu Teil 3 C. oben (»Interessenvertretung im Europa der 27«).
467 Vgl. die einzelnen, der Kommissionsinitiative nachfolgenden Phasen 2–8 in Teil 4: A.II.2.b) oben.
468 Interessanterweise gab es zwei weitere Mitgliedstaaten, für deren Unternehmen das Problem ebenfalls relevant war. Trotz Ansprache durch MdEPs aus diesen Mitgliedstaaten konnten die nationalen Regierungen jedoch nicht von der Notwendigkeit eines Tätigwerdens in Brüssel und einer entsprechenden Stimmabgabe im Rat überzeugt werden.

469 Vgl. den Abschnitt »Interessenvertretung als Aggregation von Interessen« in Teil 1 B. II. oben.

Teil 7
Vergleich der Interessenvertretung in der EU und in den USA: Die ›K Street‹ als Vorbild für Brüssel?

470 Vgl. Birnbaum (2005): http://www.washingtonpost.com/wp-dyn/content/article/2005/06/21/AR2005062101632.html (zuletzt abgerufen am 17.07.2010).
471 Vgl. Sebaldt in: Kleinfeld u.a. (2007), S. 93.
472 Vgl. bereits die etymologische Erläuterung des Begriffs »Lobbying« in Teil 1 A. oben.
473 Vgl. Woll (2006), S. 57 und Gellner/Kleiber (2007), S. 212: »Im politischen Denken der USA findet sich ein durchgängig positives Verhältnis zu den Interessengruppen, die man als zwar notwendiges Übel ansieht, denen aber im Rahmen eines pluralistischen Gemeinwesens die entscheidende Rolle bei der Interessenartikulation zukommt«.
474 Vgl. Artikel 10 der Federalist Papers, in: Hamilton/Madison/Jay (2007), S. 93–100.
475 Vgl. Sebaldt in: Kleinfeld u.a. (2007), S. 92 und 106 ff.
476 Gellner/Kleiber (2007), S. 14.
477 de Tocqueville (2003), S. 100.
478 Vgl. Gellner/Kleiber (2007), S. 212.
479 Vgl. die Darstellung von Sebaldt (2007), S. 101 ff., zu den Verbandsgrößen und -strukturen in den USA und Deutschland; dazu auch Teil 7 B. I. unten.
480 In der Betrachtung unberücksichtigt bleibt die Judikative, da sie für die Interessenvertretung – in den USA ebenso wie in Europa – praktisch keine Rolle spielt.
481 Soweit nicht anders vermerkt, folgt diese Darstellung Gellner/Kleiber (2007), S. 67–90.
482 Shell (2008), S. 129.
483 Bei dieser jährlichen Rede vor dem Kongress gibt der Präsident seine Meinung zur Lage der Nation wieder; gleichzeitig äußert er sich zu seinen politischen Vorhaben.
484 Die Wahlmänner (und Wahlfrauen) sind gehalten, für den mehrheitlich gewählten Kandidaten zu stimmen, sie haben jedoch kein strikt imperatives Mandat.
485 Soweit nicht anders vermerkt, folgt diese Darstellung Gellner/Kleiber (2007), S. 35–58.
486 In der Regel wird namentlich abgestimmt, was das Abstimmungsverhalten jedes Kongressmitglieds auch nach außen hin ersichtlich macht – zu den daraus folgenden Möglichkeiten der Interessenvertretung sogleich.
487 Vgl. Shell (2008), S. 127.
488 Andere Parteien spielen, sowohl auf der Bundesebene als auch in den einzelnen Bundesstaaten, bisher keine bedeutende Rolle.
489 Vgl. Eilfort/Wasser (2008), S. 249.
490 Andres (2009), S. 90.
491 Allerdings ist noch unklar, ob es sich hierbei um einen stabilen Trend handelt.
492 Vgl. Gellner/Kleiber (2007), S. 43.
493 Derzeit USD 2300 pro Person.
494 Vgl. Eilfort/Wasser (2008), S. 261.
495 Die Kosten für eine Wahlkampagne in den USA sind außerordentlich hoch: Der Präsidentschaftswahlkampf 2008 verschlang rund USD 2,4 Mrd., vgl.: *Wahlkampf in Amerika ist der teuerste aller Zeiten*, http://www.faz.net/s/Rub0A1169E18C724B0980CCD7215BCFAE4F/Doc~E4F093B0D25B1455B B7A7EB7590B4F938~ATpl~Ecommon~Scontent.html (zuletzt abgerufen am 17.07.2010). Der siegreiche Kandidat Barack Obama konnte dabei neben den nach wie vor wichtigen Großspenden vor allem auch eine immense Zahl an Kleinspenden einwerben, vgl. »The amazing money machine«, in *The Atlantic Magazine*, http://www.theatlantic.com/magazine/

archive/2008/06/the-amazing-money-machine/68 09 (zuletzt abgerufen am 26.03.2010).
496 Vgl. Eilfort/Wasser (2008), S. 261
497 Vgl. Gellner/Kleiber (2007), S. 47.
498 Zuvor muss im Repräsentantenhaus der Entwurf vom Rules Committee freigegeben werden.
499 Dem sogenannten Committee of the Whole gehören alle Abgeordneten an; praktisch gibt es keinen Unterschied zum Plenum des Repräsentantenhauses.
500 Zuvor legt der Präsident gewöhnlich den Gesetzesvorschlag den Exekutivorganen zur Prüfung und Begutachtung vor; eine Nicht-Unterzeichnung (Veto) hat zur Folge, dass der Entwurf zunächst an den Kongress zurückgeht, das Veto ist allerdings mit einer Zweidrittelmehrheit in beiden Kammern überstimmbar.
501 Vgl. de Tocqueville (2003), S. 100: »Amerika ist das Land, in dem man die Möglichkeit der Menschen, sich zusammenzuschließen, am meisten ausgenutzt hat und dieses mächtige Mittel auf den verschiedensten Gebieten angewendet hat«.
502 Sebaldt (2007), S. 104; so gibt es häufig auch nicht einen einzelnen großen Branchenverband, sondern mehrere kleine.
503 Sebaldt (2007), S. 101.
504 Vgl. Eilfort/Wasser (2008), S. 261.
505 Vgl. Andres (2009), S. 146.
506 Andres (2009), S. 63f.
507 Vgl. Andres (2009), S. 117.
508 Polsby (2008), S. 11.
509 Vgl. die Ausführungen zu den Aufgaben der Committees in Teil 7 A. II. 2. Oben.
510 Gellner/Kleiber (2007), S. 42.
511 Woll (2006), S. 61.
512 Vgl. Mahoney (2008), S. 208.
513 Vgl. Sebaldt (2007), S. 106 m.w.N.
514 Der Lobbyist Jack Abramoff bezahlte Kongressabgeordneten und -mitarbeitern unter anderem teure Auslandsreisen, VIP-Tickets für Sportveranstaltungen und Luxus-Dinners und erhielt im Gegenzug dafür Informationen und Treffen seiner Kunden mit ranghohen US-Politikern; die Aufdeckung der Missetaten führte zum Rücktritt des damaligen Mehrheitsführers der republikanischen Partei, Tom DeLay; diverse Personen und auch Abramoff selbst wurden zu hohen Haftstrafen verurteilt, siehe unter anderem »Der Geruch des Geldes«, in: Der Spiegel Nr. 48/2005, S. 128–129, *The Fast Rise and Steep Fall of Jack Abramoff*, http://www.washingtonpost.com/wp-dyn/content/article/2005/12/28/AR2005122801588.html (zuletzt abgerufen am 14.07.2010); *Abramoff Pleads Guilty to 3 Counts*, http://www.washingtonpost.com/wp-dyn/content/article/2006/01/03/AR2006010300474.html (zuletzt abgerufen am 14.07.2010)
515 Vgl. Sebaldt (2007), S. 106.
516 Vgl. Sebaldt (2007), S. 106f.
517 Vgl. Holman (2007), S. 5.
518 Siehe *Bush Signs Lobby-Ethics Bill*, http://www.washingtonpost.com/wp-dyn/content/article/2007/09/15/AR2007091500589.html (zuletzt abgerufen am 14.07.2010).
519 Vgl. Holman (2007), S. 5.
520 Vgl. Andres (2009), S. 194.
521 Vgl. Holman (2007), S. 5.
522 Vgl. Lösche (2008), S. 300.
523 Vgl. dazu die noch eher unbefriedigende Situation auf dem europäischen Ausbildungsmarkt (siehe Teil 5 E. I. oben); die folgende Aufzählung basiert auf der Darstellung von Klewes/Busch-Janscr (2008): http://www.poli-c.de/bjp/pab_Akademische_Weihen.pdf, Rn. 226f. (zuletzt abgerufen am 27.04.2010).
524 ALICD (2010): http://www.alldc.org (zuletzt abgerufen am 17.07.2010).
525 ALICD (2010): https://www.alldc.org/certificate/index.cfm (zuletzt abgerufen am 12.02.2010).
526 http://pac.org/
527 http://www.wgr.org/
528 http://www.lobbyists.info
529 Vgl. Mahoney (2008), S. 207.
530 Vgl. Michalovitz (2007), S. 173.

531 Vgl. Eilfort/Wasser (2008), S. 237.
532 Woll (2006), S. 62
533 In den USA gibt es keine solche Verflechtung, da der US-Föderalismus bewusst nicht kooperativ angelegt ist, vgl. Gellner/Kleiber (2007), S. 32.
534 Vgl. Michalovitz (2007), S. 174.
535 Vgl. Woll (2006), S. 61.
536 Vgl. Mahoney (2008), S. 208.
537 Dabei spielen unter anderem die PACs zur Finanzierung von Medienkampagnen eine wichtige Rolle.
538 Vgl. Teil 7 B. I. oben.
539 Vgl. Mahoney (2008), S. 209.
540 Vgl. »Brussels braces for a US lobbying invasion«, in *Financial Times* vom 03.10.2005, S. 8.
541 Vgl. Woll (2006), S. 62.
542 Vgl. Sebaldt (2007), S. 102 f. m.w.N.
543 Siehe hierzu Teil 4 C. III. oben.
544 Vgl. die Entschließung des Europäischen Parlaments vom 8. Mai 2008 zu dem Aufbau des Regelungsrahmens für die Tätigkeit von Interessenvertretern (Lobbyisten) bei den Organen der Europäischen Union, 2007/2115 (INI): http://www.europarl.europa.eu/sides/getDoc.do?type=TA&reference=P6-TA-2008-0197& language=DE (zuletzt abgerufen am 01.03.2010).